Michel Hervé et Thibaud Brière

Le pouvoir au-delà du pouvoir

L'exigence de démocratie dans toute organisation

François Bourin Editeur

10, rue d'Uzès 75002 Paris

« Chaque fois que vous voyez
une entreprise qui réussit, dites-vous
que c'est parce qu'un jour quelqu'un
a pris une décision courageuse. »

Peter Drucker

« Les entreprises les plus performantes
sont celles qui pensent solidairement
le changement technologique, le contenu
du travail et le changement des rapports
sociaux internes à l'entreprise. »

Antoine Riboud

Introduction

Ce n'est pas le moindre des paradoxes de notre temps que d'avoir vu se développer un décalage croissant entre le mode de gouvernement en vigueur dans la sphère politique et celui qui s'exerce dans les entreprises. Nos contemporains vivent, au travail, d'une manière contraire à celle à laquelle ils acceptent de se voir soumis une fois sortis de leur entreprise. Dans le champ politique, la démocratie apparaît à tous comme le seul régime politique réellement respectueux de la dignité humaine, mais, dans le champ économique, l'homme demeure maintenu sous une domination de type non démocratique.

Autrement dit, le mouvement sans précédent de démocratisation et de libéralisation des régimes politiques ne s'est pas accompagné d'un mouvement similaire dans les entreprises. Celles-ci demeurent régies par le dirigisme et l'économie planifiée. Tout se passe comme si le libéralisme, tant politique qu'économique, n'était bon que pour les relations entre entreprises, mais pas pour la vie interne à chacune d'elles. Organisées sur une telle base dirigiste et planificatrice, les entreprises se trouvent en décalage avec leur environnement politique, social et technologique qui, lui, pousse à plus de démocratisation : le contexte politique et médiatique promeut de toutes parts la démocratie, la génération y demande plus de participation aux décisions, le web 2.0 est structurellement égalitaire. Se trouvant de moins en moins en prise avec leur environnement, les entreprises se montrent de moins en moins capables de comprendre les réactions de l'opinion publique à leur égard, les motivations des jeunes générations et l'importance du discrédit dans lequel les enferme leur conservatisme politique.

Notre thèse est la suivante : l'avènement de la mondialisation et l'irruption des nouvelles technologies de l'information et de la communication (NTIC) ont rendu l'environnement des organisations à ce point mouvant et incertain que, dès aujourd'hui mais plus encore demain, les plus efficaces sont celles qui, d'une part, savent habituer leurs membres à faire preuve d'adaptation constante, et qui, d'autre part, savent faire participer à leurs décisions un plus grand nombre d'acteurs, internes ou externes. Dans cette mesure, les entreprises qui réussissent le mieux sont celles qui, d'une manière ou d'une autre, mobilisent l'intelligence collective de leurs salariés pour faire surgir des solutions constamment inventives à des problèmes toujours inattendus. Les décisions collectives s'avérant *in fine* plus efficaces que les décisions solitaires pour appréhender la complexité, c'est à une profonde réorganisation de leurs manières de faire et d'être que les entreprises sont appelées. L'exigence d'adaptation permanente leur enjoint en particulier de libérer le potentiel d'innovation de leurs équipes en promouvant des comportements managériaux de coordination plutôt que de coercition, et des fonctionnements en réseaux plutôt qu'en silos. Dans le modèle managérial qui en découle, celui de l'entreprise adaptative, la cohérence des équipes ne vient plus du chef et de l'uniformisation relative qu'il impose à ses équipes, mais des salariés eux-mêmes que leur diversité même encourage à chercher des points de rapprochement pour s'ajuster les uns aux autres. L'exaltant exercice de la responsabilité partagée qui en résulte génère une émulation collective poussant chacun à repousser ses limites et à s'accomplir dans un dépassement de soi.

Pour illustrer cette thèse, nous nous appuierons principalement, quoique non exclusivement, sur l'expérimentation sociale menée depuis près de quarante ans dans une entreprise que nous connaissons bien, le groupe Hervé, qui a cherché à se développer autour de principes définis depuis comme étant ceux du web 2.0. Nous nous efforcerons de voir dans quelle mesure le modèle entrepreneurial d'une telle entreprise constitue une réalisation possible de l'entreprise 2.0, participative et coopérative. Ne serait-ce qu'afin de montrer concrètement, par l'exemple, qu'un autre gouvernement des entreprises est dès à présent non seulement possible, mais aussi, sans nul doute, souhaitable, tant d'un point de vue humaniste que d'un point de vue économique. Nous verrons notamment que l'entreprise 2.0 peut en particulier se réaliser suivant trois modalités : intra-entrepreneuriat, déhiérarchisation du pouvoir, organisation en réseaux. Envisageons-les successivement.

Tout d'abord, pour que chaque salarié s'autorise des solutions innovantes et ait réellement envie de se dépasser dans son travail, il doit avoir le sentiment d'être son propre chef. *Aussi l'autonomie en entreprise doit-elle être conçue d'une manière toute nouvelle :* non plus comme faculté de détermination par chacun des seuls moyens nécessaires à l'accomplissement de son travail, mais aussi des fins qu'il poursuit. Cultiver ainsi une telle liberté dans l'entreprise, à tous niveaux de management, cela voudrait dire un fonctionnement démocratique – dans lequel chacun se donne ses objectifs et peut modifier les règles communes – qui pourrait se traduire, de manière privilégiée, par de l'intra-entrepreneuriat.

Ensuite, pour que l'intra-entrepreneuriat puisse être une réalité, il faut que nul, au sein d'une équipe donnée, ne se trouve dominé par personne, ce qui suppose que nul ne se trouve en position de force par rapport aux autres. Aussi le management comme l'organisation doivent-ils tendre à rééquilibrer le rapport de force entre managers et managés. *L'autorité dans l'entreprise doit être exercée d'une manière nouvelle :* non plus comme pouvoir de domination, mais comme pouvoir de responsabilisation, le sentiment d'obligation morale remplaçant alors, chez le salarié, la contrainte hiérarchique. Cultiver de la sorte l'égalité dans l'entreprise, cela veut dire rééquilibrer la relation chef/subordonnés, et c'est ce que signifie « déhiérarchiser ».

Enfin, l'intra-entrepreneuriat et la déhiérarchisation n'ont de sens que si, loin de nourrir l'individualisme, ils permettent au contraire l'expression de libres et imprévisibles coopérations entre les acteurs. Ce qui suppose qu'ils se connaissent et puissent se relier, tant en fonction d'aspirations communes que de complémentarités de compétences : c'est à cela que servent les réseaux. *La cohérence d'une entreprise doit donc être pensée d'une manière toute nouvelle* : non plus comme résultant de l'interdépendance de ses membres, mais de leur libre association. Cultiver ainsi la fraternité dans l'entreprise, en faisant confiance à l'égalité des libertés plutôt qu'à la contrainte hiérarchique, c'est ce que permet une organisation en réseau.

Pour former un tout cohérent, il faut ces trois composantes : la démocratie, la déhiérarchisation, le fonctionnement en réseau. Il importe de conjuguer ces paramètres, parce que la démocratie n'implique pas la déhiérarchisation, et que l'une comme l'autre n'impliquent pas un fonctionnement en réseau. Il peut en effet y avoir une organisation démocratique avec une pratique autoritaire, donc non déhiérarchisée, du pouvoir ; et il peut y avoir une pratique déhiérarchisée du pouvoir sans fonctionnement en réseau. La démocratie sans déhiérarchisation n'est qu'une autocratie à durée limitée, l'espace d'un mandat ; la déhiérarchisation sans fonctionnement en réseau ouvre la voie à l'individualisme et la désorganisation.

Pour parvenir à ce triple objectif, ce sont le management et l'organisation qui doivent être conçus différemment, focalisés non plus sur le contrôle et la directivité, mais sur la libre initiative et la confiance. On pourrait objecter que, en un certain sens, la directivité n'exclut pas plus la libre initiative que le contrôle *a priori* n'exclut la confiance ; c'est ce que nous examinerons. Ces trois dimensions correspondent néanmoins aux principales particularités de l'entreprise 2.0 :

– les salariés ne sont plus passifs, ils deviennent acteurs de la transformation de leur entreprise et créateurs de contenus (cet « *empowerment* » découlant de l'« *user generated content* » propre au web 2.0), avec une impulsion du changement venant de la base (logique *bottom-up* et *crowdsourcing*) ;

– le travail coopératif se fonde sur l'égalité des acteurs, ce travail d'équipe pouvant être à distance et asynchrone ;

– les interactions entre les acteurs (réseaux sociaux, mécanismes de syndication) créent un effet réseau : plus il y a de coopérateurs interagissant, plus cela bénéficie à tous et plus la réussite de chacun est liée à celle de tous, les interactions croissantes créant une solidarité d'intérêt grandissante.

Cet ouvrage est lui-même le fruit d'une coopération entre un dirigeant d'ETI (Entreprise de taille intermédiaire) et un philosophe. Dans sa préface à l'ouvrage du cadre dirigeant Jean-Pierre Doly et du philosophe François Monconduit, *L'Entreprise entre contrainte et liberté*, Antoine Riboud écrit : « *Ce sont deux expériences qui sont là conjointes : celle d'un praticien qui a eu dans l'entreprise des responsabilités (...), celle d'un universitaire qui conceptualise des situations de travail pour mieux les comprendre et faciliter leur évolution. Une telle rencontre entre l'entreprise et l'université permet de croiser des regards différents et de proposer, non pas des solutions miraculeuses, mais des outils de pensée destinés à aider chaque responsable à inventer, pour son propre compte, les solutions les plus adaptées à la particularité des situations qu'il vit au quotidien*[1]. » C'est dire aussi combien le modèle entrepreneurial présenté dans cet ouvrage n'a pas de valeur absolue, mais seulement relative. Il ne prétend que tirer les enseignements d'une expérience managériale et il aura atteint son but s'il incite des entrepreneurs à faire preuve d'inventivité pour décliner les orientations ici décrites à leur propre contexte.

---

1. Jean-Pierre DOLY et François MONCONDUIT, *L'Entreprise entre contrainte et liberté*, L'Harmattan, 1995.

PREMIÈRE PARTIE

Une économie de l'adaptation

La Deuxième Guerre mondiale a montré qu'une organisation du travail fondée sur la mobilisation d'une armée d'exécutants au service de fins définies par une poignée de dirigeants était porteuse de trop de dangers pour être acceptable. C'est dans le rejet de cette forme d'organisation, où certains hommes se trouvent contractuellement soumis à d'autres, traités comme des moyens et non comme des fins, que s'origine le projet entrepreneurial dont il est question ici. À des organisations qui institutionnalisent la domination de l'homme sur l'homme, au nom de l'efficacité économique et de la rationalité technique, l'ambition est de substituer des organisations dans lesquelles les hommes puissent s'associer sans pour autant cesser d'être leur propre chef. Le constat n'est pas nouveau. Dans les entreprises, les salariés se trouvent affectés à des tâches souvent répétitives, pour le bon accomplissement desquelles il ne leur est pas tant demandé de réfléchir que d'appliquer mécaniquement les techniques appropriées[2]. Par ailleurs, la subordination contractuelle au pouvoir discrétionnaire du chef amène les salariés à se vivre comme les instruments vivants de la volonté d'un autre. La conjonction de ces deux facteurs entraîne une mécanicisation du

2. On connaît l'apostrophe de Taylor à l'ouvrier Shartle : « *On ne vous demande pas de penser, il y a ici des gens payés pour cela.* » Il faut aujourd'hui dépasser cette dichotomie taylorienne – division du travail – entre ceux qui pensent et ceux qui exécutent.

travail et des rapports sociaux synonyme de déshumanisation et porteuse des mêmes dangers que par le passé. Ce dont il faut sortir.

Déjà, le général de Gaulle, pour avoir regardé en face les deux barbaries jumelles du XXe siècle, pointait, de concert avec Bernanos, la robotisation à l'œuvre dans trop d'organisations prétendument humaines qui réduisent leurs membres à n'être que des exécutants passifs. «*Depuis longtemps,* écrit-il dans ses «Mémoires d'espoir», *je suis convaincu qu'il manque à la société mécanique moderne un ressort humain qui assure son équilibre. Le système social qui relègue le travailleur – fût-il convenablement rémunéré – au rang d'instrument et d'engrenage est, suivant moi, en contradiction avec la nature de notre espèce, voire avec l'esprit d'une saine productivité.*» C'est ce sentiment de dépendance généralisée, de devenir les instruments de leurs instruments de travail comme de leurs supérieurs hiérarchiques, qu'exprime la défiance croissante des salariés envers leur entreprise. «*À l'origine de ce trouble,* diagnostique le Général, *il y a le sentiment attristant et irritant qu'éprouvent les hommes d'à présent d'être saisis et entraînés par un engrenage économique et social sur lequel ils n'ont point de prise et qui fait d'eux des instruments*[3].» C'est pourquoi «*nous voulons que l'organisation mécanique des masses humaines (...) soit définitivement abolie*[4]», ce qui veut dire «*opérer un changement de condition morale qui fasse de l'Homme un responsable au lieu d'être un instrument*[5]».

En effet, alors que l'entreprise devrait être le lieu par excellence de la responsabilité individuelle, l'exercice de l'autorité hiérarchique déresponsabilise trop souvent les subordonnés en les incitant à attendre de leurs supérieurs solutions, directives et objectifs. Cette distinction même entre «supérieurs» et «subordonnés» est éminemment suspecte et expliquerait presque à elle seule que l'entreprise, au lieu d'être fondée sur la confiance, le soit aujourd'hui trop souvent sur la défiance envers les capacités décisionnelles du commun de ses

3. Charles DE GAULLE, 31 décembre 1968.
4. Charles DE GAULLE, «Déclaration aux mouvements de résistance», avril 1942.
5. Charles DE GAULLE, *Mémoires d'espoir*, Plon, 1970.

salariés. Face à cette société de défiance qui fait en réalité «*dissociété*» (Jacques Généreux), il nous a paru utile de poser des jalons qui permettraient de refaire société dans les entreprises, c'est-à-dire de faire en sorte qu'elles soient à nouveau composées de *socii*, d'associés, de partenaires, d'amis. Or le propre du partenaire, de l'associé et de l'ami, c'est d'être des égaux. En conséquence de quoi, pour établir dans les entreprises une société digne de ce nom, c'est-à-dire une société de confiance, il ne semble pas y avoir d'autre choix que de commencer par restaurer les conditions d'une véritable égalité, sinon de conditions, du moins en droit : que chaque collaborateur ait également part à la décision, quel que soit son niveau hiérarchique.

La capacité d'une entreprise à favoriser la créativité de ses membres est aujourd'hui un élément déterminant de sa réussite. «*Aujourd'hui, la véritable richesse n'est pas concrète, mais abstraite. Elle n'est pas matérielle, elle est immatérielle. C'est désormais la capacité à innover, à créer des concepts et à produire des idées qui est devenue l'avantage compétitif essentiel*», rappellent Maurice Lévy et Jean-Pierre Jouyet dans un rapport remis au ministre de l'Économie[6]. C'est donc pour assurer la pérennité et le développement de l'entreprise qu'il convient aujourd'hui de proposer un autre modèle entrepreneurial que celui qui prévaut actuellement dans la plupart des organisations traditionnelles. Un tel modèle peut être décomposé en un modèle managérial et un modèle organisationnel, dont l'adéquation l'un à l'autre constitue l'un des facteurs clés de succès.

Nous commencerons par dégager les présupposés, implications et caractéristiques du modèle managérial que nous proposons, avant d'en venir à son pendant organisationnel. L'un comme l'autre s'articuleront autour de la question, fondamentale à nos yeux, à laquelle ce livre s'efforcera de répondre : étant entendu que dans l'économie actuelle c'est l'adaptabilité qui fait la différence, comment faire en sorte que les entreprises soient le plus agiles possible ?

---

6. Maurice LÉVY et Jean-Pierre JOUYET, «L'économie de l'immatériel», rapport remis au ministre de l'Economie, des Finances et de l'Industrie, le 4 novembre 2006.

L'ÉCONOMIE ACTUELLE EST UNE ÉCONOMIE DE L'ADAPTATION

Il n'est guère douteux qu'une condition essentielle au développement durable d'une entreprise réside dans son adaptation relative à son environnement de marché : autant que possible, l'organisation même d'une entreprise doit se trouver en phase avec son environnement. Celui-ci évoluant de plus en plus rapidement, les entreprises gagnent à se doter d'un organigramme ouvert au changement, moins rigide, plus réactif.

De fait, l'un des traits les plus remarquables de la modernité est le goût pour le changement, pour l'éphémère, qui se traduit par une société de consommation fondée sur la fugacité des désirs – apparition, avec la publicité, du phénomène de la « création de besoins » –, l'évanescence des modes et l'obsolescence programmée des produits. Ce qui exige des entreprises capables d'innovation et de remise en cause permanente. En même temps, la post-modernité dans laquelle nous sommes entrés se caractérise par un retour à la conscience primitive des contraintes globales de long terme : réévaluation des vertus du durable (émergence du « développement durable »), prise de conscience des enjeux énergétiques et écologiques, rappelant la nécessité d'une vie en harmonie avec ce qui nous entoure et nous dépasse. Les entreprises doivent être capables de prendre en compte les intérêts de long terme et de faire preuve d'innovation durable, au double sens de durablement innovantes et de productrices d'innovations qui durent.

Que ce soit dans la perspective de la modernité où nous sommes encore, ou dans celle de la post-modernité où nous sommes aussi – la seconde dépassant la première sans l'annuler –, ce qui apparaît comme décisif, du point de vue de la réussite économique des entreprises, est la faculté d'innovation qui leur permet de se trouver en phase avec leur environnement de marché. Trop souvent, nous le verrons, des entreprises honorablement connues cherchent, pour le dire rapidement, à « faire du nouveau avec de l'ancien », à prendre en compte les exigences nouvelles du présent avec des schémas de pensée et des modèles d'organisation hérités de temps révolus. Elles ne parviennent pas à s'adapter réellement, structurellement, aux nouvelles exigences des consommateurs, qu'elles déçoivent, et des salariés issus des générations montantes, qu'elles frustrent. Ce qui limite leur capacité d'innovation. Faute de symbiose entre leur fonctionnement interne et celui qui a cours dans la nouvelle société 2.0, leur capacité à rester en prise avec l'environnement se trouve entravée.

I – Les changements en cours

Pour comprendre l'actuelle nécessité d'une mue des entreprises et la nature des adaptations dont elles doivent faire preuve, il faut comprendre la particularité du monde dans lequel nous sommes entrés. Et pour comprendre la singularité de notre temps, nous devons comprendre d'où nous venons et en quoi notre présent se distingue du passé.

Les cinq temps du capitalisme

Sommairement, cinq temps peuvent être distingués dans l'évolution des économies occidentales. Chaque phase ne vient pas supplanter la précédente mais s'y ajouter, la compléter. Chaque phase du capitalisme va venir apporter de nouveaux éléments, tandis que d'autres perdront leur primauté sans s'en trouver pour autant remplacés. À chaque phase a correspondu un type d'activité économique adapté à son environnement ; la compréhension du type actuel d'économie permettra de comprendre quel type d'activité entrepreneuriale s'en trouve favorisé.

Capitalisme guerrier (économie de rapine) : la figure du guerrier ou la primauté au savoir-prendre

Dans son ouvrage majeur de 1985, *La Dynamique du capitalisme*, Fernand Braudel fait remonter les racines du capitalisme au Moyen Âge, c'est-à-dire en un temps où, encore largement, ce qui conférait le pouvoir, y compris économique, c'était la force. Être le plus fort permettait, d'une part, de faire des conquêtes grâce à une force armée supérieure, d'autre part, de défendre ces conquêtes contre d'autres conquérants. Nous pourrions parler d'une économie de conquête et de défense, marquée par la rapine et fondée sur le pouvoir des armes. Avoir des armes – et des armées – était un facteur-clé de succès économique et politique. Cette configuration historique est marquée par l'importance du savoir prendre, qu'exprime la figure clé du guerrier.

Capitalisme marchand (économie de l'échange) : la figure du banquier ou la primauté au savoir-échanger

À partir du XIVe siècle et approximativement jusqu'au XVIIIe, à l'économie de la conquête et de la défense se superpose un capitalisme que Fernand Braudel appelait « mercantiliste », qui est une économie de l'échange capitalistique où il ne s'agit plus de prendre par la force au voisin ce que l'on convoite, mais de l'obtenir au moyen d'une transaction (ce qu'illustre l'apparition des premières Bourses, où le commerce est permanent, à la différence des foires médiévales, et où se concentre l'essentiel des activités financières). Le savoir prendre cède le pas au savoir échanger. Dans cette configuration de marché, ce n'est plus la figure du guerrier, mais celle du banquier, qui se révèle prépondérante.

Émerge alors la confiance comme fondement des relations commerciales, permise par la plus grande prévisibilité – le « prêt visible » si important au banquier – des comportements des acteurs grâce à la généralisation des contrats. L'intensification des échanges induit des flux monétaires croissants que l'or et l'argent disponibles peinent à alimenter, ce qui explique l'émergence des banques de dépôt et de change. Dès le XIIIe siècle, l'invention de l'assurance contre les risques en mer, de la comptabilité à partie double, des opérations de compensation et surtout de la lettre de change puis du chèque, qui évitent le transfert de fonds, permettent aux transferts monétaires internationaux de s'opérer en toute confiance.

Dans ce capitalisme marchand, débutant grosso modo avec la Renaissance, ce qui conférait du pouvoir, c'était l'avoir. Ce qui conférait un avantage concurrentiel était la détention de capital financier permettant d'acquérir des espaces de stockage et des moyens de transport capables de déplacer les biens dans l'espace pour se jouer du temps. Le coût était celui du déplacement, maritime le plus souvent, plus que celui du bien lui-même. Le prix, quant à lui, était encore largement fixé par marchandage – « Combien tu m'en donnes ? » –, ce qui a pour conséquence que le capital humain se voyait prioritairement évalué à l'aune de la capacité de négociation.

Capitalisme industriel (économie de la connaissance) : la figure de l'instituteur ou la primauté au savoir-faire

Au capitalisme marchand succède le capitalisme industriel. Dans cette forme de capitalisme, qui s'étend du XVIIIe siècle à la première moitié du XXe, le capital financier était essentiellement utilisé pour acquérir et développer des machines transformant les produits et augmentant la productivité, moyennant une consommation d'énergie. D'où la révolution énergétique. Avec la fin du XIXe siècle apparaîtront les « formes modernes » de la distribution : révolution Boucicaut et apparition des « grands magasins » où les prix sont clairement affichés, faisant disparaître le marchandage – qui caractérisait le capitalisme marchand – et facilitant la rapidité des transactions.

Le capitalisme industriel est marqué par une logique darwinienne. Comme dans l'économie de la conquête et de la défense, il s'agit d'être le plus fort, de s'imposer aux dépens des autres, mais, comme dans l'économie marchande, les relations sont régies par le droit. Les entreprises cherchent toujours à vaincre, mais en respectant les règles de commerce. Il s'agit d'être le plus fort pour survivre dans un environnement hostile, concurrentiel. Il faut tuer ou être tué. Dans cette phase du capitalisme, chaque partie prenante ne prend en compte que son propre intérêt, sans se soucier de celui des autres – sans prendre garde, encore, qu'en asphyxiant les autres, il s'asphyxie lui-même à terme, s'expose à un retour de bâton –, s'appuyant pour ce faire sur la théorie libérale classique professant que, dans le cadre d'une économie de marché, la poursuite des égoïsmes particuliers est d'autant plus légitime qu'elle génère un enrichissement collectif.

Dans le capitalisme industriel où, à l'intérieur des règles de droit, le facteur clé de succès est d'être le plus fort, le plus gros (*Big is beautiful*), d'écraser la concurrence, la taille des entreprises s'avère déterminante ; il leur faut atteindre une masse critique afin d'accroître leur force de frappe commerciale, d'obtenir une visibilité plus importante sur les linéaires des magasins et d'augmenter leur capacité d'influence des normes (*lobbying*). Cela a donné lieu à une course au gigantisme et de vastes mouvements de concentration industrielle, entraînant la constitution de conglomérats, de *trusts*, mouvement qui se poursuit, principalement dans le domaine bancaire, au début du XXIe siècle. Le capital humain est alors principalement évalué à l'aune de sa force de travail, et non plus de sa capacité de marchandage. Durant cette phase du capitalisme, c'est la quantité – d'argent accumulé et/ou de force de travail disponible – qui fait la différence, c'est elle qui permet d'être plus fort que les autres et de s'imposer à leur détriment. En termes de structuration des prix, le coût de transformation (intégrant notamment celui des outils de production et celui du temps de travail) devient prépondérant, plus important que celui du transport. Cette transformation est permise par des savoir-faire techniques, d'où une course entre entreprises au progrès technique : c'est à qui aura les meilleurs procédés de fabrication, puis, aussi, la meilleure organisation du travail (fordisme puis taylorisme).

Les progrès techniques eux-mêmes, ceux de la « révolution industrielle », ne sont rendus possibles que par un progrès considérable dans les connaissances humaines, qui trouvent largement leur origine dans le bouillonnement intellectuel de l'époque des Lumières. De nombreuses innovations – une « *grappe d'innovation* » pour reprendre l'expression de Schumpeter dans *Le Cycle des affaires* (1939) – donnent aux économies occidentales un essor industriel sans précédent, par où l'on voit que, dans cette phase de capitalisme, ce sont les progrès dans les connaissances qui dynamisent l'innovation. L'économie de la connaissance, que nous faisons donc commencer dès le XVIIIe siècle avec les Lumières, se traduit par une économie de l'innovation. Les entreprises se développent en effet depuis lors principalement par leur capacité à générer et organiser de la connaissance, qu'elles transforment en innovations techniques sanctionnées par un brevet.

Conséquence sociologique de cette industrialisation rapide, la quantité d'avoirs croît sensiblement et la focalisation progressive de chacun sur ses possessions matérielles nourrit un individualisme qui délite le lien social. L'industrialisation a entraîné d'une part un éloignement de l'homme à l'égard de la nature, une artificialisation croissante de ses conditions de vie, et d'autre part une distension du lien social qui l'unissait à ses semblables – à la faveur aussi de la division du travail. Le bien remplace le lien en termes de primauté. La quantité de biens matériels produits par le capitalisme industriel nous a imperceptiblement fait perdre la conscience de notre lien à la nature et aux autres hommes. Tout se passe comme si posséder des richesses était devenu pour nous plus important que d'entretenir des amitiés.

Ce qu'il importe de comprendre, ici, c'est la nature de l'économie de la connaissance dans laquelle nous sommes entrés depuis le XVIIIe siècle, et que viendra, dans la seconde moitié du XXe, dépasser l'économie de la reconnaissance. Cette forme d'économie est d'abord marquée par un développement sans précédent des moyens de production et de diffusion de l'information (médiatisation). L'ère de l'*information* – jusqu'à saturation – dans laquelle ceux-ci nous ont fait entrer va de pair avec l'*informatisation* de la société, l'une et l'autre se nourrissant réciproquement[7] ; ce qui crée de la valeur ajoutée, ce n'est

---

7. C'est Fritz MACHLUP qui, en 1962, a posé les premiers jalons de ce qu'on appellera plus tard l'économie de la connaissance, dans son livre *The Production and Distribution of Knowledge in the United States*. En 1976, l'universitaire américain Marc Uri PORAT, dans une thèse intitulée *The Information Economy: Definition and Measurement* soutenue devant l'*Institute for Communication Research* de l'université de Stanford, avait montré que près de 45% de la main d'œuvre employée aux USA avait pour tâche de manipuler de l'information. Ces travaux avaient été repris dans l'annexe d'un rapport officiel français paru en 1978, *L'Informatisation de la société*, écrit par Simon NORA et Alain MINC, qui connut un certain succès médiatique. La société de l'information coïncidait avec l'informatisation de la société.

pas à proprement parler l'information, c'est la connaissance. Ce qui compte, ce n'est pas l'information, mais ce qu'on en fait. L'information est brute, la connaissance travaillée : elle résulte d'un travail de sélection, d'analyse, de mise en forme et de contextualisation. Elle suppose une intelligence à l'œuvre, alors que le simple échange d'informations peut tout aussi bien être le fait d'ordinateurs opérant à l'aveugle, sans discernement. L'information n'est que la matière brute à partir de laquelle va être construite la connaissance.

L'information massive peut être génératrice de confusion – on dit être « submergé d'informations » – dans l'esprit de ceux qui la reçoivent, si elle n'est pas rendue intelligible. L'information est par nature informe, un simple matériau dépourvu de sens ; elle n'a pas de valeur par elle-même, elle n'en acquiert que lorsqu'on l'inscrit dans un réseau de significations, un contexte qu'elle vient éclairer en retour. Ainsi voit-on que l'« économie de l'information » n'a de signification que comme « économie de la connaissance[8] » : les « autoroutes de l'information » n'ont de sens que parce qu'elles mènent quelque part, parce qu'elles sont orientées, tendues vers un horizon de sens. L'information n'est rien, c'est sa transformation qui fait tout. Le capitalisme industriel se caractérise par le rôle central de la transformation : celle des matières premières en produits finis, celle des sources d'énergie (électricité, charbon, pétrole) en quantité de mouvement, celle des informations en connaissances. D'où le rôle éminent, quasi sacré, dans cette économie de la connaissance, accordé au journaliste, dont la mission, décisive, consiste à transformer une information en connaissance, ce pourquoi on a parlé, à juste titre, de l'émergence d'un « quatrième pouvoir ». Car c'est bien le savoir qui, désormais, confère le pouvoir.

Ce n'est plus d'abord le savoir prendre (capacité de rapine) comme dans l'économie de défense et de conquête, ni le savoir échanger

8. Une économie devient une économie de la connaissance quand le travail en rapport avec l'information devient plus important que le travail en rapport avec les autres secteurs. Selon les évaluations de Marc Uri PORAT (1976), ce phénomène s'est produit en 1967, quand 53 % de la main d'œuvre américaine s'est trouvée impliquée dans le « travail de l'information ».

(capacité de négociation) comme dans le capitalisme marchand, mais le savoir-faire technique (capacité d'innovation). Dans une économie de la connaissance, les détenteurs du pouvoir ne sont plus prioritairement les détenteurs de la force brute (figure du guerrier) ou des moyens de commercer (figure du banquier, ou du marchand si l'on veut), ils deviennent les dépositaires du savoir, ce que traduit bien la place éminente accordée à l'instituteur, celui qui instruit, dispense les connaissances. Le savoir conférant le pouvoir, dans l'économie de la connaissance, le capital informationnel des entreprises devient un enjeu stratégique, comme en témoigne par exemple l'apparition dans les entreprises, à la fin des années 1980, du *knowledge management* (gestion des connaissances internes). L'accumulation d'informations ne servirait en effet à rien si celles-ci n'étaient pas ensuite transformées en connaissances. Il ne s'agit donc pas seulement, pour une entreprise, de gérer un stock d'informations, le plus grand possible, pour le rendre immédiatement disponible à quiconque en a besoin, il lui faut aussi former les utilisateurs finaux, former ses managers à l'appropriation des informations : en les analysant, en les évaluant et en les organisant, ils les transformeront en connaissances. La quantité d'informations ne vaut rien sans la qualité d'un discernement critique capable de leur donner sens.

Alors que l'information se massifie au XXe siècle, s'opère progressivement un renversement dialectique qui va faire basculer dans une nouvelle forme de capitalisme. La quantité de biens comme d'informations devient tellement abondante – *« le règne de la quantité »*, écrit René Guénon – et partagée (moins privative[9]), que c'est la qualité qui devient différenciante. D'un capitalisme à l'autre, nous passons d'une logique de force, marquée par la contrainte (notamment hiérarchique) dans les organisations, à une logique de puissance,

9. Les entreprises ont de plus en plus de mal à conserver ce qui leur appartient : la contrefaçon devient exponentielle, la copie des manières de faire s'institutionnalise (en Chine et au Japon), les biens culturels (livres, disques et films) fuitent sur Internet, les cadres mêmes migrent sans cesse d'une entreprise à l'autre, etc. Ce n'est donc plus sur ce qu'elles *ont*, mais sur ce qu'elles *sont* que va se faire la différence. Et il en ira de même pour les individus.

marquée par l'ouverture des possibles et la responsabilisation. C'est à partir du moment où apparaissent les médias de masse qu'un seuil est franchi et que s'effectue le basculement dans une économie de la reconnaissance.

Capitalisme de la marque (économie de la reconnaissance) : la figure du communicant ou la primauté au faire-savoir

Comme l'indique l'expression, l'économie de la reconnaissance qui émerge dans la seconde moitié du XXe siècle est d'abord, sans s'y réduire, une économie de la connaissance. Dans cette phase du capitalisme, on n'accède à la reconnaissance que par la connaissance ; la primauté ne va plus aux savoir-faire, mais au faire savoir, qui est un savoir communiquer. Désormais, nous l'avons vu avec les figures du journaliste et de l'instituteur, ce sont les passeurs de connaissances qui obtiennent la reconnaissance, c'est-à-dire ceux qui ne se contentent pas de transmettre des informations, mais qui savent les travailler pour les transformer en connaissances et les rendre ainsi accessibles, intelligibles. Car, contrairement à ce que l'on croit, ce ne sont pas les NTIC qui rendent l'information accessible, elles la rendent seulement disponible. Une chose est d'avoir un objet ou une information à portée de la main, une autre est de pouvoir s'en saisir pour le manipuler à volonté. Le préhensible n'est pas le compréhensible. L'accès à une information n'est pas *donné* par un enchevêtrement de fils électriques et de puces électroniques, il est *conquis* au terme d'un travail de compréhension personnelle. Ce qui nous rend l'information accessible, ce sont donc les passeurs de connaissances, non l'installateur Internet, même si celui-ci élargit considérablement le champ d'opération de ceux-là.

Dans ce que Yann Moulier-Boutang a appelé « le capitalisme cognitif[10] », ce qui émerge comme source de valeur est la capacité

10. L'adjectif ne renvoyant pas ici au cognitivisme, mais à la connaissance conçue comme objet d'accumulation et ressource motrice d'une nouvelle forme de capitalisme, émergeant selon Yann MOULIER-BOUTANG (dans *Capitalisme cognitif : la Nouvelle Grande Transformation*, éd. Amsterdam, 2008) depuis 1975 environ, soit depuis l'entrée en crise durable du capitalisme industriel. La troisième « grande transformation », selon l'expression employée en 1944 par Karl

à être un passeur, un diffuseur d'informations, un catalyseur de connaissances, un connecteur d'individus, un intermédiaire entre l'ici et l'ailleurs. Nous sommes ainsi, comme il le dit, en train de basculer d'« *une économie de l'échange* [capitalisme marchand] *et de la production* [capitalisme industriel] *à une économie de pollinisation et de contribution*[11] ». D'où le titre de son dernier livre, *L'abeille et l'économiste* (2010) : les abeilles font bien plus que produire du miel, elles pollinisent, c'est-à-dire qu'elles diffusent, gratuitement, la vie. Ainsi se dessine le profil du manager de demain, sur lequel nous reviendrons : il sera d'abord un médiateur, dont le rôle est central, nous le verrons, dans une « démocratie de médiation » à réaliser, dans les organisations en général, et dans les entreprises en particulier.

La médiatisation de masse va faire du capitalisme de la connaissance un capitalisme de la reconnaissance[12] ; celle-ci constitue en effet le véritable moteur de l'économie de la connaissance. Depuis que nous sommes entrés dans cette ère, qui forge une culture de masse et nourrit des phénomènes de mode à grande échelle, la valeur d'un produit (ses ventes) dépend de moins en moins exclusivement des connaissances techniques dont il procède, et de plus en plus de sa médiatisation, ce qui explique l'importance croissante du marketing. La prouesse technique ne suffit plus, le savoir-faire doit se doubler d'un faire savoir, et cela dans un contexte 2.0 où tout fait système, de sorte que le faire savoir nourrit en retour le savoir-faire (causalité boucle) : plus un produit aura un nombre important d'utilisateurs, plus

---

POLANYI pour désigner le passage du capitalisme marchand et esclavagiste au capitalisme industriel et salarial, nous verrait donc confrontés non pas à une ère postindustrielle (comme le pensaient les chantres de la nouvelle économie), mais à une réorganisation en profondeur du monde de la production industrielle matérielle, réorganisation reposant sur le rôle central accordé à la diffusion du savoir, à la capacité d'apprentissage et de création. Dans cette nouvelle configuration ne comptent plus prioritairement les économies d'échelles, mais des économies d'apprentissage et de captation des externalités positives des réseaux.

11. Yann MOULIER-BOUTANG, *L'abeille et l'économiste*, Carnets Nord, 2010, p. 117.

12. Car les désirs vont se trouver uniformisés. C'est le fameux désir mimétique, théorisé par René GIRARD : chacun désire ce qui est désiré par les autres, quoi que ce soit. Plus les médias me proposent tel ou tel objet comme désirable, plus je le désire, suivant le mécanisme bien connu de la création de besoins.

il aura de contributeurs potentiels à son amélioration (le propre du 2.0 étant que l'utilisateur/consommateur peut aussi être contributeur). Le modèle de production et de transformation n'est alors plus linéaire mais d'interaction, le transformateur se laissant lui-même transformer, bousculer, remettre en question par ce avec quoi il interagit.

Dans l'économie de la reconnaissance, nous ne sommes plus seulement dans une recherche d'amélioration constante de la productivité – production de masse caractéristique du capitalisme industriel –, mais aussi et surtout dans une recherche de sophistication et de renommée. C'est certes, dans un premier temps, la quantité de *connaissances* de pointe dont est porteur un produit («high-tech») qui va conditionner sa plus ou moins grande *reconnaissance* sociale, mais de moins en moins. Ce lien va en effet progressivement se distendre, et la reconnaissance sociale d'un produit être de plus en plus déconnectée des savoir-faire mobilisés pour le confectionner: c'est dans cette inversion de la priorité accordée au savoir-faire sur le faire savoir, dans la valorisation d'un produit, que va s'opérer le passage du capitalisme industriel et de l'économie de la connaissance au capitalisme de la marque et à l'économie de la reconnaissance.

Il s'agit d'une économie de la reconnaissance plus encore que d'une économie de la connaissance car ce n'est pas tant la connaissance que la reconnaissance qui en est le moteur: la somme de connaissances (techniques, scientifiques...) contenue dans un produit donné ne vaudrait rien si, mal marketée, mal présentée au public, elle ne donnait lieu à aucune reconnaissance, en termes de valeur, de la part des consommateurs. La valeur d'un produit est dorénavant fonction non plus seulement de la quantité de connaissances de pointe qu'il intègre, mais aussi et surtout de la reconnaissance que celle-ci lui permet, en termes de marque. On parle alors de «produit à forte valeur ajoutée». La qualité de la marque prend progressivement le pas sur la qualité intrinsèque des produits, d'où l'expression de «capitalisme de la marque».

Durant cette phase de capitalisme, sous laquelle nous vivons encore largement, les propriétés d'un produit importent moins que son origine, alors que, dans le capitalisme industriel, ce qui primait pour les consommateurs était la qualité des produits. Aujourd'hui, la valeur d'un produit n'est plus intrinsèque, mais relative à son producteur: «Qui l'a fait? Quelle en est la marque?» Lorsque nous achetons une paire de chaussures ou de lunettes, nous payons principalement la marque – ou l'absence de marque remarquable. Le prix d'un produit est désormais avant tout fonction du degré de reconnaissance de celui-ci: le produit vaudra d'autant plus cher qu'il sera demandé, désiré, considéré comme socialement valorisant. Son prix n'est plus basé sur son coût de production (matières premières, temps de travail, outils de transformation, etc.), mais, comme il en allait dans le capitalisme marchand, sur ce que les consommateurs sont prêts à payer. D'où l'importance déterminante, déjà évoquée, de la publicité à l'ère de la médiatisation de masse, pour stimuler la «création de besoins» grâce à laquelle des produits superflus du point de vue de leur utilité pratique se voient considérés comme vitaux en termes de reconnaissance sociale.

Le capital financier est ici prioritairement utilisé pour s'attacher les services des meilleurs spécialistes de la connaissance (experts techniques, chercheurs, développeurs) et de la reconnaissance sociale (communicants, publicistes, marketeurs, *brand managers*, conseillers en e-reputation). Le capital humain est, quant à lui, principalement évalué à sa capacité à générer de la reconnaissance sociale, ce qui passe par le fait de savoir tisser des réseaux. Les entreprises recherchent des leaders, des prescripteurs d'opinion, capables d'entraîner à leur suite une foule de suiveurs. Il ne suffit plus d'être expert dans un domaine, de maîtriser un savoir technique, pour «valoir» cher sur le marché de l'emploi, encore faut-il savoir «se vendre et faire vendre», c'est-à-dire développer le prestige des produits comme son propre prestige, sa propre marque (*personal branding* et e-réputation).

En termes de relations sociales, l'économie de la reconnaissance se traduit par l'imitation du modèle humain dont on attend reconnaissance. Ce modèle peut être la vedette de télévision – dont on cherche à imiter le *look fashion* en achetant des vêtements de même marque dans le but d'obtenir une reconnaissance sociale – ou le patron de l'entreprise, dont les salariés reproduisent par mimétisme le langage verbal (tics...) et non verbal, de sorte qu'à terme le salarié modèle se transforme en salarié modelé. Dans la couture, un «patron» est un modèle, ce sur quoi on se calque ; dans le cadre d'une économie de la reconnaissance régie par des logiques de marque les salariés tendent à se modeler sur leur patron afin de s'en faire remarquer. Le patron, ici, est le *pater* (le père).

L'économie de la reconnaissance est marquée par un fort conformisme. Elle génère des comportements grégaires et se traduit par des organisations où l'obéissance passive prévaut toujours. Ce monde d'hier, encore vivace aujourd'hui, est un monde dans lequel les individus sont à la recherche de leaders charismatiques sur lesquels modeler leur propre conduite, dans le domaine politique comme dans le domaine économique. C'est le temps des grandes idéologies, au service desquelles s'embrigadent des foules d'hommes semblables et alignés, uniformisation qui n'est pas sans rappeler la standardisation à laquelle donne lieu la production de masse[13]. Les deux totalitarismes du XXe siècle ont justement été rendus possibles – suivant les analyses d'Hannah Arendt développées dans *Les Origines du totalitarisme* (1951) et *Condition de l'homme moderne* (1958) – par la dissolution du lien social et l'atomisation de la société qui en a résulté. Privilégiant les biens aux liens, les individus sont devenus uniformes, semblables aux grains de sable d'une plage que la première tempête venue peut mettre en mouvement.

---

13. Alexis de TOCQUEVILLE voyait dans cette uniformisation sociale doublée d'un individualisme exacerbé une prémisse à l'avènement d'un pouvoir totalitaire qui peut être doux et rassurant : «*Je vois une foule innombrable d'hommes semblables et égaux qui tournent sans repos sur eux-mêmes pour se procurer de petits et vulgaires plaisirs, dont ils emplissent leur âme. Chacun d'eux, retiré à l'écart, est comme étranger à la destinée de tous les autres : ses enfants et ses amis particuliers forment pour lui toute l'espèce humaine ; quant au demeurant de ses concitoyens, il est à côté d'eux et ne les voit pas ; il les touche et ne les sent point ; il n'existe qu'en lui-même et pour lui seul, et, s'il lui reste encore une famille, on peut dire du moins qu'il n'a plus de patrie. Au-dessus d'eux s'élève un pouvoir immense et tutélaire, qui se charge seul d'assurer leur jouissance et de veiller sur leur sort.*» (*De la démocratie en Amérique* [1840], vol. II, 4e partie, chapitre IV).

La prédominance de l'avoir, généralisée par le capitalisme industriel, s'est donc traduite, comme évoqué précédemment, non seulement par une distension du lien avec la Nature, mais aussi par une distension du lien social au cours du XIXe siècle, lien que Arendt voit éclater au début du XXe siècle, avec la transformation des classes en masses, créant ainsi les conditions sociales propices à l'avènement de régimes totalitaires. La seconde moitié du XXe siècle voit apparaître un ersatz de lien social, celui que crée une marque entre ceux qui s'y reconnaissent. La perte de lien avec les autres entraîne une sacralisation d'autant plus forte des vedettes et des marques ; la dissolution des liens horizontaux conduit, par compensation, à un renforcement des liens verticaux, raison pour laquelle s'accentue le pouvoir des hiérarchies dans les organisations.

L'économie de la reconnaissance fonctionne par la domination (domination nécessairement douce), par la séduction (dans le cas des marques, des vedettes médiatiques et des leaders charismatiques), ou par une domination potentiellement dure dans le cas des organisations hiérarchiques (partis politiques, entreprises, armées). Le recul des religions se traduit, comme l'avait annoncé Nietzsche, par une religiosité accrue et une montée des superstitions en tous genres : la crédulité remplace la croyance, le dieu unique fait place à une prolifération d'idoles, qu'elles soient celles, relativement inoffensives, du petit écran, ou celles, plus dommageables, relevant du culte du chef (supérieur hiérarchique, mais aussi *duce*, *Führer*, *caudillo*...).

Comme celle de la connaissance, l'économie de la reconnaissance demeure une économie de l'innovation. Ce sont toujours les innovations, techniques et technologiques, qui dynamisent le développement économique ; seulement ce ne sont plus les innovations techniques, en termes de savoir-faire, qui priment, mais les innovations « médiatiques » (au sens large), en termes de faire savoir (communication, publicité, marketing, lobbying, réseautage). L'important est de rendre un produit désirable, que le grand public croie qu'il est de bonne qualité plus qu'il ne l'est réellement (comme en témoigne la généralisation des méthodes d'obsolescence programmée, laquelle consiste à laisser sciemment une faiblesse dans un produit, voire à y insérer volontairement un défaut, pour en limiter la durée de vie). La course à l'image devient prioritaire par rapport à la course à la qualité.

Le faire savoir, caractéristique du capitalisme de la marque, est en fin de compte un savoir paraître qui, pour adapté qu'il était à un certain contexte historique, n'est plus suffisant dans la configuration qui est la nôtre en ce début de XXIe siècle. Depuis l'avènement de la mondialisation et la prise de conscience du caractère global des problèmes stratégiques, elle-même liée à l'apparition d'Internet, l'incertitude systémique a crû tant et si bien que la qualité première, pour un individu comme pour une organisation, n'est plus seulement sa capacité à générer de la reconnaissance sociale, mais à s'adapter à un environnement mouvant. Être adapté aux standards socialement valorisés (*diktats* de la marque, de la mode, du chef) ne suffit plus, c'est être adaptable qu'il faut, être libre de ses attaches pour mieux pouvoir se lier, libre de ses schémas de pensée pour mieux pouvoir innover.

Capitalisme humain (économie de l'adaptation) : la figure de l'entrepreneur ou la primauté au savoir-être

Dans l'économie de l'adaptation, la capacité à innover, à trouver des solutions inédites aux problèmes imprévisibles qui se posent, devient la qualité essentielle. Il ne s'agit plus, comme dans le capitalisme industriel et dans celui de la marque, de concevoir des produits innovants, mais d'être soi-même intrinsèquement innovant, capable d'apporter des solutions nouvelles à toute situation nouvelle. L'innovation ne peut plus être un simple savoir-faire, elle doit devenir un savoir-être. À cet égard, ce ne sont plus les connaissances qui s'avèrent déterminantes, mais l'intelligence de la situation. Sans doute, comme il en allait dans l'économie de la connaissance, beaucoup savoir permet toujours de beaucoup innover : les meilleurs techniciens demeurent ceux qui permettent d'apporter les meilleures améliorations techniques aux produits, et les créatifs demeurent ceux qui maîtrisent des savoir-faire en matière de techniques de créativité appliquées à un objet donné. Mais la quantité de savoirs ne suffit plus, c'est la qualité des relations entre les savoirs, c'est-à-dire la capacité à les relier et à les reconfigurer en permanence pour produire un produit ou une solution sur mesure, qui devient déterminante. Autrement dit, ce n'est plus la connaissance qui prime, mais l'intelligence, définie comme la faculté de lier ensemble (*inter-ligere*) le divers, permettant à tel de voir des liens entre des éléments qui ne font pas sens pour tel autre. Remarquons d'ailleurs que l'intelligence, qui ne suppose pas nécessairement des connaissances livresques, est plus « démocratique » : dans cette nouvelle phase de capitalisme, l'autodidacte peut aussi bien réussir que le surdiplômé, l'intelligence pratique du premier, son agilité, sa débrouillardise, pouvant le rendre plus apte que le second à évoluer dans un environnement imprévisible.

Dans la mesure où il s'agit dorénavant de faire face à la singularité d'un événement, d'une situation, d'une demande client, nous ne sommes plus dans la production de masse de produits identiques, caractéristique du capitalisme industriel, nous sommes ici dans la production en série de produits personnalisables, constamment ajustables à la particularité de tel client ou de tel environnement. Se combinent le sur-mesure du capitalisme marchand, encore artisanal, et la standardisation du capitalisme industriel. En termes d'organisations, se trouvent mieux adaptées à leur environnement mouvant les entreprises conçues comme des systèmes complexes adaptatifs[14] par rapport aux entreprises qui en restent à une structure traditionnelle fonctionnant de manière mécanique (« le chef commande, les subordonnés obéissent ») et linéaire (de haut en bas), c'est-à-dire tablant sur un environnement prévisible qui n'existe plus – à supposer qu'il ait jamais été.

14. Un système complexe adaptatif se caractérise par un certain degré de liberté des parties du système, occasionnant une variabilité ou désaccord possible entre les parties et une incertitude relative de leurs comportements et actions. L'aspect adaptatif renvoie au degré de liberté de chacune des parties. Un système complexe adaptatif est situé entre deux extrêmes : un système simple, mécanique et prévisible d'un côté, un système chaotique, imprévisible de l'autre. On ne peut pas aborder un système complexe – comme l'est de manière croissante notre monde – comme on aborde un système simple, mécanique.

Dans cette phase du capitalisme où le succès d'une entreprise tient à la valeur de sa marque et à la reconnaissance sociale de ses actions (par les clients, les pairs ou l'opinion publique), les acteurs reviennent à la conscience, très présente dans les sociétés primitives, de leur dépendance à l'égard du tout, qu'il s'agisse de la nature ou des autres hommes. Ils prennent conscience qu'ils ne peuvent durablement se préoccuper de leur seul intérêt, sans tenir compte des incidences de leurs décisions sur leur environnement : fournisseurs, opinion publique, planète, etc. L'individualisme exacerbé des capitalismes industriel et de la marque se révèle n'être qu'un faux-semblant, un bien seulement apparent, résultant d'une illusion de perspective. «*L'individualisme procède d'un jugement erroné*[15]» écrivait déjà Tocqueville : nous nous croyons plus indépendants les uns des autres que dans les sociétés traditionnelles holistes, alors que nos liens sociaux sont seulement moins apparents. Les hommes réalisent aujourd'hui qu'ils demeurent liés à la Nature et à leurs semblables, qu'ils ne peuvent s'abstraire des problématiques écologiques, énergétiques et sociales qui restent déterminantes pour leur bien-être individuel. Le réel en effet s'est rappelé à nous, qui devons faire face à un environnement de plus en plus incertain, marqué par des crises d'ampleur croissante, qu'elles soient de nature financière, géo-climatique ou épidémiologique.

L'environnement étant de nouveau perçu comme potentiellement menaçant, les hommes recréent des liens, se soudent face à l'adversité. L'artificialisation grandissante des conditions de vie, à la faveur du développement économique sans précédent permis par le capitalisme industriel, nous avait donné l'illusion d'un environnement rendu prévisible, lissé, aménagé selon notre volonté, «*arraisonné*» (Heidegger), enfin maîtrisé, avec une Nature domptée. Nous réalisons qu'il n'en est rien, que cette maîtrise n'était qu'apparente, que nous ne sortirons des problèmes qui nous affectent collectivement que de manière collective. La recherche de l'intérêt personnel n'apparaît plus comme la

15. Alexis de TOCQUEVILLE, *De la démocratie en Amérique* [1840], vol. II, 2e partie, chapitre II.

recherche d'un intérêt solitaire, exclusif de celui des autres : dans le capitalisme humain, chacun a davantage conscience que son intérêt bien compris consiste à tenir compte de celui de tous les autres acteurs – même si cette conscience n'émerge que progressivement. À la différence de ce qui se passait dans le capitalisme industriel, les parties prenantes d'un marché, même concurrentes, deviennent plus partenaires que rivales. La concurrence n'est plus tant rivalité mimétique qu'émulation collective. Le capitalisme humain se caractérise donc par cette prise de conscience que, d'une manière ou d'une autre, tout fait système, de sorte que l'homme doit se vivre en lien avec ce qui l'entoure. Et cela veut dire d'abord demeurer en prise avec son environnement, ce qui suppose de faire preuve d'intelligence de situation.

Ce qui différencie l'intelligence des savoirs, c'est qu'elle est ce qui permet de relier (*inter-ligere*) ces derniers, d'établir entre eux des connexions nouvelles, permettant ainsi à un individu de répondre à la singularité des situations auxquelles il se trouve confronté. Dans la mesure où l'intelligence ne s'apprend pas dans des livres ou dans des formations, mais se cultive avec l'esprit critique tout au long de la vie, le haut diplômé et l'autodidacte se rencontrent sur un pied d'égalité. Héraclite affirmait : « *Beaucoup savoir n'apprend pas à penser.* » Un érudit peut manquer totalement d'intelligence et n'être qu'un animal savant. De même, les connaissances accumulées par un salarié, en termes de savoir-faire et de savoirs professionnels, peuvent se fossiliser, l'enfermer dans un travail machinal et une arrogance qui le privent de toute adaptation au contexte. L'intelligence se définit donc non pas seulement comme la capacité à établir des relations (car un ordinateur aussi est doué d'une imposante connectique), mais comme la capacité à capitaliser sur des connaissances passées pour créer des connaissances nouvelles. C'est l'intelligence créatrice qui devient, dans l'économie du XXIe siècle, la qualité différenciante, d'un individu à l'autre, et la clé du succès collectif.

En transformant les informations en connaissances et en rendant celles-ci non seulement disponibles mais accessibles, c'est-à-dire compréhensibles, on pourrait croire que le manager du XXIe siècle a toutes les raisons de mieux parvenir que ses prédécesseurs à rendre l'environnement prévisible à ses équipes. Or, dans un environnement systémique, le paradoxe est que nos capacités de prévision vont croissant alors que l'imprédictibilité structurelle est grandissante. Comme le dit Edgar Morin, «*plus nous avançons dans les connaissances, plus nous pénétrons dans l'inconnu*». Quand tout interagit avec tout, une infime variation dans les conditions initiales peut changer la face du monde, nous apprend la théorie du chaos, l'insignifiant peut devenir déterminant, ce qui signifie, pour les entreprises, que la déstabilisation peut venir de toute part à tout moment[16] : quand une entreprise éternue, c'est le marché entier qui menace de s'enrhumer[17]. Chacun se trouvant exposé aux maux qui frappent les autres, chacun a intérêt à ce que tous aillent bien. À la différence de ce qui se passait à l'époque du capitalisme industriel, le succès économique ne peut plus aujourd'hui se faire au détriment des parties prenantes (en coûtant à la planète, en asphyxiant ses fournisseurs, en écrasant ses concurrents...) en nuisant à l'environnement, de marché ou écologique, mais, s'il se veut durable, il doit nécessairement s'inscrire en harmonie avec eux. C'est dorénavant en jouant collectif que l'on joue le mieux «perso».

---

16. Suivant le météorologue Konrad LORENZ, «*le battement d'ailes d'un papillon au Brésil peut provoquer une tornade au Texas*» (conférence en 1972 à l'*American Association for the Advancement of Science* intitulée «*Predictability: Does the Flap of a Butterfly's Wings in Brazil Set off a Tornado in Texas?*»).

17. Michel-Henry BOUCHET, *Intelligence économique et gestion des risques*, 2007 : «*La globalisation crée un risque de contamination régionale et systémique liée à l'intégration des marchés de capitaux et à la libéralisation financière dans les pays émergents* (...). *La propagation des signaux de crise et leur transformation en volatilité financière illustrent l'application de la théorie des dominos aux transmissions des déséquilibres internationaux.*» (p. 111). Et Benoît MANDELBROT : «*Dans une économie globalisée, l'intégration des marchés fonctionne comme une chambre d'écho, avec des risques nouveaux de propagation des crises.*» (in Michel-Henry BOUCHET, *Intelligence économique et gestion des risques*, 2007, p. 131). Loin d'apporter davantage de sécurité, il se pourrait donc que, à côté des opportunités qu'elle présente, la mondialisation expose aussi à davantage de risques, des risques non plus locaux mais globaux, systémiques, liés aux effets de contagion (virales, économiques, informatiques...). L'environnement étant plus ouvert, les opportunités croissent en même temps que les menaces, d'où l'importance capitale de faire preuve d'intelligence des situations.

Face à cet environnement de plus en plus instable et incertain, les dirigeants d'organisations, raisonnant sur des schémas anciens (ceux qui prévalaient dans les formes de capitalisme antérieur), peuvent être tentés de répondre à la menace grandissante par un surcroît de coercition et d'uniformisation, de manière à ce que tous, marchant au même pas, se trouvent alignés derrière le chef. «Face à la menace, faisons bloc, ne faisons plus qu'un seul homme!» C'est oublier que ce n'est pas la fusion qui fait la force, mais l'union, laquelle suppose le maintien des différences, et qu'en réduisant la diversité des points de vue à un seul, une équipe se trouve alors aussi démunie face à la complexité qu'un homme seul ne se fiant qu'à son seul jugement. C'est oublier surtout que, face à un environnement mouvant, incertain, être fort ne sert à rien, c'est être agile qu'il faut, et avoir une vue polyscopique – «avoir des yeux derrières les oreilles», ce qui n'est possible qu'à plusieurs –, car la menace ou l'opportunité peuvent venir de partout. Par conséquent, les organisations soucieuses de s'adapter à la nouvelle configuration de marché, loin de répondre aux menaces potentielles par une réduction de leur diversité, une uniformisation des comportements et un alignement des opinions derrière celle du chef, cultiveront au contraire les capacités de différenciation de points de vue dans leurs équipes, de manière à faire progressivement émerger un point de vue complexe, donc polyscopique, porteur de diversité au lieu de la nier. C'est parce qu'uniformiser permet une moins bonne adaptation au changement que se trouvent désavantagées, dans l'économie actuelle, les entreprises qui maintiennent des structures rigides.

Nous parlons d'«économie de l'adaptation» pour signifier qu'aujourd'hui, plus encore qu'hier et moins que demain, les entreprises qui réussiront le mieux seront celles qui sauront le mieux innover dans leur rapport à leur environnement évolutif: l'innovation est une conséquence de l'exigence d'adaptation, elle doit être constante – et non plus épisodique – parce que l'évolution des marchés, des usages, des désirs, est constante, bien plus rapide en tout cas que par le passé. Aussi est-ce l'adaptation, comprise comme capacité à innover sans cesse pour rester en prise avec son environnement, qui devient la qualité professionnelle première, ce dont doit témoigner par excellence la figure de l'entrepreneur. Dans une société du risque, se trouvent mieux adaptés, et donc avantagés, ceux qui acceptent de prendre des risques et qui savent se mouvoir dans un environnement changeant. L'entreprise est ce lieu de l'« entre-prise » où l'entrepreneur doit constamment, tel le gibbon, sauter d'une prise à l'autre, se mettre en situation de prise de risque, la plus contrôlée possible, de manière à se jouer des circonstances imprévues.

Ce n'est plus la possession de biens qui prime, mais la capacité de lien. Si la période économique ouverte par la mondialisation et l'irruption des nouvelles technologies peut être décrite comme celle du « capitalisme humain », c'est en ce sens qu'elle avantage ceux qui exercent des compétences et qualités spécifiquement humaines, au premier rang desquelles vient la capacité de lien : l'homme est l'animal relationnel, en plus d'être l'animal rationnel[18]. Ses facultés de calcul et de mémorisation étant à présent copiées et même dépassées par les ordinateurs, ne lui restent en propre que la capacité de lien et la faculté d'adaptation à l'imprévisible. Un ordinateur, lui, ne fera jamais que ce pour quoi il est programmé, que ce qui a été prévu par son concepteur. Dans le « capitalisme humain », il n'y a d'autre choix pour réussir durablement que de « remettre l'humain au centre » dans les organisations, ce qui veut dire faire de ce qui est spécifiquement humain le moteur du développement : la liberté (intra-entrepreneuriat), la capacité de lien et d'adaptation (réseaux). Nous sommes toujours dans l'économie de l'innovation commencée au XVIIIe siècle, mais une innovation désormais adaptative, de chaque instant, requise par la nécessité de rester en prise avec un environnement qui se dérobe.

Dans la mesure où chacune des périodes du capitalisme que nous venons d'envisager ne se substitue pas aux précédentes, mais

---

18. Le terme grec *logos* signifie à la fois raison et relation. L'homme est l'animal doué de *logos* : c'est parce qu'il est doué de raison qu'il est aussi doué de relation, la raison humaine ne consistant pas dans la seule faculté de calcul, mais aussi dans la pensée, qui est essentiellement relationnelle, « *dialogue intérieur et silencieux de l'âme avec elle-même* », écrivait Platon (*Sophiste*, 263 e).

les complète, nous pourrions dire qu'une entreprise et un manager, aujourd'hui, doivent faire preuve, pour réussir au sein de l'actuelle économie de l'adaptation, des qualités correspondant plus particulièrement à chacun de ces cinq stades. L'analogie des cinq doigts de la main peut être éclairante. Au capitalisme guerrier, pourrions-nous dire, correspond le majeur, le plus fort de nos doigts. Au capitalisme marchand correspond l'annulaire, le doigt qui est étymologiquement celui de l'alliance, de l'anneau qui unit les époux, qui représente donc la confiance, sans laquelle il n'y aurait pas de commerce possible. Au capitalisme industriel correspond l'auriculaire, le plus agile de nos doigts, qui doit son nom à sa capacité à pénétrer dans notre conduit auditif et à explorer les sinuosités de notre pavillon auriculaire. Au capitalisme de la marque correspond l'index, celui de nos doigts par lequel nous montrons ce qui nous apparaît comme remarquable et que nous voulons suivre. Au capitalisme humain, enfin, correspond le pouce, doigt qui donne sens aux quatre autres en ce qu'il permet la préhension.

Dans un contexte économique où il s'agit de faire preuve d'autant d'adaptation que la main en est capable, l'entreprise comme le manager doivent tout à la fois être doués de force – pour faire montre d'autorité et se faire respecter –, dignes de confiance – pour susciter celle de leur entourage –, être agiles et rusés dans la réalisation de leurs projets, et capables de rester en prise avec leur environnement, si mouvant soit-il. Comme la main, entreprises et managers doivent savoir prendre en se fermant comme un poing symbole de fermeté (capitalisme guerrier), savoir donner en s'ouvrant comme une main tendue à un co-contractant (capitalisme marchand), savoir faire preuve d'ingéniosité pour innover techniquement (capitalisme industriel), savoir montrer une direction (capitalisme de la marque), savoir saisir les opportunités en s'adaptant à quelque circonstance qui se présente (capitalisme humain). «*L'homme n'aurait jamais atteint sa place prépondérante dans le monde sans l'usage de ses mains*[19]», a

19. Charles DARWIN, *La Descendance de l'Homme et la sélection sexuelle* [1871], I

écrit Darwin ; les entreprises qui souhaitent jouer un rôle prépondérant dans l'économie de demain doivent comprendre que l'économie présente synthétise celle des siècles passés, de manière à s'organiser en conséquence et former des managers entrepreneurs synthétisant eux aussi les qualités phares des figures archétypiques que nous avons successivement convoquées. Vaste ambition, qui n'en est que plus stimulante.

Les NTIC (nouvelles technologies de l'information et de la communication) amènent les entreprises à se transformer

Caractéristique du capitalisme industriel, le taylorisme table sur une réduction tendancielle de l'homme à une machine : il voit en lui d'abord une force de travail, physique ou intellectuel. D'abord appliqué dans les usines, le taylorisme s'est étendu aux emplois du tertiaire, et avec lui s'est étendue la mécanicisation du travail. En caricaturant à peine, nous pourrions dire que, dans les bureaux, le travail est, aujourd'hui encore, parcellisé, réduit à des procédures préétablies que les salariés appliquent souvent mécaniquement, comme pourraient le faire des ordinateurs ou des robots. Cette évolution nous est souvent présentée comme la seule possible pour éviter le remplacement définitif des hommes par les machines dans les organisations. En quelque sorte, à l'heure de l'automatisation des tâches, « *les travailleurs qualifiés n'échappent à leur remplacement par des machines qu'à la condition de consentir à devenir eux-mêmes des machines dociles*[20] » (Jacques Généreux). La robotisation du travail, prétendu rempart à la généralisation des robots au travail : l'idée n'est pas neuve, mais c'est une chimère. L'homme ne peut pas lutter avec les machines sur le plan de la force de travail, de la capacité de calcul ou de mémorisation : en robotisant le travail humain, on prépare le terrain au remplacement progressif des salariés par des machines, qu'elles soient des robots ou des ordinateurs, car celles-ci sont à la fois plus performantes et moins coûteuses en termes de charges sociales. Laissons aux machines ce

20. Jacques GENEREUX, *Les Vraies lois de l'économie* [2001], Seuil, 2005, p. 241.

qu'elles savent mieux faire que nous, et concentrons-nous sur ce que les machines ne sauront jamais faire et à quoi nous invite le « capitalisme humain » : créer, innover, inventer. À rebours d'une telle tendance, l'ambition d'une entreprise à responsabilité intégrale est de sortir d'une organisation du travail dans laquelle l'homme se voit réduit à une machine, ce qui commence quand il obéit machinalement à un supérieur hiérarchique, quand il se trouve donc réduit à un rôle de pur exécutant.

De la coordination à la collaboration et de la collaboration à la coopération

On ne peut comprendre la spécificité de l'entreprise adaptative et coopérative si l'on ne saisit pas la différence entre coopération et collaboration. Si l'on ne comprend pas un peu précisément ce qu'est la coopération, on ne comprendra pas pourquoi, par exemple, des comportements coopératifs supposent une organisation fondée sur l'égalité de ses membres et leur libération mutuelle, donc sans chefs. Les entreprises et, plus largement, les organisations humaines, ont toujours eu recours à la coordination, condition de l'efficacité d'un travail à plusieurs, moyen du travail en collaboration. La tâche est répartie et coordonnée, généralement par le supérieur hiérarchique. Le travail collaboratif existait évidemment bien avant l'avènement des NTIC, qui n'ont fait que permettre un travail collaboratif à distance et asynchrone, sans remettre en question la nécessaire coordination. On peut même dire que les NTIC permettent un meilleur travail collaboratif car mieux coordonné, chacun pouvant se tenir en permanence au courant du degré d'avancement du travail des autres. Même quand il a lieu sur une plate-forme virtuelle, un travail collaboratif n'implique ni un travail en réseau (des relations bilatérales peuvent suffire) ni l'égalité du pouvoir décisionnel des participants. Ce dans quoi le web 2.0 et les réseaux nous font entrer, c'est dans l'ère du travail coopératif, caractérisé par un fonctionnement égalitaire et libre.

La conception traditionnelle, hiérarchique (inégalitaire), de la collaboration

Entendue strictement, la collaboration implique seulement la participation à un travail commun, laquelle peut très bien ne porter que sur les moyens (exemple : la collaboration de Vichy avec l'occupant, ou les « collaborateurs » des grandes entreprises). De fait, la manière dont on distingue classiquement la collaboration de la coopération est que la collaboration est inégalitaire (l'un décide et les autres participent, c'est-à-dire ne font qu'accompagner, « supporter » ce qui a été décidé), tandis que la coopération se fait sur une base égalitaire (tous sont également décideurs des fins et des moyens). La coopération est nécessairement le fait d'acteurs, pas de suiveurs comme peut l'être la collaboration[21]. Autrement dit, la collaboration ne suppose qu'une simple contribution des participants, de quelque degré qu'elle soit et fût-elle cantonnée aux moyens, sans possibilité d'action sur les fins poursuivies.

Dans le travail collaboratif, ce qui est partagé, ce sont les tâches, pas le pouvoir décisionnel. De sorte qu'un seul peut décider du travail qu'il attribue à tous les autres et répartir les tâches à son avantage. Dans le travail coopératif en revanche, le partage des tâches – qu'il soit ou non concerté – se double d'un partage égalitaire du pouvoir de décision. L'inégalité entre les participants à un travail collaboratif explique que l'étymologie de « collaboration » renvoie à la pénibilité du *labor* (labeur) tandis que celle de « coopération » fait uniquement référence au paisible *opus* (œuvre). Dans la collaboration, nous sommes astreints à une tâche que nous n'avons pas choisie et c'est ce que la plupart des entreprises attendent de leurs salariés[22].

---

21. Le collaborateur laisse à d'autres l'initiative de la fin à la réalisation de laquelle il travaille. Il ne fait ce qu'il veut que dans la détermination des moyens à employer. Sa liberté n'est qu'à la mesure de la longe qui lui est laissée. En cela, collaborer est une subordination à une autre volonté que la sienne.

22. Le « travail collaboratif » au sens où elles l'entendent n'est qu'un simple « travail partagé », c'est-à-dire une *répartition* des tâches de chacun par un seul, le chef (lequel fixe les fins dont il répartit la charge des moyens entre ses collaborateurs). Or cela, c'est ce qui s'est toujours fait et qui ne désigne en réalité qu'une simple *coordination* du travail des uns et des autres (division

La conception web 2.0, égalitaire, de la collaboration

La collaboration dans les entreprises entre collègues est appelée par les évolutions technologiques et sociales à devenir ce qu'elle est dans le web 2.0, à savoir une réelle co-élaboration, c'est-à-dire une co-construction sur une base égalitaire, par où elle tend à se rapprocher de la coopération. La collaboration est appelée à se doubler d'une co-élaboration des fins poursuivies, c'est-à-dire d'une co-élaboration de la stratégie et de l'ensemble des décisions (démocratie dans l'entreprise). On voit souvent, dans les entreprises traditionnelles, une confusion sémantique entre, d'une part, la collaboration qui régit les rapports entre collaborateurs d'un même service ou d'une même entreprise, et, d'autre part, la « collaboration » qui est à l'œuvre dans un travail collaboratif en ligne. Dans un cas, les collaborateurs, conformément à l'étymologie du mot, ne participent qu'à la détermination des moyens nécessaires pour atteindre les objectifs fixés par d'autres ; dans l'autre cas, les « collaborateurs » participent non seulement à l'élaboration des moyens, mais aussi à l'élaboration des fins poursuivies, de sorte qu'il y a là une co-élaboration intégrale, des moyens comme des fins, en conséquence de quoi il serait plus juste de parler de coopération. Dans un cas, les collaborateurs collaborent vraiment, dans l'autre cas, ils co-élaborent, c'est-à-dire en fait coopèrent.

Deux conceptions des rapports entre les hommes, déterminant deux organisations du travail

La distinction collaboration/coopération permet de clarifier la distinction entre l'entreprise traditionnelle, aujourd'hui en décalage avec les évolutions sociales et technologiques, et celle de demain, de plain-pied avec son environnement. Dans l'entreprise traditionnelle comme dans l'entreprise de demain, les salariés participent à l'œuvre commune ; dans un cas ils ne participent qu'aux moyens et sont fondamentalement des subordonnés, dans l'autre ils participent aux

---

du travail), laquelle ne suppose aucune responsabilisation des uns et des autres, chacun pouvant parfaitement être réduit à n'être qu'un exécutant (l'exécutant de la volonté du chef).

moyens et aux fins, étant à la fois subordonnés (en tant qu'ils mettent en œuvre les moyens) et subordonnants (en tant qu'ils décident des objectifs), dominés et dominants.

Dans la première, le travail est collaboratif : la répartition des tâches est organisée de manière hiérarchique ; dans l'entreprise nouvelle génération, il se veut coopératif : il est une somme d'initiatives individuelles d'égal à égal. Dans le collaboratif, le document de l'un peut être enrichi par d'autres, si l'auteur, qui est seul décideur, le veut bien : c'est le fonctionnement d'un blog. Dans le coopératif, le document est petit à petit co-construit, sans idée préétablie du résultat final et sans qu'un seul décide de ce qui est à prendre ou à laisser. Un blog est collaboratif ; un wiki est coopératif (car tous les participants peuvent également modifier le texte commun, sont également décisionnaires). Un travail collaboratif peut être coopératif (comme c'est souvent le cas sur Internet), mais pas nécessairement (comme sur un blog), tandis qu'un travail coopératif est nécessairement au moins collaboratif. En effet, qu'un document soit produit par une pluralité d'acteurs également décisionnaires suppose *a minima* qu'ils puissent tous y apporter leur contribution (toute coopération suppose une collaboration), mais un document – collaboratif – peut porter la trace de plusieurs contributeurs sans qu'aucun d'eux n'ait eu de pouvoir de décision sur le résultat final (toute collaboration n'implique pas coopération). Autrement dit, la collaboration ne suppose qu'une simple contribution des participants, de quelque degré qu'elle soit et fût-elle cantonnée aux moyens sans possibilité d'action sur les fins poursuivies.

Dans le collaboratif, une personne – ou quelques-unes – maîtrise la participation des uns et des autres et décide de la place qu'elle laisse aux uns et aux autres ; dans le coopératif, la décision se construit collectivement, nul ne se trouve en situation de décider pour d'autres. Dans la collaboration, quand l'un opère (décide), les autres collaborent (suivent). Dans la coopération, quand l'un opère, les autres coopèrent (codécision). La collaboration peut avoir lieu entre inégaux ; il n'y a de coopération qu'entre égaux. C'est l'égalité de tous en droit – fondement de l'État de droit sans lequel il n'est pas de démocratie – qui crée une entreprise de coopérateurs, là où les inégalités en droit (les différences d'autorité hiérarchique contractuellement établies) ne créent qu'une société de collaborateurs.

Complexité de la coopération

La coopération n'est pas une mer sans vagues. Elle ne peut être obtenue que grâce à – et non pas «en dépit de» – la multiplication des micro-conflits. L'expression de contradictions est encouragée dans chaque équipe, la multiplication des micro-conflits qui en découle permettant de faire apparaître précocement les sources de malentendus et donc, premièrement, d'éviter les grands conflits qui paralysent l'organisation, deuxièmement, d'en tirer profit pour améliorer tôt l'organisation ou le service client. Tout comme une certaine façon d'inoculer un virus peut nous vacciner contre ce virus, une certaine façon d'introduire le conflit dans une organisation peut la vacciner contre la violence.

Il n'y a pas encore coopération si les problèmes ne sont pas résolus entre égaux, entre pairs. C'est pourquoi les conflits sont résolus non par la hiérarchie, mais par les pairs. C'est toujours la coopération, et non la coercition hiérarchique, qui doit permettre de résoudre conflits et problèmes, sans quoi ceux-là ne seront résolus qu'en apparence et seulement provisoirement. Enfin, les défauts de coopération peuvent être résolus par un surcroît de coopération. Nous venons de le voir, le problème que manifeste le conflit doit être résolu en faisant appel à la coopération de l'équipe, mais celle-ci peut ne pas suffire : la coopération à l'intérieur de l'équipe peut avoir été mise à mal, de sorte que cette dernière ne parvient pas à résoudre le problème. Dans ce cas-là, il est fait appel à la coopération de pairs plus lointains, ceux d'autres équipes. En effet, si les collègues d'un même niveau hiérarchique ne sont pas parvenus à résoudre un problème donné, sa résolution ne peut être confiée au niveau supérieur, mais à d'autres personnes du même niveau hiérarchique que celui où il s'est posé (coopération élargie).

D'une manière générale, l'important est de coopérer. L'expérimentation sociale menée depuis près de quarante ans dans le groupe

Hervé montre que si la coopération est effective dans les équipes, les résultats finissent toujours par s'ensuivre, dans une direction qui n'est pas prévisible. La coopération est première, le but second, conformément à une logique effectuale (dont le sens sera précisé ultérieurement). Dans un environnement social et technologique lui-même de plus en plus marqué par les pratiques collaboratives, la coopération, c'est-à-dire la symbiose avec son environnement, est de plus en plus le véritable facteur-clé de succès d'une entreprise, la pratique de la coopération en interne débouchant naturellement sur une volonté d'établir aussi une relation de coopération avec toutes les parties prenantes de l'entreprise, c'est-à-dire avec l'environnement de marché (fournisseurs, clients, associations...).

Si la conséquence de la coopération est la réussite économique, sa condition est la liberté. Si une authentique coopération est à l'œuvre dans les équipes, cela signifie que les résultats ne sauraient tarder et que les individus sont libres. C'est parce qu'ils se sentent libres qu'ils s'autorisent à créer, et, l'innovation portant des fruits, que le développement économique s'ensuit. La clé de la coopération, c'est donc la liberté. Plus les individus seront libres, assumant pleinement leurs différences, n'hésitant pas à les exprimer et à les confronter à celles exprimées par les autres, plus la coopération sera favorisée. La collaboration peut être organisée par des instances supérieures, la coopération ne peut venir que des individus, selon leur libre volonté.

Vers l'entreprise 2.0

Nouveauté du web 2.0

La coopération n'a pas attendu l'arrivée d'Internet pour exister. Ce que permettent en revanche les nouvelles technologies, c'est une généralisation des pratiques coopératives, rendant obsolètes dans les organisations les pratiques de pouvoir fondées sur la contrainte hiérarchique. Si l'on souhaite créer dans son entreprise un environnement coopératif, il n'est plus possible d'y laisser s'exercer une quelconque contrainte des subordonnés par les chefs, la distinction même perdant ici sa signification, subordonnés et chefs jouissant alors des mêmes droits, donc des mêmes pouvoirs, quoique dans des fonctions différentes. Dans une entreprise régie par la coopération, le chef devient un manager, puisqu'il n'y a plus de subordonnés. Sa fonction n'est plus de décider pour d'autres, comme la tête – le « chef » – décide pour les membres du corps, elle est de « manager », au sens large – que nous préciserons plus loin.

Si Internet n'a de toute évidence pas créé la coopération, ce qu'il est convenu d'appeler le « web 2.0 » ne l'a pas créée non plus. Dans l'Internet 1.0, les pratiques demeuraient, suivant le modèle ancien hérité des organisations traditionnelles, collaboratives, au sens défini plus haut. Avec l'Internet 2.0, se généralisent les pratiques coopératives. Du web 1.0 au web 2.0, on passe du *blog* au *wiki* et de la collaboration à la coopération. Le web 2.0 peut se définir comme un web dynamique, ou participatif, où l'internaute devient acteur de la transformation de l'environnement dans lequel il évolue (on parle d'« *user generated content* »). Dès lors, avoir une attitude 2.0 signifie passer d'une attitude de consommateur (comme celle de l'internaute surfant sur le web 1.0 qu'il ne pouvait modifier) à une attitude d'acteur[23], que ce soit en politique ou dans l'entreprise. Ne plus se contenter de consommer – des contenus en ligne, par exemple – sans contribuer a pour conséquence que, chaque utilisateur étant à la fois contributeur et bénéficiaire[24], et en vertu de l'effet de réseau[25], chacun a intérêt à participer un maximum à l'amélioration de l'outil/environnement

23. Le consommateur devenant acteur, c'est ce que l'on appelle le « consom'acteur », néologisme traduisant le fait de ne pas penser son achat uniquement en termes de prix mais aussi en prenant en compte des critères d'origine, de conditions de fabrication, d'impact environnemental... Il exprime l'idée selon laquelle on peut « voter avec son caddie ».

24. Le salarié d'une entreprise 2.0 est ainsi à la fois le « collaborateur » d'un environnement collaboratif et le « contributeur » du réseau professionnel qui est le sien.

25. « L'effet de réseau, ou effet-club, est un mécanisme d'externalité positive économique qui prévoit que l'utilité d'un bien pour un agent dépend du nombre des autres utilisateurs C'est le cas de nombreuses technologies et service de communication » (Source : encyclopédie en ligne *Wikipedia*, article « effet de réseau »). On parle d'effet de réseau quand le fait que d'autres personnes fassent la même action accroît l'utilité ou la valeur de l'action, autrement dit quand son utilité ou sa valeur dépend du nombre d'utilisateurs.

commun. Cette transformation de l'internaute de visiteur (de sites Internet) en acteur[26] a été rendue possible par le développement de technologies facilitant la personnalisation des environnements et les interactions entre utilisateurs (mécanismes de syndication, flux RSS...), ce qui a permis le travail collaboratif en ligne ainsi que le *crowdsourcing*[27].

L'organisation 2.0

L'entreprise 2.0 n'est pas seulement celle qui utilise des technologies 2.0[28]. Elle est de préférence une entreprise numérique, en termes d'usage généralisé des nouvelles technologies – l'entreprise Hervé Thermique peut à bon droit être qualifiée d'« entreprise numérique », comme la ville Parthenay, sous l'impulsion du mandat municipal de Michel Hervé, fut la première ville numérique de France[29] –, mais elle est surtout une entreprise dont l'organisation et le management se

26. Cf. *Le Nouveau Pouvoir des internautes*, éd. Timée, de François-Xavier et Cécile HUSSHERR.

27. « Le *crowdsourcing* est un néologisme conçu en 2006 par Jeff HOWE et Mark ROBINSON. Calqué sur l'*outsourcing* (externalisation), qui consiste à faire réaliser en sous-traitance des tâches qui ne sont pas du métier fondamental de l'entreprise, le *crowdsourcing* consiste à utiliser la créativité, l'intelligence et le savoir-faire d'un grand nombre d'internautes, et ce, au moindre coût. La traduction littérale de *crowdsourcing* est "approvisionnement par la foule". » (Source : encyclopédie en ligne *Wikipedia*, article « crowdsourcing »)

28. Par exemple, Andrew McAFEE, de la Harvard Business School, considère que « *l'entreprise 2.0 correspond à une utilisation de plateformes sociales émergentes au sein de sociétés ou entre des sociétés, leurs partenaires et leurs clients* » (http://andrewmcafee.org/). À ce compte, toute entreprise disposant d'un wiki ou d'un réseau social virtuel en interne pourrait être dite 2.0, ce qui en élargirait le champ d'application à un point tel qu'il n'y aurait plus beaucoup de sens à parler d'« entreprise 2.0 », d'autant que le fonctionnement traditionnel de l'entreprise ne se trouve pas fondamentalement modifié par l'utilisation de ce type d'applications.

29. Parthenay fut, en 2001, la première ville de France récompensée par le label des cinq arobases, et se le voit décerné chaque année depuis, sans interruption. Si elle fut la première élue « ville Internet » ou « ville numérisée » (devant Issy-les-Moulineaux, Brest, etc.), c'est en raison des 39 % de Parthenaisiens alors reliés à Internet, de l'i*n-town-net* mis en place localement, de l'Intranet reliant les services de la mairie, également devenue hébergeur des sites des associations et fournisseur d'accès à Internet, de l'opération « 1 000 micros » lancée en 1997 pour équiper les foyers en ordinateurs, de la création d'un « espace numérisé » (ordinateurs accessibles gratuitement) avec des ateliers de formation associés, de l'équipement précoce des établissements scolaires en matériel informatique, des partenariats noués avec des industriels dont Microsoft...

trouvent en cohérence avec cet usage[30]. Or, si la plupart des moyennes et grandes entreprises utilisent aujourd'hui des technologies 2.0, rares sont celles qui adaptent leur organisation et leur mode de management, ce qui faisait dire à Bertrand Duperrin, chroniqueur du 2.0, que «*tout le monde se pique au jeu de faire rentrer des outils dans l'entreprise sans se poser le moins du monde la question du cadre de leur utilisation, question qui revient comme un boomerang à l'heure où on se rend compte qu'il ne suffit pas de petits ajustements périphériques pour donner une utilité aux outils mais une véritable refonte systémique pour qu'ils servent de catalyseur à un nouveau mode d'organisation*[31] ». L'outil n'est qu'un moyen. Pour qu'une entreprise puisse être dite 2.0, il ne suffit pas de faire rentrer des outils 2.0 dans l'entreprise, car alors ce sont les outils qui sont 2.0 et non l'entreprise elle-même. Il faut en outre outiller l'entreprise en nouvelles pratiques managériales et organisationnelles, lui permettant notamment de passer d'une organisation en silos ou matricielle à une organisation en réseau, ainsi que de la collaboration à la coopération, et à une coopération non seulement interne mais avec ses parties prenantes. Selon Joël de Rosnay :

«*L'entreprise virtuelle n'est autre qu'un réseau polycellulaire intelligent dont les nœuds sont réduits au minimum de leur masse critique active et efficace. Sa localisation est répartie en plusieurs lieux. Chacun est une cellule constituée d'un petit nombre de personnes accomplissant certaines fonctions spécifiques trop lourdes pour ses moyens. Les frais fixes sont réduits par la décentralisation en modules fonctionnels. (...). L'entreprise virtuelle est symbiotique. Ses partenaires travaillent en étroite coopération dans un intérêt commun, en optimisant leurs*

30. «*Au final, l'entreprise 2.0 ne devrait pas être définie par l'utilisation des outils web 2.0. Une telle définition est trop réductrice. (...). La vraie entreprise 2.0, c'est une organisation dont la finalité est clairement établie, et dont le top management et les équipes utilisent avec réalisme des pratiques collaboratives adaptées à la société et à l'environnement économique complexe et ambigu du XXIe siècle*» (Olivier RIVIERE, «Faire émerger la vraie entreprise 2.0», article publié sur *Collaboratif-info.fr* le 20/12/2010).

31. Bertrand DUPERRIN, «Où l'on se rend compte du fossé entre management 2.0 et entreprise 2.0», 24 février 2009, http://www.duperrin.com/2009/02/24/ou-lon-se-rend-compte-du-fosse-entre-management-20-et-entreprise-20/

ressources. [D'autant que, désormais,] une seule personne constitue avec sa logistique l'équivalent d'une entreprise de 5 à 6 employés : traitement de texte, gestion documentaire de fichiers, communication par fax et courrier électronique, comptabilité (...). Il remplace secrétaires, documentalistes, comptables, graphistes et standardistes. (...). Avec le pouvoir d'Internet, une personne peut créer une société multinationale unipersonnelle. (...). La structure en réseau, le parallélisme des opérations et le comportement chaotique des nouvelles organisations modifient radicalement les grandes fonctions de l'entreprise symbiotique. (...). Plutôt qu'un faisceau de filières de projets juxtaposés, il faut se représenter l'espace de recherche comme une sphère[32]. »

Une entreprise interactive est assez proche de « *l'entreprise du 3e type* » décrite en 1984 par Georges Archier et Hervé Sérieyx[33]. Si l'entreprise réellement 2.0 est celle qui traduit son utilisation des technologies 2.0 par un management et une organisation adaptés, alors nous sommes conduits à reconnaître qu'une organisation 2.0 est nécessairement démocratique en ce sens que ses membres sont, de manière égale, autonomes, acteurs, co-opérateurs : nous pourrions dire qu'elle fonctionne en *peer-to-peer*, de pairs à pairs, et non plus de pères à fils comme dans le modèle hiérarchique traditionnel. Organisation 2.0 et entreprise 2.0 signifient alors aussi démocratie 2.0. Dans l'entreprise 2.0 en effet, le salarié devient acteur (*empowerment*), il n'est plus l'agent passif de directives reçues de sa hiérarchie ou de son client. Si ce qui définit le web 2.0 est d'être participatif[34],

---

32. Joël DE ROSNAY, *L'Homme symbiotique*, 1995 [2000] p. 267-271

33. *L'entreprise du 3e type*, par Georges Archier et Hervé Sérieyx, Seuil, 1984. Comme celles du web 2.0, « *les entreprises du troisième type sont à la fois ouvertes, flexibles et mobilisatrices de tous leurs talents internes* » (p. 31), à partir d'un même constat d'une mutation en cours : « *Nous participons en réalité à une mutation profonde de la société et de l'activité industrielle, à l'échelle mondiale, sous-tendue par des transformations qualitatives aussi bien technologiques (l'information, nouvelle ressource majeure de l'entreprise), que sociologiques (l'arrivée des générations instruites), que commerciales (les nouvelles performances industrielles de l'Orient), que politiques (les expériences du socialisme), pour ne citer que les principales.* » (p. 10).

34. L'essayiste Paul GRAHAM n'hésite pas à parler de « *principe de démocratie* » du web 2.0 (www.paulgraham.com). De fait, auparavant, un site était réalisé par une personne, une équipe tout au plus, et s'adressait à des milliers de gens ; on était dans un système one to many, tandis

alors ce qui caractérise une entreprise 2.0, c'est d'être, elle aussi, participative. Aussi le vrai pouvoir, dans l'entreprise nouvelle génération, s'exerce-t-il *bottom-up*, de bas en haut, et non plus, comme dans les entreprises traditionnelles, *top-down*, de haut en bas : c'est la base qui exerce le pouvoir parce qu'elle a désormais les moyens technologiques d'une autonomie professionnelle réelle.

L'entreprise 2.0 permet aux collaborateurs d'évoluer de plus en plus comme des auto-entrepreneurs en ce sens qu'ils ne se vivent plus seulement comme au service de leur entreprise, mais aussi bien comme des utilisateurs de celle-ci, pouvant bénéficier de l'effet réseau de leur entreprise pour servir leur propre intérêt. Dit autrement : un collaborateur ne se sert jamais mieux de son entreprise que quand il la sert en y participant activement. De même que l'utilisateur d'Internet a tout intérêt à être un contributeur actif, à « jouer le jeu » du collectif, s'il veut pouvoir bénéficier des externalités positives ainsi produites (puisque la valeur de l'outil augmente à mesure que croît le nombre de ses utilisateurs/contributeurs), de même, le collaborateur de l'entreprise 2.0 est-il à la fois utilisateur et contributeur de son entreprise – pouvant d'autant mieux utiliser celle-ci à son profit qu'il y aura contribué. Et, comme il en va sur Internet en général et *Wikipedia* en particulier, ceux qui ne contribuent pas bénéficient quand même des contributions des autres, sans être sanctionnés. Leur seule sanction, morale, est d'être de purs consommateurs, ne rendant pas aux autres ce qu'ils en reçoivent.

De même que, dans le web 2.0, on fait de plus en plus appel à l'utilisateur en amont, dès la création du produit, pour mieux cibler le

---

qu'aujourd'hui le web 2.0 fait passer au many to many. Chacun devenant à la fois contributeur et bénéficiaire, on quitte l'ère de l'interaction unidirectionnelle (site web -> utilisateur) pour entrer dans celle de la collaboration. « Pour autant, les internautes vont-ils devenir tous acteurs de ce processus ? Selon un article de Charles Arthur dans *The Guardian*, pour un groupe de 100 personnes, si l'une crée du contenu, 10 seulement vont interagir en apportant commentaires et améliorations, les autres se contentant d'une consommation passive. Ce constat, obtenu via des retours d'expérience sur des sites collaboratifs, illustre la « règle des 1/10/89 % », selon laquelle plus de 80 % des contenus produits proviennent d'un nombre très restreint d'utilisateurs. » (« Le web 2.0 pour la veille et la recherche d'informations », Digimind, 2008).

besoin, de même, l'entreprise 2.0 inclut-elle ses clients et ses salariés dans l'élaboration de ses nouveaux produits. Le produit devient co-construit, il résulte d'interactions à l'intérieur de l'entreprise et entre l'entreprise et son environnement de marché. Ce n'est plus la direction qui décide, un département qui conçoit, un autre qui réalise et un dernier qui commercialise : tout cela tend à ne faire plus qu'un. Le client/consommateur devient prescripteur (ses commentaires sur les forums de discussion peuvent créer un *buzz* majeur). Par exemple, une entreprise interactive est celle qui, au lieu de faire travailler des spécialistes pour développer sa communication, va faire participer ses salariés (et/ou les internautes) à la construction de sa propre image. Elle compte prioritairement sur ses salariés, clients et fournisseurs pour construire sa réputation. L'interactivité avec les clients en particulier permet aux salariés d'être plus à l'écoute de leurs besoins et de leur apporter des réponses plus personnalisées. De la même manière, les réputations se font de plus en plus de manière virale, en passant de moins en moins par des agences de communication institutionnelles[35].

Entre les entreprises traditionnelles et l'entreprise adaptative que nous décrivons, il y a la même différence qu'entre un blog et un *wiki*. Dans un cas, le texte de l'un s'expose à la critique et son auteur ne retient de celle-ci que ce qu'il juge bon de retenir ; le texte final, quelle que soit la part qu'il fait aux idées d'autrui par rapport à la version originale, demeure principalement le texte de son auteur car c'est au discernement de ce dernier que tient la qualité du produit final. Dans l'autre cas, le texte lui-même est progressivement co-construit, de manière indéfiniment modifiable par quiconque. Pour qu'une organisation puisse être réellement qualifiée de 2.0, il ne suffit pas qu'elle soit numérique, il ne suffit pas qu'elle transforme des salariés en acteurs de la transformation organisationnelle, encore faut-il qu'en son sein tous soient également acteurs, également coopérateurs. Sans quoi ce n'est

35. On se souvient de la marque *Levi's* demandant à ses consommateurs d'imaginer et de faire sa prochaine publicité. Le consommateur se fait consom'acteur : à lui de produire, diffuser, indexer et partager des contenus de tous types.

pas l'entreprise dans sa totalité qui est 2.0, mais seulement une partie, à travers la diffusion de pratiques ne concernant que telle ou telle catégorie de population. Un employé d'Hervé Thermique faisait remarquer: «... *lorsque vous lisez des ouvrages sur l'organisation 2.0, vous vous rendez compte que cela ne concerne en fait que des cadres, mais jamais des personnes qui sont sur une chaîne de production et qui pourraient avoir accès à l'information, donner leur avis sur l'organisation de l'entreprise, ou encore sur l'état de leur machine. Ici, même le collègue dont le métier est de souder des tuyaux sous un évier accède au système d'information, aux outils collaboratifs*[36]». Et Stéphane Moracchini, journaliste spécialisé dans les pratiques collaboratives, de commenter: «*S'il est d'usage de dire que le 2.0 remet l'humain au cœur du système, le centre des préoccupations est souvent l'information et son trop-plein, et donc pas vraiment tous les humains. (...). In fine, et l'exemple d'Hervé Thermique le montre, l'entreprise 2.0 est une histoire de culture d'entreprise, et non l'histoire de la culture d'une partie de l'entreprise*[37].»

Un changement de paradigme

En peu de temps, nous sommes passés de la coordination à la collaboration et de la collaboration à la coopération. D'une économie dans laquelle l'intérêt des entreprises était de balayer leurs concurrents à une économie où leur intérêt devient de vivre en symbiose, d'une société d'obéissance à une société de participation, nous sommes parvenus à «*un véritable changement de civilisation. À l'ère de l'obéissance succède celle de l'entrepreneuriat et de la création individuelle et collective, que ce soit dans la vie économique ou dans la vie de la cité*[38]», ce qui induit un certain nombre de changements, dont au moins cinq particulièrement importants.

---

36. Cité dans «Hervé Thermique, du collaboratif dans les gènes», revue en ligne *Collaboratif-info*, 14/03/2011

37. Stéphane MORACCHINI, article «Entreprise 2.0, un penchant trop élitiste?», publié sur www.collaboratif-info.fr le 14/03/2011

38. Ségolène ROYAL, préface à *De la pyramide aux réseaux*, de Michel HERVÉ, Alain d'IRIBARNE et Elisabeth BOURGUINAT, éditions Autrement, 2007, p. 7.

Prime à la liberté et à la coopération

Le premier d'entre eux tient sans doute à l'impact économique d'un management plus ou moins libéral. Tant que nous nous situions dans un capitalisme industriel, caractérisé par une primauté de la force de travail et nécessitant des investissements massifs, il pouvait sembler cohérent de penser qu'il fallait, pour se trouver en harmonie avec son environnement économique, être doté d'organisations fondées sur la force. Ce qui a donné les organisations dont nous avons hérité, marquées par des contraintes hiérarchiques fortes. Pour être les plus forts commercialement, pour renforcer sa force de frappe, l'organisation devait être organisée sur le modèle d'une armée et atteindre un seuil critique, en termes de masse, pour pouvoir se battre dans la cour des grands. Maintenant que nous sommes entrés dans une économie de la connaissance et, plus encore, de la reconnaissance et même de la création, ce n'est plus la force qui prime mais la puissance, entendue en son sens étymologique de ce qui ouvre des possibles. Là où la force fermait des possibles, contraignant tout le monde à s'aligner sur la volonté du chef, la puissance en libère. Ce qui prime, dorénavant, ce n'est plus la masse d'une entreprise, censée la rendre apte à écraser quiconque lui fait de l'ombre, mais son agilité, c'est-à-dire sa capacité d'innovation, qui la rend apte à échapper aux mastodontes qui voudraient l'avaler. Dans ces conditions, ce ne sont plus ceux qui obéissent le mieux, qui se coulent le mieux dans un cadre donné, qui se trouvent avantagés, mais ceux qui sont les plus libres. Prime est donnée à la créativité, aux capacités de disruption, de sortie des cadres préétablis et de remise en question de l'existant. Dans la même perspective, ce ne sont plus les comportements de collaboration, c'est-à-dire de subordination bien ordonnée, qui s'avèrent les plus créateurs de valeur ajoutée pour l'entreprise, mais ceux de coopération, où chacun traitant l'autre comme un égal n'hésite pas à faire preuve de l'esprit de contradiction dont dépend tout progrès.

Prime à la droiture

Tout faisant désormais système, la droiture, la sincérité, l'honnêteté deviennent, pour une entreprise comme pour un individu, la stratégie de réussite la plus efficace. Cette affirmation, il est vrai, peut surprendre. Auparavant, on pouvait croire possible de considérer, si l'on était cynique et à courte vue, que biaiser avec la vérité, cacher des informations, manipuler les personnes, constituait une stratégie gagnante. On pouvait par exemple penser que le mensonge, les petits arrangements entre amis, constituaient un instrument légitime de management, la fin justifiant les moyens, car ce qui était caché pouvait le rester. Cela a certes toujours été un mauvais calcul, en plus d'une faute humaine. Mais aujourd'hui, cela devient un plus mauvais calcul encore : la faute humaine se double d'une erreur majeure de gestion. En effet, dans la société ouverte, de transparence, dans laquelle nous ont fait entrer les NTIC, tout finit par se savoir, tout fuite, de sorte que le mensonge ne peut manquer de se retourner contre son auteur. Les petits arrangements avec la vérité, les stratégies de dissimulations, deviennent non seulement inutiles, mais contreproductifs. Toute action ou événement étant susceptible d'entraîner une infinité de réactions en chaîne, que nul ne peut prévoir ni a fortiori maîtriser, il devient hautement dangereux de tricher ou de décevoir. En raison de l'influence des réseaux sociaux, des plaintes de clients peuvent se révéler désastreuses pour l'activité, et inversement les clients satisfaits peuvent faire le succès d'une marque par le *buzz*. Comme tout se sait et se propage très vite, la meilleure stratégie est de se comporter correctement, en toute transparence et authenticité. Dire la vérité, être en vérité avec soi-même comme avec les autres, devient le meilleur calcul.

Prime aux comportements écosystémiques

Autre conséquence du fait que tout fasse aujourd'hui davantage système, il devient décisif d'adopter des comportements écosystémiques. La cohérence devient le maître-mot : cohérence entre nos actes et nos paroles (qui sont de plus en plus transparents), cohérence entre notre vie privée et notre vie professionnelle (qui s'interpénètrent de plus en plus), cohérence entre ce que nous faisons et notre environnement (qui interagissent). Comme tout peut se savoir, être cohérent devient la stratégie la plus rationnelle, pour un individu comme pour une organisation. Priorité étant ainsi donnée à l'établissement d'une relation de confiance avec les clients, de manière à ce que, par exemple, à la suite d'une installation de chaudière, soit également conclu un contrat de maintenance, dont la marge bénéficiaire est plus importante. La cohérence, l'intégrité morale, la fidélité aux engagements, sont le meilleur des calculs. Le changement de paradigme, ici, réside dans le fait que, en raison d'un changement de l'environnement, un comportement honnête devient le meilleur des calculs, alors qu'auparavant les deux paraissaient s'opposer, les entreprises se voulant honnêtes se faisant laminer par celles moins freinées par des scrupules. Les comportements écosystémiques, en harmonie avec l'environnement (écologique, concurrentiel, social, politique et technologique), deviennent plus performants économiquement, alors qu'auparavant semblaient mieux réussir les entreprises se souciant assez peu de l'impact de leurs actions sur leur environnement.

Prime aux autonomes

Les NTIC permettent de maximiser l'autonomie individuelle. Un même individu peut désormais, depuis son ordinateur portable, éditer lui-même ses devis, ses factures, passer ses commandes, enclencher un processus de recrutement, faire sa comptabilité, répondre à des réclamations clients, soit faire seul le travail de plusieurs personnes. Là où, hier, l'interdépendance était de mise en raison de la nécessaire division du travail (un individu n'ayant pas les moyens techniques d'assumer seul une multitude de tâches demandant une multitude de compétences), l'autonomie professionnelle est aujourd'hui possible en raison, d'une part, des logiciels qui permettent de réaliser des tâches sans en avoir les compétences[39], et d'autre part, des moyens

39. Le logiciel *Word* permet de rédiger un courrier syntaxiquement correct sans être doué en orthographe, le logiciel *Visio* permet de réaliser des plans d'architecte sans être architecte, etc.

de communication à distance (Internet notamment) qui permettent d'entrer en relation quasi instantanée avec des collègues ou spécialistes (que l'on connaît ou que l'on ne connaît pas, via des forums de discussion) susceptibles de pallier nos déficits en connaissances techniques. Une organisation de l'entreprise en société d'auto-entrepreneurs procède directement de ces nouvelles possibilités techniques. Elle tire les conséquences de l'autonomie nouvelle dont peuvent disposer, pour peu qu'on les équipe correctement en moyens technologiques, les salariés d'une entreprise. Il est cohérent que la réponse d'une entreprise en recherche d'adaptabilité, à la révolution des technologies de l'information et de la communication, soit de concevoir une organisation qui accorde la plus large place à cette autonomie professionnelle. Si, non seulement elle ne diminue pas la profitabilité, mais la renforce, comme tend à le démontrer l'expérience du groupe Hervé, autant permettre aux salariés d'être aussi autonomes que le permettent les nouvelles technologies.

Prime aux organisations évolutives

Dans un monde naguère relativement stable et prévisible, il pouvait sembler cohérent de bâtir des organisations fondées sur l'ordre, donc sur une hiérarchie. Dans un monde profondément instable et complexe, de telles organisations ne sont plus adaptées : l'environnement de marché évolue trop vite pour des lignes hiérarchiques longues, et la complexité croissante des situations rend sous-performant un processus décisionnel de haut en bas inspiré par une poignée d'hommes. Le sens de l'évolution indique que se trouveront privilégiées les formes d'organisation plus évolutives, à la manière des organismes vivants. L'entreprise traditionnelle, hiérarchique et linéaire, est trop rigide. Le nouveau modèle d'entreprise est plus souple et donc plus réactif. Les outils web 2.0, par les interactions permanentes avec l'extérieur et la multiplication des capteurs qu'ils permettent (chaque salarié), rendent possible une entreprise plus réactive, davantage à l'écoute des oscillations et autres frémissements de son environnement, de manière à en exploiter plus précocement les virtualités.

L'inversion du rapport de l'entreprise à la liberté

De plus en plus, les entreprises qui sauront se démocratiser vont apparaître comme des espaces de liberté active, engagée, faisant efficacement concurrence à la liberté lénifiante, désengagée, régissant la sphère politique. L'entreprise adaptative incite en effet ses collaborateurs à exercer leur liberté là où, hors de l'entreprise, ils se contentent généralement d'en jouir passivement ; elle leur permet de s'inscrire dans une logique d'action propice à la construction de soi, au lieu de se cantonner à une logique de consommation. Elle les encourage à participer activement à l'élaboration des décisions et à faire preuve d'inventivité au lieu de rester les spectateurs d'évolutions qu'on leur présente comme inévitables. Pour peu qu'elles se démocratisent d'une manière participative – comme les y engagent de manière croissante les technologies web 2.0 et les générations montantes –, les entreprises vont de plus en plus mettre en concurrence une liberté suiviste et une liberté proactive, une liberté de jouissance amollissante et une liberté responsabilisante. Les rôles sont ainsi en train de s'inverser : l'entreprise, auparavant perçue comme un îlot d'aliénation dans un monde de liberté – on attendait impatiemment, pour vivre enfin pleinement, la fin de la journée, le week-end ou la retraite –, sera demain vécue comme un lieu d'épanouissement personnel car elle sera l'un des seuls endroits où les libertés pourront encore repousser leurs limites.

Compte tenu des évolutions de son environnement, « l'entreprise doit changer de paradigme. Plutôt que d'appliquer le principe du “surveiller et punir”, analysé par Michel Foucault, l'entreprise doit en réalité contrôler pour éduquer et pour former[40] ». Pour libérer l'innovation que recèle sa base, elle doit, par des signaux explicites (envoyés par son mode de management) et implicites (envoyés par son organisation), donner en interne une prime à la droiture, aux comportements écosystémiques, autonomes et inventifs, en abandonnant les anciennes manières de faire. Nous quittons le règne traditionnel de

40. Michel HERVÉ, *De la pyramide aux réseaux* (en collaboration avec Alain d'IRIBARNE et Elisabeth BOURGUINAT), éditions Autrement, 2007.

la contrainte hiérarchique et de la supériorité de certains sur d'autres, pour entrer dans l'ère de la coopération et de la codécision. Nous passons du chef au manager et au leader. Et s'il est aujourd'hui possible de passer, pour peu qu'on le veuille bien, de la collaboration à la coopération, de la décision unilatérale à la codécision, c'est parce qu'il y a eu la «révolution numérique» rendant possible le partage des mêmes informations à tous les salariés, ce qui rend du même coup la base capable de décider, elle aussi, en toute connaissance de cause. Dans la mesure où la nouvelle économie donne une prime à la liberté (qui permet mieux d'innover que la contrainte), il n'y a plus aujourd'hui de contradiction entre préoccupation humaniste et exigence de performance économique : la première est devenue la condition de la seconde. C'est là que se trouve le changement de paradigme.

II – Les résistances au changement

La crise financière qui a commencé en 2007 a révélé que nous étions depuis une dizaine d'années entrés dans un monde nouveau, auquel les formes d'organisation du travail et de l'économie ne se sont pas encore adaptées. Et c'est ce tiraillement croissant entre le monde, réel, de nouvelles technologies dans lequel nous vivons – ouvert, collaboratif, en réseau – et un modèle d'organisation des entreprises aujourd'hui dépassé – linéaire, hiérarchique, autoritaire – que manifeste la crise. Dans ce nouveau monde, où chacun cherche encore ses repères, l'avantage stratégique ne tient plus à la puissance d'échange, mais à l'innovation – et l'étoile du banquier pâlit devant celle, montante, du créateur. Ce changement de paradigme, faisant passer d'organisations hiérarchiques pyramidales à des organisations «aplaties» en réseaux, d'une économie de la quantité (où il faut faire du chiffre, du volume, croître toujours plus) à une économie de la qualité (de l'innovation, de l'information pertinente), d'un modèle de management autoritaire à un modèle plus collaboratif, il faudra peut-être des années aux grandes entreprises, dont l'inertie est forte, pour en prendre acte. Un monde ancien ne meurt pas sans soubresauts ni résistance.

Les jeunes générations, elles, n'attendent pas : elles sont déjà de plain-pied dans le monde nouveau et déjà elles interpellent les vieilles organisations, rechignant aux tâches mécaniques, revendiquant plus d'autonomie, important des manières de faire innovantes, ce qui provoque dans les entreprises des tensions croissantes, bien connues des responsables RH (« particularités de la génération Y », « démotivation des cadres »...), et dont témoignent la multiplication des problèmes psychosociaux ainsi que l'inflation des publications critiques : *Bonjour paresse* de Maïer (2004), *Quand les cadres se rebellent* de Courpasson et Thoenig (2008), *L'Open space m'a tuer* de Zuber et Des Isnards (2008), *Extension du domaine de la manipulation* de Marzano (2008), etc.

De plus en plus contestées, les organisations traditionnelles se crispent et, loin d'adapter leur fonctionnement aux nouvelles exigences d'un environnement web 2.0, elles se servent au contraire souvent des nouvelles technologies pour renforcer le contrôle, la surveillance, l'autorité de la ligne hiérarchique. Soit un usage traditionnel d'outils nouveaux appartenant à un environnement nouveau – ce qui ne pourra durer qu'un temps –, détournant les technologies web 2.0 d'une utilisation collaborative, partagée, égalitaire et, aussi souvent que possible, en *Open source*, pour une organisation hyper classique organisée par projets, de haut en bas et de manière linéaire. L'inconvénient majeur, c'est qu'un tel usage des nouvelles technologies se révèle nuisible aux entreprises.

Il n'est d'abord pas tenable sur le long terme car, dans le nouvel environnement numérique où nous sommes, les hiérarchies sont en permanence court-circuitées ; des leaders officieux, issus des réseaux sociaux, émergent et doublent la hiérarchie officielle ; les informations fuitent de toutes parts, rendant non seulement vaines, mais contre-productives les tentatives de rétention d'informations – les salariés demeurent connectés à leurs réseaux privés même sur leur lieu de travail et s'informent en permanence en dehors des canaux officiels, ce qui contribue à relativiser et à affaiblir les discours managériaux formatés, etc. Si ces entreprises se révélaient capables d'entraver ces changements de fond pour réduire les problèmes qu'ils posent à leur organisation, elles se priveraient de l'extraordinaire opportunité consistant à faire un usage 2.0 des technologies web 2.0. Ce serait un manque à gagner considérable, car elles ne profiteraient pas de l'incomparable puissance d'innovation permise par une organisation en réseau, collaborative et sur un pied d'égalité, qui a déjà fait sur Internet la preuve de son entière efficacité avec le développement de logiciels libres très professionnels.

Ne pas tenir compte de cette donnée fondamentale dans une économie de l'adaptation où l'innovation est devenue la principale source de valeur ajoutée, c'est pour ces entreprises se condamner à moyen et long terme. Ne pas adapter leur organisation, et à travers elle leur mode d'exercice du pouvoir et de production de l'innovation, au nouvel environnement économique et technologique dans lequel nous sommes entrés, et dont l'actuelle crise financière a été un révélateur, c'est attendre passivement la prochaine crise, qui les emportera. Dans cette matière comme dans d'autres, rester inerte, c'est être battu.

L'incompréhension des changements en cours

De nombreux dirigeants d'entreprise ne voient pas la nécessité de changer d'organisation parce qu'ils ne perçoivent pas de changement radical dans leur environnement de marché. Ils constatent des transformations, certes, mais comme il y en a toujours eu ; des transformations que l'organisation hiérarchique a toujours fini par surmonter. Ce dont ils ne semblent pas s'apercevoir, cependant, c'est de la profondeur des changements en cours. La globalisation constitue une nouvelle ère, dans laquelle tout problème local peut devenir global, par le jeu de ses résonances, de ses interactions avec toutes les autres parties. Tout fait davantage système et nul, à terme, ne peut s'isoler ou se cacher des autres. Ceux qui croient pouvoir continuer à exercer le pouvoir par la rétention d'informations ou la désinformation, par la contrainte ou la manipulation, seront plus vite démasqués, critiqués, jetés à la vindicte d'une opinion publique devenue omniprésente. Les comportements qui hier encore passaient, parce qu'ils n'étaient pas connus du grand public, comme les petits arrangements entre amis autour des rémunérations, les contournements artistiques de la fiscalité, les accommodements avec la loi, ne «passent» plus. L'opinion publique est devenue une vigie, même si elle a la mémoire courte. Le règne de la transparence, qui a commencé avec les nouvelles technologies de l'information et de la communication (NTIC), n'est pas prêt de s'éteindre. Il va même s'étendre. Le califat de la coopération, initié par les environnements collaboratifs web 2.0, devrait accroître son emprise, parce qu'il redonne des marges de manœuvre à ceux qui ont le sentiment de ne plus en avoir. Quand on a goûté à la liberté, et notamment à la liberté créatrice à l'œuvre dans un travail coopératif, il est difficile de l'oublier et on cherche à la vivifier.

L'inertie des organisations

L'organisation traditionnelle des entreprises, avec une ligne hiérarchique linéaire sur le modèle de l'armée, bride l'innovation. «*Les entreprises multinationales [sont] (...) des armées qui fonctionnent la plupart du temps d'après le modèle mécanique traditionnel: hiérarchique, linéaire, séquentiel. (...). Le rendement de cette machine est faible et son fonctionnement coûteux. Les étapes classiques se suivent en séquences: recherche fondamentale, recherche appliquée, recherche-développement, mise au point industrielle, comme un fleuve coulant de sa source vers son embouchure. (...). Mais une telle organisation montre vite ses limites. Il est difficile aux généraux de cette armée de chercheurs de les faire communiquer pour favoriser la fécondation des idées. (...). En outre, il est difficile d'arrêter les projets, ce qui mène inéluctablement à des rendements décroissants. Les nouvelles idées ont de plus en plus de difficulté à percer. Il faut remonter toute la hiérarchie décisionnelle pour les faire accepter. Le système est autolimitatif. Il existe une autre voie: organiser les équipes comme un réseau de neurones. Chaque chercheur est étroitement connecté aux autres par différents moyens techniques et humains. Le système fonctionne par catalyse. Les idées sont brassées, confrontées à des problèmes réels. Recherche fondamentale et appliquée coexistent dans une matrice à plusieurs dimensions. Plutôt qu'un faisceau de filières de projets juxtaposés, il faut se représenter l'espace de recherche comme une sphère*[41]. » (Joël de Rosnay)

Pour caricaturer à peine, l'éventail des réponses apportées aux problèmes internes dans les entreprises traditionnelles est le suivant : minimiser le risque, condamner l'erreur, limiter la liberté d'expression, borner l'autonomie, comprimer les salaires, réduire les effectifs ; autant d'attitudes qui ne favorisent guère l'innovation, font planer un climat de pesanteur, encouragent la déresponsabilisation et incitent à la passivité. Un système « *autolimitatif* », qui ne permet pas d'exploiter le potentiel d'innovation interne (les salariés), de capter les signaux faibles (des clients), de saisir les opportunités (dans l'environnement) et qui perdure par manque de capacité des organisations à se remettre en question. Aux changements en cours, celles-ci répondent en augmentant la pression au lieu de faire différemment, attendant leur rentabilité d'un plus de compression salariale, de saupoudrage dans la hiérarchie, etc., sans envisager d'obtenir une meilleure profitabilité d'une plus grande liberté d'esprit, d'une plus large autonomie, etc. Les grandes entreprises atteignent des tailles si importantes qu'elles croient nécessaire, pour garder leur cohésion, de pratiquer la coercition. Argument ultime (qui coupe court à tout contre-argument), la contrainte hiérarchique, c'est-à-dire la soumission, est encore le meilleur moyen d'obtenir l'obéissance, pensent-elles. Négligeant de prendre en compte la réalité du désir de coopération, c'est le réel qui se rappellera à elles.

Les cadres, crispés sur leurs prérogatives de pouvoir

Quand bien même les cadres dirigeants reconnaissent la nécessité d'une adaptation de l'organisation au changement de l'environnement social et technologique (qui invite à plus de coopération et de démocratie dans l'entreprise), tout se passe comme s'ils la rejetaient, car, si

41. Joël DE ROSNAY, *L'Homme symbiotique*, 1995 [2000] p. 267-271.

tel serait l'intérêt de l'entreprise, ce n'est pas le leur. Ils rechignent à partager leur pouvoir, leurs leviers de contrôle, aussi observe-t-on que, contrairement à une idée reçue, ce n'est pas la base qui est réticente au changement, mais les détenteurs du pouvoir, le personnel d'encadrement. Les cadres sont d'autant moins enclins à procéder aux changements nécessaires pour la survie de leur entreprise que celle-ci n'est justement pas la leur. Ne disposant pas d'un pouvoir d'actionnaire conséquent, leur intérêt ne s'identifie pas à celui de l'entreprise. Seul, se trouve véritablement concerné par l'adaptation de son entreprise à la nouvelle configuration de marché, le dirigeant d'entreprise qui s'en trouve être en même temps l'actionnaire majoritaire. Paradoxalement, il est plus naturel de prôner la démocratie dans son entreprise quand on est directement intéressé à la réussite de celle-ci que quand on ne l'est pas. Ce qui explique que certaines des expériences les plus abouties de démocratie 2.0 aient pris place dans des entreprises dont le dirigeant était réellement concerné par le devenir de l'entreprise – par exemple s'il en est l'actionnaire majoritaire – et prêt à perdre du pouvoir managérial si c'était là la condition d'une profitabilité supérieure. Il n'est pas exclu qu'un actionnariat concentré dans les mains d'un seul ou de quelques-uns facilite la décision de démocratiser l'entreprise.

L'économie de l'adaptation donne une prime aux organisations qui sauront devenir structurellement innovantes et capter l'innovation ordinaire de leurs salariés. Dans la mesure où une prime est aujourd'hui donnée à l'innovation, cela devrait en toute logique – mais c'est sans compter les résistances que nous venons d'évoquer – conduire les organisations à passer de rapports de collaboration à des rapports de coopération en leur sein, ce qui veut dire à devenir une entreprise adaptative de type 2.0. La coopération se révèle en effet un meilleur moyen de produire de l'innovation que la collaboration, comme la liberté par rapport à la contrainte. Et devenir une entreprise fondée sur la coopération, sur la libre détermination par chacun de ses moyens et de ses objectifs, dont découlent les moyens et objectifs communs, c'est devenir une démocratie, une organisation dont les règles communes se trouvent co-construites.

III – Dans une économie de l'adaptation se trouvent avantagées les entreprises qui développent de l'innovation collective

«*Alors qu'il y a encore une trentaine d'années les succès économiques reposaient essentiellement sur la richesse en matières premières ou sur les performances des industries manufacturières, aujourd'hui la véritable richesse est abstraite et repose sur la capacité à innover et à produire des idées*[42]», peut-on lire sous la plume de l'économiste Jacques Marseille. À cette nouvelle donne de leur environnement de marché, les entreprises doivent s'adapter en s'organisant de telle sorte que l'innovation devienne, chez elles, structurelle et non pas accidentelle, la règle et non l'exception. Il ne suffit pas de faire de l'innovation dans les entreprises, d'en produire ici ou là, encore faut-il rendre les entreprises structurellement innovantes, par un management et une organisation du travail adaptés à la nouvelle économie de l'adaptation dans laquelle nous sommes entrés.

Or, pour devenir intrinsèquement innovante, une entreprise ne peut pas conserver la même organisation que celle dont elle s'était dotée dans le cadre d'une économie marchande ou industrielle, où une élite éclairée, à sa tête, décidait pour l'ensemble du corps social de ce qui était bon pour lui. Pour que l'innovation vienne de l'ensemble du corps, et non de sa tête seulement, ou de quelques têtes créatives regroupées dans un département Recherche & développement, il faut que le sentiment de liberté ne soit plus l'apanage de quelques-uns, mais devienne le lot de tous, car on ne crée pas durablement sous la contrainte. Un environnement de contrainte hiérarchique n'est pas un environnement de travail favorable à l'innovation. Celle-ci suppose d'autres manières de faire, dont l'organisation 2.0, adaptative, offre un modèle du genre, par son agencement en une coopération de membres à la fois égaux et libres les uns des autres. On ne produit pas de l'innovation comme on produit des automobiles, il y faut plus

42. Jacques MARSEILLE, dossier « 12 raisons d'espérer », dans *Le Point* n° 1903, 5 mars 2009, p. 45.

de liberté et de facultés critiques. Nous allons préciser ce que veut dire le fait d'être organisé autour de ce double impératif de liberté et de remise en question, source de toute innovation durable. Ce qui nous permettra de mieux comprendre ce que peut signifier, pour une organisation adaptative, le fait d'être douée d'innovation collective.

Une vision systémique de l'organisation

La première chose à considérer, lorsque l'on souhaite bâtir une entreprise 2.0, adaptative, ce sont les interactions qui régissent chacun des éléments de l'ensemble. Pour s'inscrire en harmonie avec son environnement de plus en plus tissé d'interactions, l'entreprise elle-même doit se faire interactive et être composée d'éléments qui se répondent les uns aux autres, s'influencent les uns les autres, s'entrecroisent. Ce qui était déjà valable pour une entreprise 1.0 l'est d'autant plus pour une entreprise 2.0 : elle forme un tout cohérent dont aucun élément ne peut être délaissé, sous peine de dégradation de l'ensemble. Tout interfère avec tout, tout fait système. Aussi est-il essentiel d'avoir une vision holistique des choses, c'est-à-dire globale. D'appréhender dans la complexité de leurs interactions le client, le salarié, l'actionnaire et l'environnement social dans lequel ils évoluent. Dire cela, c'est dire que chaque élément de l'entreprise se trouve solidaire de tous les autres, qu'il le reconnaisse ou non. Il n'y a pas de sens à ce qu'un élément – par exemple un salarié – de la subtile mécanique entrepreneuriale s'oppose aux autres, cherche à leur nuire, à se grandir à leur détriment. Une compréhension systémique de l'organisation conduit à privilégier, au contraire, les comportements coopératifs, les bénéfices privés, individuels, bénéficiant à tous.

Dans cette mesure même, chacun doit pouvoir trouver sa place dans l'équipe ou l'organisation adaptative sans avoir pour cela à « jouer des coudes », se battre contre ses collègues, entrer en concurrence avec eux. L'harmonie doit prévaloir sur la tension et la confrontation, quelque vertu qu'elles présentent, et à plus forte raison si cette harmonie ne consiste pas en une musique doucereuse et relâchée, mais en une symphonie que nourrissent les différences. Dans une organisation 2.0, la base de l'équilibre est que nul ne s'y sente supérieur à un autre : le manager n'y est qu'un équipier comme un autre, avec telle ou telle fonction spécifique. Dans une équipe régie par ce type de fondement coopératif, tous ne se trouvent pas à la même place, et c'est ce qui leur permet d'avoir chacun leur place ; les coéquipiers ne remplissent pas la même fonction, chacun jouant son rôle avec son propre talent, ses propres compétences.

Dans un contexte où chaque élément interagit avec l'ensemble, la satisfaction des salariés devient un élément déterminant. Des salariés mécontents nuiront à leur organisation, directement par une mauvaise qualité de leur travail ou indirectement par une mauvaise réputation faite sur les réseaux sociaux. Inversement, des salariés que leur travail épanouit et qui sont fiers de leur entreprise seront les meilleurs commerciaux que l'on puisse imaginer, auprès de leurs différents cercles de relations comme sur les forums de discussion sur Internet. Sur le long terme en effet, dans un environnement marqué par les NTIC, tout se sait, tout finit par se savoir.

Inventivité et créativité

L'innovation est le fait soit d'une invention, soit d'une création, qu'il convient de ne pas confondre si l'on veut préciser ce qui est attendu de coopérateurs œuvrant dans une organisation adaptative – on parle d'invention technique, mais de créativité artistique, l'inventeur innove dans les moyens en vue d'une fin qu'il ne crée pas. À un collaborateur, on demande de faire preuve d'inventivité, c'est-à-dire d'ingéniosité dans la réalisation de sa tâche, qu'il n'a pas créée, au sens où il ne se l'est pas donnée. Pour l'exprimer autrement, l'invention ne survient qu'au sein d'un cadre prédéfini dont le nouvel agencement des moyens déjà existants offre de nouvelles possibilités techniques[43]. C'est pourquoi Paul Valéry écrit que « *la restriction est*

43. Pour autant, l'inventivité comme la créativité supposent la liberté. Simplement, l'inventeur fait preuve d'une plus grande liberté que les autres dans l'utilisation des moyens, là où le créateur fait preuve d'une plus grande liberté que les autres (et que l'inventeur) dans la détermination des fins.

inventrice *au moins autant de fois que la surabondance des libertés peut l'être. Je n'irai pas jusqu'à affirmer avec Joseph de Maistre que tout ce qui gêne l'homme le fortifie. De Maistre ne songeait peut-être pas qu'il est des chaussures trop étroites. Mais s'agissant des arts, il me répondrait assez bien, sans doute, que des chaussures trop étroites nous feraient* inventer *des danses toutes nouvelles*». (*Variété* IV).

L'invention est un exercice de contorsion à l'intérieur d'un cadre avec lequel il faut faire au mieux. La création, elle, s'affranchit du cadre commun pour en un créer un nouveau, aussi singulier que l'est son créateur. Toute création est singulière, son originalité relève de l'exceptionnalité : quand on entend une sonate de Bach, c'est du Bach, à nul autre pareil. S'il est indifférent que le téléphone ait été inventé par Graham Bell ou par un autre – devant l'appareil, on ne peut pas se dire «Ça, c'est du Graham Bell !» –, un œil averti découvrant une esquisse de Matisse sera capable de la lui attribuer immédiatement. Sans Edison, nous aurions eu le phonographe et sans Lavoisier, la composition de l'eau eût été connue, mais sans Renoir, *un* Renoir eut été impossible. Le créateur fait exister ce qui sans lui n'aurait jamais pu exister, car sa création lui ressemble.

Observons encore ceci : une invention technologique n'est inventive que dans la mesure où elle va servir à tout le monde. Découvrir Bach est une fin en soi, se suffit. Autotélisme de la création et conditionnalité de l'invention. L'inventeur s'adapte à un monde, il répond aux besoins de son époque ; son invention s'inscrit dans son temps, est reconnue comme telle au regard de son utilité sociale (sa fonction, son usage) ; le créateur, lui, crée son monde indépendamment d'aucun temps, ne répondant à aucun besoin. Le téléphone est fonctionnel, un tableau de Degas l'est-il ? Créer consiste à faire quelque chose que je suis seul à pouvoir faire ; alors seulement je ne me contente pas de faire preuve d'inventivité. Ce que j'invente, un autre aurait pu l'inventer, il n'est qu'accidentel que ce soit moi.

Lorsque nous parlons de développer l'innovation dans une organisation, nous voulons dire tout à la fois développer la créativité et l'inventivité. L'inventivité stimule plus particulièrement l'innovation incrémentale ; la créativité nourrit davantage l'innovation de rupture. Même si, la plupart du temps, les innovations, qu'elles soient incrémentales ou de rupture, relèvent clairement plus de l'inventivité humaine, il est des innovations technologiques ou organisationnelles qui portent indubitablement la marque de leur créateur, la marque de leur marque : tel produit, par la façon dont il est conçu, dessiné, voire commercialisé, porte toutes les traces d'un produit Apple, caractéristiques, reconnaissables entre mille. Qu'il s'agisse d'invention ou de création, innover, c'est toujours trouver du nouveau, ouvrir, comme en alpinisme, de nouvelles voies, par où innover a partie liée avec le génie ou, à tout le moins, une certaine forme de génie. Ce qui, dans un groupe historiquement constitué autour d'une entreprise de génie climatique et électrique, Hervé Thermique, parle particulièrement. Le propre de l'ingénieur, en effet, est normalement de faire preuve d'ingéniosité, c'est-à-dire de joindre, à la rigueur de son «*esprit de géométrie*», l'adaptabilité à la singularité d'une situation que donne l'«*esprit de finesse*» (Pascal), ce qui lui permet de créer à chaque fois du sur-mesure, de sortir de la simple reproduction passive de techniques passées. Un trait du génie, c'est la capacité à faire feu de tout bois, à tirer parti des éléments existants, contraintes et opportunités[44], pour les faire concourir à la réalisation d'une volonté. Si tout génie commence par l'imitation[45] – «*le lion est fait de mouton assimilé*», écrivait Paul Valéry –, il ne s'affirme que par sa capacité à s'en affranchir[46]. Bref, l'ingénieur est censé être prédisposé à l'innovation.

---

44. «*L'adversité est un échec pour le faible, un tremplin pour l'homme de génie*» (BALZAC).

45. «*On ne devient original qu'en imitant*» (Théophile GAUTIER) et «*c'est en copiant qu'on invente*» (Paul VALÉRY). Léonard de VINCI s'était soumis à la férule de VERROCCHIO et, en notant que «*Raphaël lui-même a été entre tous le plus appliqué à s'exercer à imiter*», DELACROIX estimait que «*cette imitation des plus grands*» est le plus sûr moyen pour un artiste de mettre son style à l'épreuve. CEZANNE, quant à lui, ne cesse de dire que «*le Louvre est le lieu où nous apprenons à lire*» et qu'un artiste «*doit méditer constamment les procédés du maître*».

46. Lorsque Victor HUGO disait «*N'imitez rien ni personne. Un lion qui copie un lion devient un singe*», c'était à l'attention d'esprits déjà formés, maîtrisant déjà les techniques leur permettant de créer, mais qui ne se l'autorisaient pas.

L'inventivité même doit permettre de passer d'une «*destruction créatrice*» (Schumpeter) à une création destructrice[47]. Il n'y a pas besoin de détruire pour créer du nouveau; là où il faut faire preuve d'inventivité, c'est justement pour éviter que la création ne se paye du prix d'une destruction. Quand l'évolution du marché rend obsolète telle activité, plutôt que de licencier sans coup férir les salariés impactés, l'intelligence de situation requiert de faire preuve d'inventivité pour trouver un usage nouveau à ces compétences devenues apparemment obsolètes. Dans une organisation se revendiquant de la coopération et de l'harmonie, il serait pour le moins paradoxal d'ajouter sa voix au chœur de ceux qui magnifient la «*destruction créatrice*», cette commode justification à toutes les régressions. Dans la mesure où «*rien ne se perd, rien ne se crée, tout se transforme*» (Lavoisier)[48], toute destruction peut en effet être dite créatrice, c'est-à-dire agent de transformation. La volonté de destruction n'est pas compatible avec la volonté de création qui anime les coopérateurs d'une organisation 2.0. Ceux-ci cherchent à créer du nouveau, et ce nouveau rendra sans doute l'ancien obsolète, mais il n'y a aucune nécessité à détruire activement, volontairement, quoi que ce soit.

Tous créatifs

Ce n'est pas en laissant libre cours à sa créativité que l'on crée durablement. Il n'y a pas d'un côté les créatifs, et de l'autre ceux qui ne le seraient pas; la créativité, cela se travaille et, comme l'indique l'étymologie du mot travail, cela ne va pas sans effort, sans surmonter des résistances. On n'est pas spontanément créatif, on le devient. La démocratie dans l'entreprise part d'un postulat démocratique: tout le monde peut devenir créatif, certes à des degrés divers en fonction des talents propres à chacun et au terme d'efforts inégaux liés à l'inégale distribution des facilités naturelles. L'exercice de la créativité n'a pas à être

47. «*Tout acte de création est avant tout un acte de destruction*» (PICASSO).

48. Cette phrase d'Antoine de LAVOISIER, extraite de son *Traité élémentaire de chimie* de 1789, est une reprise du philosophe présocratique Anaxagore, qui notait: «*Rien ne naît ni ne périt, mais des choses déjà existantes se combinent, puis se séparent de nouveau*» (*De la Nature*).

réservé à une élite naturellement prédisposée pour ce type d'activité. Dans la mesure où la créativité se travaille, démocratiser la créativité passe par un management participatif qui incite chacun des membres de l'équipe à participer au débat, à faire l'effort de s'affronter à d'autres opinions, vues, idées. Même ceux qui ont des facilités en termes de créativité ont besoin d'être stimulés pour rester créatifs dans la durée, donc d'une animation d'équipe et de réunions idoines. En effet la créativité, comme la liberté, doit se confronter à des obstacles, des limites, des contraintes, pour grandir, se renforcer, s'exercer. Il y a un exercice de la créativité comme il y a un exercice de la liberté. Il faut s'entraîner régulièrement pour se maintenir au niveau, à son meilleur niveau, et c'est la fonction des réunions régulières que de fournir un cadre à un tel entraînement. Il est bon, il est sain d'être gêné par des règles, des contraintes que l'on accepte librement parce que l'on en reconnaît la fécondité (ce qui est bien différent de la contrainte hiérarchique, subie). Cela stimule notre inventivité. En cherchant à les surmonter, nous envisageons de nouvelles options et élargissons notre horizon.

« *L'art est toujours le résultat d'une contrainte. Croire qu'il s'élève d'autant plus haut qu'il est libre, c'est croire que ce qui retient le cerf-volant de monter, c'est la corde... L'art n'aspire à la liberté que dans les périodes malades ; il voudrait être facilement. Chaque fois qu'il se sent vigoureux, il cherche la lutte et l'obstacle... Le grand artiste est celui qu'exalte la gêne, à qui l'obstacle sert de tremplin... L'art naît de contrainte, vit de lutte, meurt de liberté...* » (André Gide, *L'Evolution du théâtre*). C'est dans les réunions d'équipe que la créativité se construit de manière privilégiée parce que la pluralité de participants permet un bouillonnement d'idées (*brainstorming*) propice à l'éclosion de nouvelles. Pour que ce phénomène d'émergence de nouvelles idées se produise, il faut que se trouvent confrontés des points de vue différents, que la parole soit la plus libre possible, de manière à ce que s'exprime une grande diversité de manières de voir. Dans une réunion, ce que doivent venir chercher les participants, c'est « *la lutte et l'obstacle* », « *la gêne* » que constituent d'autres perspectives qui viennent remettre en question la leur.

Avoir une méthode d'animation des réunions est souvent fructueux car cela permet d'ouvrir méthodiquement le champ des possibles plus loin qu'on l'imaginait. De fait, les idées viennent en pensant, en multipliant méthodiquement les perspectives, en exerçant son esprit critique dans le débat avec autrui, pas en laissant divaguer aléatoirement son esprit : si « *l'imagination imite, c'est l'esprit critique qui crée* » (Oscar Wilde). Un esprit est souvent d'autant plus créatif qu'il se révèle capable de surmonter des contradictions ou des obstacles en apparence insurmontables : « *L'esprit de création est la forme la plus haute de l'esprit de contradiction.* » (Jean Cocteau). C'est parce que le débat nous force à surmonter des contradictions, à répondre à des objections, à prendre en compte de l'imprévu, que nous sommes conduits à penser plus loin que nous ne l'aurions fait seuls et à imaginer des solutions originales. Penser différemment, voir ce qu'ils ne voient pas, comme le supposent la création et donc l'innovation, cela demande du travail, de l'exercice et de la méthode, puisqu'il s'agit justement de penser à ce qui ne va pas en soi. Comme le dit une phrase célèbre : « *Ce n'est pas en développant la technologie de la bougie qu'on a inventé l'électricité* », ou encore : ce n'est pas en faisant plus du même, mais en faisant différemment. Les réunions d'équipe, si elles sont bien animées, cultivent cette capacité à transformer son regard pour proposer des solutions innovantes. Et à convertir les contradictions en créations.

L'innovation, défi organisationnel

La question de l'innovation a non seulement trait aux individus, mais aussi, voire surtout, à l'organisation à laquelle ils appartiennent. « *L'innovation organisationnelle témoigne de la reconnaissance du fait que de nouveaux modes d'organisation du travail dans des domaines tels que la gestion de la main-d'œuvre (comme les actions contribuant à impliquer tous les employés de manière à transformer l'organisation de travail en une ressource collective pour l'innovation), la distribution, les finances ou la fabrication peuvent avoir des effets positifs sur la compétitivité*[49] ». L'organisation 2.0 est en elle-même une innovation organisationnelle, qui favorise les innovations techniques, technologiques et commerciales. S'agissant d'innovation sociale, il en est une, de rupture, qui est à la source de toutes les autres : la démocratie dans l'entreprise. C'est le fait d'accorder à chaque salarié de base l'importance d'un chef qui va permettre à l'entreprise 2.0 de développer, dans des proportions sans commune mesure avec l'entreprise traditionnelle, de l'intelligence et de l'innovation collectives, une organisation apprenante, réflexive et résiliente. C'est parce que chaque membre se sent aussi libre que tout autre, n'ayant rien à craindre d'aucun supérieur hiérarchique, qu'il peut s'autoriser à créer.

• Développer une intelligence collective

Une démocratie 2.0, fondée sur une réelle participation des salariés, est capable de mobiliser l'intelligence de ses membres pour qu'émerge une intelligence collective, supérieure à celle de chacune de ses parties[50] et dynamisant chacune d'elles. Ne pas tirer parti de la diversité des intelligences présentes au sein d'une organisation, se contenter de ne compter que sur l'obéissance passive des salariés et leur seule capacité à reproduire des techniques ou à gérer l'existant, est un formidable gâchis, pénalisant sur le plan concurrentiel. Le défi des entreprises de demain consiste à savoir lier ensemble (*inter-ligere*) les intelligences particulières pour un bénéfice commun.

Transformer l'information en connaissance et la connaissance en intelligence

Cela suppose d'abord une forte densité des flux d'information : sous l'impulsion des NTIC, l'information, captée par chacun, doit circuler rapidement et se trouver ordonnée convenablement (sur une

49. Source : CORDIS, service d'information sur la recherche et le développement de la Commission européenne.

50. Suivant la formule du consultant américain Ken Blanchard : « *Aucun d'entre nous n'est plus intelligent que l'ensemble d'entre nous.* »

plateforme collaborative en ligne, un intranet...), de façon que quiconque en aurait besoin puisse la trouver facilement. L'information disponible doit se rendre accessible. Ensuite, et c'est là la marque distinctive des organisations 2.0, cette information doit être transformée en connaissance, ce qui peut de nos jours se faire aisément grâce à un *wiki* d'entreprise où se co-construit le savoir commun : les interprétations tirées des informations sont confrontées, les analyses commentées, les rapports d'experts disséqués, etc. Les informations brutes mises en partage prennent soudain sens, elles deviennent compréhensibles aux béotiens grâce à la mutualisation des expertises.

Il ne servirait pas à grand-chose d'avoir une base de données si les informations qui s'y trouvent n'étaient pas rendues lisibles, assimilables, exploitables par le plus grand nombre. C'est là que l'intelligence collective entre en jeu : la co-construction des savoirs sur les *wikis* permet de passer de la connaissance à l'intelligence. La mutualisation des connaissances donne accès à l'intelligence des contenus : c'est parce que les savoirs co-construits sur les *wikis* peuvent donner lieu à des débats, des divergences d'interprétation, que l'intelligence de chacun peut s'en trouver aiguisée et celle du groupe développée. À partir d'informations fiables, c'est la mutualisation des expertises qui permet de co-construire des savoirs fiables, mais l'intelligence proprement dite ne s'exerce qu'au-delà des savoirs, qu'une fois les savoirs établis, pour s'en libérer, les critiquer, les remettre en question et créer, c'est-à-dire explorer des territoires dans lesquels il n'y a plus ni informations ni savoirs suffisants.

C'est l'intelligence qui permet d'éclairer les savoirs, d'établir des rapports entre des champs de savoir a priori extérieurs les uns aux autres. Et cette intelligence ne va pas de soi, elle naît et croît dans la confrontation des idées les uns aux autres. « *On redécouvre aujourd'hui que l'addition des talents ne produit pas mécaniquement un surcroît d'intelligence collective, pas plus que le « déluge » informationnel ne tient lieu de connaissance et de culture*[51]. » (Jean-Claude

51. Jean-Claude GUILLEBAUD, *La Refondation du monde*, Seuil, 1999, p. 358.

Guillebaud). En effet, «*la clarté et l'intelligibilité du monde ne viennent pas du flux continu des informations ni de leur accessibilité supposée. L'information est trop dense, trop bruyante, trop rapide, trop frivole pour être éclairante et opératoire*[52]*.*» (Pierre Bongiovani). L'information, comme les savoirs, ne devient éclairante qu'éclairée par une intelligence qui l'organise en une réflexion.

Transformer l'intelligence collective en création collective

Dans une économie de l'adaptation, il ne suffit plus, pour être concurrentiel, de s'approprier des innovations – que ce soit grâce à des consultants extérieurs ou à un département interne exclusivement dédié à cette fonction –, mais d'être soi-même innovant. Les entreprises doivent, pour croître dans un environnement lui-même innovant, en perpétuel renouvellement, devenir structurellement innovantes, en faisant de chaque salarié un innovateur, pour «produire de l'innovation comme elles respirent». Nous ne respirons pas seulement par le nez, mais par chacun des pores de notre peau ; l'entreprise adaptative est un organisme semblable : elle met à contribution chacun de ses pores pour se donner de l'oxygène, dans un environnement concurrentiel parfois étouffant. Ainsi apparaît-il en quoi l'entreprise innovante est démocratique, et en quoi cette démocratie est une démocratie de contribution. Il ne s'agit plus de faire de l'innovation pour les salariés et les clients, mais avec eux, et cela en les rendant contributeurs, participants de ce dont ils vont bénéficier, ce qui est la marque d'une entreprise 2.0.

La notion d'intelligence collective se fonde, très simplement, sur l'idée selon laquelle on est plus intelligent à plusieurs que seul. Si l'on est d'accord avec cette formule, alors on est logiquement conduit à reconnaître que plus nous serons nombreux à participer à la réflexion, plus nous serons intelligents. Ceci dit, un trop grand nombre de personnes participant à une réflexion finit par nuire à la qualité de celle-ci. Dépassé un certain seuil, la quantité de personnes dégrade

52. Pierre BONGIOVANI, cité dans *Libération* du 22 avril 1999.

la qualité des productions intellectuelles. L'expérience, à cet égard, semble indiquer que le nombre idéal de participants à une réflexion, grâce auxquels une intelligence collective peut émerger, tourne autour de vingt. Au-delà de vingt *brainstormers*, aucune intelligence collective ne se dégage, l'émulation décroît. Au sein de telles équipes de vingt personnes, il n'y a pas d'autre moyen de développer l'intelligence collective que de confronter des points de vue, les savoirs, les expériences. «*Il faut limer et frotter sa cervelle à celle d'autrui*» (Montaigne) pour créer. C'est de ce frottement des cervelles les unes aux autres que jaillira l'étincelle créatrice.

Le développement de l'intelligence collective, par la mise en relation des intelligences individuelles les unes avec les autres, débouche assez naturellement sur une créativité collective. Un *brainstorming* est rarement infructueux. Nous pourrions même dire que le degré de créativité et d'inventivité d'une organisation, pour résoudre les problèmes qui se posent à elles comme pour perfectionner des produits, est fonction de son degré d'intelligence collective. Si le développement de l'intelligence collective, au niveau micro d'une équipe ou macro d'une entreprise, permet de stimuler la créativité collective, c'est en ce que la créativité ne peut s'exprimer, ou de manière atrophiée et seulement incrémentale, dans des environnements marqués par le suivisme (des directives du chef), le conformisme ou la seule reproduction de techniques standards (fussent-elles de «créativité»). Elle suppose de l'intelligence de situation, une liberté d'esprit, une capacité à mettre en rapport des éléments apparemment sans rapport pour en tirer profit.

• Développer une innovation collective

Le défi actuel, pour les organisations, consiste d'abord à se rendre capables de générer une intelligence collective telle qu'elle se traduise, chez leurs membres, par une intelligence créatrice, puis à capter cette créativité de manière à pouvoir, enfin, la convertir en innovation collective.

Capter la créativité de la base

Une entreprise véritablement innovante suppose la mise en place d'une organisation spécifique, destinée à capter la créativité de chacun de ses salariés. C'est ce que permet, par excellence, la démocratie dans l'entreprise. Dans une telle organisation en effet, l'intelligence est collective en ce sens qu'elle se fait par *crowdsourcing*, approvisionnement par la base de tous les éléments déterminants pour le groupe (objectifs, produits...), le but étant de capitaliser sur la capacité d'innovation de chaque salarié. Un processus à rebours de ce que l'on appelle l'« innovation fermée » qui a cours dans la plupart des entreprises et où l'innovation est confiée, sinon confinée, à un département « recherche et développement » (R&D). En effet, le risque d'une approche hyperspécialisée et exclusive de l'innovation, confiée à une équipe d'experts, est de développer des innovations intellectuellement brillantes, mais qui ratent leur cible ; de disposer d'une équipe ultra-performante de créatifs, très doués pour trouver de nouvelles applications, développer de nouveaux services, imaginer de nouveaux produits, mais toujours plus ou moins déconnectée des besoins réels des clients. L'avantage, au contraire, qu'il y a à promouvoir une organisation dont la responsabilité de l'innovation incombe à chaque salarié, c'est que les innovations développées se trouveront toujours en prise avec au moins une réalité : que ce soit celle du client, du fournisseur ou du collègue. Dans une démocratie entrepreneuriale 2.0, le mieux à même de proposer une innovation pertinente, donc adaptée à une demande (client, fournisseur ou interne), c'est celui qui a l'expérience quotidienne de répondre à cette demande et qui, parce qu'il la connaît, va pouvoir anticiper sur son évolution de façon adéquate.

Transformer la création ou l'invention en innovation

Les productions de l'intelligence créatrice ne deviennent des innovations que par une organisation adaptée, capable de les capter et de les transformer. L'innovation n'est pas la création, elle en est le dépassement. Au sens où on l'entend dans le monde des affaires, elle consiste à parvenir à traduire la créativité ou l'inventivité dans un produit brevetable et commercialisable. La créativité, c'est voir le monde autrement ; l'innovation, c'est pouvoir traduire la créativité dans les faits[53]. Quand inventer signifie imaginer une idée nouvelle, innover consiste à mettre en œuvre cette idée. La créativité ou l'inventivité des salariés ne sert pas à grand-chose si l'entreprise n'est pas capable d'en exploiter le potentiel technique et, de là, commercial. De même que la connaissance résulte d'une transformation de l'information, l'innovation résulte d'une transformation de la créativité.

Saisir les opportunités en faisant preuve de sérendipité

Les organisations 2.0 doivent intégrer l'incertitude à leur processus d'innovation, s'en faire un allié en reconnaissant que l'innovation suppose de la sérendipité. La sérendipité, qui a fait l'objet du colloque de Cerisy en 2009[54], désigne, suivant l'inventeur du mot, l'écrivain britannique Horace Walpole en 1754, le fait de «*faire des découvertes, par accident et sagacité, de choses que l'on ne cherchait pas*». Chaque mot compte et l'on constate que la notion de sérendipité dépasse largement le simple hasard. À l'accident déclencheur doit s'associer la sagacité, c'est-à-dire le discernement ou le flair qui permettent de détecter une anomalie, de la questionner, de l'interpréter, de la comprendre et de l'exploiter. On est ainsi bien loin du pur coup de chance. Pour autant, on trouve aussi la sérendipité définie comme la manière de réaliser des «*découvertes inattendues grâce au hasard et à l'intelligence*[55]», ou encore comme «*l'art de trouver la bonne information au hasard*[56]», un hasard néanmoins guidé puisqu'il s'agit de se trouver sur les bons territoires au bon

53. Luc de BRABANDERE, associé au *Boston Consulting Group*, philosophe d'entreprise et auteur de *La Valeur des idées* (Dunod, 2007), distingue la créativité, qui consiste à modifier la perception de la réalité, et l'innovation, qui consiste à changer la réalité.

54. Intitulé «La sérendipité dans les arts, les sciences et la décision», ce colloque s'est tenu du 20 au 30 juillet 2009 sous la direction de Pek VAN ANDEL et de Danièle BOURCIER.

55. Carlo GINZBURG, «Signes, traces, pistes. Racines d'un paradigme de l'indice», in *Le Débat*, n° 6, 1980, p. 2-44.

56. Yves-Michel MARTI et Bruno MARTINET, *L'Intelligence économique et concurrentielle : les yeux et les oreilles de l'entreprise*, éd. d'Organisation [1996], 2001.

moment – ce que traduit le mot anglais *happenstance* –, tout en faisant preuve de l'ouverture intellectuelle permettant de reconnaître que ce qu'on a trouvé incidemment peut avoir plus d'importance que ce que l'on cherchait et qu'il vaut alors mieux abandonner l'ancien objet de recherche pour se consacrer au nouveau. La chance, cela se provoque[57], cela s'aide : ceux qui ont de la chance à répétition en sont pour une part responsables.

Que le processus d'innovation se nourrisse d'aléatoire, auquel il faut être non moins attentif qu'à l'objet de recherche, c'est ce qu'atteste l'expérience la plus triviale, mais aussi la plus porteuse de conséquences économiques. Le *post-it* fut par exemple inventé en 1974 par Spencer Silver qui, se trompant dans les dosages alors qu'il cherchait à élaborer une nouvelle formule de colle forte, obtint par erreur une colle à faible pouvoir adhésif. Autrement dit, une structure soucieuse de maximiser son innovation ordinaire a tout intérêt à se doter, d'une part, d'un management tel qu'il laisse aux acteurs la possibilité d'explorer les pistes ouvertes par le hasard, et, d'autre part, d'une organisation expressément conçue pour susciter les occasions de rencontre entre collaborateurs, où peut agir la sérendipité. Cela peut se traduire dans une entreprise par une organisation dans laquelle les décisions se construisent toujours en groupe, de manière à ce que se trouvent multipliées les occasions de *brainstorming* au sein de chaque équipe comme entre membres d'équipes différentes. Ou prendre d'autres formes.

Claude Rochet, professeur associé à l'Institut du management public d'Aix-Marseille III, évoque un autre exemple : « *Altran Technologies est un fleuron de l'industrie française et un leader mondial en innovation par intégration de technologies. Altran définit son métier comme du* brainware, *soit la capacité à échanger, à travailler en réseau de manière proactive, à s'ouvrir l'esprit par les projets. Le système de management repose sur la propagation en fractale par*

57. Abraham LINCOLN disait : « *Des choses peuvent arriver à ceux qui attendent. Mais seulement celles laissées par ceux qui foncent.* »

les individus des problèmes à résoudre : une question est diffusée à trois personnes qui la diffusent à leur tour à trois autres personnes, de sorte que tout problème finit toujours par trouver une réponse dans les 48 heures. Les opportunités stratégiques sont créées par l'existence d'un problème à résoudre autour duquel échangent des ingénieurs et surtout par l'intégration du hasard qui seul, en fin de compte, va pouvoir faire apparaître ces opportunités stratégiques uniques et peu copiables. Cette irruption du nouveau grâce au hasard est stimulée par une ouverture systématique sur l'extérieur : même en situation de récession, les entretiens d'embauche continuent ; d'une part, ils permettent d'introduire les idées nouvelles dans l'entreprise et de faire émerger les opportunités, d'autre part, au premier signe de reprise, ils permettent de réaliser effectivement les embauches et de mettre le premier sur le marché ces idées nouvelles. (...). *Les leviers de l'innovation par la technologie sont donc principalement non technologiques : à la base, bien sûr, le* hardware *qui permet la connectivité, ensuite le* software *qui définit les langages communs et standardise les routines organisationnelles. L'*orgware *permet de définir les processus de fonctionnement et de caler les systèmes de management, mais c'est surtout le* brainware, *la créativité, l'intuition de l'innovation, la fertilisation entre idées et champ de compétences hétérogènes qui est créateur de valeur. Du* hardware *au* brainware *on passe du standard au spécifique, du copiable à l'impossible à imiter, du coûteux peu valorisable au peu coûteux à haute valeur ajoutée.* »

• Développer des organisations apprenantes

L'une des innovations organisationnelles les plus fondamentales d'une entreprise adaptative est sans doute le fait de capitaliser sur les connaissances de tous ses salariés pour en créer de nouvelles. Grâce à un intranet, elle offre à chacun la possibilité technique de partager ses connaissances (informations techniques sur un produit, renseignements sur un client, évolution réglementaire...) et de se nourrir de celles des autres. Ainsi les salariés apprennent-ils constamment, et en fonction de leurs besoins, sans qu'il soit besoin de leur prescrire un certain nombre de formations professionnelles. On peut alors parler d'organisation « auto-apprenante » – à défaut peut-être de parler d'organisation autodidacte, ce qui n'est jamais intégralement le cas : les pairs apprennent les uns des autres. Mais l'apprentissage n'a de sens, dans une perspective commerciale, que s'il se révèle utile. Non pas apprendre pour apprendre, mais apprendre pour s'adapter. Une autre caractéristique de l'organisation apprenante est en effet de garder la mémoire du passé pour l'utiliser dans l'abord du présent. Dans l'économie de la connaissance actuelle, devenue économie de l'innovation, la capacité à tirer les enseignements de l'expérience, à convertir ses échecs en savoir, de manière à ne pas les renouveler, devient un facteur-clé de succès. Car savoir ce qu'il ne faut pas faire permet une adaptation à un plus grand nombre de situations.

« *Les théoriciens de l'économie du savoir ont dû faire appel à la théorie des systèmes complexes adaptatifs pour tenter de modéliser l'entreprise postindustrielle. Cette théorie est fondée sur l'idée que les organismes vivants, qu'il s'agisse d'êtres, d'organisations ou de sociétés, survivent et s'adaptent en apprenant et en innovant collectivement. Une entreprise peut être considérée comme relevant de ce modèle dans la mesure où :*

– elle est composée d'individus autonomes et de groupes semi-autonomes qui s'auto-organisent pour produire de la connaissance de façon distribuée ;

– elle suscite des comportements émergents par auto-organisation de ses agents dans leurs tentatives d'atteindre des objectifs ;

– elle fournit un contexte partagé au sein duquel ces agents produisent de la connaissance[58]. » (Martin Roulleaux-Dugage)

Ces traits distinctifs se retrouvent dans le modèle organisationnel que nous présentons ici. Il est constitué d'équipes d'auto-entrepreneurs autonomes dans leurs objectifs et leurs ressources ; ces équipes s'autorégulent grâce à la vigilance de pairs « animateurs réseaux fonctionnels » ;

---

58. Martin ROULLEAUX-DUGAGE, *Organisation 2.0. Le Knowledge Management nouvelle génération*, Eyrolles, 2008, p. 34-35

elles co-construisent de la connaissance sur le *wiki* d'une part et lors de leur réunion mensuelle d'autre part. Pour développer l'organisation «apprenante», qui fournit l'adaptation à l'environnement, il y a tout intérêt à utiliser au maximum les ressources de l'informatique, qui amplifient considérablement les capacités de mémorisation (stockage) et de calcul logique (logiciels) des organisations.

L'entreprise 2.0 fait un large usage des nouvelles technologies parce que le fait de confier de plus en plus la mémorisation et le calcul à des ordinateurs lui permet de se concentrer davantage sur ce dont aucun ordinateur n'est aujourd'hui capable (il n'existe pas de logiciels d'innovation) : l'intelligence créatrice et indéfiniment inventive de nouvelles manières de s'adapter à un environnement mouvant. La première adaptation, c'est vis-à-vis de ses propres erreurs. Fait preuve d'intelligence celui qui sait tirer les enseignements de ses erreurs, qu'il s'agisse d'un individu ou d'une organisation. Et de fait, dès son apparition en 1978, le concept d'organisation apprenante a été défini par Argyris et Schön comme «*la détection et la correction des erreurs*».

• Développer des organisations résilientes

Si une organisation apprenante est une organisation non seulement capable de capitaliser ses savoirs (en créant de nouveaux savoirs à partir des savoirs disponibles), mais aussi d'apprendre de ses erreurs, c'est-à-dire de se perfectionner au fur et à mesure que des erreurs sont faites, alors cela veut dire qu'une organisation apprenante est, au fond, une organisation résiliente. Se doter d'une organisation apprenante, c'est se doter d'une organisation résiliente, capable de convertir les obstacles en tremplin. Et lorsque les succès comme les échecs se trouvent tournés en un bien[59], que «*tout ce qui ne tue pas rend plus*

59. «*Ne cherchez pas à devenir un homme qui a du succès. Cherchez à devenir un homme qui a de la valeur*» (EINSTEIN). La valeur d'une organisation, c'est qu'elle sache se relever de ses succès comme de ses échecs, car les succès ne font pas encore une réussite, même s'il en faut pour réussir. Ils sont porteurs de grands risques, pouvant tout aussi bien griser qu'avilir. Comme le disait CIORAN, en refusant un prix que l'Académie française venait de lui attribuer : «*J'ai connu toutes les formes de déchéance, même le succès.*»

fort» (Nietzsche) et que même les vents contraires sont mis à profit pour garder le cap, alors il n'est plus de menace dans l'environnement qui en soit vraiment une.

Les organisations, en vue de maximiser leur capacité d'innovation, et donc d'adaptation, sont appelées à se transformer radicalement, à se doter de structures plus souples, non seulement résilientes mais résiliaires, et ce sera le modèle de l'entreprise réticulaire, en réseau, que nous évoquerons plus loin. Il y a ainsi chez Ricardo Semler, le fondateur de *Semco*, groupe brésilien organisé en démocratie entrepreneuriale, «*une méfiance radicale à l'égard des structures organisationnelles et des procédures trop formalisées qui peuvent brider la motivation et la créativité et conduire tout droit à une «calcification» de la pensée («*calcified thinking*») en lieu et place de la flexibilité. Il refuse ainsi les organigrammes trop rigides, les business plans et les budgets à trop long terme; il n'y a pas chez Semco de véritable département des ressources humaines, pas de plan de carrière, aucune description de fonction et les notes de frais ne sont pas supervisées*[60]». Autrement dit, les salariés sont intégralement responsabilisés, et c'est cette responsabilisation même qui les rend à la fois plus motivés et plus créatifs. Nous pourrions tenter la formule suivante: il ne s'agit plus d'une entreprise «à responsabilité limitée», mais à responsabilité intégrale. Dans l'économie de l'innovation marquée par l'incertitude, c'est, pour les individus comme pour les organisations, la capacité d'adaptation à des changements de l'environnement de plus en plus rapides et imprévus, qui devient un facteur-clé de succès: «*Les espèces durables ne sont pas les espèces les plus fortes (...). Ce sont celles qui s'adaptent le mieux à leur environnement.*» (Charles Darwin). Il faut donc des individus et des organisations non seulement adaptés mais adaptables, capables d'embrasser les échecs et de les surmonter.

60. Philippe TROUVÉ, professeur de sociologie des organisations, «Les utopies sociales de la dirigeance», 4, «Ricardo Semler (1959): une démocratie entrepreneuriale?», in BOURNOIS F., DUVAL-HAMEL J., ROUSSILLON S., SCARINGELLA J.L. (coord.), *Comités exécutifs. Voyage au cœur de la dirigeance*, Eyrolles/Éditions d'Organisation, 2007.

S'adapter à son environnement et s'adapter son environnement

C'est de la pression de l'environnement que vient l'innovation, comme c'est l'évolution de l'environnement qui a poussé à l'évolution du vivant. Mais cela ne veut pas dire qu'il faille faire preuve de passivité et s'adapter à n'importe quelle évolution de son environnement, telle la méduse emportée par les courants changeants. Ce serait en tout cas éminemment paradoxal de la part d'une entreprise qui prétend faire de la capacité d'initiative de ses membres sa priorité. Ce n'est pas parce que les équipes d'une entreprise adaptative interviennent dans un secteur hautement hiérarchisé comme, par exemple, la construction navale, qu'elles vont se couler passivement dans cet environnement : c'est bien plutôt en affirmant leur singularité que les équipes de cette entreprise tireront leur épingle du jeu, en apparaissant par exemple comme une illustration d'*empowerment* auprès de leur commanditaire, permettant à celui-ci de faire éventuellement évoluer sa propre structure.

La doctrine de l'adaptation aux circonstances ne saurait en effet justifier la trahison de ce qui définit une entreprise[61]. Une organisation doit être adaptable, mais elle ne saurait pour autant, sans se renier, s'adapter à n'importe quel environnement de travail, accepter des contrats dans lesquels elle perdrait son âme. Au jeu des virevoltes entre partisans de l'adaptation pour l'adaptation, il est à craindre en effet que ce ne soit toujours le plus contorsionniste qui l'emporte et donc, en profondeur, le plus invertébré, ce qui est un grand danger pour les organisations qui se veulent humaines. La rhétorique de « l'adaptation » laisse la porte ouverte à tous les excès, toutes les compromissions, ne disant jamais de quoi est fait ce qu'il faut « adapter aux circonstances » – et pour cause, le plus souvent, il n'y a rien à adapter, on ne fait que s'adapter. Bien sûr, il faut savoir tirer parti des circonstances pour atteindre son but, *écrire droit* avec des lignes courbes, *garder le cap* tout en tirant des bords. Mais entre tenir compte des circonstances et s'y rallier avec armes et bagages, quelles qu'elles

61. Jean GUITTON : « *Vouloir être dans le vent, c'est l'ambition de la feuille morte.* »

soient, il y a une grande différence. Bien piètre navigateur serait celui qui ne pourrait aller que là où le pousse le vent, où le porte le courant dominant. S'adapter, « mettre de l'eau dans son vin », faire preuve de souplesse, ce ne doit jamais être mettre ses convictions dans sa poche et, finalement, les dissoudre dans un vague relativisme selon lequel « à chacun sa vérité », au sens où il n'y aurait pas de vérité, en tout cas univoquement accessible à quiconque ; en raison de quoi les « droits de l'homme » ne vaudraient pas pour les Chinois – qui pourraient continuer à torturer en paix, conformément à leur « vérité » propre. Le compromis n'est pas la compromission. Pour une entreprise, il ne s'agit pas seulement, comme on le voit dans toutes les organisations, d'innover pour mieux s'adapter aux contraintes existantes[62], mais de repousser les contraintes. Il ne suffit pas, loin de là, d'optimiser sa vie à l'intérieur d'un cadre donné, supposé intangible car sacré, mais de repousser les limites du cadre, voire, si cela est possible, sortir de tout cadre. Pour le dire d'un mot, innover, ce n'est pas faire plus du même, en se contentant de trouver des variantes, c'est faire différemment. Non pas varier, mais diversifier.

L'innovation, défi humain

L'innovation technologique n'est jamais une fin en soi, parce qu'elle peut ne durer qu'un temps. Elle n'est qu'un résultat, celui d'une créativité collective. Ce qui permet de pérenniser l'innovation technologique au sein d'une entreprise, c'est l'épanouissement des salariés, leur motivation, leur sentiment de liberté grâce auquel ils s'autorisent à créer. C'est pourquoi une entreprise soucieuse d'innover dans la durée a intérêt à responsabiliser au maximum ses salariés, à concevoir un environnement de travail qui les rende acteurs de leur activité professionnels plutôt que suiveurs d'un chef, auteurs de leur développement personnel, créateurs de nouvelles manières de faire. Il faut transformer le travail (*tripalium*) en activité, l'entreprise en

62. Position que résume assez bien la formule : il faut habiter ce monde autrement plutôt que rêver de le changer.

société d'actifs, d'acteurs. Plus un individu sera intellectuellement et psychologiquement libre, plus il sera vecteur d'innovation et de transformation pour son entreprise.

Si l'innovation est un défi humain, c'est que sa pérennité, c'est-à-dire son inscription dans la durée, va dépendre de la créativité des humains constituant l'entreprise ; elle jaillit dans les réunions d'équipe, au cours desquelles les idées sont brassées ; elle est ensuite convertie en innovation. C'est en ce sens qu'elle est une condition de l'épanouissement des salariés – en créant, en innovant, une personne se réalise, se dépasse. La volonté d'affirmation de soi est en même temps une volonté de création et de se dépasser soi-même, explique Nietzsche. On ne s'affirme vraiment qu'en créant et en inventant de nouvelles manières de faire, de contourner un obstacle, de surmonter une résistance, singulières. Dans cette «*volonté de puissance*» affirmative, positive, indéfiniment créatrice, se manifeste la *polytropia*, c'est-à-dire une fécondité inventive et rusée[63]. S'il est vrai qu'un individu est d'autant plus créatif qu'il est libre, alors l'environnement de travail le plus propice à l'innovation est celui qui, pour permettre une véritable autonomie des acteurs, neutralise le pouvoir de coercition hiérarchique (on peut produire sous la contrainte, mais pas créer). Dans une organisation durablement innovante, les seules contraintes doivent être d'ordre technique, liées aux limitations des outils technologiques, jamais liées au pouvoir hiérarchique.

La spécificité d'une entreprise adaptative 2.0, c'est peut-être de démocratiser la créativité, de considérer que tous, du manœuvre au PDG, peuvent être créatifs, pour autant qu'ils en prennent conscience et qu'ils s'y autorisent. Au fondement de la démocratie dans l'entreprise, il y a cette idée que la créativité n'est pas l'apanage d'une élite concentrée dans un département. Elle n'est pas réservée aux artistes, pas plus que l'inventivité serait le propre des seuls ingénieurs. La créativité, pour ne parler que d'elle, concerne chacun d'entre nous dans nos actes les plus quotidiens, à condition de cultiver certains traits

63. Voir NIETZSCHE, *La volonté de puissance*, livre IV, § 501, NRF, 1948.

de caractère. Elle est à la portée de tous[64], car «l'important n'est pas d'avoir un beau jeu, mais de bien jouer celui qu'on a». Observons autour de nous : certaines personnes savent rebondir de façon ludique sur les mille et un petits tracas de la vie. Elles étonnent toujours, colorent de leur patte personnelle les actes les plus quotidiens. Entre leurs mains, un simple pique-nique devient une fête, un dossier rébarbatif, un thriller. Chacun peut faire de sa vie une œuvre d'art – «*Ne cesse pas de sculpter ta propre statue*[65]», recommande Plotin, à la suite des stoïciens – à travers son métier, ses loisirs, ses relations, la décoration de sa maison, au cours d'une conversation. «*Un excellent potage prouve plus de créativité qu'une mauvaise peinture*», affirmait le psychologue Abraham Maslow[66].

L'innovation, défi de notre temps

L'économie actuelle étant une économie de l'innovation, elle suppose, de la part des organisations qui se veulent innovantes, d'avoir des hommes libres, capables de sortir des cadres préétablis, des sentiers battus, de penser *out of the box*. Pour innover, «*la difficulté n'est pas tant de développer de nouvelles idées que d'échapper aux anciennes*» (Keynes). Il faut être libre, des habitudes de pensée comme du conformisme, pour innover. Mais il y a là une boucle de causalité : la création suppose des hommes libres et l'homme se libère en créant. Comme c'est parce que l'homme est libre qu'il a à se libérer.

• Nous sommes entrés dans une économie de l'adaptation où ce qui fait la différence est la capacité à réaliser cette dernière : la source de valeur ajoutée devient la capacité à créer du nouveau (course à l'innovation technologique). L'environnement le plus propice à l'innovation est un environnement coopératif, comme cela se vérifie dans le monde artistique ou dans celui de la recherche scientifique[67]. Ce qui

---

64. «*L'homme est un travailleur, c'est-à-dire créateur et poète.*» (PROUDHON, Système des contradictions..., tome II, p. 361). «*La poésie doit être faite par tous*», écrit aussi LAUTRÉAMONT.
65. PLOTIN, *Ennéades*, I, 6 (1), 9, 7.
66. Abraham MASLOW, *Vers une psychologie de l'être*, Fayard, 1972.
67. Le capital immatériel se valorise mieux de manière autonome (l'individu plus libre sera plus

devient déterminant, en termes de réussite entrepreneuriale, c'est la capacité de faire travailler ses salariés de la manière la plus collaborative possible, ce qui veut dire aussi d'une manière plus coopérative[68]. L'innovation se déployant moins bien sous la contrainte, sortiront gagnantes de la compétition économique actuelle les organisations qui sauront le plus libérer l'innovation en relâchant le champ de contraintes, en particulier hiérarchique, qui pèse sur chaque salarié.

• Est-ce à dire pour autant que la création soit d'autant plus grande que les contraintes sont plus faibles ? Ce serait évidemment simpliste, et l'incapacité des entreprises sous autogestion à faire la différence sur ce terrain de l'innovation semble indiquer qu'il n'en est rien. On n'est pas plus créatif parce qu'on ne se soumet à aucune règle. Comme on le constate de manière particulièrement nette dans le domaine de la création artistique, la contrainte est ce qui permet la création, tout comme elle permet la liberté[69]. Pour Raymond Queneau, «*cette inspiration qui consiste à obéir aveuglément à toute impulsion est en réalité un esclavage. Le classique qui écrit sa tragédie en observant un certain nombre de règles qu'il connaît est plus libre que le poète qui écrit ce qui lui passe par la tête et qui est l'esclave d'autres règles qu'il ignore.*» Plus on a de contraintes, plus on est contraint d'innover, mais cela ne signifie naturellement pas qu'il faille multiplier à dessein les contraintes. La question est de savoir jusqu'à quel point la contrainte se révèle stimulante et à partir de quel moment elle se révèle contre-performante.

---

efficace en termes d'idées/solutions). Il ne suffit plus d'être productif quantitativement (organisation hiérarchique sur le modèle de l'armée), il faut désormais être pertinent, ce qui demande du temps et de la liberté. C'est pourquoi on peut dire que les critères de succès se rapprochent de ceux qui prévalent dans le domaine de la recherche universitaire.

68. Une organisation en réseau est au moins aussi efficace, tout en étant plus respectueuse de la liberté de chacun, qu'aucune autre organisation du travail, parce que les individus, s'y sentant en sécurité, sachant pouvoir compter sur le soutien de leurs pairs et la complémentarité de leurs compétences, s'autorisent plus de liberté et donc de créativité. L'innovation y est plus forte parce que les membres du réseau s'y sentent plus libres de créer.

69. « *La colombe légère*, rappelle Kant, *qui dans son libre vol fend l'air dont elle sent la résistance, pourrait s'imaginer qu'elle volerait bien mieux encore dans le vide* » (*Critique de la Raison pure*, introduction), mais cette contrainte de son environnement est nécessaire à son vol.

• À cet égard, il semble que ce ne soit pas tant l'intensité de la contrainte qui s'avère déterminante que sa provenance. La contrainte, si faible qu'elle soit, est ressentie comme limitatrice de liberté si elle provient du supérieur hiérarchique. Mais, si forte soit-elle, elle n'est pas ressentie comme inhibante si elle provient des pairs, c'est-à-dire de l'environnement social de même niveau hiérarchique.

La logique effectuale, principe de développement de l'entreprise innovante

De même que l'innovation résulte le plus souvent d'un processus itératif, par approximations successives (d'où l'importance du droit à l'erreur), l'entreprise innovante est celle qui se construit selon une logique itérative et effectuale, par sérendipité. Comme l'a étudié dès la fin des années 1990 Saras Sarasvathy, l'entrepreneur innovateur ne prend pas une décision une fois pour toutes, il est engagé dans un processus de conception qui est itératif, c'est-à-dire qui maintient ouvert, tout au long de son cheminement, plusieurs objectifs possibles, selon les opportunités ou les menaces qui se présentent. Saras Sarasvathy, qui a travaillé avec le prix Nobel d'économie 1978 Herbert Simon (l'introducteur du concept de « rationalité limitée »), a présenté en 1998 une thèse de doctorat qui éclairait d'un jour nouveau la façon particulière dont un entrepreneur à succès raisonne.

Elle a notamment dégagé le fait que, la plupart du temps, ce dernier ne raisonne pas selon une logique prédictive, causale, c'est-à-dire commandée par une cause finale prédéterminée (un objectif), mais qu'il applique une autre logique qui lui est opposée. Mme Sarasvathy la nomme « logique effectuale », c'est-à-dire que l'entrepreneur reste attentif aux effets de ses actions sur son environnement, afin de réajuster pas à pas son chemin, où qu'il mène, du moment que c'est vers une réussite. Alors que la logique causale met l'accent sur les « buts fixés », la logique effectuale met l'accent sur les « moyens » qui sont à disposition. La première suppose un environnement relativement prévisible, autorisant des organisations « *top down* » fortement hiérarchisées et mobilisées au service d'un « *one best way* » déterminé par quelques-uns, tandis que la seconde tient compte de la « contingence structurelle » de l'environnement, nécessitant des organisations adaptatives[70].

La logique causale, ou prédictive, est celle qui est le plus couramment utilisée dans les organisations traditionnelles – qui n'ont pas encore tiré les conséquences organisationnelles de la complexité du monde contemporain. Elle part d'un but fixé et les moyens mis en œuvre deviennent les causes qui permettent d'atteindre la cause finale. À l'inverse, la logique effectuale, aussi appelée « effectuation », part des moyens qui sont donnés pour rechercher les buts que l'on peut atteindre. Dans la logique causale, un but prédéfini permet de déterminer les moyens de l'atteindre, tandis que dans une logique effectuale, les moyens déterminent un but possible, jamais figé, toujours susceptible d'être remis en cause par un retournement de conjoncture ou une variation imprévue de la disponibilité de nos ressources. Ainsi apparaît-il que l'entrepreneur innovateur n'est pas enfermé dans un objectif prédéfini, mais qu'il le construit autant qu'il le découvre au fur et à mesure de son exploration de nouveaux territoires. Pour cet entrepreneur, l'avenir n'est pas écrit, il se construit en marchant[71], et l'incertitude est une compagne qui ne le quitte jamais.

Progresser selon une logique effectuale n'exclut pas, de la part du leader, d'avoir une vision générale de ce vers quoi il tend. « *Là où il y a une volonté, il y a un chemin* », écrivait Lénine, même si ce chemin se construit au fur et à mesure. Nous pourrions dire, pour conclure, que l'organisation obéissant à une logique effectuale est régie par

---

70. Voir sur ce sujet les travaux fondateurs de P.R LAWRENCE et J.W LORSCH, en particulier dans *Organization and Environment*, Harvard University Press, 1967. Traduction française : *Adapter les structures de l'entreprise*, (préface de Michel Crozier), Editions d'Organisation, 1973

71. Antonio MACHADO, Chant XXIX, *Proverbios y cantarès* : « *Marcheur, ce sont tes traces ce chemin, et rien de plus ; / Marcheur, il n'y a pas de chemin, / Le chemin se construit en marchant. / En marchant se construit le chemin, / Et en regardant en arrière / On voit la sente que jamais / On ne foulera à nouveau. / Marcheur, il n'y a pas de chemin, / Seulement des sillages sur la mer... / Tout passe et tout demeure / Mais notre affaire est de passer, / De passer en traçant des chemins... / Des chemins sur la mer...* » Le chemin se construit au fur et à mesure que l'entreprise se développe, mais il n'est pas pour autant aléatoire ou arbitraire ; il est cohérent, mais d'une cohérence qui ne lui préexiste pas.

une causalité cumulative et non par une causalité finale, au sens où Thorstein Veblen dit que «*l'histoire de la vie économique de l'individu est un processus cumulatif d'adaptation des moyens aux fins qui change cumulativement avec le déroulement du processus, l'agent et son environnement étant tous deux continuellement le produit du processus extérieur*[72]». Pour développer de l'innovation collective, il faut rendre les salariés le plus créatifs possible. Ce qui passe par un management participatif, dont le mode d'exercice de l'autorité libère au lieu de soumettre, encourageant la participation aux affaires communes – dans laquelle s'épanouit l'humanité de l'homme. Pour vivre librement, en entreprise comme au-dehors, il ne suffit pas de ne pas être dominé, encore faut-il participer activement.

72. Thorstein Bunde VEBLEN, «Why is Economics not an evolutionary science?», *Quarterly Journal of Economics*, juillet 1898.

DEUXIÈME PARTIE

Un management participatif

Une organisation tendue vers l'innovation a tout intérêt à développer en son sein des comportements de coopération, c'est-à-dire marqués par une telle autonomie des personnes qu'elles en viennent spontanément à interagir les unes avec les autres. Cette coopération, pour être effective, passe par un management et une organisation adaptés, cohérents entre eux : un management participatif d'une part, une organisation participative d'autre part. La vocation d'un management participatif est de faire en sorte que, individuellement, les salariés se sentent les plus libres possibles, comme il en va dans le monde de la recherche, de manière à ce qu'ils s'autorisent à créer, et que, collectivement, émerge un collectif transcendant, au double sens du mot, les individus qui le composent. Instaurer un management réellement participatif dans une organisation est tout sauf évident, si l'on en juge par les pratiques actuelles. Dans les entreprises traditionnelles en effet, le management, quand il se trouve être participatif, ne l'est jamais structurellement. Il ne l'est que conjoncturellement, tant que tout va bien et que l'on peut se le permettre. Tout s'y passe comme si la participation des salariés était un luxe que certains pouvaient se permettre, d'autres non, dans certaines conditions de marché, mais pas dans d'autres. Laissons la parole au sociologue François Dupuy :

« *Quelle est la définition la plus simple que l'on puisse donner du management ? Sans doute obtenir des gens qu'ils fassent ce que l'on* *souhaiterait qu'ils fassent. Soit. Mais comment y parvenir? La tendance générale a longtemps été de "donner toute sa place à l'homme", censé être la richesse première de l'entreprise. Mais aujourd'hui, on ne plaisante plus. La "crise" a sifflé la fin de la récréation humaniste. Même si le management s'accroche encore à un vocabulaire encourageant (*l'empowerment, *la confiance en l'encadrement intermédiaire...), c'est bien la coercition qui est en œuvre. Vilain mot à vrai dire, qui ne fait pas partie de la sémantique officielle, mais qui traduit bien les pratiques en vigueur. Il est vrai que favoriser la "réalisation de soi" est plus aisé lorsque les ressources sont abondantes. Mais lorsque la compétition se durcit, qu'il faut faire adopter aux salariés des comportements "durs", "confrontationnels", il faut alors passer la vitesse supérieure. Plus d'amabilités, la contrainte. Au quotidien, celle-ci prend la forme de multiples "process", systèmes de "reporting" et indicateurs de performance, dont la vocation est bien de "coincer" le salarié dans un comportement qui ne dépend plus de lui, mais de règles, procédures et autres qu'il doit appliquer* ne varietur. *Et les résultats de son action sont contrôlés, vérifiés et quantifiés avec une telle soif de tout savoir... que l'on finit par ne plus rien appréhender*[73]. »

Derrière les aimables façades du « management participatif », du « management délégatif » et de l'*empowerment*, c'est trop souvent la vieille recette de la coercition qui fonctionne. On habille la main de fer d'un gant de velours, car cela fait plus propre, plus « respectueux », plus « humain », mais on ne change rien au fond – la contrainte hiérarchique –, même si on s'efforce d'y mettre les formes, pour « faire passer la pilule ». À défaut d'être bons, soyons gentils. Nous voyons ici qu'un environnement collaboratif, celui qui prévaut dans les organisations traditionnelles, peut être coercitif – comme il peut aussi, bien sûr, ne pas l'être. Il n'est en tout cas pas structurellement participatif, seulement conjoncturellement, tant que les circonstances s'y prêtent. Passer d'un modèle collaboratif à un modèle coopératif, en

73. François DUPUY, « L'effarant bond en arrière du management », dans *Les Echos* du 12 avril 2011.

revanche, implique de revoir l'idée même que l'on se fait du management, puisqu'il s'agit dès lors de manager sans recours à la contrainte, donc de manière nécessairement participative.

Le management ne peut plus consister à «*obtenir des gens qu'ils fassent ce que l'on souhaiterait qu'ils fassent*». Dans un environnement coopératif et participatif en effet, «manager» consiste plutôt à créer les conditions pour que les gens fassent ce qu'ils souhaitent vraiment faire, par-delà leur opinion première, les pressions qu'ils peuvent subir, le bâton qu'ils peuvent redouter ou la carotte qui peut les rendre fous. «*Obtenir des gens qu'ils fassent ce que l'on souhaiterait qu'ils fassent*» n'est pas efficient parce que cela suppose un environnement prévisible dans lequel il serait possible au manager de choisir solitairement les orientations collectives en s'appuyant sur une logique prédictive. Même si c'est plus pertinent que d'«*obtenir des gens qu'ils fassent ce que l'on souhaiterait qu'ils fassent*», un management durablement participatif ne consiste pas davantage dans «*l'art de réaliser ses objectifs dans un environnement imprévisible*», comme l'affirme le théoricien du management Peter Drucker. Car dans un environnement imprévisible, de plus en plus systémique, chercher à réaliser ses seuls objectifs, sans prendre en compte ceux de son environnement humain (coéquipiers, partenaires et concurrents), c'est aller au-devant de graves difficultés. C'est bien plutôt par la participation de tous – fournisseurs, clients, coéquipiers... – que le manager convertira la menace de l'imprévisibilité en opportunité.

Dans un environnement imprévisible et systémique, mes objectifs doivent nécessairement s'inscrire en cohérence avec ceux de mon entourage car, maîtrisant moins les conséquences ultimes de mes actions, je ne peux pas prévoir si telle de mes actions m'apportera un bien: il me faut donc créer autour de moi un climat de bienveillance à mon égard, multiplier les personnes susceptibles de me vouloir du bien d'une manière que je ne peux pas prévoir. Par où l'on voit qu'un management participatif ne s'adresse pas seulement aux coéquipiers proprement dits, mais aussi à tout l'environnement, professionnel et personnel, et qu'il ne consiste pas tant dans une direction des événements – de quel droit un manager dirigerait-il l'un de ses concurrents? – que dans une animation, une orchestration du cours des choses. Il ne faut pas d'ailleurs hésiter à dire qu'un manager doit animer son équipe comme il anime les autres parties prenantes de son environnement professionnel : sans plus de contrainte, sans moins de force d'attraction.

La liberté dans l'entreprise

L'innovation demeure la finalité d'un management participatif et, relativement à cette fin, la liberté est un moyen. Nous retrouvons ici l'idée selon laquelle, pour être en situation de donner le meilleur de lui-même, et donc d'innover, l'homme doit se sentir libre. Ce qui implique qu'il ne se trouve plus assujetti au pouvoir discrétionnaire d'un chef. Un management participatif a ainsi d'abord une fonction « négative[74] », celle d'empêcher la domination, au sein d'une équipe, d'un hypothétique chef sur de supposés subordonnés, et, entre ces supposés subordonnés, des plus forts (« en gueule », en argumentation...) sur les plus faibles, de manière à garantir, entre tous, du manœuvre au PDG, une égalité en liberté. Il a ensuite une fonction « positive », celle d'inciter, si besoin était, les « managés » à participer activement aux affaires communes, pour leur propre bien comme pour celui de leur entreprise. Ce qui fait fond sur l'idée, elle aussi déjà évoquée, suivant laquelle plus les individus participent à la vie collective, plus ils sont libres et que c'est en participant, en créant, que l'homme se réalise. C'est dans la création que l'homme trouve son bien-être ; l'homme libre est créateur et l'homme créateur est libre. Nous voyons ici combien toutes ces notions se recoupent : c'est dire si le management participatif, en se donnant pour fonction de créer les conditions d'une implication des salariés, touche au cœur de la problématique de la liberté et de l'innovation.

---

74. Nous reprenons ici la distinction, devenue classique, entre « liberté négative » et « liberté positive », introduite en 1958 par Isaiah BERLIN dans sa conférence « Deux conceptions de la liberté ».

En tant que défenseur d'une «liberté négative», le management participatif assure l'indépendance des salariés. En tant que promoteur d'une «liberté positive», il travaille à leur autonomie. Le paradoxe est seulement que, même pour réaliser sa fonction «positive», afin de ne pas tomber dans la contradiction consistant à forcer des hommes à être libres, un authentique management participatif doit se contenter d'employer des moyens «négatifs»: son action se borne à supprimer les obstacles, internes (peurs, inhibitions, autocensure, manque de confiance en soi...) ou externes (contrainte hiérarchique, absence de responsabilité des objectifs...) qui empêchent les salariés lambda de parvenir à une pleine autonomie. Il s'agit de supprimer tout ce qui, dans leur environnement de travail empêche les salariés de se rendre eux-mêmes libres.

Une entreprise réussit d'autant mieux qu'elle est composée d'hommes et femmes libres, car cette liberté les pousse à donner sans compter le meilleur d'eux-mêmes et donc à innover, dans une constante recherche de reconnaissance sociale. Il faut par conséquent que soit à l'œuvre un management expressément dédié à la libération des hommes et des femmes en entreprise, appelé «participatif» dans la mesure c'est en participant que l'on se libère. Mais comment déterminer si tel est libre ou s'il ne fait que le paraître, si tel sentiment de liberté reflète une réalité, et ainsi de suite? Loin des spéculations métaphysiques sur le point de savoir si tel ou tel est libre, au-delà du sentiment qu'il peut avoir de l'être ou de ne pas l'être, un moyen simple, objectif, dans un cadre entrepreneurial, consiste à évaluer la liberté des personnes à l'aune de leurs créations, à leurs réalisations. Une liberté, pourrait-on dire, est authentifiée lorsque:

• elle autorise les N-1 (les subordonnés) à grandir en autonomie et donc en autorité. Ceux-ci sont les seuls juges du degré d'autorité dont fait ou non preuve leur supérieur, qu'ils évaluent en fonction du degré d'autonomie que ce dernier leur laisse;

• les subordonnés «délivrent» en termes de résultats, ce dont N+1 (leur supérieur hiérarchique) est juge;

• les subordonnés donnent sans compter de leur temps à l'ensemble de l'entreprise, c'est-à-dire aux autres équipes, et cela seuls les pairs pourront en juger.

Les questions qu'un manager doit se poser, dans cette perspective, sont les suivantes :

• tel de mes coéquipiers aide-t-il ceux dont il est le manager à progresser ? S'il n'est pas manager, répond-il exactement aux attentes de son environnement professionnel (clients, fournisseurs...) ?

• délivre-t-il les résultats attendus ? ceux, idéalement, qu'il aura lui-même déterminés ;

• prend-il le temps d'aider ceux dont il n'est pas chargé de s'occuper ? Autrement dit, accepte-t-il de donner sans espoir de retour ?

Les réponses que chacun apportera à ces questions pourront l'aider à déterminer si, oui ou non, le management participatif mis en œuvre a porté ses fruits, c'est-à-dire s'il s'est montré effectivement libérateur. La première question cherche à déterminer si le coéquipier a besoin, pour s'affirmer, d'un autre à dominer ; s'il a besoin d'abaisser pour s'élever, de s'opposer pour se poser, ou si, au contraire, il en est indépendant. La seconde question vise à évaluer solidairement la création de valeur dégagée par l'activité du salarié – sachant bien entendu que tout ce qu'il a créé n'est pas quantifiable – et le degré de cohérence de la liberté ici à l'œuvre avec ses propres engagements, par laquelle se manifeste son degré d'autonomie. La troisième question, enfin, entreprend de cerner s'il se vit vraiment comme son propre chef ; si, tout en satisfaisant à ce qui est dû (les résultats attendus, évalués par la seconde question), il s'autorise aussi la souveraine liberté de ce qui est don, où se mesure sa capacité de dépassement de soi, de recul des limites qu'il s'était à lui-même fixées.

I – Un objectif : « Pas de chefs »

Une société de coopérateurs suppose que ses membres soient tous de même niveau hiérarchique, sans quoi il ne s'agirait plus de coopérateurs, mais de collaborateurs. C'est parce qu'ils se sentent égaux, non assujettis à la domination d'un chef, que des coopérateurs peuvent se sentir libres et, de là, s'autoriser à créer. Aussi peut-on dire de l'entreprise 2.0 qu'elle est une société sans chefs, ces chefs qui caractérisaient l'entreprise traditionnelle, avant que le développement des NTIC ne permette des modalités de travail transversales. En quel sens comprendre, toutefois, cette ambition de réaliser une entreprise « sans chefs » ?

Plus de petits chefs

On peut d'abord entendre par là une volonté de supprimer, dans toute organisation, les « petits chefs », ceux dont le management est cassant, directif et autoritaire. « *Le travers majeur de la culture d'ingénieur, c'est "je sais" et "si je suis en position hiérarchique, c'est qu'on a reconnu que je savais, donc les gens qui sont au-dessous de moi doivent appliquer"* », explique Jean-Pierre Le Goff dans *Les Illusions du management*. À quoi il convient de préciser que ce travers managérial n'est pas le propre des ingénieurs, mais de toute personne se retrouvant en position de domination hiérarchique et s'imaginant que cette place lui confère une sorte de science infuse devant laquelle ses subordonnés devraient s'incliner.

Contre les comportements de « petit chef », il faut rappeler que le chef n'est pas au-dessus de ses coéquipiers, mais un parmi d'autres, dont la différence de fonction n'induit aucun privilège, sinon plus de devoirs. Dans la mesure où les chefs sont eux aussi des membres des équipes dont ils ont la responsabilité, qu'ils ne sont pas exempts des règles qui régissent celle-ci, c'est leur exemplarité qui doit parler pour eux : pour prendre une analogie biblique, les chefs doivent être conçus « *non comme les maîtres de l'héritage qui leur a été confié, mais comme les modèles du troupeau*[75] ». S'il y a un privilège du chef, c'est celui d'avoir davantage d'obligations, et d'abord celle, morale, de se montrer exemplaire. C'est ainsi qu'il inspire le respect ; il n'a

75. I *Pierre*, V, 3.

pas à commander, ses actions parlent pour lui. Ce n'est pas tant par des actions dédiées que l'on insuffle à une équipe et une organisation un certain état d'esprit, mais d'abord par l'exemplarité, celle des dirigeants dans une entreprise 1.0, celle de tout salarié dans une entreprise 2.0. Dans l'entreprise traditionnelle, le modèle est le supérieur hiérarchique, considéré comme le meilleur (*aristos,* en Grec ancien), sacré ; ce n'est plus le cas dans un modèle démocratique. Toutefois, chercher à réduire les modes d'exercice autoritaire du pouvoir hiérarchique n'a rien de spécifique à une organisation 2.0, la plupart les organisations y aspirent.

Plus de pouvoir personnel : le seul chef légitime est collectif

Ce qui est en revanche spécifique d'une organisation à visée démocratique, c'est de chercher à faire en sorte que nul homme ne se trouve dominé par un autre. Il ne suffit pas que les chefs, dans une organisation, n'exercent pas un management autoritaire, ne se comportent pas en « petits chefs » : il suffit qu'ils le puissent pour que leurs subordonnés se trouvent *de facto* dominés. Raison pour laquelle ce n'est pas seulement le chef autoritaire qui pose problème, mais bien le chef en tant que tel. C'est la fonction de chef, en tant que toujours capable de pouvoir personnel, c'est son autorité, en tant que toujours capable d'autoritarisme. D'où la solution consistant à supprimer tout chef personnel pour faire du collectif le seul chef. Dans quel sens faut-il comprendre que, dans une organisation à visée démocratique, le seul chef soit collectif ? Cela signifie-t-il qu'il n'y a pas de chefs individuels ? C'est ce que nous allons à présent examiner.

Qui décide ?

Ce qui est en cause, ce n'est pas la hiérarchie en tant que telle, mais une certaine manière de concevoir l'autorité hiérarchique. Dans les organisations fortement pyramidales, l'obéissance hiérarchique, ce que l'on peut appeler le « principe du chef » (*Führerprinzip*), est conçue comme le moyen le plus efficace de résoudre les conflits. Or c'est très exactement cela qui, selon nous, mérite d'être refusé, car d'une part, cela entretient le chef dans l'illusion qu'il est seul maître à bord – alors qu'il ne peut rien sans son équipe et qu'il vit dans un écosystème avec lequel il doit rester en cohérence –, d'autre part, cela entretient des comportements de passivité au sein de l'équipe, ce qui est à la fois contraire à la dignité d'un homme adulte et néfaste pour l'innovation.

Personne : dépersonnaliser la décision

L'ambition d'une entreprise à visée démocratique est que les individus, dans les organisations, ne se trouvent pas soumis à une autorité hiérarchique, c'est-à-dire de principe, car celle-ci peut toujours finir par s'exercer de manière arbitraire : « Ecoute, tu n'as pas à discuter, c'est comme ça, tu le fais parce que je te le demande, point. » Et quand bien même il n'y aurait rien d'arbitraire dans une décision, à supposer que ce soit possible, le problème est qu'elle peut toujours être ressentie comme arbitraire : une décision peut n'avoir rien d'arbitraire du point de vue de celui qui la prend, néanmoins apparaître telle ; inversement, un décideur habile peut parvenir, à force d'explications, à dissimuler le caractère profondément arbitraire de ses décisions. Le problème est le suivant : si toute décision peut se lire comme une manifestation d'arbitraire, comment ne pas considérer comme illégitime quelque décision que ce soit ? Il faut pourtant bien que, dans une organisation, des décisions soient prises et celles-ci un minimum respectées. Comment concilier l'exigence individuelle de dignité, et donc de non-soumission d'un homme à un autre, avec les impératifs de coordination que requiert toute action collective ? La réponse est que ce qui pose problème dans une décision est qu'elle puisse toujours être interprétée comme une manifestation d'arbitraire par ceux qui doivent l'appliquer. Il convient donc de dépersonnaliser la prise de décision.

C'est une piste qu'avait déjà préconisée, au début du XXe siècle, Mary Parker Follett. L'interprétation qu'en donnait cette dernière est que la décision, même formellement prise par le chef, ne doit pas pouvoir lui être attribuable quant au fond : d'une certaine manière, le chef n'est pas censé décider, mais prendre la décision qui s'impose. « *Mary Follett propose, pour concilier efficacité et respect de l'individu, la loi de la situation. Elle consiste à dépersonnaliser l'ordre, à réunir tous les gens concernés afin d'étudier le problème et de prendre des ordres imposés par une situation et non par un individu. Il ne faut jamais faire d'un ordre une affaire personnelle, on n'obéit pas à un ordre parce que le chef l'exige mais parce que la situation l'exige. Celui qui donne des ordres doit essayer de les placer dans un contexte : «Les ordres doivent venir du travail, et non le travail des ordres»*[76]*.»* (Alexandre Ottevaere)

La solution trouvée par Mary Follett pour dépersonnaliser les décisions, et donc les rendre acceptables d'un point de vue humain, ne paraît toutefois pas pleinement satisfaisante, car dire que c'est la situation qui impose telle décision ne suffit pas à mettre celui qui le prétend au-dessus de tout soupçon de manipulation. Il ne suffit pas de donner le sentiment aux salariés qu'une décision donnée a été imposée par une situation et que donc, d'une certaine manière, c'est la situation qui a commandé plus que le responsable hiérarchique, celui-ci n'en ayant été que le médiateur. Car alors le décideur sera toujours suspect d'interpréter ladite situation dans le sens qui l'arrange[77].

La primauté de la volonté collective

C'est pourquoi il paraît plus cohérent de considérer que la décision doit, dans toute la mesure du possible, être prise par l'instance la moins suspecte de partialité, à savoir l'équipe elle-même. Entre le chef et son équipe, qui est le chef? Son équipe. Le pouvoir du

---

76. «Diriger au-delà du conflit. Mary Follett», mémoire d'Alexandre OTTEVAERE dans le cadre du séminaire d'Yvon Pesqueux «Philosophie et management», université Paris-Dauphine, 2007, p. 12.

77. Sans même parler des problèmes de fond que soulève l'idée selon laquelle certaines situations «commanderaient» certaines décisions. En effet, une situation par elle-même est toujours neutre, elle ne dit que ce qu'on veut bien lui faire dire. Pour NIETZSCHE, «*il n'y a pas de faits, seulement des interprétations*» (*La volonté de puissance* – posthume –, II, § 133, trad. Bianquis, Gallimard, 1995, coll. Tel, t. I, p. 265). Les faits sont ce qu'on en fait. Une même situation pourra être interprétée de différentes manières, et donc donner lieu à des décisions divergentes, suivant la volonté du décideur.

chef est toujours subordonné au consentement de son équipe[78] ; il reçoit d'elle sa légitimité ; quand bien même il aurait formellement le pouvoir, c'est d'elle dont procède toute autorité. Aussi la fonction de chef se borne-t-elle, dans cette mesure, à faire émerger une décision collective. Décider n'est pas tant, comme on dit en français, « prendre » une décision (ce qui suppose sa captation par l'un au détriment des autres) que la faire advenir, la construire ensemble, comme l'exprime l'anglais *to make a decision.*

Pour manifester cette primauté de l'équipe sur son chef, la firme brésilienne Semco, organisée en démocratie entrepreneuriale[79], ainsi que le groupe Hervé, ont mis en place un dispositif permettant aux équipes de démettre leur manager si l'évaluation de celui-ci par sa base s'avérait négative. C'est là un bon moyen d'inciter le manager à s'interdire de prendre des décisions qui ne soient pas préalablement consenties, sinon directement prises, par ses coéquipiers. L'important est en effet de savoir *qui* prend la décision. C'est la clé de tout. Qu'une décision se trouve être bonne ou mauvaise, servant effectivement l'intérêt de l'équipe ou pas, si elle est prise par quelqu'un placé au-dessus de l'équipe, un prétendu « supérieur » hiérarchique, elle se trouve alors grevée d'un vice originel, celui d'être suspecte d'arbitraire. Peu importe que le chef soit un bon chef, s'il est au-dessus, si c'est lui qui décide, ses décisions seront toujours suspectes d'autoritarisme et/ou de partialité. On le voit, l'important n'est pas tant d'éviter le caporalisme, les « petits chefs » dans l'entreprise, que de faire en sorte que même un bon chef ne puisse être tenu pour illégitime, du seul fait qu'il serait, de par sa fonction, capable d'autoritarisme. Car, encore une fois, le problème n'est pas qu'il soit bon, mais qu'il soit chef. Etant chef, ou du moins assumant cette fonction, son pouvoir, ses décisions, se trouvent par principe contestables : de quel droit un homme commanderait-il à un autre ? Et quand bien même ce droit, naturel ou

78. CONFUCIUS : « *Si le peuple n'a pas confiance, gouverner est tout simplement impossible.* »
79. Sur l'aventure Semco, lire, de son fondateur Ricardo SEMLER, *À contre-courant, vivre l'entreprise la plus extraordinaire du monde*, éd. Dunod, 1999.

contractuel, existerait, quelles garanties ses subordonnés ont-ils que ce qu'il présente comme étant de «bonnes» décisions le sont réellement? Bref, un chef n'est jamais à l'abri de contestations, parce que le pouvoir dont il dispose est toujours, *in fine*, celui de trancher arbitrairement, à la manière d'un autocrate (quand bien même il se l'interdit, car il peut à volonté cesser de se l'interdire).

L'arbitraire inhérent à la fonction de chef

Un «chef», pour autant que ce mot ait un sens, c'est toujours une personne à qui est dévolu – par une hiérarchie ou par ses futurs subordonnés dans le cas d'un chef élu, s'agissant des coopératives ou des mandats politiques –, pour un temps donné, un pouvoir de décision ultime. Certes, le bon chef est celui qui associe en amont le plus grand nombre de personnes possible à la réflexion précédant *sa* décision, de manière à donner le sentiment que tous y ont participé et qu'elle n'est donc pas arbitraire. Mais, à la fin des fins, c'est toujours lui qui décide, selon son bon vouloir. En cas de divergence durable au sein de l'équipe sur la conduite à tenir, ce «bon» chef a pour mission de trancher, fût-il lui-même dans l'indécision, soit de manière plus ou moins arbitraire. C'est là que réside son autorité, son caractère de «chef», de décideur ultime. Le problème n'est pas simplement que les décisions d'un chef peuvent toujours être contestées par des subordonnés de mauvaise foi – et qu'un procès d'intention puisse lui être fait –, le problème est qu'aussi animé soit-il par les meilleures intentions du monde ses décisions sont toujours arbitraires.

Le problème, c'est donc le chef en tant que tel et, à travers lui, l'arbitraire. Même un chef élu, comme dans le cas des coopératives ou des charges politiques, est susceptible d'exercer le pouvoir, le temps de son mandat, de manière autocratique: il peut associer qui il souhaite à sa prise de décision, c'est lui qui, au final, décide, seul. On ne sortira pas de là: le chef n'est tel que par ce pouvoir de trancher arbitrairement. Parce qu'il est le chef, et qu'en dernière instance il est seul à décider, il est vrai que des salariés de mauvaise foi, cherchant à fuir leurs responsabilités, pourront toujours lui intenter un procès en arbitraire[80] ; il est plus vrai encore de reconnaître que même des salariés de bonne foi pourraient légitimement lui intenter ce procès puisque tel est bien le cas. C'est en définitive toute décision qui se trouve être arbitraire : je peux m'entourer d'une diversité de points de vue, voire me rallier à l'un d'eux, à partir du moment où c'est «je» qui décide, ce sera toujours librement, donc, en dernier lieu, en étant affranchi de quelque raison que ce soit.

La volonté collective n'est celle de personne

Il faut donc que ce soit le groupe qui décide, au terme de délibérations et négociations entre ses membres, et d'une manière impersonnelle puisque les décisions prises ne pourront être attribuées en propre à personne en particulier. «*Il faut que des décisions soient prises. Elles le seront par le jeu des procédures de négociation, de recherche de compromis, entre les pouvoirs rivaux. Il se peut que la décision finale ne corresponde à la volonté d'aucun d'entre eux, ou même soit contraire à chacune de ces volontés. Il y a bien une décision collective, mais aucune entité, pas même la «collectivité», ne peut en être dite le sujet. Le structuralisme français, bien plus tard, usera et abusera de la notion de «processus sans sujet». C'est, significativement, une expression qu'on découvre aussi chez Hayek. Il est remarquable que l'idée se trouve déjà chez Montesquieu. Celui-ci nous aide à penser les mécanismes par lesquels un ordre collectif peut se réaliser indépendamment de la volonté des individus et sans pour autant correspondre à la volonté ou à l'intention d'une entité supra-individuelle. Les êtres collectifs ont un mode particulier d'existence, ils peuvent être la cause*

80. Et il est sain qu'il en soit ainsi. Comme nous le verrons par la suite, c'est cette position de bouc émissaire idéal qui lui confère la dimension sacrée où s'origine le mot hiérarchie (le terme vient du latin ecclésiastique *hierarchia*, lui-même issu du grec *hierarkhia*, composé de *hieros*, sacré, et de *arkhein*, commander). Tout chef est un hiérarque. Il est la cible idéale de toutes les attaques, ce qui le coupe de ses co-équipiers, lesquels se soudent contre lui : l'*homo sacer* est en droit latin l'homme mis au ban de la société, exclu, privé de ses droits (cf. *Homo sacer : le pouvoir souverain et la vie nue*, de Giorgio Agamben, Seuil, Paris, 1998). C'est d'être sacrifié (*sacer facere*) qui rend sacré (*sacer*), voire, dans le cas du chef, de simplement pouvoir l'être en constituant la victime idéale.

d'événements ou de phénomènes, le support de décisions, mais on ne saurait en aucun cas leur attribuer les qualités d'un sujet : volonté, intention, conscience, etc. C'est la règle d'or de la méthodologie individualiste en sciences sociales[81]*.»* (J.-P. Dupuy) En laissant le dernier mot à l'équipe, il s'agit de rendre les décisions plus efficaces, c'est-à-dire à la fois plus pertinentes et mieux acceptées par tous.

Le groupe, pour des décisions plus pertinentes

Une décision prise collectivement est quasi immanquablement plus complexe, c'est-à-dire ici plus riche, qu'une décision prise solitairement[82]. En effet, par construction, une décision collective intègre davantage de points de vue que ne le peut le point de vue d'un seul homme. En tant qu'elle prend en compte une plus grande diversité d'objections et de cas particuliers présentés par les uns et les autres, elle est plus adaptée, sa qualité est supérieure. Là où la décision collective aura été éprouvée au feu de la critique, la décision prise par un seul sera toujours susceptible de ne refléter que l'unique point de vue du décideur. Elle pourra en tout cas être interprétée par l'équipe comme ne reflétant que la seule vision des choses du décideur, quand bien même celui-ci aura en réalité construit son point de vue en l'alimentant de ceux des autres, tels qu'exprimés ou pressentis.

Si les décisions prises par un groupe se révèlent, à l'expérience, plus pertinentes que celles prises par des chefs susceptibles de décider solitairement, ce n'est pas là le seul gain. Le groupe est aussi plus lucide sur chacun que chacun ne peut l'être sur soi. Il se révèle plus pertinent, en termes d'évaluation des personnes, que ne peut l'être un chef jugeant solitairement de chacun : ce qui permet à la fois de meilleures décisions en matière de gestion des ressources humaines et une meilleure appréciation de soi, dont découlent de meilleures décisions

81. Jean-Pierre DUPUY, «Vers l'unité des sciences sociales autour de l'individualisme méthodologique complexe», in *Une théorie sociologique générale est-elle pensable ?*, Revue du MAUSS, n° 24, 2004, p. 321.

82. Une décision «complexe» n'est pas une décision «compliquée», mais «composée» de plusieurs points de vue. Le complexe, c'est le composé, ce qui s'intègre différents éléments.

individuelles en matière d'auto-objectifs et d'orientation professionnelle. Le groupe permet en effet à chacun une plus juste connaissance de soi – via par exemple, dans le groupe Hervé, les évaluations par les pairs –, condition d'une authentique liberté. Ce qu'apporte la délibération collective, par rapport à la délibération individuelle du seul chef, c'est une plus grande rationalité des décisions prises et, comme l'écrivent Loïc Blondiaux et Yves Sintomer dans leur article « Démocratie et délibération[83] », la délibération collective « *[produit] de l'information nouvelle. Elle [rend] possible l'imagination de solutions nouvelles et [éclaire] chacun sur les conséquences véritables de ses choix et de ses préférences. Elle [offre] une solution aux paradoxes de la rationalité limitée* ». « *Aucun individu*, souligne Bernard Manin, *ne peut anticiper et prévoir toutes les perspectives depuis lesquelles les questions d'éthique et de politique seront perçues par des individus différents et aucun individu ne peut prétendre posséder toute l'information pertinente sur une décision qui affecte tout le monde*[84]. *Elle [porte] ainsi une rationalité permettant une gestion publique plus efficace, opposée aux logiques technocratiques et paternalistes traditionnelles*[85]. »

Le groupe, pour des décisions plus acceptables

Par ailleurs, une décision prise par une personne physique, et *a fortiori* s'il s'agit du supérieur hiérarchique, ne sera jamais optimale parce que l'adhésion au contenu de la décision sera toujours parasitée

83. « *Pour être plus exact, les résultats auxquels aboutissent les processus démocratiques de formation de la volonté et de l'opinion sont faillibles, mais ils ont pour eux une présomption de rationalité, du fait de leur genèse, et peuvent toujours être rectifiés par dans les discussions ultérieures. La délibération politique est tournée vers le consensus raisonnable, même si elle n'y parvient pas forcément dans les faits. La dynamique de la publicité modifie les positions de chacun, permet d'intégrer le point de vue de l'autre et de monter en généralité. Elle transmet à la démocratie sa rationalité propre, qui est à la fois fonctionnelle et normative.* » (Loïc BLONDIAUX et Yves SINTOMER (dir.), revue *Politix* , n° 57, « Démocratie et délibération », Paris, Hermès, 2002, p. 23.)

84. Bernard MANIN, « Volonté générale ou délibération. Esquisse d'une théorise générale de la délibération politique », in revue *Le Débat*, n° 33, 1985.

85. Loïc BLONDIAUX et Yves SINTOMER, (dir.), revue *Politix*, n° 57, « Démocratie et délibération », Paris, Hermès, 2002, p. 25.

par leur lien affectif à la personne qui l'a prise. Ceux qui apprécient le décideur ne pourront jamais être sûrs qu'ils n'obéissent pas à la consigne par simple sympathie envers le donneur d'ordres ; ceux qui ne l'apprécient pas n'obéiront qu'en traînant des pieds et en cherchant à en faire le minimum, convaincus qu'ils seront de l'arbitraire – « à la tête du client » – qui y aura présidé. Il est donc certes important, comme l'avait aperçu Mary Follett, de dépersonnaliser la décision, mais le seul moyen d'y parvenir vraiment est, nous l'avons vu, de confier la prise de décision à l'équipe elle-même. De fait, lorsqu'un groupe prend une décision à votre égard, vous ne pouvez raisonnablement pas penser que c'est l'ensemble du groupe qui a tort et vous raison. Cela peut certes arriver de manière exceptionnelle, mais il y a alors toutes raisons de penser que, si l'ensemble de l'équipe n'a pas été convaincu par vos arguments, ce n'est pas simplement parce que « votre tête ne lui revient pas », mais aussi et même surtout parce que vos arguments ne sont pas pertinents, ou à tout le moins insuffisamment convaincants.

Autrement dit, et c'est le point décisif, une décision prise par un groupe oblige à faire plus attention au contenu de la décision qu'à l'identité du décideur. Les décisions prises par un groupe plutôt que par un homme seul étant moins suspectes d'arbitraire (moins fondées sur de l'affectif) et de partialité (plus rationnelles, puisqu'intégrant davantage de points de vue), elles sont plus faciles à accepter par chacune des personnes à qui elles s'appliquent. Ainsi, dans le groupe Hervé, ce n'est pas le « N+1 » qui établit les objectifs de ses subordonnés, ce n'est pas lui qui contrôle ses « N-1 », mais les « réseaux fonctionnels » – sans quoi les salariés obéiraient aux règles par obéissance au chef et non par adhésion à leur contenu – et ce ne doit surtout pas être lui qui résout les conflits, sans quoi sa résolution sera toujours suspecte de partialité. De même, « *dans cette entreprise sans DRH, l'augmentation des salaires se décide collectivement au sein d'instances paritaires réunissant représentants du personnel et responsables concernés*[86] ».

86. David MEDIOU, « La démocratie participative d'Hervé Thermique », revue *Management*, avril 2002, cité dans un manuel scolaire.

L'idée sous-jacente est qu'une décision, et *a fortiori* un jugement ou une critique, ne sont audibles, acceptables comme tels, que s'ils peuvent être détachés d'une personne particulière, s'ils ne sont pas soupçonnables d'être l'expression d'un a priori personnel, si donc ils émanent du groupe. Quand un manager émet un jugement, quel qu'il soit, il sera toujours suspect de partialité : c'est alors la personne qui se trouve être le chef qui est évaluée («Pourquoi me dit-il ça, comme ça ? Pourquoi moi ? Pourquoi maintenant ? Que cherche-t-il ?»), non la pertinence de ce qu'il dit. S'il faut dépersonnaliser la décision, c'est parce que nul ne peut faire totalement abstraction de l'identité du décideur et de sa relation à lui ; à partir du moment où l'on connaît personnellement notre « n+1 », nous pouvons lire chacune de ses décisions comme étant prioritairement motivée par des considérations personnelles. On accepte en particulier mieux la critique quand elle émane de l'ensemble de l'équipe, car on peut moins la fuir en cherchant à la rattacher à celui qui la dit – c'est tout le monde et personne à la fois –, de sorte que, comme évoqué précédemment, l'on s'attache davantage à la rationalité de ce qui est dit. Une décision prise par le groupe, même lorsqu'elle s'oppose à ce que nous souhaitions, est plus légère à porter car elle apparaît moins contestable – elle ne peut plus être attribuée à un problème relationnel, de personne à personne. L'argument décisif en faveur d'une prise de décision par le groupe consiste donc à dire que ces décisions collectives résultent davantage d'arguments rationnels et moins d'impressions subjectives. À quoi il convient d'ajouter que l'échec, quand il est disséminé – c'est-à-dire quand la responsabilité en est diluée dans le groupe –, est plus facile à porter ; et la réussite, quand la responsabilité s'en trouve partagée, suscite d'autant plus de joie.

L'entreprise étant un lieu exigeant, où les personnes sont poussées à se dépasser, à repousser leurs limites, à faire des efforts, les décisions qui y sont prises peuvent aisément être mal vécues. Nombreuses sont les décisions qui nous bousculent et nous font rechigner. D'où l'importance cruciale d'avoir un mode de décision qui rende celles-ci moins lourdes à porter, de manière à rendre l'effort moins douloureux, dans toute la mesure du possible. L'expérience montre que l'on obéit plus facilement à une décision collective qu'à celle d'un seul homme : obéissant à tous, les membres du groupe ont le sentiment de n'obéir à personne, de ne recevoir aucun ordre d'aucun chef. Le sentiment de liberté s'en trouve décuplé et le bien-être au travail renforcé. On peut dire que le but final n'est pas tant qu'il n'y ait plus de décisions arbitraires, si tant est que ce projet ait un sens, mais que les décisions soient légères à porter, de manière à ne pas grever l'enthousiasme de chacun à donner le meilleur de lui-même. L'important est que les individus aient le sentiment d'être libres même quand ils obéissent, ce qui n'arrive que s'ils ont effectivement participé à l'élaboration d'une décision prise par l'équipe. L'objectif n'est pas seulement que les décisions soient acceptables (qu'elles se trouvent être effectivement supportées), mais qu'elles soient activement portées par chacun des membres de l'équipe, générant un surcroît de motivation. En effet, lorsque les membres d'une équipe n'ont pas été parties prenantes d'une décision, celle-ci n'est logiquement pas vécue comme étant la leur ; ne s'en sentant pas responsables, ils ne fournissent que le minimum pour y satisfaire. Procédant d'un minimum de points de vue, la décision prise par l'autorité hiérarchique conduit à un minimum d'investissement de la part des salariés, ce qui n'est bon ni pour eux ni pour l'entreprise.

Les décisions ainsi prises de haut en bas, en usant d'autorité hiérarchique, présentent donc le double inconvénient d'être moins pertinentes, n'étant pas nourries d'une diversité de points de vue, et moins légitimes aux yeux des membres de l'équipe. C'est pourquoi, dans une entreprise à visée démocratique, il est cohérent que ce soit les équipes qui décident, leur manager ne pouvant que donner un avis, au même titre que chacun des autres membres du groupe. Ce qui n'exclut d'ailleurs pas que le manager puisse rester celui qui embauche et qui licencie, par où la notion de chef conserve toute sa justification : le chef demeure alors le sélectionneur de l'équipe. Il peut de la sorte, si les décisions prises par le groupe s'avèrent insatisfaisantes, pousser vers la sortie ceux qu'il identifie comme étant les principaux responsables des erreurs de discernement de l'équipe : il soumettra alors le problème à l'équipe, s'appuiera sur la délibération de celle-ci pour prendre la décision finale qu'il assumera seul. Aussi l'équipe peut-elle décider de tout ce qu'elle veut, sachant néanmoins que sa liberté demeure sous la surveillance du chef qui, s'il ne peut contrevenir à une décision de l'équipe, garde le pouvoir de la «dissoudre» en en renouvelant les éléments.

N'est-ce pas encore trop de dire que l'équipe a tout pouvoir, excepté celui de la sélection de ses membres? En effet, que le groupe soit la source du pouvoir ne saurait signifier qu'il doive jouir d'un pouvoir absolu[87]. Que l'équipe soit la source de l'*autorité* du chef, sa source de légitimité, en *autorisant* celui-ci à diriger, cela ne veut pas dire que ce pouvoir doit lui-même exister sans contre-pouvoir – l'équipe ne saurait, sans se contredire, s'attribuer ce qu'elle refuse à un chef, c'est pourquoi le projet d'une «démocratie dans l'entreprise» ne se traduit pas nécessairement par l'autogestion. Dans le modèle démocratique que nous décrivons, chaque équipe se trouve sous la responsabilité hiérarchique d'un «chef» – mot qu'il convient d'entendre dans un sens particulier – celui dont la liberté est aussi entière que celle des autres membres de l'équipe. La fonction de ce chef est de servir de contre-pouvoir au pouvoir fondateur, quoique non absolu, de ses coéquipiers. Ce pouvoir dont il se trouve investi doit l'autoriser à prendre des décisions contraires à ce que souhaite la majorité de l'équipe, sans quoi il ne serait qu'une fiction. Mais, nous le verrons, si le chef doit pouvoir contredire son équipe, il y a rarement intérêt car il prend alors le risque de perdre sa légitimité.

Le chef: libération mutuelle de l'équipe et de son chef

Le problème que pose l'idée d'un autogouvernement des salariés, c'est qu'au sein du groupe, ce sont toujours les «forts en gueule» ou les «forts en thème», les plus rodés à l'argumentation et à l'expression

87. Benjamin CONSTANT parle en ce sens d'un «*absolutisme du peuple*». Et Emmanuel MOUNIER écrit dans *Anarchie et personnalisme* (1937), qu'entendue comme une «carte blanche» donnée au plus grand nombre, «*la démocratie n'est qu'une* cratie, *une tyrannie parmi d'autres, celle du nombre, un absolutisme, celui des majorités, la plus exécrable de toutes*».

d'une idée, c'est-à-dire les rhéteurs les plus habiles, qui l'emportent, de sorte que l'on tombe de Charybde en Scylla. Pour viser la démocratie, on abolit une monarchie (le pouvoir d'un seul, et de droit divin, car tirant son pouvoir de celui que «Dieu le Père», le PDG, lui délègue), mais c'est une oligarchie aristocratique qui se met spontanément en place, le pouvoir d'un seul se trouvant remplacé par celui de quelques-uns.

Au-delà du fait qu'un autogouvernement des salariés ne permet pas de sortir d'une domination de l'homme sur l'homme, le problème, d'un point de vue cette fois-ci économique, est qu'une prise de décision collective (au sens où elle exclut qu'un chef puisse aussi décider), ne suffit pas à garantir une plus grande pertinence de celles-ci. En effet, dans une équipe donnée, une véritable diversité de points de vue peut ne pas émerger, si le débat – alors réduit à une discussion – se limite à l'expression de simples nuances autour du seul et unique point de vue du plus «fort» du groupe, de celui qui en impose le plus (le plus charismatique ou le meilleur dialecticien). La diversité attendue du groupe se réduisant à une variété, à de simples variantes du même, le groupe ne remplit plus sa fonction de complexification des décisions. On voit ici qu'une majorité peut se dessiner autour d'un seul point de vue, lequel a dès lors autant de chances de se tromper que n'importe quel individu. Face à une telle possibilité, le chef doit conserver toute latitude d'action, ne pas être tenu d'adopter le point de vue majoritaire, c'est-à-dire celui qui exprime le point de vue le plus fort (en nombre[88]), mais être libre de décider, en son âme et conscience, contre l'avis de la majorité, si ce n'est même envers et contre tous. Dans un système organisationnel qui vise à la liberté, il serait en effet paradoxal que le responsable hiérarchique se trouve sous la dépendance de son équipe.

---

88. «*Le droit de la majorité est le droit du plus fort, il est injuste*» (Benjamin CONSTANT, *Principes de politique*, 1806-1810, Droz, 1980, rééd. «Pluriel», 1997, p. 53). C'est pourquoi n'est pas tenable la conception de la démocratie selon laquelle celle-ci serait le régime de la force du plus grand nombre – la force quantitative, quantitativement mesurable, qui est la force la plus brute qui soit, celle des lapideurs et de la foule en furie, furieuse de tout ce qui peut lui faire exception, à commencer par un «chef», un chef à décapiter, la force, à terme, du tous contre un.

Pas plus que le chef de l'État n'est le représentant de la seule majorité qui l'a élue, mais représente l'ensemble des Français, le chef d'équipe n'est le représentant de la seule fraction majoritaire qui se dégage au sein de son équipe. Il décide en fonction de ce qui *lui* paraît, en son âme et conscience, être l'intérêt de l'ensemble de l'équipe. Il doit avoir les moyens de désavouer la volonté majoritaire au sein de l'équipe, afin de garantir qu'il y a bien démocratie, c'est-à-dire non pas seulement « gouvernement des salariés par les salariés », mais « gouvernement des salariés par les salariés et *pour les salariés* », c'est-à-dire dans l'intérêt de tous, ce qui peut donc devoir se faire contre l'avis d'une majorité parfois plus préoccupée par son intérêt particulier que par la prise en compte aussi de celui des minorités[89].

Il est donc capital de garantir l'indépendance de la volonté du chef face à la force que constitue la fraction majoritaire de l'équipe dont il a la responsabilité[90]. Si le chef ne doit pas être tenu par ce que pense son équipe, c'est, d'une part, parce que la volonté officiellement exprimée par l'équipe peut ne pas être représentative de la diversité réelle des points de vue en présence, d'autre part (quand bien même ce point de vue officiellement exprimé se trouverait être représentatif), parce que le chef ne peut être dit libre qu'à la condition qu'il conserve

---

89. Car contrairement à ce qu'on pourrait croire, les plus faibles ne sont nullement les plus nombreux. Ceux qui n'osent pas prendre la parole ou contredire le « fort en gueule » de l'équipe sont d'autant plus faciles à opprimer qu'ils demeurent, officiellement, et en raison de leur silence même, plus minoritaires. Ce sont eux dont un chef est d'abord fait pour s'occuper, la plupart du temps contre l'intérêt, ou plutôt l'inintérêt général de la majorité qui peut parfaitement aller jusqu'à se trouver un intérêt raisonné à entretenir une certaine frustration chez les minoritaires. Comme l'écrivait Albert CAMUS, « *la démocratie, ce n'est pas la loi de la majorité, mais la protection de la minorité* ». Sans quoi il y a tout lieu de penser que la majorité dominerait une ou des minorité(s), possibilité qu'entendait prévenir le mouvement anarchiste : « *Nous repoussons toute législation, toute autorité et toute influence privilégiée, patentée, officielle et légale, même sortie du suffrage universel, convaincus qu'elle ne pourrait tourner jamais qu'au profit d'une minorité dominante et exploitante, contre les intérêts de l'immense majorité asservie. Voilà en quel sens nous sommes anarchistes* » (BAKOUNINE, *Dieu et l'État*).

90. L'un des contresens les plus graves possibles sur la signification du dégagement d'une force majoritaire en démocratie, serait de l'interpréter comme ce devant quoi devrait s'incliner la volonté de chacun, à commencer par celle du chef : la force est très précisément ce devant quoi une volonté est faite pour ne pas s'incliner. Dégager une majorité n'est donc pas évaluer sa force ni encore moins se préparer à rendre les armes en cas de minorité.

la possibilité de s'opposer à ce qui l'influence. S'il n'a pas cette faculté de s'opposer, il se trouvera déresponsabilisé, or, dans une équipe, nul ne doit se trouver en situation d'exécutant, pas même le chef, qui ne saurait être l'instrument passif de la volonté de son équipe. Au même titre que n'importe quel autre membre de l'équipe, le chef est libre de penser ce qu'il veut, de dire ce qu'il veut et de décider ce qu'il veut. Aussi doit-il être capable d'exercer son pouvoir sans que l'on puisse pour autant parler de pouvoir personnel. Oui, mais, objectera-t-on, la différence entre les décisions que prend le chef et celles que prennent les autres membres de l'équipe, c'est que celles du chef s'imposent à cette dernière. À quoi il faut répondre deux choses :

– premièrement, ces décisions ne s'imposent aux membres de l'équipe que pour autant que ceux-ci les acceptent, donc qu'ils reconnaissent au titulaire de la fonction le droit d'agir en chef, c'est-à-dire en ultime décideur. Ce qui peut se vérifier de manière très simple : par le biais d'une évaluation du chef par sa base[91], qui confirme ou infirme le fait qu'il se trouve reconnu par ses hommes comme leur chef. Sa légitimité, en effet, le chef ne la doit qu'à ce que ses hommes acceptent de lui obéir, pour un temps donné et dans une mesure réglementairement définie ;

– deuxièmement, que les décisions du chef ne s'imposent jamais, elles se proposent. Tout ce qui est imposé est frappé d'illégitimité. Ce qui semble commandé n'est que recommandé. Ordonner n'est que « donner à faire », libre à chacun de ne pas accepter ce qui lui est donné, c'est-à-dire de se nuire à lui-même en refusant une décision qui le sert très probablement – dans la mesure où la décision prise, se devant de correspondre à un degré ou un autre à la volonté de l'équipe, reflète certainement les bonnes raisons qui ont conduit

91. De même que, dans les institutions de la Ve République, le recours au référendum constitue pour le chef de l'État un moyen de vérifier sa légitimité auprès du peuple français, le groupe Hervé demande à ses cadres de se plier au moins une fois tous les deux ans à une évaluation par leurs subordonnés, afin de vérifier qu'ils sont toujours légitimes. Si le résultat de l'évaluation leur est favorable, ils en sortent naturellement renforcés. Autrement dit, l'évaluation par la base leur fournit l'occasion d'aller puiser de la légitimité à sa source.

l'équipe à adopter une position proche ou similaire. Si un subordonné refuse d'obéir à ce que son chef lui demande de faire, le rôle du manager est de se tenir en retrait, afin de ne pas en faire une affaire personnelle, et de confier aux pairs du récalcitrant le soin de mieux expliquer à celui-ci en quel sens il est de son intérêt de s'y conformer, non parce que c'est le chef qui l'exige, mais parce que cette demande traduit[92] une rationalité supérieure ayant entraîné l'adhésion de l'ensemble de l'équipe.

Dès lors que les membres de l'équipe reconnaissent une personne comme leur chef, c'est qu'ils acceptent d'obéir à ses décisions[93] (fussent-ils en désaccord[94]) sur la base de la confiance qu'ils accordent à leur bien-fondé, quand bien même ils n'en comprennent pas encore toute la rationalité – rationalité qu'ils ne doivent pour autant jamais cesser de chercher, ne serait-ce que pour se rendre progressivement capables de devenir un jour, à leur tour, chefs d'une telle équipe. En effet, comme il en va dans tout gouvernement politique[95], le chef d'équipe, dans une entreprise à visée démocratique, ne peut gouverner que sur le fondement d'une autorité que lui donnent ses subordonnés, c'est-à-dire d'une confiance qu'ils lui accordent *a priori*. Et

---

92. Au-delà des raisons qui fondent l'adhésion de la volonté de l'équipe à une position déterminée, la traduction que le chef opère de la volonté de son équipe – volonté qui ne s'identifie pas nécessairement à ses désirs du moment – est naturellement toujours plus ou moins fidèle, plus ou moins une interprétation, comme il en va de toute traduction. *Traduttore, traditore.*

93. Il va sans dire que cette obéissance n'est jamais inconditionnelle, mais conditionnée à ce que la décision prise entre dans le cadre du champ décisionnel qui a été délégué au chef.

94. C'est le principe même de la démocratie que d'accepter d'obéir à tel pour lequel nous n'avons pas voté.

95. Avec l'idée de gouvernement, on touche à un point névralgique de la sensibilité de tout un chacun, surtout peut-être en France, et davantage encore depuis le trauma de l'expérience du fascisme. Si gouverner, c'est conduire, alors cela ne se peut pas sans une « tête », c'est-à-dire, littéralement, un « chef » (celui du fameux couvre-chef), et un chef, c'est l'horreur, c'est un duce, un Führer, un caudillo, etc. On le voit bien dans l'immédiat après-guerre : il faut croire que le seul terme de « gouvernement » était frappé d'interdit, puisque, dès la Constituante de 1945, l'un des grands motifs de la résistance du général de Gaulle au projet de Constitution de la IVe République (du 19 avril 1946) était qu'il n'y est fait mention d'aucun « gouvernement » – rédiger une Constitution qui ne contienne pas le mot de « gouvernement », il faut le vouloir... C'est une prouesse à peu près analogue, sur le plan théorique, à celle, technique, de Georges PEREC, d'écrire un livre en se passant de la lettre « e ».

c'est justement parce que le salarié «de base[96]» est celui en qui réside l'ultime *autorité*[97] qu'il lui revient, à l'inverse d'un père possessif ou d'une mère poule, d'*autoriser* celui qui le gouverne à vraiment gouverner, ce qui n'est certes pas plus facile qu'à des parents de laisser, pour la première fois, leur enfant conduire ou monter à cheval. La responsabilité, ici, c'est l'assomption d'un risque : celui d'accepter de confier le gouvernail à tel que l'on aura jugé capable de le tenir, du moins pour un temps donné. On le lui laisse toujours malgré soi et au terme d'un débat intérieur dont l'issue peut demeurer à chacun rétrospectivement incertaine. C'est cette incertitude qui justifie que nous *autorisions* celui qui gouverne à prendre des initiatives que nous n'approuverions pas.

On le voit, le chef doit se voir accorder au moins la même liberté que celle qu'il lui revient de garantir à chacun des membres de l'équipe. Cela, de manière à assurer une libération mutuelle. Il s'agit en effet de prévenir deux excès : une dépendance de l'équipe à l'égard du chef (dont elle attendrait des directives), une dépendance du chef à l'égard de son équipe (dont il ne ferait qu'acter les décisions). Il est important que la hiérarchie opérationnelle ne soit pas directement chargée de faire respecter les prescriptions normatives élaborées dans les réseaux fonctionnels. Car en faisant de l'exécutif un exécutant du législatif, on tendrait à réduire tout pouvoir d'agir à une émanation de la volonté législative, et la séparation des pouvoirs ne serait pas assurée. Pour nous résumer, faire du groupe le seul et unique décideur ne serait pas une solution satisfaisante pour plusieurs raisons :

- on ne ferait que remplacer un pouvoir absolu (celui d'un «petit chef») par un autre (celui de l'équipe elle-même) ;
- le pouvoir d'un seul prendrait la place de celui des plus forts ;

96. Le salarié est dit «de base» parce qu'il est à la base de tout ce qui peut se construire.

97. C'est saint Thomas D'AQUIN qui, parmi les premiers, considérera que l'autorité, même quand elle n'est exercée que par un seul, repose toujours dans le corps social tout entier. Ce que la Constitution apostolique *Lumen Gentium* de Vatican II développera sous le vocable de «*communauté hiérarchique*» (*communio hierarchica*).

• au sein de l'équipe, si nul n'y pouvait mettre le holà, une majorité pourrait opprimer une minorité ;

• le responsable d'équipe se trouverait déresponsabilisé et simple exécutant des décisions collectives.

Une véritable coopération demande les deux positions : que le groupe décide le plus possible, que le chef reste le chef en conservant toute liberté de contredire le groupe. En tant que décideur ultime, il doit être capable de désavouer une décision prise par le groupe. Il est certes important que le responsable hiérarchique ne décide pas seul, mais il faut qu'il le puisse. Nul ne doit se trouver déresponsabilisé, et c'est dans cet entre-deux que se situe la manière de manager la plus cohérente avec une démocratie d'entreprise. La culture d'entreprise étant ce qu'elle est, le chef qui décide seul scie la branche sur laquelle il est assis et sape sa propre autorité.

Codécision : la nécessaire cohérence du chef avec son équipe

Entre le chef et son équipe, il doit y avoir solidarité, mais pas interdépendance – il faut être libre l'un de l'autre pour pouvoir se donner la main. C'est librement que l'un doit pouvoir aider l'autre, sans quoi il ne s'agit plus d'une aide. Solidaire de son équipe, le chef doit pouvoir s'en désolidariser, ce qui n'est, la plupart du temps, pas dans son intérêt. Solidaire, ici, veut dire en cohérence. Le chef, en tant qu'*anima*teur équipe, est censé être celui qui donne sa cohérence au groupe dont il a la responsabilité[98]. C'est à l'équipe de délibérer de telle sorte que finisse par émerger une position commune qui se trouve être en cohérence avec celles exprimées par ses membres. « En cohérence », c'est-à-dire dans laquelle chacun puisse se reconnaître, en tout ou partie ; qui paraisse à tous satisfaisante, à défaut d'être optimale. L'équipe ayant ainsi exprimé une position commune, c'est au manager qu'il revient de prendre une décision qui se trouve à son tour être en cohérence avec la position exprimée par le collectif. En simple « cohérence », ce qui offre au manager un large champ de

98. L'âme, *anima*, est le principe d'unité et d'animation du corps.

possibilités : reprendre telle quelle la position du groupe si elle lui paraît optimale, choisir la position exprimée par l'un des membres de l'équipe, ou encore choisir une position nouvelle, personnelle, qu'il est libre d'exprimer au même titre que n'importe quel autre membre de l'équipe. Pour résumer : le groupe exprime une *position* sur un sujet donné, un avis, mais c'est au manager de prendre une *décision*, laquelle peut se trouver en cohérence, c'est-à-dire dans un rapport de simple compatibilité, avec la position définie par l'équipe, ou se trouver incompatible avec celle-là, auquel cas le manager devra en assumer les conséquences quant à sa légitimité, dans la mesure où celle-ci se fonde sur son degré de représentativité de son équipe.

Le chef peut choisir de prendre des décisions contraires aux souhaits exprimés par son équipe, mais c'est à ses risques et périls, c'est sa responsabilité. Il peut le faire s'il escompte que cela renforcera sa légitimité auprès de ses subordonnés, en estimant par exemple qu'ils reconnaîtront *a posteriori* le bien-fondé de sa décision ou qu'ils seront positivement impressionnés par son indépendance d'esprit. Si, au contraire, comme c'est probable, cela contribue à la décrédibiliser, alors il se met dans l'inconfortable quoique stimulante situation de s'exposer à une « évaluation par la base ». Cette « évaluation par la base » est un dispositif conçu sur mesure pour le groupe Hervé (sous l'influence du penseur de l'écologie politique Ivan Illitch), expérimenté de longue date par lui, qui permet aux membres des équipes de remettre en cause leur chef. Les salariés pouvant à n'importe quel moment demander une telle évaluation par la base, le chef n'est jamais à l'abri, ce qui doit l'inciter à se remettre en question avant d'être remis en question. La liberté du chef est toujours une liberté surveillée. Il ne reçoit pas un blanc-seing de sa hiérarchie pour diriger, l'espace d'un mandat, de la manière qu'il souhaite, du moment que les résultats suivent. Justement parce qu'à la différence d'un élu, le manager ne jouit pas d'un mandat à durée déterminée, il se trouve obligé de construire en permanence sa décision, de convaincre au quotidien du bien-fondé des décisions qu'il a prises au nom du collectif, en tant que son représentant.

Qu'il prenne une décision franchement divergente ou seulement différente de celle exprimée, plus ou moins explicitement[99], par son équipe, l'important est que le responsable hiérarchique soit toujours perçu par ses coéquipiers comme leur représentant, plutôt que comme leur « chef », comme celui qui exprime leur *volonté* profonde – par-delà, éventuellement, leurs *désirs* du moment – plutôt que comme celui qu'il leur suffit de suivre. De même qu'une représentation démocratique peut désavouer les citoyens – comme on l'a vu lors de l'adoption en 2008 par les parlementaires français du traité de Lisbonne reprenant un texte précédemment rejeté par référendum –, au risque de se couper d'eux durablement et de perdre toute légitimité, le chef doit demeurer libre de son équipe tout en veillant à rester en cohérence avec elle.

Pourquoi le chef doit-il prendre garde de rester en cohérence avec son équipe ? Parce que si sa légalité lui vient d'en haut, sa légitimité lui vient d'en bas. Un pouvoir légal, si la légitimité n'en est pas reconnue, ne tiendra pas. Aussi le véritable pouvoir n'est-il pas celui, formel, de la hiérarchie qui investit X d'un pouvoir de décision ultime, c'est celui des membres de l'équipe, libres d'accepter ou non cette nomination, c'est-à-dire de reconnaître X comme leur chef légitime. L'équipe, dont la fonction est de délibérer, peut décider, si elle le souhaite, mais elle ne peut exécuter sans que le chef y consente. Autrement dit, ses décisions sont ineffectives tant que le chef n'a pas donné son accord. D'où la nécessité d'une cohérence entre eux, que la délibération collective, chef compris, doit permettre de dégager. D'ailleurs, la réalité est toujours nuancée. Dans les faits, certains types de décisions sont pris collectivement (le vêtement de travail, etc.), le chef se contentant de mettre un *nihil obstat* : ce sont celles pour lesquelles la présence d'un chef n'a rien de nécessaire, soit qu'elles ne comportent aucune dimension stratégique (la position hiérarchique du chef lui donne une meilleure visibilité), soit qu'elles n'engagent pas la fonction de représentant

---

99. Une équipe peut éprouver des difficultés à mettre en mots ce vers quoi elle tend pourtant. Le rôle du manager est alors de repérer « *la propension des choses* » (François Jullien), ce vers quoi tend l'équipe (sans qu'elle parvienne nécessairement à se l'avouer ou à le verbaliser), pour l'aider à en accoucher, c'est-à-dire à expliciter l'implicite.

de l'équipe (celles qui n'impactent pas les autres entités de l'entreprise, auprès desquelles le chef représente la sienne). D'autres sont davantage prises par le chef : les décisions stratégiques, parce qu'elles exigent plus de recul par rapport au terrain et parce que c'est lui qui aura à en répondre devant les autres équipes de l'entreprise. Que certaines décisions se trouvent être davantage prises par l'équipe elle-même, de manière indépendante par rapport au chef (ou par le chef, de manière plus indépendante du reste de l'équipe), l'essentiel est que se manifeste toujours une cohérence entre ces deux éléments constitutifs de toute bonne décision que sont la fonction délibérative incarnée par l'équipe et la fonction exécutive incarnée par le chef.

Tout est une question de priorité. Les décisions non stratégiques et *a priori* valorisantes doivent être prioritairement prises par l'équipe elle-même ; les décisions stratégiques et a priori difficiles humainement, comme un licenciement, doivent être prioritairement prises par le responsable hiérarchique. Que l'équipe ou le chef décide prioritairement dans une matière ne signifie pas qu'il soit fondé à le faire de manière exclusive de l'autre. C'est tout le contraire qui est vrai : même en matière stratégique, un chef doit associer son équipe à la réflexion qui est la sienne, et même en matière d'organisation interne, une équipe doit associer son chef à la réflexion qui est la sienne. Pour résumer, nous pourrions dire qu'à l'intérieur de chaque équipe, formellement, le groupe propose et le chef dispose, mais, dans la mesure où un chef qui ne tient pas compte des positions de son équipe s'expose à être désavoué lors d'une évaluation par la base, la réalité tient plutôt de la codécision. C'est cette arme massive aux mains de l'équipe qu'est l'« évaluation du chef par la base » qui, équilibrant le rapport de forces entre le chef et son équipe, les oblige à constamment dialoguer pour trouver un terrain d'entente, et permet ainsi que l'on puisse parler de codécision.

La codécision ne saurait être un carcan. Elle est une ligne directrice ; suivant les circonstances, les lieux et les matières, la décision finale peut tantôt revenir au chef, tantôt à l'équipe. Là n'est pas l'essentiel, ce qui compte c'est que la décision soit toujours prise en symbiose, que tous s'y retrouvent[100], qu'elle exprime une cohérence entre eux, à défaut d'un consensus. Ce qui prime est que, selon les circonstances ou les matières, la réalité du pouvoir puisse être assumée par le responsable hiérarchique ou par le reste de l'équipe. Chacun peut avoir ses préférences, chaque équipe avoir sa spécificité, en fonction des réalités locales, l'important est qu'il y ait du jeu pour que, en toutes circonstances, le processus de décision ne soit pas entravé. La présente réflexion sur le point de savoir qui, dans une équipe, décide, lorsqu'on se place dans le contexte d'une entreprise 2.0, met en avant la particularité de l'exercice de l'autorité qui s'y exerce. Pour dire simplement les choses, disons que celle-ci ne doit pas s'exercer de haut en bas, mais, entre pairs d'une part, puis de bas en haut.

L'exercice de l'autorité : latérale entre pairs

Si un ou plusieurs membres d'une équipe se trouvent défaillants, c'est à leurs pairs de suppléer leurs défaillances, c'est-à-dire de les aider à accomplir leur tâche du moment, mais, plus décisivement, de les aider à se corriger, de telle sorte que ces défaillances se reproduisent le moins possible – étant entendu que, naturellement, il ne suffit pas de donner du poisson à un homme qui a faim, il faut aussi et surtout lui apprendre à pêcher. D'où l'importance qu'il y a, dans une équipe, à avoir suffisamment de salariés enracinés dans la culture de l'entreprise, de manière à ce qu'ils puissent, par leur exemple, contribuer à éduquer ceux qui le sont moins, ou, par leurs paroles, reprendre ceux qui contreviendraient aux règles communes. « *Il faut élever les êtres droits pour qu'ils fassent pression sur les hommes tordus et qu'alors les hommes tordus deviennent droits.* » (Confucius). En aucun cas, dans le modèle de management promu à l'intérieur d'une « démocratie de médiation », ce ne doit être le responsable hiérarchique qui corrige, et a fortiori sanctionne, l'erreur ou l'insuffisance de résultats

100. Que tous s'y retrouvent ne veut pas nécessairement dire – et ce n'est pas même souhaitable – qu'il y ait consensus, mais seulement que la décision prise se trouve être en cohérence avec la position exprimée par l'équipe.

d'un membre de l'équipe – comme nous l'avons vu, sa simple qualité de responsable hiérarchique rend sa critique non seulement inaudible mais contre-productive, incitant à une réaction en sens inverse de la correction exercée.

Les solutions trouvées par les pairs sont plus créatives

Dans une entreprise qui cherche à s'organiser de manière démocratique, la décision ne saurait être imposée d'en haut comme dans les organisations pyramidales classiques ; elle résulte bien plutôt d'une symbiose entre les différents acteurs (où chacun prend en compte le champ de contrainte et donc la stratégie de tous les autres), elle émerge comme le point d'équilibre, le plus satisfaisant pour tous. Il ne s'agit pas pour autant de faire du consensualisme, c'est-à-dire de trouver un compromis qui contenterait nécessairement tous les points de vue, jusqu'aux plus absurdes. Mary Follett, par exemple, pense que la résolution d'un conflit par un compromis, s'il permet de débloquer une situation à court terme, est nuisible à moyen et long terme. Selon elle, ce n'est qu'une apparence de solution ; s'appuyant sur les théories freudiennes du refoulement, elle fait remarquer que le jour où le problème ainsi prétendument réglé resurgira, ce sera avec « *les résultats les plus désastreux*[101] ». L'approche qui a la faveur de Follett, c'est l'intégration, où il s'agit de trouver une issue par le haut. C'est naturellement le plus difficile, car « *l'intégration suppose de l'invention* ». Alors que « *le compromis ne crée rien – il s'arrange avec ce qui existe déjà –, l'intégration crée quelque chose de nouveau*[102] ». Il ne s'agit pas de renoncer, provisoirement ou en façade, à une part de ses désirs, mais de les satisfaire par l'explication réciproque, la réévaluation de ses objectifs et la créativité.

Dans une entreprise en recherche constante de l'adaptation optimale à une situation donnée, la recherche de créativité se fait

101. Mary Parker FOLLETT, *Creative experience*, New York, Longmans, Green, 1924.
102. Mary Parker FOLLETT, citée dans le livre d'Henry Metcalf et Lionel Urwick intitulé *Dynamic Administration*, 1941.

naturellement aussi en matière de résolution de conflits. Michel Hervé raconte : « *À l'affrontement qui n'aboutit qu'à la destruction de l'autre, il faut substituer le conflit qui produit de la créativité. Lorsque j'étais maire de Parthenay, un différend a éclaté entre une association qui voulait organiser une rave party et des agriculteurs qui vivaient à proximité du site choisi et refusaient de subir une nuit blanche. Trop souvent, dans ce genre de situation, on demande à un arbitre de résoudre le conflit. Mais un arbitre recourt à son jugement et non à sa créativité : il donne la préférence à l'un ou à l'autre des deux acteurs, ce qui crée une frustration et fait rebondir l'affrontement, parfois encore plus violemment. En l'occurrence, ce sont les acteurs eux-mêmes qui ont trouvé la solution : les organisateurs ont proposé aux agriculteurs de passer un week-end dans un hôtel au bord de la mer, tous les frais étant pris en charge par l'association. Non seulement ces personnes ont pu dormir tranquillement, mais elles ont bénéficié d'un voyage qu'elles ne se seraient pas offert elles-mêmes. Le conflit a fait émerger une solution créative qui n'aurait pas pu être imaginée sans la confrontation finale*[103]. »

C'est aux acteurs de trouver par eux-mêmes la solution à leurs problèmes, non au manager qui n'a guère plus de lumières qu'eux, mais c'est à lui qu'il revient d'animer les débats entre acteurs de manière à ce qu'ils sortent par le haut d'une situation problématique, c'est-à-dire par une solution satisfaisant les parties mieux qu'elles n'auraient osé l'espérer, et non par le bas, par un compromis fondé sur le plus petit dénominateur commun. L'intérêt des problèmes, quand ils sont traités par une pluralité d'acteurs plutôt que par un seul, c'est qu'ils permettent des faire émerger des idées qui sans eux n'auraient jamais vu le jour. La créativité de l'équipe, émulation aidant, est supérieure à celle d'un individu : l'équipe est donc plus apte qu'un seul à trouver des solutions créatives aux problèmes qui se posent.

---

103. Michel HERVÉ, « Le web 2.0 au cœur de l'entreprise », in *Entreprise 2.0. Réflexions autour d'une nouvelle odyssée*, par un collectif d'auteurs sous la coordination de Xavier AUCOMPTE et Caroline MACDONALD, p. 9-10.

L'exercice de l'autorité : verticale, de bas en haut

Dans une organisation à visée démocratique, c'est la base qui doit faire pression, et donc autorité, sur la ligne hiérarchique. Parce que c'est d'elle que viennent, nécessairement, les transformations les meilleures, « meilleures » non par principe parce qu'elles se trouveraient venir de la base, mais parce que, venant de la base, elles se trouvent nécessairement plus en prise avec à la fois l'environnement de marché et le contexte interne de l'entité concernée. La base doit être écoutée par la hiérarchie parce qu'elle-même est plus à l'écoute des lignes de forces qui se dessinent, des tendances qui s'amorcent, des inflexions ou retournements de marché qui se font jour, que ne peut l'être la hiérarchie. Il apparaît finalement possible de dire que, dans une configuration d'entreprise adaptative se traduisant par une organisation démocratique, c'est le groupe qui prend la décision, même si c'est le chef qui l'assume. La décision, fut-elle formellement prise par le manager, peut être légitimement considérée comme étant celle de l'équipe si elle intègre la diversité des points de vue exprimés, c'est-à-dire si elle ne les dépasse qu'en les comprenant. Elle manifestera ainsi la richesse et la complexité de l'équipe. L'avantage d'un groupe, c'est qu'il permet de complexifier la décision. Un manager aurait bien tort de s'en priver, sauf à vouloir sciemment prendre des décisions sur le fond simplistes, donc erronées, et sur la forme contestables par ses coéquipiers.

Il ne s'agit pas seulement, pour le responsable hiérarchique, de décider après avoir laissé s'exprimer une diversité de point de vue, quitte à n'en tenir aucun compte. Cela, c'est ce qui se fait déjà dans la plupart des organisations. Il ne s'agit pas plus, pour lui, de décider en ne retenant, des points de vue exprimés par ses co-équipiers que ceux qui lui complaisent (opérer *sa* sélection de ceux qui *lui* paraissent pertinents). Un tri doit s'opérer, mais ce n'est pas au manager de le faire. Parmi la diversité des points de vue exprimés, ce n'est pas à lui de décider lesquels retenir et lesquels exclure, mais à l'équipe. Là réside la véritable innovation dans le mode de management ici à l'œuvre : la décision y est vraiment celle de l'équipe car c'est elle qui opère une sélection, un discernement.

En cas d'incapacité de l'équipe à prendre une décision finale, trois possibilités se présentent au manager. Celui-ci peut soit prendre sur lui de décider entre les options que l'équipe lui présente et qu'elle ne parvient pas à départager, mais alors il assume de faire un choix toujours suspect d'arbitraire entre ces options. Il peut, seconde option, prendre le risque de prolonger indéfiniment les débats, ce qui présente deux inconvénients : des débats trop longs donnent une prime aux plus endurants sur les plus pertinents[104], et dans certaines situations mieux vaut une mauvaise décision (ou pas optimale) que pas de décision (ou trop longue à venir). Il peut enfin, troisième option, la meilleure selon nous, refuser d'être placé en position d'ultime décideur et élargir à d'autres équipes le cercle de ceux qui ont part à la décision, de manière à ce que la solution au blocage vienne du même niveau hiérarchique et non du supérieur qui n'a aucune raison de se croire mieux placé que les pairs pour trancher.

Il y a ainsi plusieurs degrés dans un management participatif. Soit on considère que la décision se construit à plusieurs, mais que c'est le manager qui la prend, soit on considère que la décision se construit et se prend à plusieurs, que ce « plusieurs » soit les seuls membres de l'équipe concernée ou ceux-ci plus un collège de pairs invités par le manager à prendre part à la décision. À notre connaissance, ce que l'on entend communément par un « management participatif » relève quasiment toujours de la première manière de faire : c'est ainsi par exemple que procède Claude Onesta. Celui-ci n'est pas seulement l'heureux entraîneur d'une équipe de France de handball qui collectionne les médailles, il est aussi le praticien d'une méthode de management participative, décriée au début, qui a fait ses preuves depuis. Elle repose, comme le rapporte un article de *Challenges* du 10 mars 2011, « *sur une forme de cogestion* ». Claude Onesta a signé un « contrat de confiance » avec ses hommes : « *Il est parti du constat que*

104. Les moins endurants risquent de rendre les armes, de guerre lasse, sans chercher plus longtemps à convaincre les autres du bien fondé de leur position. Ce ne sera alors plus la raison qui s'avérera déterminante, mais la force (d'endurance).

les joueurs connaissaient mieux leur sport et leur aptitude physique que lui. Il a donc décidé de rompre avec une organisation hiérarchique rigide afin d'associer davantage son équipe aux décisions[105]*.* » La stratégie de jeu, les méthodes d'entraînement sont discutées ensemble et « *à la fin seulement* », il tranche. « *Il faut accepter de se laisser marcher sur sa zone d'autorité* », résume-t-il.

Cette approche constitue déjà, par elle-même, un progrès considérable par rapport à ce qui se pratique aujourd'hui dans la majeure partie des organisations, mais elle reste selon nous affectée d'un vice, déjà évoqué précédemment : il n'y a qu'une différence de degrés entre un management autoritaire et un tel management participatif où le manager se trouve en position d'ultime décideur, car c'est toujours *in fine* lui qui, plus ou moins arbitrairement, choisit dans les positions des uns et des autres celle qui lui complaît. Un management intégralement participatif, lui, laisse aux coéquipiers non seulement la responsabilité de la délibération, mais aussi celle de la décision, à charge au manager d'inclure des pairs dans le processus décisionnel si les membres de l'équipe ne parviennent pas à se mettre d'accord ou si la décision prise par le groupe lui paraît trop manifestement erronée. Même dans ce dernier cas, ce n'est pas à son propre jugement qu'il s'en remet, mais à celui d'un groupe de coéquipiers élargi.

Plus de pouvoir personnel : le seul chef légitime est la loi

Dans une économie de l'innovation, l'objectif principal d'une organisation soucieuse d'efficacité économique est de développer en son sein le sentiment de liberté suffisant à produire la plus grande innovation. De sorte que la question fondamentale est : comment faire en sorte que les hommes se sentent libres, à l'intérieur de l'organisation ? Préserver la liberté de l'individu dans le cadre d'une communauté, c'est tout l'objet de la démocratie. Si la démocratie dans l'entreprise est aujourd'hui économiquement pertinente, c'est

105. *Challenges* n° 247 du 10 mars 2011, p. 61, par Thiébault DROMARD.

parce qu'elle correspond à l'organisation respectant le mieux la liberté de ses membres, et donc favorisant le mieux l'innovation. Or ce qui assure le mieux la liberté de l'homme, dans une organisation, c'est d'être gouverné par la rationalité des lois plutôt que l'arbitraire d'un homme. Être assujetti à un homme – mon chef –, c'est être en liberté provisoire, constamment dépendant de la bonne volonté de celui-ci, tandis qu'être assujetti aux lois – les règles à l'élaboration desquelles j'ai participé –, c'est être dans un état de liberté stable, permettant de s'autoriser à créer. Le gouvernement d'une société par les lois plutôt que par le libre décret d'un homme, cela s'appelle l'État de droit.

Une démocratie dans l'entreprise est d'abord un État de droit, et c'est pourquoi elle vise à passer d'une domination de l'homme sur l'homme (toujours porté à l'abus et à l'inégalité de traitement pour motifs personnels) à une domination de l'homme par la loi, fondée en raison et équitable. Ainsi Tocqueville voyait-il dans la démocratie l'avènement d'un pouvoir régulier, fondé sur l'obéissance à des règles plutôt qu'à un homme. Il y a démocratie, dans l'entreprise comme au-dehors, dès lors que les hommes n'obéissent plus à d'autres hommes, mais à des règles et procédures. C'est ce que signifie le «Plus de chefs» caractéristique d'une démocratie 2.0: le seul «chef» y est la loi, les règles établies en commun.

Le mouvement conduisant à une démocratisation des sociétés politiques d'abord, puis à celle des entreprises, a une longue tradition. C'est chez les Grecs que, pour la première fois, émerge une conception de la liberté où l'individu n'est pas soumis à la volonté arbitraire d'un homme, mais au *nomos* (la norme, qu'elle soit règle ou loi)[106], lui-même expression du *logos*[107], c'est-à-dire de la rationalité suprême. Selon Rousseau, la démocratie se fonde sur une conception de la liberté qui, tout en étant «*comprise comme non-domination,*

106. Cf. le discours de PÉRICLÈS dans *Les Suppliantes* d'EURIPIDE.

107. D'où une définition possible de la démocratie comme gouvernement du *logos* par le *logos* pour le *logos*.

réside avant tout dans la soumission aux lois (plutôt que dans la soumission aux hommes), dès lors que la pratique effective de la participation à la vie publique permet à chacun de se penser comme l'auteur de ces lois[108]». La liberté politique de l'homme est assurée quand elle dépend de lois conformes à la nature des choses : «*C'est le triomphe de la liberté, lorsque les lois criminelles tirent chaque peine de la nature particulière du crime. Tout l'arbitraire cesse ; la peine ne descend point du caprice du législateur, mais de la nature des choses ; et ce n'est point l'homme qui fait violence à l'homme*[109]», écrit Montesquieu.

Un siècle plus tard, Fichte estime que «*c'est seulement à la volonté nécessaire et incapable d'exceptions qui est celle de la loi que l'on peut raisonnablement aliéner sa puissance et sa faculté de juger du droit, mais nullement à une volonté humaine libre et changeante dans ses décisions*[110].» Plus près de nous, Friedrich Hayek, dans *La Constitution de la liberté* (1960), décrit comme libre une société qui limite au maximum le gouvernement des hommes par les hommes pour augmenter au maximum le gouvernement des hommes par les lois. Ces derniers ont justement inventé le droit positif pour ne pas être soumis à l'aribraire de quelques-uns – d'où aussi l'État. Comme l'écrivait Georges Burdeau, «*les hommes ont inventé l'État pour ne pas obéir aux hommes*».

Si ce qui est recherché, c'est de soustraire les hommes à la domination d'autres hommes, alors une solution existe depuis des siècles : l'état de droit. Lorsqu'une organisation insiste sur le respect des normes et des procédures, on peut y voir une tentative de transposition de cet état de droit, censé régner dans le champ politique. À cette différence près que celui-ci se définit par la soumission à des lois, expression de la volonté générale fondée sur la volonté de tous, tandis que les entreprises demandent la soumission à des règles unilatéralement

---

108. Alain RENAUT, *Qu'est-ce qu'un peuple libre ?*, Grasset, 2005, p. 173
109. MONTESQUIEU, *De l'esprit des lois*, livre XIII, chapitre IV
110. J.G FICHTE, *Fondement du droit naturel* (1797), Paris, P.U.F, 1985, p. 118

définies par quelques-uns. Dans ces conditions, seules peuvent être dites démocratiques les organisations, politiques ou commerciales, qui, se trouvant régies par des lois plutôt que par des règles, peuvent du coup assurer à leurs membres une autonomie véritable. Or il n'y a pas d'autonomie, au sens rigoureux du terme, tant que vous n'avez pas participé à l'élaboration de la norme à laquelle vous vous trouvez soumis. Sauf à entendre métaphoriquement l'autonomie – au sens où l'on parle de l'autonomie d'une voiture en carburant et où, par conséquent, on pourrait se croire fondé à parler de l'autonomie d'un plombier en raison de ses compétences –, l'autonomie véritable, au sens politique (celui que tout le monde entend quand on parle de l'autonomie des salariés dans l'entreprise), désigne la soumission à une loi et non à une règle[111], la soumission à soi-même et non à d'autres. Quand il obéit à la loi en effet, tout se passe comme si le citoyen ou le salarié n'obéissait qu'à lui-même, puisque celle-ci est supposée être l'expression de sa volonté, manifestée par sa participation. Quand il obéit à des règles ou règlements, il est soumis à une autre volonté que la sienne, il n'est donc pas autonome, de sorte que l'on ne peut pas parler de démocratie. Il n'y a loi que s'il s'agit d'une règle choisie par les salariés eux-mêmes ; l'obéissance à des règles choisies par d'autres, en revanche, est une soumission.

Qu'en est-il dans une organisation comme le groupe Hervé qui affiche sa volonté de rendre les salariés les plus participants qu'il se puisse à l'élaboration des normes auxquels ils obéissent ? Nous verrons que la co-élaboration des normes s'y fait par des « réseaux fonctionnels » et des groupes de travail *ad hoc*. Si le groupe Hervé peut revendiquer être une entreprise démocratique, c'est d'abord parce qu'il fait de ses employés les acteurs de l'élaboration de la norme, faisant du coup de celle-ci une loi plutôt qu'une règle, et de chacun un citoyen-salarié autonome – pas plus nié dans sa liberté par la

111. C'est pourquoi par exemple, en l'absence de démocratie européenne (au niveau de l'Union européenne), on ne parle pas de lois européennes, mais seulement de « règlements » ou de « directives ». Quand ils obéissent aux « règlements » et « directives » européennes, les citoyens des pays membres de l'Union obéissent, explicitement, à d'autres qu'eux-mêmes.

domination politique d'un actionnaire majoritaire que ne l'est le citoyen par la domination de l'État[112].

Plus d'exécutants

L'objectif d'une organisation 2.0, quand on dit qu'elle « refuse les chefs », c'est l'élimination des comportements d'obéissance passive, sans compréhension ni participation. Derrière le « pas de chefs », c'est le « pas d'exécutants » qui est recherché. « Nul ne doit être en situation d'exécutant » signifie :

a) Ne plus être placé en situation d'exécutant

Premièrement, que personne ne doit être mis en situation d'exécutant. « *Dans les entreprises les mieux dirigées, chaque individu a l'autorité qui correspond à son travail et non à sa position hiérarchique. Personne n'aime être placé « sous » quelqu'un d'autre. (...). Mary Follett dénonce le commandement arbitraire car il ignore l'un des traits fondamentaux de la nature humaine qui est de vouloir se diriger soi-même*[113]. » Au nom du réalisme, une entreprise peut chercher à ce qu'en son sein nul ne reçoive d'ordre de quiconque : s'il en recevait, il ne donnerait pas le meilleur de lui-même, ne se sentant pas respecté dans l'intégralité de sa dignité. Comme y insiste par exemple Philippe d'Iribarne dans *La logique de l'honneur*, l'homme est ainsi fait – et, parmi les hommes, le Français en particulier – qu'il répugne à la soumission[114]. L'important, dans une décision, c'est toujours qui

112. Lequel État détient, outre la prépotence financière, le « *monopole de la violence légitime* », suivant la définition proposée par Max WEBER dans *Le Savant et le Politique* (édition en 1959 de conférences prononcées en 1919). Pour limitée qu'elle soit à la seule dimension financière (ou patrimoniale), la domination exercée par l'actionnaire majoritaire du groupe Hervé sur ses salariés étant moindre que celle de l'État sur ses citoyens, on ne peut lui dénier le droit de se revendiquer démocratique. À supposer en tout cas, naturellement, que le groupe soit aussi fondé que l'État à parler de lois, s'agissant de ses normes internes.

113. « Diriger au-delà du conflit. Mary Follett », mémoire d'Alexandre OTTEVAERE dans le cadre du séminaire d'Yvon Pesqueux « Philosophie et management », Université Paris-Dauphine, 2007, p. 12.

114. Lucien FEBVRE, 1946 : « *Qu'est-ce que le vrai sens de l'honneur ? C'est le refus de pactiser avec ce qui est laid, bas, vulgaire, intéressé, non gratuit : un refus de s'incliner devant la force parce qu'elle est la force ; devant la paix parce qu'elle est la paix, devant le bonheur parce qu'il est le*

la prend : mieux vaut que ce ne soit pas le mal-nommé « supérieur hiérarchique ». Toutefois, quand bien même un salarié ne se trouverait plus en situation d'exécution, il pourrait continuer à reproduire, par inertie, le schéma d'obéissance passive qu'il a toujours connu – ou chercher un chef derrière lequel se protéger et à qui faire endosser la responsabilité de ses propres échecs.

b) Ne plus se placer en situation d'exécutant

C'est pourquoi « nul ne doit être en situation d'exécutant » signifie également : personne ne doit se mettre en situation d'exécutant. Affirmer ne plus vouloir de chefs dans l'entreprise, c'est dire, d'une part, qu'il ne doit plus y avoir de chefs qui empêchent les autres d'être chefs (en les déresponsabilisant, en leur demandant d'exécuter les ordres sans comprendre), d'autre part, qu'il ne doit plus y avoir de salariés qui agissent mécaniquement, qu'ils se trouvent être ou non en situation d'autorité hiérarchique. Si le but recherché est que personne n'obéisse à un chef parce qu'il est le chef, l'expérience montre qu'il est difficile à atteindre : sans doute en raison d'une éducation ou d'un contexte social qui les y a habitués, les individus adoptent spontanément des comportements de subordination ou de soumission. Obéir à un chef sans considération critique pour le contenu de ce qu'il ordonne de faire, donc aveuglément, c'est agir, selon la terminologie de Kant, par « *dogmatisme* ». Apprendre à ne plus se vivre en exécutant, cela veut dire aussi apprendre à ne plus fuir ses responsabilités en cherchant à les rejeter sur un chef – conçu comme un paratonnerre, un éventuel bouc émissaire – et donc assumer seul la responsabilité de ses décisions.

c) Ne plus réagir, mais agir

Dans l'entreprise adaptative 2.0, fondée sur la coopération, idéalement, ne doit se trouver personne qui n'agisse pas vraiment, c'est-à-dire qui se contente de réagir. Elle est une société d'acteurs, pas de

---

bonheur ». Obéir à un ordre simplement parce que c'est un ordre aura toutes les chances d'être perçu comme avilissant.

spectateurs, encore moins d'exécutants. Pour un salarié, sortir d'une telle logique d'obéissance passive doit valoir aussi bien en interne que vis-à-vis de l'extérieur. Il s'agit de quitter une attitude de simple réactivité à l'injonction d'un supérieur hiérarchique, et d'abandonner une attitude de réponse passive à la demande du client. Appelés à se vivre comme de véritables auto-entrepreneurs, les salariés doivent changer de personnalité dans leur rapport aux clients – en leur proposant des solutions innovantes ou des services complémentaires de la demande exprimée. Il ne suffit pas de ne plus se contenter de répondre à la demande du N+1, il faut arrêter de répondre à la demande client de façon passive. Ce que l'on pourrait ramasser en une formule simple : l'action du salarié de base ne doit plus être réactive, mais proactive, tant à l'égard de son chef que de son client. Il ne s'agit pas de devancer les désirs de l'un ou de l'autre (ce qui serait encore une manière de répondre passivement à une demande non encore exprimée), mais bien de proposer à l'autre ce que ma singularité fait que je suis seul à pouvoir proposer et à quoi lui ne penserait pas. Alors seulement le salarié de base que je suis agit vraiment de son propre chef. Car en effet, lorsque nous disons que l'entreprise nouvelle version demande qu'il n'y ait plus de chefs dans l'entreprise, nous pourrions tout aussi bien dire qu'elle demande qu'il y ait des chefs partout, que chacun soit chef. Et chacun l'est, en effet, si chacun en vient à agir comme s'il était le décideur.

Tous chefs (intra-entrepreneurs)

En définitive, «plus de chef» dans l'organisation 2.0 signifie «plus de chef qui empêcherait les autres d'être chefs». Il ne faut plus de chefs qui ne seraient chef que de l'être de quelqu'un d'autre, qui auraient besoin de dominer pour s'affirmer. L'objectif coopératif est que chacun, dans une équipe, soit à lui-même son propre chef. Ce à quoi correspond une organisation en société d'intra-entrepreneurs où chacun, tout en étant salarié, est autant chef de lui-même que peut l'être un auto-entrepreneur. L'objectif de l'intra-entrepreneuriat est simple : faire en sorte que chacun, dans l'entreprise, puisse se vivre comme un artisan, libre des moyens qu'il se donne pour atteindre les objectifs qu'il s'est librement donnés. À cette seule différence, s'agissant de l'auto-entrepreneur qui évolue à l'intérieur d'une entreprise, que les moyens et objectifs qu'il se donne doivent être compatibles avec ceux que se donnent les autres. Lorsque tous sont chefs, chacun d'eux ne peut se vivre comme s'il était le seul. C'est la base de la vie en société. Pour être son propre chef, encore faut-il se l'autoriser, se prendre en main, se défaire de l'habitude d'être guidé, protégé, couvé et assisté. C'est à donner confiance aux salariés en eux-mêmes, en leur capacité à être leur propre chef, que sert un bon management. Le bon manager, paradoxalement, rassure l'individu en sa capacité de ne plus avoir besoin d'être rassuré, il le guide dans la voie consistant à se passer de tout guide, il l'oriente de telle manière qu'il puisse à l'avenir s'orienter lui-même.

L'ambivalence de l'autorité : le pouvoir peut élever ceux qui l'exercent comme ceux sur qui il s'exerce

Il faut se garder de toute généralité. Le pouvoir, l'autorité hiérarchique ne sont pas intrinsèquement mauvais ; il y a seulement de bons et de mauvais chefs, des manières indignes, dégradantes de commander, et des manières indignes, dégradantes, d'obéir. Il existe une manière d'exercer le pouvoir qui élève, comme il y a une manière d'exercer l'obéissance qui élève. Le pouvoir ne corrompt pas nécessairement, il peut corrompre comme il peut aussi élever. De même qu'il est des fois religieuses qui aliènent et d'autres qui libèrent de nombreux esclavages, il est des chefs qui libèrent de nombreuses servitudes – qu'il y ait des chefs n'est pas condamnable en soi, tout dépend de la façon dont l'autorité est exercée. L'autorité est souhaitable, si elle est bien exercée ; elle devient condamnable, si elle est mal exercée. Il n'y a aucune fatalité à ce que l'obéissance soit dégradant, car la subordination n'est pas la soumission, et qui dit service ne dit pas servilité. Il existe une manière noble d'obéir.

« *Quant à [...] l'obéissance,* écrit Spinoza dans son *Traité théologico-politique*, [...] *elle ne fait pas sur-le-champ un esclave* » car tout dépend de l'intérêt que peut y trouver la personne. Il est en particulier beaucoup plus exigeant de savoir obéir que de commander, car cela exige davantage de maîtrise de soi. Non seulement l'obéissance n'a rien d'indigne, mais elle demande les plus hautes qualités humaines. Il faut donc redécouvrir en quoi l'obéissance n'est pas une passivité, mais une activité. En ce sens les salariés doivent être formés à l'exercice de l'obéissance, au même titre que les managers le sont à l'exercice de l'autorité. L'obéissance est liberté dans plusieurs cas: dans celui de l'autonomie, qui est «*l'obéissance à la loi qu'on s'est prescrite*[115]», et dans celui de la citoyenneté – cette forme politique de l'autonomie –, qui est l'obéissance aux lois civiles. «*Qui est citoyen?* demande Aristote. *Est citoyen quelqu'un qui est capable de gouverner et d'être gouverné*». L'homme politiquement libre sait obéir. C'est d'ailleurs en apprenant à obéir qu'il se libère. En effet, loin d'être aliénante, l'obéissance peut très bien être libératrice si elle conduit à être capable de subordonner ses désirs à sa volonté. Ainsi, selon Hegel, l'esclave apprend-il à devenir maître. La conquête de sa liberté consiste à transformer sa soumission en subordination.

Il existe une manière indigne d'obéir, par démission ou résignation, chez celui qui le fait sans chercher à comprendre. Dans cette perspective, un chef peut très bien n'être qu'un exécutant s'il se contente d'appliquer ce qui lui est commandé par sa propre hiérarchie, par son équipe ou par ses pulsions. L'important n'est pas de recevoir un ordre, c'est que celui qui le reçoive en vienne à agir comme s'il n'en avait pas reçu, parce qu'il en aura compris le bien-fondé et en partagera l'orientation. On le voit: dans le phénomène de domination, ceux qui obéissent peuvent être tenus pour aussi responsables que ceux qui commandent. Voltaire pouvait s'exclamer, évoquant les «massacres perpétrés par les Juifs dans l'Antiquité» [en 614, à Mamilla, faubourg de Jérusalem, les Perses auraient livré leurs prisonniers chrétiens aux Juifs], les pogroms lors des croisades, l'extermination des Indiens d'Amérique et les massacres de la Saint-Barthélémy: «*Comment*

---

115. ROUSSEAU, *Du Contrat Social*, I, 8, Bibliothèque de la Pléiade, Gallimard, p. 365: «*L'impulsion du seul appétit est esclavage, et l'obéissance à la loi qu'on s'est prescrite est liberté*».

s'est-il trouvé des barbares pour ordonner ces crimes, et tant d'autres barbares pour les exécuter?[116]» L'exécutant est en effet aussi coupable que le commanditaire, car il demeurait libre de désobéir. Il faut donc considérer les choses dans leur complexité et observer l'interdépendance qui existe entre autorité et obéissance.

«*Ce n'est pas dans la hiérarchie que réside le principe de la domination: la diffusion de formes de dominations «douces» ou intériorisées par le dominé impose de reprendre à neuf la compréhension de la domination elle-même*[117]», ainsi que l'avait par exemple entrepris Michel Foucault[118]. Pour La Boétie, dans son *Discours de la servitude volontaire* (1576), c'est l'abus d'obéissance qui permet l'abus de pouvoir et, dans les entreprises comme ailleurs, «*si tant de gens refusent leur liberté, c'est qu'elle les obligerait à être responsables; mieux vaut la sécurité de l'obéissance, le refuge de la hiérarchie. Partout dénoncée, la bureaucratie, au fond, est aimée (Cf. les analyses de Michel Crozier dans* Le Phénomène bureaucratique*)*[119]». Le travail d'évitement de la domination doit donc s'effectuer dans les deux directions: il faut non seulement éduquer les managers à diriger de manière plus humaine, mais apprendre à leurs subordonnés à se laisser diriger sans pour autant être démissionnaires.

Comme chacun est toujours à la fois chef et subalterne, agissant et pâtissant – selon Platon, être c'est «agir et subir» –, les deux formations sont utiles à tous. La manière digne de commander consiste à exercer l'autorité comme un service[120] destiné à augmenter celle de ses

116. VOLTAIRE, in *Des Conspirations contre les peuples, ou Des proscriptions* (1766), «Conspiration dans les vallées du Piémont».
117. Sébastien BAUER et Laurent GERBIER, article «Anarchisme», *Grand dictionnaire de la philosophie*, Larousse, 2003, p. 37.
118. Voir par exemple Michel FOUCAULT, «Le sujet et le pouvoir», in *Dits et Ecrits*, IV.
119. J.-M. DOMENACH, *Le Retour du tragique*. André MALRAUX écrivait dans la revue *Le Rassemblement* en date du 26 juin 1948 que «*le plus subtil poison de la défaite et de la servitude, c'est que, pour se justifier de les subir, les hommes finissent par les aimer*». Ainsi, «*on rencontre beaucoup d'hommes parlant de libertés, mais on en voit très peu dont la vie n'ait pas été principalement consacrée à se forger des chaînes*», relève Gustave LE BON dans *Hier et demain* (1918).
120. Comme le faisait incidemment remarquer le général DE GAULLE, «*la politique, quand elle est un art et un service, non point une exploitation, c'est une action pour un idéal à travers des réali-*

subordonnés – le mot «autorité» dérive du latin *auctoritas* qui a pour origine le verbe *augeo*, lequel signifie «augmenter», «faire croître». Cette filiation est éclairante: elle indique que, dès sa naissance, la notion d'autorité a été associée à l'idée de développement, d'expansion, de croissance. Qui plus est, l'étymologie montre que le verbe *augeo* a eu deux descendances parallèles: l'une est le mot «autorité», l'autre est le mot «auteur». Cette parenté sémantique ne signifie-t-elle pas que la vocation profonde de l'autorité est de rendre les autres libres, c'est-à-dire responsables, c'est-à-dire encore auteurs de leurs actes? C'est, somme toute, éduquer à la liberté, c'est-à-dire, étymologiquement, «conduire hors de» (*e-ducere*) l'état de dépendance à l'autorité hiérarchique. Le détenteur de l'autorité n'est pas tant celui qui peut interdire et réprimer que celui qui «autorise» la pleine liberté de ses subordonnés en en accompagnant la croissance.

La manière servile de commander consiste à exercer l'autorité comme une domination, pour se sentir exister. Le propre du «petit chef» est en effet de ne parvenir à se poser qu'en s'opposant et à ne s'élever qu'en abaissant. Ayant besoin de ses subordonnés, il leur est relatif et donc équivalent; le vrai chef, lui, n'est pas dépendant, mais autonome[121]. Celui qui est animé par une «*volonté de puissance*»

---

tés». (Conférence de presse tenue à l'hôtel Continental le 30 juin 1955). Celui qui a reçu mandat pour commander est là pour servir, non pour se servir.

121. «*Par-delà les dirigeants, libérés de tous les liens, vivent les hommes supérieurs,* écrit NIETZSCHE *; et ceux qui dirigent ne leur servent que d'instruments*» (*Volonté de puissance* [1948], trad. fr. G. Bianquis, Paris, Gallimard, tome II, § 599, p. 383). Ces «petits chefs» («*dirigeants*») se plaçant eux-mêmes en position d'exécutants, purement réactifs, ils sont aisément manipulés par les hommes libres («*hommes supérieurs*»), fussent-ils leurs subordonnés hiérarchiques. Si «*un chef est un homme qui a besoin des autres*» (Paul VALÉRY, *Mauvaises pensées et autres*, 1942), ce doit seulement être en ce sens qu'il ne peut rien sans l'appui de ceux dont il tire sa légitimité, mais en aucun cas il ne doit avoir besoin de la dépendance des autres à son égard, non plus que lui-même ne doit être dépendant d'eux. L'affaire des âmes bien nées, dit en substance Nietzsche, n'est pas d'être des «*animaux chefs*» (*Ibidem*, tome II, § 85, p. 249), c'est-à-dire des «*conducteurs du troupeau*» (*Ibidem*, tome II, § 727, p. 215), car ils seraient alors «*la fin ultime pour laquelle le troupeau est là*». Le problème de l'«*animal chef*», c'est qu'il n'est chef que d'avoir un troupeau et qu'il justifie l'existence du troupeau : il fait donc lui aussi partie du problème, qu'il entretient. Sans de tels chefs, le troupeau serait incité à évoluer, à se transformer, à se prendre en main et donc à ne plus se vivre comme un troupeau.

(Nietzsche) déclinante ne trouve à s'affirmer que négativement, c'est-à-dire qu'en niant d'autres que soi – dans la domination, s'il est chef[122], ou en se niant lui-même s'il est subordonné. Celui qui a une mentalité d'esclave vivra son poste comme un esclave, qu'il soit chef ou subordonné : il exercera sa fonction de chef de manière servile et vile, en avilissant ses subordonnés. Inversement, celui qui a une mentalité de chef se vivra comme étant son propre chef, quelle que soit sa position hiérarchique : il trouvera toujours le moyen de marquer que c'est parce qu'il le veut bien qu'il obtempère à un ordre, c'est-à-dire pour rendre librement service, jamais parce qu'il y serait contraint. À celui qui est noble, tout, y compris l'obéissance, est occasion d'ennoblissement, tandis qu'à celui qui est vil, tout, y compris le commandement, est occasion d'avilissement[123]. Celui qui est esclave commandera de manière servile, mais celui qui est noble obéira de manière noble et son obéissance même lui sera libératrice.

Subordination n'est pas soumission

Il importe de ne pas confondre la soumission et la subordination. Il y a soumission lorsque tout se passe comme si l'un se trouvait réduit à la dépendance de l'autre par la force, et agissait donc par contrainte. La soumission est le propre d'un exécutant, elle traduit un rapport de domination. La subordination, en revanche, est toujours relative à un cadre, un rôle social ou une fonction professionnelle. Mais en réalité, un homme n'est jamais entièrement soumis, car il demeure libre de

---

122. L'esclave – même s'il se trouve être un « chef » hiérarchique – est esclave, pouvons-nous faire dire à NIETZSCHE, parce qu'il n'est animé que par le souci de revanche, par le ressentiment ; il serait maître s'il voulait devenir maître non pas en réaction à sa défaite précédente ou pour prouver quelque chose aux autres, mais par volonté de maîtrise. Ce que montre la dialectique du Maître et de l'Esclave, présentée par HEGEL, c'est que l'esclave n'est pas esclave parce qu'il a un maître ; il est esclave de lui-même : il est asservi à ses propres peurs, désirs, passions, de sorte que s'il n'est pas libre, la faute n'en incombe, en premier lieu, à nul autre que lui-même. C'est parce qu'il ne s'autorise pas à être libre, qu'il est, prisonnier de ses inhibitions, qu'il devient ensuite l'esclave d'un autre que lui-même. Le maître, lui, n'accepterait jamais de se trouver soumis à un autre que soi. Sauf à devenir lui-même, à son tour, esclave.

123. Cf. de Gaulle dans *Le Fil de l'épée* (1932) : « *L'homme de caractère confère à l'action* [d'obéir ou de commander] *sa noblesse ; sans lui morne tâche d'esclave, grâce à lui jeu divin du héros.* »

refuser cette soumission et intrinsèquement indépendant, de sorte que ce n'est pas dans le même sens qu'un animal se soumet (à un mâle dominant ou à son maître) et qu'un homme le fait[124]. Dès lors, la soumission ne désigne, chez l'homme, qu'une disposition intérieure, momentanée et relative, il peut y avoir subordination sans soumission et subordination avec soumission : subordination juridique (dans le cadre d'un contrat de travail par exemple) sans soumission intérieure ou subordination juridique doublée d'une soumission intérieure. Ainsi un consultant intervenant dans une entreprise pourra-t-il se trouver, selon son tempérament, soumis à son client commanditaire, alors même que juridiquement n'existe entre eux aucun lien de subordination. Et inversement un salarié, quoique se trouvant subordonné à son employeur en vertu du contrat de travail qui les lie, pourra ne se sentir aucunement soumis à lui, n'hésitant pas à lui dire les choses en face et à lui apporter la contradiction. Dans la soumission, le sujet se vit comme l'instrument de la volonté d'un autre, donc comme contraint, qu'il le soit réellement ou qu'il s'imagine l'être[125]. La subordination est compréhensible ; la soumission est indigne. Dans le calcul des moyens nous permettant d'atteindre nos fins, la subordination relève du compromis, la soumission de la compromission.

---

124. Quelles que soient ses stratégies de fuite ou d'évitement, l'homme est toujours absolument libre. Que nous le voulions ou non, nous sommes « *condamnés* » à être libres, dit SARTRE dans *L'Existentialisme est un humanisme* (1946), et cela « *quelle que soit la situation avec son coefficient d'adversité propre, fût-il insoutenable* » (*L'Être et le néant* [1943], Gallimard, 1976, p 612). Aussi sommes-nous pleinement responsables d'accepter ou non ce qui nous arrive.

125. Il convient ici de noter que l'autocontrainte en entreprise, c'est-à-dire la contrainte que chacun s'impose, est souvent bien plus grande que les contraintes réellement imposées par le management. Ce qui tend à montrer que nombre de salariés rechignent à la liberté, c'est qu'ils s'imposent, plus ou moins consciemment, des contraintes imaginaires, alors que leur marge de manœuvre est souvent plus grande qu'ils ne le croient, ou qu'ils ne préfèrent le croire. Ainsi, en réalité, on est beaucoup plus libre en entreprise sous bien des aspects… et moins sous d'autres.

II – L'anthropologie fondatrice de ce modèle organisationnel

Les traits caractéristiques d'un management participatif que nous venons d'évoquer s'enracinent dans une anthropologie déterminée, dont il peut être utile de mettre à jour quelques éléments. À l'origine du projet managérial du «tous chefs» se trouve une certaine idée de l'homme et des relations entre les hommes, distincte de celle prévalant dans un grand nombre d'entreprises traditionnelles. C'est cette anthropologie sous-jacente que nous voudrions à présent dégager, car c'est elle qui détermine les conditions du succès entrepreneurial qui, en dernier ressort, permet d'avoir des salariés durablement motivés, gage d'un développement économique durable.

Une approche globale de la personne

Le premier trait caractéristique de l'anthropologie fondatrice d'une entreprise adaptative, et donc démocratique, déterminant sa réussite économique, c'est la confiance dans le potentiel de tout homme à se réaliser intégralement. L'homme y est d'abord conçu comme un potentiel qui cherche à se développer, et dont les organisations ont la responsabilité d'accompagner le développement. Cette recherche de réalisation de soi passe de manière privilégiée par la création, car créer c'est s'affirmer, c'est traduire dans des formes la nouveauté radicale dont chaque homme est porteur. La création est le moyen par lequel l'homme rend visible, manifeste, sensible, sa capacité à sortir de l'ordinaire, des sentiers battus, à s'affranchir des déterminismes de toutes sortes qui pèsent sur lui, par quoi il atteste que, plus encore peut-être qu'un animal mortel, il est, comme le soulignait Hannah Arendt, l'animal natal, celui dont la naissance n'est pas une simple reproduction du même, mais constitue une brèche, une irruption, une trouée dans le monde. L'homme est, fondamentalement, capacité à introduire de la nouveauté dans le monde, de sorte que c'est en créant qu'un salarié affirme ce qu'il y a de spécifiquement humain en lui[126]. C'est tout homme qui aspire à créer et à s'épanouir ainsi dans la création.

Il n'y a pas d'un côté des créatifs, d'un autre des gestionnaires, d'un autre encore des hommes de terrain, etc. Chacun, s'il ne développe qu'un aspect de sa personnalité et de son potentiel, se trouvera atrophié humainement et ne sera pas épanoui. Aussi l'entreprise doit-elle faire en sorte que chacun puisse être à la fois créatif, gestionnaire, homme de terrain. Il n'est pas sain qu'une personne soit réduite, dans son travail, à n'être qu'une tête ou qu'une paire de bras ; cette approche simplificatrice de l'humain le condamne au mal-être. L'organisation du travail doit par conséquent être conçue de telle sorte que tout salarié soit le plus autonome possible, c'est-à-dire ait le moins besoin d'être assisté dans l'accomplissement de son cœur de métier, ce qui le conduit à devoir s'occuper d'une diversité de tâches ouvrant sur de nombreux domaines (droit, comptabilité, recrutement...). Le fait que chacun s'occupe, autant que possible, de l'intégralité des tâches nécessaires à son activité[127] permet d'éviter la déperdition de sens liée au morcellement des tâches. Cela lui donne une vision globale de ce qu'il fait.

Si la spécialisation des salariés sur des activités monotâches n'est pas souhaitable, ce n'est pas seulement parce que cela se révèle atrophiant humainement, mais aussi parce que c'est économiquement inefficient. La créativité se nourrit de la vie, de l'interdisciplinarité, de la polyvalence, bref du contact avec des résistances, des situations imprévues, face auxquelles il faut faire preuve d'inventivité. Elle n'est

126. Hannah ARENDT, dans *La Crise de la culture* («Qu'est-ce que la liberté ?»), remarque que «*c'est parce qu'il est un commencement que l'homme peut commencer ; être homme et être libre sont une seule et même chose*». «*Dieu a créé l'homme dans le but d'introduire dans le monde la faculté de commencer : la liberté*», poursuit-elle. La liberté donne à l'homme l'initiative, la capacité de faire de tout acte, dit H. ARENDT, «*quelque chose à quoi on ne pouvait s'attendre*». De fait, décider, étymologiquement, c'est couper. C'est effectuer une rupture, une trouée dans la trame de l'existence. On retrouve cette idée de commencement dans celle d'initiative («*initium*» en latin signifie commencement, d'où «initial»). Qu'un être libre soit capable d'initiative est ce qui rend le résultat de l'éducation incertain et la différencie de l'élevage.

127. Un chef de chantier s'occupe aussi bien de la gestion du personnel que de la commande de fournitures, etc.

pas une faculté qui se cultive dans un bocal, à l'écart, sans quoi elle produit des résultats intellectuellement satisfaisants, brillants sur le papier, mais, sauf exception, abstraits, déconnectés du réel, décalés par rapport à la réalité de l'environnement de marché. Pour créer, il faut être dans le réel et non pas isolé dans une bulle depuis laquelle on ne perçoit l'extérieur qu'à travers le prisme déformant d'analyses et de « remontées terrain ». « *La création est toujours le fruit d'une activité concrète, jamais, sauf très partiellement, d'une activité intellectuelle*[128] », écrivait Mary Follett. Contrairement à ce que l'on semble croire lorsque l'on cantonne l'innovation à un département spécialisé, les vrais créatifs, dans une entreprise, sont les hommes de terrain, ceux dont les compétences sont diverses. Les meilleurs pour trouver la bonne idée au bon moment sont ceux qui sont au plus près des réalités du terrain, parce qu'ils ont la compréhension client la plus fine.

Les hommes ne sont pas principalement mus par l'égoïsme

Le deuxième fondement anthropologique d'un succès économique durable consiste à considérer les hommes pour ce qu'ils sont en droit, c'est-à-dire ni bons ni mauvais mais malléables, capables de l'un comme de l'autre, et, sur cette base, tabler sur ce qu'il y a en eux de meilleur. « *Partout où il y a de l'humain, tout est possible, le pire comme le meilleur. C'est en misant sur le meilleur qu'on éveille le meilleur*[129]. » (Eugénie Végléris). Ce que les hommes se trouvent être en fait, factuellement, c'est ce que les organisations dans lesquelles ils évoluent les font devenir. Or pour asseoir un succès économique vraiment durable, on ne peut se fier à ce qu'ils se trouvent être de manière circonstancielle, non durable. Ce n'est pas parce que les hommes évoluant dans une société déterminée se trouveraient être principalement

---

128. Mary Parker FOLLETT, citée dans le livre de Henry Metcalf et Lionel Urwick intitulé *Dynamic administration* (1941), qui reprend nombre de documents et ses discours, est considérée comme une pionnière de la démocratie participative et du « wiki-management » (cf. Emmanuel GROUTEL, « Le leadership follettien : un modèle pour demain ? », in revue *Management & avenir*, n° 36, juin 2010).
129. Eugénie VEGLERIS, *Manager avec la philo*, Editions d'Organisation, 2006.

mus par leur intérêt exclusif qu'une organisation aurait, elle, intérêt à tout miser sur cet état de fait, éminemment précaire. Car ce que l'homme a fait, il peut le défaire, ce qu'il est devenu peut devenir autre. À côté des entreprises (commerciales) qui contribuent à forger un type d'humanité principalement mû par l'égoïsme, d'autres entreprises sont possibles, contribuant à cultiver un type d'humanité principalement mû par l'altruisme, sans pour autant rien perdre en termes de performance économique.

a) Ce n'est pas vrai

Ce qu'il convient en premier lieu de souligner, c'est que la thèse consistant à dire que les hommes seraient «par nature» principalement mus par la recherche de leur intérêt, est bien une thèse, rien qu'une thèse – étayée par un certain nombre d'éléments factuels au regard desquels autant d'éléments factuels peuvent être opposés. Comme toute thèse, elle présente une cohérence, mais ce qu'il est cohérent de penser, rien n'indique que ce soit vrai. Pour expliquer un même phénomène physique, plusieurs cohérences peuvent également être possibles, entre lesquelles on ne parvient pas à choisir : ainsi la lumière a longtemps opposé les tenants de la thèse selon laquelle elle serait corpusculaire à ceux qui soutenaient qu'elle était ondulatoire. Sur l'homme, aujourd'hui, nul ne peut dire s'il *est* bon ou mauvais, s'il *est* principalement mû par son intérêt ou non. C'est l'affaire de croyances, d'options métaphysiques également soutenables rationnellement. Autant de raisons de penser l'un que l'autre. Vouloir penser l'un et trouver des arguments pour confirmer cette croyance ne fait pas une vérité, seulement une conviction. Croire l'homme principalement mû par la recherche de son intérêt est une option qui permet de justifier *a posteriori* certains types d'organisations entretenant cette disposition, mais c'est bien le contraire qui pourrait être vrai, comme tendent à le montrer les recherches les plus récentes.

On connaît la vieille thèse, devenue *doxa* fondatrice de la plupart des entreprises traditionnelles, selon laquelle le moteur le plus efficace de l'action humaine serait l'intérêt. Pour les économistes classiques en effet, «*le premier principe économique est que les individus sont motivés uniquement par leurs intérêts personnels*» (Francis Edgeworth, cité par Amartya Sen). On se souvient que pour Adam Smith, «*nous n'attendons pas notre dîner de la bienveillance du boucher ou de celle du marchand de vin (...) mais de la considération qu'ils ont de leur propre intérêt*» (*La Richesse des Nations*). Ce que certains n'hésitent pas à radicaliser en soutenant la thèse selon laquelle l'homme ne serait mû, en toute chose, que par son intérêt[130]. Or en 2009, Elinor Ostrom et Oliver Williamson ont reçu le prix Nobel d'économie pour avoir démontré que les êtres humains sont loin d'être uniquement motivés par la cupidité ou la coercition, c'est-à-dire par l'appât du gain et la peur des sanctions – la carotte et le bâton – qu'infligent les autorités publiques. Les personnes peuvent aussi choisir librement une "gouvernance" par souci du bien commun. Et ce n'est pas tout. Les recherches de l'économiste autrichien Ernst Fehr (régulièrement pressenti pour le Nobel d'économie) montrent que l'hypothèse d'égoïsme bute sur l'expérience[131] : il est impossible d'ignorer le fait que nombre de personnes se comportent de manière véritablement altruiste[132]. Mais l'ignorance assumée des

---

130. Adam SMITH lui-même est beaucoup plus nuancé sur la question, en particulier dans sa première œuvre philosophique, *Théorie des sentiments moraux* (1759). Jean-Pierre DUPUY, dans *Le Sacrifice et l'envie. Le libéralisme aux prises avec la justice sociale* (1992), montre que, dans l'esprit d'Adam Smith, sympathie envers le prochain et amour de soi ne s'opposent pas. La société est pour lui un système organisé englobant l'économique et le social et reposant sur un principe fondamental qui est la sympathie. «*Cette dernière*, relève l'économiste René PASSET dans *Les Grandes représentations du monde et de l'économie à travers l'Histoire* [2010], *constituerait le principe unificateur dont découlerait à la fois le* self-love *et la prise en compte d'autrui par la conscience de chacun jouant le rôle d'une sorte de spectateur bienveillant envers l'autre. La première phrase de la* Théorie des sentiments moraux *semble aller dans ce sens :* «Quelque degré d'amour de soi qu'on puisse supposer à l'homme, il y a évidemment dans sa nature un principe d'intérêt pour ce qui arrive aux autres, qui lui rend le bonheur nécessaire, lors même qu'il n'en retire que le bonheur d'en être témoin *». Et la main invisible ne serait que le mécanisme par lequel l'ordre social ainsi que l'ordre économique émergeraient spontanément*».

131. Cf. journal *Le Temps*, Genève, 15 novembre 2006, p. 26.

132. Les recherches d'Ernst FEHR ont montré que si l'on place un groupe de personnes dans une situation dans laquelle la confiance réciproque joue un rôle important – un jeu associé à des retombées financières par exemple –, environ 80% des participants commencent par coopérer loyalement les uns avec les autres, mais dans un groupe, il y a toujours un certain nombre d'égo-

arguments philosophiques et scientifiques – pour autant que l'économie soit une science – en faveur de la thèse altruiste (qui ne dit pas que les hommes sont altruistes, mais seulement qu'ils le peuvent durablement) tend à indiquer que si celle-ci n'est pas acceptée, c'est qu'elle dérange, qu'elle remet en question nombre d'entreprises dont le système pyramidal est fondé sur la thèse inverse.

«*L'acharnement avec lequel de nombreux penseurs cherchent à retrouver un intérêt personnel au fondement de tous nos actes n'a-t-il pas de quoi surprendre? L'égoïsme universel a non seulement ses théoriciens mais aussi ses champions, comme la philosophe américaine Ayn Rand, dont les écrits continuent d'avoir une influence considérable aux USA, qui soutient que l'égoïsme est éminemment désirable et que nous ne devons pas nous sentir coupables de ne penser qu'à nous, ou encore Sigmund Freud, pour qui l'altruisme est une compensation dysfonctionnelle de notre agressivité naturelle. D'autres chercheurs en revanche, montrent clairement que l'hypothèse de l'égoïsme universel ne rend correctement compte ni de la réalité, c'est-à-dire de l'expérience vécue, ni des résultats de l'investigation scientifique. Daniel Batson, de l'université du Kansas, fut le premier psychologue contemporain qui s'attacha à démontrer à l'aide de protocoles scientifiques élaborés que l'altruisme véritable existait bien et qu'on ne pouvait le réduire à n'être qu'une forme d'égoïsme déguisée. De nombreux exemples, tel celui des hommes et des femmes qui, au risque de leur vie et de celle de leurs proches, ont protégé et caché des juifs persécutés et menacés de mort durant l'oppression*

ïstes invétérés. À mesure que ces derniers profitent de toutes les occasions pour prendre l'avantage au détriment des autres membres du groupe, les altruistes finissent par se lasser et le taux de coopération chute à 10%. En revanche, si les altruistes sont disposés à établir un système de «punitions altruistes» – pour reprendre les termes d'Ernst Fehr – grâce auquel les transgressions des égoïstes sont pénalisées, le taux de coopération passe de 80% à quasiment 100%. Dans le premier cas, les égoïstes ont détourné à leur profit momentané la dynamique du groupe, comme ce fut le cas par exemple lors de la récente crise financière. Dans le deuxième cas, les altruistes ont réussi non pas à corriger les égoïstes – ce qui malheureusement semble être une entreprise utopique – mais à établir un système tel que les égoïstes aient intérêt à se comporter comme s'ils étaient altruistes. La leçon est donc que ce sont les altruistes éclairés qui doivent établir les règles de fonctionnement du groupe, de la société et des institutions politiques et économiques.

nazie, semblent déjà indiquer qu'un altruiste parfaitement désintéressé peut exister. Des économistes de talent, comme Ernst Fehr, ont montré qu'il fallait également cesser d'ignorer l'influence de l'altruisme sur l'économie et qu'il convenait dorénavant de tenir compte de ce facteur dans l'élaboration des modèles économiques. Dans le domaine de l'évolution, les travaux de Boyd et Richerson montrent que chez les humains, l'évolution des cultures est plus rapide que celle des gènes individuels, et que ce phénomène pourrait permettre l'émergence d'une société plus altruiste, dans laquelle la coopération jouerait un plus grand rôle.» (Matthieu Ricard, «L'altruisme véritable existe-t-il?», 01/09/2010)

b) Quand bien même ce serait vrai, ce ne serait pas une raison pour l'encourager

Cependant, on ne corrige pas une erreur par une erreur contraire, mais par le contraire d'une erreur[133]. L'homme n'*est* ni égoïste ni altruiste, il ne se trouve programmé par sa nature ni pour l'un pour l'autre. L'homme est ce qu'il se fait et, plus précisément, ce qu'il fait de ce qu'ont fait de lui les déterminismes naturels et culturels. C'est en ce sens que l'on peut dire que, ce qu'il est, il ne l'est qu'en puissance et qu'il n'y a pas d'essence de l'homme dans laquelle celui-ci serait enfermé – à laquelle il serait condamné. «*L'humanité n'est pas héréditaire*[134]», écrit par exemple la psychanalyste Marie Balmary. Dire de l'homme qu'il *est* humain veut seulement dire qu'il est *capable* d'humanité autant que d'inhumanité. L'humanité en lui demande à être cultivée pour passer de la puissance à l'acte, d'un simple potentiel à une réalité en actes: suivant la formule d'Erasme, «*on ne naît pas homme, on le devient*», et l'éducation a précisément pour fonction d'«*élever à la dignité d'homme tous les individus*

133. Et inversement, «*le contraire d'une vérité n'est pas l'erreur, mais une vérité contraire*» (Blaise PASCAL, *Pensées* (1671), fragment 282, éd. Brunschvicg). De fait, «*le contraire d'une vérité triviale est une erreur stupide, mais le contraire d'une vérité profonde est toujours une autre vérité profonde*» (Niels BOHR).

134. Citée par Jean-Claude GUILLEBAUD dans *Le Principe d'humanité*, Seuil, 2001, p. 9.

de l'espèce humaine» (Lazare Carnot). C'est parce qu'en l'homme l'humanité ne va pas de soi, parce que, pour lui, l'humanité n'est qu'une option, qu'il est besoin, en entreprise, d'une culture d'entreprise qui enracine les salariés dans un certain nombre de «bonnes pratiques» (*habitus*, vertus professionnelles) conférant au management un visage humain.

D'où, aussi, le rôle capital de la culture d'entreprise: une culture d'entreprise peut déshumaniser comme elle peut humaniser. Lorsqu'une culture d'entreprise, consciemment ou inconsciemment, fonde un management des hommes sur le bâton et la carotte, elle accoutume ceux-ci à (ré)agir au bâton et à la carotte et contribue ainsi à forger un type d'humanité essentiellement mû par l'intérêt[135]. Quand, en revanche, une culture d'entreprise table sur des ressorts spécifiquement humains, comme le souci du travail bien fait, la recherche de l'autonomie et la volonté de créer, elle contribue à développer un type humain plus noble, principalement animé par ces aspirations. Comme le disait Jean-Marie Delarue, contrôleur général des lieux de privation de liberté, «*plus on traite les gens comme des bêtes fauves, plus ils vont se comporter comme telles*[136]», en entreprise comme ailleurs. Dans *The Seven Day weekend: changing the way work works* (2003), le fondateur du groupe *Semco* (3 000 personnes), Ricardo Semler, dit explicitement qu'il ne veut pas traiter ses salariés

135. D'autant qu'une culture d'entreprise érigeant la concurrence rivalitaire entre salariés en principe de sélection aboutit, comme l'avait bien anticipé Célestin BOUGLE au XIXe siècle, à n'être principalement peuplée que d'individus peu scrupuleux, non pas nécessairement parce que ces salariés seront devenus tels sous l'effet de la culture d'entreprise, mais parce que ceux qui se trouvaient être peu scrupuleux se sont révélés plus adaptés, les autres ayant été éliminés. De la même manière que dans le domaine du vivant, la survivance n'est pas un signe de supériorité absolue, puisque le succès de certaines formes organiques peut très bien traduire l'adaptation à un milieu spécifique tout en correspondant à une rétrogradation de l'espèce en général (certains organismes s'adaptent en s'atrophiant, en se simplifiant, l'adaptation et la survie ne sont donc pas du tout des signes de supériorité), de même, dans l'évolution des sociétés, certains milieux, des cultures d'entreprises par exemple, peuvent très bien favoriser un certain type d'homme, sans que la prévalence de ce type traduise une amélioration de l'espèce. Dans un environnement hyper concurrentiel, les moins scrupuleux seront indéniablement favorisés; est-ce un progrès?

136. Jean-Marie DELARUE, magazine *Pèlerin* n° 6609 du 30 juillet 2009, p. 16.

comme des adolescents parce qu'il ne veut pas qu'ils se comportent comme des adolescents. Quand bien même les hommes, façonnés par une éducation tendancieuse – de type « au bâton et à la carotte » –, arriveraient dans l'entreprise déjà conditionnés, c'est-à-dire en étant principalement (ce qui ne veut pas dire exclusivement) mus par l'égoïsme, ce ne serait pas une raison pour l'encourager. Ce serait une raison supplémentaire pour ne pas aller dans ce sens : « *Traitez les gens comme s'ils étaient ce qu'ils pourraient être, et vous les aiderez à devenir ce qu'ils sont capables d'être.* » (Goethe)

C'est pourquoi une organisation qui cherche à développer solidairement son capital économique et son capital humain doit prendre le parti de la confiance, faire confiance aux hommes qui la composent, faire *comme si* ceux-ci étaient pleinement adultes et responsables, par exemple en organisant une véritable démocratie dans l'entreprise, car c'est ainsi qu'elle les humanisera réellement. Cet optimisme méthodologique consiste à dire qu'il y a plus à perdre qu'à gagner à supposer l'homme principalement méchant, ou immature, ou bestial. Le parti de la défiance envers l'homme, qui fonde la quasi-totalité des organisations aujourd'hui, ne peut que contribuer à produire le type d'homme dont on cherche précisément à se défier. C'est une expérience que nous faisons tous : en étant soupçonneux envers quelqu'un, nous créons les conditions de vérification de ce soupçon, comme le mari jaloux finit par jeter dans les bras d'un autre celle dont il se méfie. Les organisations qui fonctionnent selon le « principe du chef » témoignent de méfiance envers l'homme plus que de confiance. Il convient donc d'inverser la logique et d'observer que, dans les organisations qui ont tenté l'expérience de la confiance, les choses ne tournent pas plus mal.

L'homme n'est ni égoïste ni altruiste, mais c'est en faisant comme s'il était altruiste, par une culture d'entreprise le favorisant, qu'on peut le faire devenir tel et que des organisations peuvent être fondées sur un tel ressort de développement. C'est en traitant l'homme avec altruisme que l'on développera chez lui cette disposition, tout comme c'est en le traitant avec humanité que l'on épanouit en lui l'humanité.

c) Une entreprise a intérêt à tabler sur les comportements désintéressés

L'homme, avons-nous dit, est capable de vivre en recherchant principalement son intérêt comme il est capable de s'accoutumer à ne pas le rechercher prioritairement. Dans une entreprise, c'est la culture maison qui le fera devenir l'un ou l'autre. Mais ce n'est pas seulement par intérêt pour la qualité de l'humanité en son sein qu'une organisation est fondée à préférer une option plutôt que l'autre. C'est aussi par intérêt pour sa propre stabilité. Une organisation ne peut pas tabler sur le seul intérêt pour assurer sa pérennité, car ce qui lui permet de tenir dans la durée, c'est le sentiment désintéressé du devoir. Entre ces deux options, il vaut mieux tabler sur le désintéressement car lui seul permet de fonder durablement quoi que ce soit. Chateaubriand soutenait déjà que les seuls réalistes étaient ceux qui reconnaissaient l'homme capable de désintéressement, comme dans le phénomène du devoir inconditionnel :

«*Je ne serais pas étonné de m'entendre répondre : fonder la société sur un devoir, c'est l'élever sur une fiction ; la placer dans un intérêt, c'est l'établir dans une réalité. (...). Les esprits spéciaux ne seraient-ils que des esprits bornés ? Je remarque que leur positif est presque toujours un manque d'idées : ce sont des joueurs d'échecs qui ne voient que le premier coup. (...). Il faut donc leur apprendre que c'est précisément le devoir qui est un fait, et l'intérêt une fiction. (...). C'est un fait très positif que le devoir, puisqu'il donne à la société humaine la seule existence durable qu'elle puisse avoir. (...). L'intérêt est une fiction quand il est pris, comme on le prend aujourd'hui, dans son sens physique et rigoureux, puisqu'il n'est plus le soir ce qu'il était le matin, puisqu'à chaque instant il change de nature, puisque fondé sur la fortune il en a la mobilité. J'ai intérêt à conserver le champ que j'ai acquis, mais mon voisin a intérêt à me le prendre : si pour s'en rendre maître il n'a besoin que de faire une révolution, il la fera ; car il est reconnu que partout où il y a intérêt, il n'y a plus crime. (...). L'intérêt meurt avec l'homme, le devoir lui survit: voyez si vous voulez faire une société mortelle comme notre corps, ou immortelle comme notre âme*[137]*.*»

Chateaubriand ne dit pas que l'homme n'est pas également animé par la recherche de son intérêt, il dit qu'en tablant dessus on ne peut rien fonder de durable. L'intérêt à long terme d'une organisation comme une entreprise ne peut être alors garanti qu'en misant sur cet autre ressort de l'action humaine qu'est le désintéressement, tel qu'il se manifeste par exemple dans le devoir. Ce n'est qu'en apparence (une «*fiction*») que l'homme est mû par l'intérêt, car la variabilité même de ses intérêts ne confère aucune espèce de stabilité, et donc de réalité. Penser que l'homme est mû par l'intérêt, c'est s'en tenir à ce qui ne fait que passer, que paraître. Le sociologue Emile Durckheim, dans *De la division du travail social* (1893), soutient lui aussi que l'on ne peut rien fonder de durable sur l'intérêt: «*Mais si les sociétés supérieures ne reposent pas sur un contrat fondamental qui porte sur les principes généraux de la vie politique, elles auraient ou tendraient à avoir pour base unique, suivant M. Spencer, le vaste système de contrats particuliers qui lient entre eux les individus. Ceux-ci ne dépendraient du groupe que dans la mesure où ils dépendraient les uns des autres, et ils ne dépendraient les uns des autres que dans la mesure marquée par les conventions privées et librement conclues. La solidarité sociale ne serait donc autre chose que l'accord spontané des intérêts individuels, accord dont les contrats sont l'expression naturelle. Le type des relations sociales serait la relation économique, débarrassée de toute réglementation et telle qu'elle résulte de l'initiative entièrement libre des parties. En un mot, la société ne serait que la mise en rapport d'individus échangeant les produits de leur travail, et sans qu'aucune action proprement sociale vienne régler cet échange. Est-ce bien le caractère des sociétés dont l'unité est produite par la division du travail? S'il en était ainsi, on pourrait avec raison douter de leur stabilité. Car si l'intérêt rapproche les hommes, ce n'est*

137. François-René de CHATEAUBRIAND, *Mémoires d'Outre-Tombe*, XXV, 10. Article publié dans *Le Conservateur* du 5 décembre 1818.

jamais que pour quelques instants ; il ne peut créer entre eux qu'un lien extérieur. Dans le fait de l'échange, les divers agents restent en dehors les uns des autres, et l'opération terminée, chacun se retrouve et se reprend tout entier. Les consciences ne sont que superficiellement en contact ; ni elles ne se pénètrent, ni elles n'adhèrent fortement les unes aux autres. Si même on regarde au fond des choses, on verra que toute harmonie d'intérêts recèle un conflit latent ou simplement ajourné. Car, là où l'intérêt règne seul, comme rien ne vient refréner les égoïsmes en présence, chaque moi se trouve vis-à-vis de l'autre sur le pied de guerre et toute trêve à cet éternel antagonisme ne saurait être de longue durée. L'intérêt est, en effet, ce qu'il y a de moins constant au monde. »

Croire que l'intérêt seul peut servir de fondement aux relations sociales entre les hommes relève bien de la croyance ; ne se laissent convaincre par cette théorie que ceux qui le veulent bien[138]. Fonder une organisation sur ce qui ne dure pas, comme l'intérêt, c'est s'exposer à des risques bien plus importants que de les fonder sur des éléments plus durables comme le sens de l'honneur, le goût du travail bien fait, l'instinct de solidarité avec ses semblables, etc. Aussi n'y a-t-il aucune utopie à fonder l'entreprise 2.0 sur des sentiments aussi naturels en l'homme que peuvent l'être la solidarité, la volonté de bien faire, d'être son propre chef ; c'est là au contraire être vraiment réaliste. En particulier, favoriser la solidarité au sein de son entreprise s'avère une stratégie plus payante qu'organiser une concurrence interne entre services et/ou membres d'une même équipe. En effet, sur le long terme, les stratégies de coopération solidaire (où chacun poursuit à la fois un objectif personnel de conquête des marchés et celui d'une prospérité communautaire) apparaissent plus efficaces que les stratégies de compétition solitaire. « *La science économique orthodoxe a démontré que, quel que soit le secteur*

138. Comme le faisait remarquer Pie XII dans sa lettre encyclique *Humani Generis*, « *les hommes se persuadent facilement de la fausseté ou du moins de l'incertitude des choses dont ils ne voudraient pas qu'elles soient vraies* ».

d'activité, la coopération entre les acteurs est toujours plus efficace que la compétition solitaire[139] » (Jacques Généreux, *Manuel critique du parfait Européen*, p. 68-69).

L'ingéniosité d'une entreprise 2.0 tient à ce que – comme il en va dans un environnement collaboratif 2.0 – chaque membre y a *intérêt à donner*. Les deux termes semblent s'exclure puisque, est-on en droit de penser, de deux choses l'une : ou bien on donne vraiment et c'est de manière désintéressée, ou bien on recherche son intérêt et il ne s'agit plus à proprement parler de don. L'exemple des communautés virtuelles fonctionnant de manière collaborative montre qu'il est possible de concilier les deux, de donner vraiment, chacun à sa mesure et selon ses capacités, sans rien *attendre* de précis en retour, dans le seul *espoir* que cela sera à terme bénéfique à tous[140] ; chaque contributeur se réjouit d'apporter sa pierre à l'édifice commun et escompte qu'il pourra en jour en profiter, lui ou ses enfants. Il est d'autant plus important qu'il participe, fût-ce de manière symbolique, à la vie de sa société, qu'en vertu de l'effet de réseau, plus il y aura de participants, c'est-à-dire de salariés impliqués dans l'amélioration de l'organisation, plus chacun aura de chances d'en tirer profit.

---

139. C'est ce qu'ont tendu à prouver, par exemple, les travaux de l'économiste et mathématicien américain John Forbes NASH sur les équilibres non-coopératifs, travaux formalisés dans ce que l'on a appelé l'« équilibre de Nash ». Dans l'adaptation au cinéma de la biographie de John Forbes Nash, *Un homme d'exception*, la découverte de cet « équilibre de Nash » est mise en scène par une stratégie de séduction. 4 camarades de Nash souhaitent séduire une fille parmi les 5 présentes. Nash leur explique que s'ils suivent individuellement leur intérêt, ils tenteront tous les 4 de séduire la plus belle. Ils vont alors se court-circuiter et essaieront, par la suite, de se reporter sur l'une des 4 restantes. Mais « personne n'aime être un second choix », ils se trouveront donc tous repoussés, de sorte qu'à suivre une telle stratégie individualiste, ils échoueront tous. La meilleure stratégie consiste au contraire à s'entendre pour séduire chacun une des 4 autres filles, évitant, de ce fait, de se neutraliser mutuellement, et augmentant par là considérablement leurs chances de succès. Une stratégie d'entente, de coopération, est ainsi toujours préférable à une stratégie de concurrence rivalitaire. Nash, « prix Nobel » d'économie 1994, en déduit que la théorie de la main invisible de Smith est lacunaire.

140. Il s'agit bien d'un don, puisqu'en donnant sa contribution à la communauté, il *n'attend* rien de déterminé en retour, il *s'attend* juste à ce que, sous l'effet démultiplicateur du réseau et en vertu d'une causalité boucle, il en tire à terme un quelconque bénéfice, fut-ce dans un domaine qu'il n'avait pas prévu. Il s'attend juste à ce que cela donne quelque chose, mais ce que ça donnera, voilà ce qu'il ne sait pas.

La culture comme avantage stratégique

Le troisième fondement anthropologique sous-jacent à une réussite économique durable, à l'ère du « capitalisme humain », est, comme nous l'avons déjà vu, la reconnaissance de la dimension essentiellement culturelle de l'homme. On ne naît pas homme, on le devient, grâce à une culture qui cultive en nous l'humanité. Elle est, par excellence, la fonction des « humanités » dans la culture classique. Reconnaître que la qualité de la culture d'une organisation conditionne la qualité de son capital humain, c'est réaliser son caractère décisif pour la performance entrepreneuriale. La culture d'entreprise n'est alors plus la cinquième roue du carrosse, celle dont on s'occupe une fois les vraies priorités satisfaites, elle devient l'élément clé du succès commercial.

a) Importance de la culture d'entreprise

Ce qui est inapparent est souvent ce qui se révèle le plus décisif. Le capital immatériel compte plus que le capital matériel : la culture d'entreprise est un actif immatériel hautement valorisable, un avantage stratégique difficilement imitable pour qui sait s'en faire un atout. Sa justesse, en même temps que sa bonne diffusion à tous les niveaux hiérarchiques, sont les meilleures garanties de la pérennité des résultats. Ce n'est pas l'infrastructure qui détermine la superstructure, ce ne sont pas les réalités économiques qui façonnent la culture d'entreprise, c'est bien plutôt la culture d'entreprise qui détermine la durabilité des performances économiques. Pour reprendre une terminologie empruntée à l'informatique et souvent usitée en entreprise, le *hardware* (l'organisation, les outils, les procédures) ne fonctionne que si le *software* (la culture d'entreprise, les manières de faire, qui font que l'on parle, par exemple, de l'*Axa way* ou de la *Toyota way*) est adapté. La culture d'entreprise n'est pas le parent pauvre de la stratégie – « elle sera ce qu'elle sera, concentrons-nous sur les priorités financières » –, elle est le premier souci du dirigeant d'entreprise adaptative, conscient de l'influence de l'environnement de travail (ambiance, organisation, manières de faire « maison », inconscient collectif) sur les capacités d'adaptation de ses salariés et de son rôle plus déterminant encore que la qualité même du recrutement. «*L'erreur du «social-darwinisme»* [à l'œuvre dans la plupart des entreprises], écrit Friedrich Hayek, *fut de se concentrer sur la sélection des individus plutôt que sur celle des institutions et des pratiques, et sur la sélection des aptitudes innées des individus plutôt que sur celle des aptitudes transmises culturellement*[141]. »

Si la culture d'entreprise est déterminante, c'est parce qu'elle cultive insensiblement, en chaque salarié, les dispositions intérieures – intellectuelles, mentales ou psychologiques, comme on voudra – qui lui permettront de surmonter échecs et succès, de ne pas se laisser décourager par les uns et gâter par les autres. Et ce qui vaut au niveau individuel vaut aussi au niveau collectif. La culture est en effet le principal facteur de développement d'une collectivité humaine, qu'il s'agisse d'un pays ou d'une entreprise: «*S'il est une chose que nous apprend l'histoire du développement économique, c'est que la culture fait la différence.*» Énoncée par Max Weber, reprise par Alain Peyrefitte (dans *La Société de confiance*), cette interprétation classique est aujourd'hui développée par David Landes[142].

Yves Montenay, dans *Le Mythe du fossé Nord-Sud* (Belles Lettres, 2003), en analysant les causes culturelles du sous-développement, dégage par exemple l'importance des causes politiques et institutionnelles. Suivant Adam Smith, Montenay explique qu'il ne peut y avoir de développement si l'État n'assume pas ses trois fonctions essentielles: assurer la sécurité et la justice, une éducation de base pour tous et l'équipement du pays en infrastructures de communication et de

---

141. Friedrich August von HAYEK, *La Présomption fatale*, 1988

142. dans *Richesse et pauvreté des nations. Pourquoi certains sont-ils si riches et d'autres si pauvres?*, Albin Michel, 2000. David LANDES, aujourd'hui professeur honoraire d'histoire et d'économie à Harvard, montre que certains pays ont su profiter des avantages fournis par la nature, d'autres faire de leurs faiblesses des atouts... pour rebondir. Ainsi peut-on réussir, même quand on ne dispose pas de richesses naturelles, voire lorsque la nature est totalement contraignante. «L'important n'est pas d'avoir un beau jeu, mais de bien jouer celui qu'on a», quel qu'il soit. Landes relève qu'on ne peut pas se soustraire aux contraintes naturelles et environnementales, mais que si on s'y soumet totalement, on se condamne à la stagnation. Le volontarisme est nécessaire, mais il faut «vouloir» de façon réaliste.

transport. Nous verrons plus loin pourquoi, de la même façon, le succès d'une équipe dépend de sa capacité à faire en sorte que chacun ait le sentiment d'être traité avec équité (plutôt que soumis au relatif arbitraire d'un homme), de sa capacité ensuite à éduquer ses membres (par l'action de chaque «animateur réseau» et par la confrontation d'idées lors de chaque réunion), enfin de sa capacité à s'équiper en outils de communication suffisants pour assurer une concertation dans l'action.

Plus particulièrement encore dans le cadre d'une organisation 2.0, si la culture d'entreprise est un avantage stratégique, c'est dans le sens que, bien travaillée, elle constitue l'environnement favorable à l'éclosion de comportements propices à la coopération entre pairs, sans avoir à recourir à une hiérarchie pour garantir la cohésion. Par imprégnation, par acculturation, elle incite aux bonnes pratiques en évitant d'avoir à faire appel à des directives. Une culture d'entreprise de qualité et largement partagée permet ainsi de faire l'économie d'un management toujours un peu autoritaire, même quand il se prévaut des meilleures raisons du monde (par exemple pour faire respecter les règles collectives). Nous sommes confrontés à un phénomène de rétroaction positive : ce sont les hommes qui forgent la culture d'entreprise par laquelle ils sont eux-mêmes forgés[143]. L'entrepreneur soucieux de l'adaptabilité permanente de sa structure laissera s'opérer ce phénomène de rétroaction sans jamais chercher à mettre en place autoritairement une culture d'entreprise correspondant à sa seule idée, laquelle se trouvera nécessairement à terme en décalage avec l'environnement de marché. La bonne culture d'entreprise est celle qui répond aux besoins du moment, qui, évoluant avec son milieu grâce à des interactions constantes avec lui, suscite en interne les comportements adaptés à la variabilité des situations[144].

---

143. Comme l'écrit par exemple Friedrich HAYEK, prix Nobel d'économie 1974, dans *Droit, législation et liberté* (1973), «*l'esprit est tout autant le produit de l'environnement social dans lequel il a grandi et qu'il n'a point fait, que quelque chose qui, à son tour, a agi sur ces institutions et les a modifiées*».

144. Comme l'écrit René PASSET, expliquant l'institutionnalisme évolutionniste de Thorstein VEBLEN, «*si les institutions* [c'est-à-dire, pour nous, les éléments d'organisation déterminant la

Pour déterminante qu'elle soit, la culture d'entreprise ne saurait donc être mise en place de manière contraignante, sans quoi elle entraînerait un phénomène de rejet et ne renforcerait pas l'adaptation des salariés à leur environnement. Dans le groupe Hervé, malgré l'importance capitale qui lui est reconnue, les bonnes pratiques en termes de management demeurent de l'ordre du conseil, de la recommandation (même insistante), de manière à ne pas empiéter sur la responsabilité de chaque collaborateur d'y croire ou de ne pas y croire, de l'appliquer ou de ne pas l'appliquer. Il est même essentiel que cette recommandation ne s'impose jamais, sans quoi elle se renierait. La place qu'elle occupe à un niveau organisationnel donné doit rester un acte volontaire, expressif d'une adhésion personnelle à la pertinence des valeurs et attitudes communes. Aussi les entreprises nouvellement intégrées dans le Groupe peuvent-elles choisir de ne pas tenir compte des recommandations qui leur sont faites et continuer à vivre conformément à leur culture d'entreprise d'origine, pour autant que les résultats financiers paraissent attester de sa justesse.

L'expérience montre cependant que, dans les sociétés fonctionnant avec une culture d'entreprise fortement hiérarchisée, peu collaborative, peu ouverte à la transparence et à la discussion collective des décisions, les résultats financiers finissent par se dégrader. Le résultat n'est pas pérenne quand la culture d'entreprise n'est pas en cohérence avec la réalité de l'environnement social et technologique – qui demande plus de démocratie, plus de transparence et de codécision. Par conséquent, lorsqu'une société nouvellement intégrée au groupe Hervé finit par faire face à une dégradation de ses résultats financiers, il lui est demandé, pour recouvrer à moyen terme une profitabilité,

---

culture d'entreprise] *naissent de l'instinct et des habitudes humaines, elles rétroagissent à leur tour sur l'émergence des instincts et des habitudes les mieux adaptées aux circonstances du moment».* «L'état des choses d'aujourd'hui donne forme aux institutions de demain (...) : il agit sur la façon habituelle de voir les choses et, ce faisant, il modifie ou renforce un point de vue ou une attitude mentale hérités du passé.» *(Thorstein Veblen, Théorie de la classe de loisir)*» (*Les Grandes Représentations du monde et de l'économie à travers l'Histoire*, 2010). Nous verrons plus loin en quel sens cette manière d'agir sur les comportements en laissant agir la «disposition des choses» relève du non-agir taoïste.

d'adopter une culture d'entreprise plus respectueuse des salariés de base (chez qui se trouve la ressource du redressement), faisant droit à leur volonté de responsabilité intégrale comme le permet l'intra-entrepreneuriat. Qu'une société se trouve en situation déficitaire n'est pas un échec en soi ; ça le devient sur le long terme si cette situation n'est pas pour elle l'occasion d'apprendre de ses erreurs, de se reprendre en commençant par se déprendre d'habitudes anciennes visiblement inopérantes. Il est consubstantiel à la culture d'une entreprise se voulant libérale de ne pas s'imposer, mais de se proposer comme une manière de faire plus efficace, car plus humaine et donc plus motivante. Chacun doit pouvoir en faire l'expérience, qui est le meilleur enseignement – il prouve la validité du modèle. Il est donc tout à fait normal que des individus attendent d'avoir eux-mêmes fait cette expérience avant d'être convaincus.

b) Quelle culture d'entreprise ?

L'ambition d'une entreprise à responsabilité intégrale est de passer d'une culture de l'obéissance à une culture de l'autonomie. Dans cette optique, il est bon que la culture d'entreprise à l'œuvre possède un certain nombre de caractéristiques que nous pouvons expliciter.

• Une culture de la liberté

Tout d'abord, la culture d'entreprise en vigueur dans un environnement 2.0 caractérisé par la démocratie et la coopération, c'est-à-dire prioritairement par la liberté et l'égalité des acteurs, est, nous venons de le voir, une culture de la liberté. Non seulement parce qu'elle libère les individus d'une culture hiérarchique et qu'elle en fait de véritables acteurs, co-opérant au service de finalités déterminées de concert, mais aussi parce qu'elle est une culture qui laisse libre. Dans les entreprises traditionnelles, la culture d'entreprise a pour fonction d'homogénéiser, c'est-à-dire de formater les salariés de telle sorte que ne subsiste plus entre eux, à terme, que des différences de surface, comme autant de variations du même salarié idéal. L'idéal d'une telle culture d'entreprise est celui de la variété, pas de la diversité. À l'exact opposé se situe le modèle culturel de l'entreprise adaptative, qui consiste à diversifier au possible ses éléments : à partir de citoyens formés au moule de l'école républicaine (à forte autorité hiérarchique), il s'agit de faire des salariés s'autorisant autant de modes d'expression de la liberté qu'il y a d'individus, du moment qu'ils s'avèrent compatibles.

L'acculturation doit se faire par reconnaissance personnelle de sa plus grande pertinence, d'un point de vue humain ou d'un point de vue économique, suivant la pondération que chacun accorde à l'un ou l'autre de ces deux éléments. L'adoption de comportements coopératifs ne peut se faire que de manière pleinement libre, sans quoi il ne s'agirait que de comportements collaboratifs, marqués par la dépendance et dès lors par une moindre audace créatrice. Si le salarié n'est pas convaincu par la culture d'entreprise qui lui est proposée, ce n'est ni la contrainte hiérarchique ni la pression sociale qui la lui fera adopter (ou alors seulement en façade), ce ne peut être que le dialogue avec ses pairs, par l'échange d'arguments rationnels.

Dans leur livre *L'Entreprise libérée* (2009), Brian Carney et Isaac Getz montrent – quinze exemples managériaux à l'appui – que « *la culture de la liberté fonctionne* » et que « *se trouve couronné de succès dans le monde des affaires* » le modèle d'entreprise « *fondé sur un environnement libéré, non hiérarchique et où règne la confiance* », grâce à des dirigeants ayant « *eu l'idée et le courage de défier des croyances managériales ancestrales sur les employés et la nature humaine, et d'abandonner radicalement les structures de contrôle, les règles et les politiques traditionnelles* ».

• Une culture du dialogue

Un objectif : substituer l'autorité de l'argument à l'argument d'autorité.

La culture d'entreprise la plus respectueuse des personnes, en même temps que la plus efficace d'un point de vue économique, car suscitant le plus de motivation, est une culture du *logos*, ce qui signifie en grec à la fois parole et rationalité. Cette culture du dialogue (et du dialogue dans la transparence, c'est-à-dire sur la place publique) est celle qui a fondé la démocratie athénienne, première en son genre. Une entreprise qui prétend s'établir sur des principes démocratiques ne peut faire l'économie d'une culture du dialogue. C'est en parlant ensemble que l'on en vient à réfléchir ensemble et, de là, à prendre collectivement des décisions intégrant la diversité des points de vue exprimés. D'où l'importance centrale de la communication interne, conçue non pas comme un moyen de propager les messages de la direction (ce qui est trop aisément assimilable à de la propagande ou à des plaidoyers *pro domo* qui ne convaincront que ceux qui veulent se laisser convaincre), mais comme tout ce qui en interne favorise la libre parole, formelle dans le cadre de réunions, ou informelle dans tous les espaces disponibles (machine à café, forum de discussion en ligne, wiki, etc.).

Cette exigence d'une diffusion du dialogue à tous les échelons hiérarchiques et, surtout, entre ces échelons, se fait plus pressante à notre époque qu'à aucune autre. Si l'entreprise de demain doit être régie par l'autorité de l'argument et non plus par l'argument d'autorité, c'est pour plusieurs raisons. D'abord, la génération Y, habituée par les NTIC à l'autonomie, au dialogue permanent et au travail coopératif, supporte plus difficilement l'obéissance formelle et les décisions autoritaires. Ensuite, l'environnement démocratique, fondé sur le dialogue public, fait indirectement pression sur les entreprises pour qu'elles adaptent leurs manières de faire. Enfin, dans une économie de la connaissance et de la création, ce n'est plus la force de travail qui prime, mais la capacité d'innovation, laquelle suppose réflexion et donc dialogue. D'où une prime aux entreprises apprenantes, capables de susciter et de capter l'innovation de leur base (*crowdsourcing*). C'est en effet par le dialogue, par la confrontation d'idées différentes, que naît l'innovation (*brainstorming*), raison pour laquelle l'entreprise adaptative doit savoir stimuler la diversité, la faire dialoguer, la convertir en innovation grâce à des managers catalyseurs.

Pourquoi une culture du dialogue permanent s'avère-t-elle plus efficace économiquement qu'une culture de l'autorité hiérarchique ? Parce qu'elle débouche sur des décisions plus pertinentes et mieux acceptées socialement, suscitant en interne une adhésion d'autant plus vaste qu'aura été large la base des co-décisionnaires. Quant à la plus grande pertinence des décisions, elle est due à ce que le dialogue permet de complexifier les décisions. En effet, grâce au débat précédant toute décision dans les équipes – notamment lors des réunions –, une plus grande rationalité est à l'œuvre dans l'entreprise au final. Plus il y aura de dialogue (*dia-logos*), plus il y aura de rationalité (*logos*), l'idée sous-jacente étant que plus une entreprise sera régie par la rationalité, plus elle sera performante.

Les conditions du dialogue

Chacun sait que ce n'est pas la quantité de discussions dans les équipes qui en fait la qualité. Pour que celles-ci soient fructueuses, c'est-à-dire porteuses de décisions plus pertinentes et mieux partagées, il faut que, dépassant la simple juxtaposition d'opinions stérilement extérieures les unes aux autres (type «café du Commerce»), une rationalité (*logos*) soit à l'œuvre, permettant de construire un point de vue plus englobant. Le vrai dialogue est un débat, non une simple discussion. Trois autres conditions d'un dialogue sain peuvent être dégagées:

– Premièrement, le dialogue doit avoir lieu entre des points de vue réellement différents les uns des autres. Un débat fécond, celui qui débouche sur des innovations, est un débat contradictoire, au cours duquel ont pu émerger de vraies contradictions, par la suite surmontées dans un point de vue supérieur qui les intègre sans les dissoudre. Les meilleures entreprises, demain, seront celles qui sauront le mieux intégrer cette contradiction vivifiante et s'en nourrir pour agir. Ce seront celles qui sauront le mieux faire une place au réel dialogue, qui suppose une diversité des interlocuteurs. Cette diversité, l'entreprise doit contribuer à l'approfondir plutôt que la réduire. Car, dans une réunion, c'est l'échange d'arguments réellement divers qui permet de complexifier la décision. Qu'une discussion ait lieu entre une grande variété d'acteurs ne suffit donc pas pour qu'il y ait dialogue, c'est-à-dire débat. Il faut aussi que ce débat ait lieu entre des points de vue hétérogènes, afin de déboucher sur des décisions intégrant un plus grand nombre de variables – de ce fait plus pertinentes, car omettant moins de paramètres.

– Deuxièmement, le dialogue doit être public. La transparence des débats est une condition essentielle pour qu'il y ait démocratie. Cette exigence de publicité des débats signifie qu'il doit y avoir le moins de coulisses possible : un maximum d'arguments et d'informations doit être porté à la connaissance de tous, afin que chacun puisse l'intégrer à son propre point de vue et ainsi se déterminer en toute connaissance de cause. Pour garantir la publicité des débats dans le cadre d'une entreprise privée, il ne faut pas hésiter à élargir l'espace public en investissant l'espace virtuel : créer par exemple un « forum de discussion » sur l'intranet, *agora* moderne où s'échangent des points de vue, et un « wiki », lieu de co-construction d'un point de vue polyscopique. L'un comme l'autre ne devant pas être « modérés » *a priori*, c'est-à-dire censurés, sans quoi la parole ne pourra pas y être dite intégralement libre, et nul ne pourra déceler ces signaux faibles que peuvent constituer les excès de langage. Ce qui mériterait d'être censuré n'est pas moins important, pour comprendre autrui, que ce qui ne le mérite pas.

– Troisièmement, au-delà de la transparence, il faut qu'il y ait transcendance des débats : l'animation des débats par le manager doit être telle qu'elle permette à chacun, d'une part, de repousser les limites de sa propre réflexion, c'est-à-dire dépasser sa première impression sur un sujet donné, et, d'autre part, d'en ressortir plus motivé qu'avant, prêt à se surpasser pour résoudre concrètement le problème qui faisait débat. Idéalement, d'un bon débat d'équipe, chaque membre doit ressortir transcendé, porté plus haut que lui-même par le groupe.

L'organisation du dialogue

Pour comprendre comment une culture du dialogue peut impacter une organisation, observons une mise en œuvre possible, celle du groupe Hervé actuellement. Sciemment, nous ne nous attarderons pas sur chacun des points évoqués, car ils seront tous développés dans d'autres chapitres. La conséquence la plus notable d'une culture du dialogue est sans doute la transformation de l'exercice de l'autorité. Pour Jürgen Habermas, « *la force du meilleur argument* » prime l'argument du plus fort : aucun manager ne devrait imposer quoi que ce soit à ses coéquipiers ; il peut en revanche proposer des idées, des pistes d'actions, qui toutes soient matières à débat. Idéalement, ce n'est pas le manager qui propose (car le débat qui s'ensuit est alors biaisé), mais les membres de l'équipe. Après avoir débattu, ils adopteront une position qui sera ratifiée par le manager, la fonction de ce dernier étant de faire émerger les propositions de l'équipe (travail de maïeutique). La transformation de l'exercice de l'autorité se traduit par plusieurs innovations managériales faisant toutes du dialogue leur élément moteur.

Le manager, garant du dialogue

Ne pouvant plus exercer son autorité selon l'échelle hiérarchique, le manager devient :

– Celui qui anime le dialogue à l'intérieur de l'équipe. Il garantit les conditions (règles du jeu) d'un véritable dialogue, à savoir : que tout le monde puisse également s'exprimer (et pas seulement les plus « forts en gueule » ou les plus à l'aise à l'oral), que la parole soit libre (dire les choses, parler vrai, oser l'impertinence), que des arguments rationnels soient échangés plus que des impressions subjectives (sans pour autant négliger celles-ci), que les points de vue exprimés relèvent d'une vraie diversité plutôt que d'une simple variété, qu'il y ait à la fois véritable confrontation entre ces points de vue et que cette confrontation demeure « à fleurets mouchetés », que petit à petit chaque point de vue intègre celui des autres afin que le débat progresse jusqu'à l'adoption d'une position commune.

– Celui qui fait dialoguer l'équipe avec l'extérieur. Il est un passeur, chargé de rendre compréhensibles les évolutions de l'environnement, donc de donner de la visibilité.

Des managers questionnant plutôt qu'assertifs

Le management se veut non directif, visant à stimuler chez les collaborateurs ce « *dialogue intérieur et silencieux de l'âme avec elle-même* » (Platon) en lequel consiste la pensée. Comment ? En privilégiant chez les managers l'animation d'équipe par l'interrogation plus que par l'affirmation (maïeutique). Les managers sont encouragés à exercer leur autorité par le dialogue et l'argumentation rationnelle, plutôt que par la force de l'autorité hiérarchique.

Des décisions collectives supposant un dialogue de groupe

Les décisions sont systématiquement prises en groupe, au terme d'un dialogue, parce que de telles décisions collectives sont moins partielles et moins partiales. Elles se révèlent plus efficaces qu'une décision prise par un seul, le chef, fût-ce après consultation de sa base. Si les décisions collectives se révèlent plus efficaces, c'est d'abord, comme nous l'avons déjà expliqué, en ce qu'elles sont plus pertinentes, étant complexifiées, passées au crible de la critique du groupe. C'est aussi qu'elles sont plus légitimes, émanant d'un collectif plutôt que d'une personne. L'avantage à voir le groupe décider (même si, formellement, la décision est assumée par le manager), c'est l'attention se focalise vers le contenu de la décision plutôt que vers l'autorité. Quand une décision est prise collectivement, par exemple pour trancher un conflit de personnes, elle est moins suspecte de partialité.

Une codécision supposant un dialogue permanent manager/coéquipiers

Le dialogue entre le manager et ses coéquipiers n'a pas lieu seulement une fois l'an, ce qui est souvent le cas si le manager est élu – qu'il peut ensuite, fort d'une légitimité acquise, se dispenser d'avoir à dialoguer au quotidien tout en pratiquant un management directif et autoritaire. Dans le groupe Hervé, l'autorité du manager lui étant conférée par sa base, sa légitimité n'est jamais acquise, elle est toujours à conquérir. Le manager est obligé de dialoguer en permanence avec son équipe parce que celle-ci (en cas d'incompréhension mutuelle) peut demander à tout moment une « évaluation du chef par la base ». Véritable arme de dissuasion, équilibrant le rapport de forces entre le chef et son équipe, cette pratique les oblige à constamment dialoguer pour trouver un terrain d'entente, et permet ainsi que l'on puisse, au final, parler de codécision.

Une organisation dialoguant par interactions et médiations

Dans le cadre d'une «démocratie de médiation», le dialogue, en termes cette fois organisationnels et non plus managériaux, se traduit par un évitement du dialogue bilatéral et une promotion du dialogue multilatéral, par ricochets ou intégration d'éléments extérieurs : ce que l'on pourrait appeler un jeu de «billard à trois bandes». Nous aurons naturellement l'occasion d'en approfondir le sens, mais, sommairement, nous pouvons dire de la «démocratie de médiation» qu'elle signifie d'abord une médiation de toutes les décisions par le groupe où, par le dialogue collectif, elles mûrissent et se forment. Elle signifie aussi la médiation des conflits par les pairs (principe de subsidiarité), afin d'en permettre une résolution ni partielle ni partiale. Elle signifie enfin la médiation des conflits par les pairs des pairs (médiation au carré), en cas d'insuffisance des pairs à résoudre le conflit. Les réseaux fonctionnels jouent dans cet ensemble un rôle essentiel, celui de contrôler et former par la seule force du dialogue. Dans une entreprise ainsi marquée par une culture du dialogue, tout ce qui est d'ordre collectif est censé émerger d'interactions, c'est-à-dire d'un dialogue permanent entre les éléments internes d'une part, et entre ces éléments et leur environnement extérieur d'autre part.

L'homme libre est plus performant que l'homme contraint

L'organisation 2.0, organisée de manière à favoriser la coopération en son sein, trouve un levier de performance inégalé dans la liberté qu'elle donne à ses membres. Tout, la théorie aussi bien que l'expérience, indique que l'homme contraint est moins performant que l'homme libre[145]. Moins performant qualitativement, en termes

145. Déjà en 1830, dans son *Encyclopédie moderne, dictionnaire abrégé des hommes et des choses, des sciences, des lettres et des arts*, Eustache COURTIN relève que « *l'esclavage colonial, qu'en des temps moins éclairés le négoce a paru tolérer ou rendre supportable, devra sa fin au négoce plus instruit de ses intérêts véritables, qui sont essentiellement liés désormais à ceux de l'humanité. Il est démontré que le travail de l'homme libre est plus productif que celui de l'esclave, et qu'il est plus utile de trafiquer avec des citoyens indépendants que de rançonner des hommes abrutis. Le commerce excite de plus à la tolérance, car il est impossible de négocier avec des hommes dont on outrage les croyances ; et l'expérience nous apprend que, pour être favorable-*

d'innovation, et quantitativement, en termes de productivité. De fait, celui qui a le sentiment d'être libre s'autorise des audaces créatrices sources d'innovation. Et il donne plus que ce qui est attendu de lui ; il ne compte en particulier pas ses heures supplémentaires, ce qui maximise sa productivité. L'expérience la plus triviale montre que, fort logiquement, « *pour un salaire calculé au minimum, on fournit un effort minimum, ce qui produit collectivement le résultat minimum* » (de Gaulle). Pour décupler la performance d'une entreprise, il faut faire l'exact inverse d'une pression sans cesse plus grande sur les salariés (sur les salaires, leurs horaires, leur cadence) et sortir de cette logique absurde où chacun essaye de donner le moins possible.

L'amélioration de la compétitivité ne s'obtiendra pas en faisant plus du même (plus de restrictions budgétaires, plus de surveillance du temps gaspillé au travail, plus de compression salariale, plus de malthusianisme), car c'est là un cercle vicieux indéfini conduisant à une déshumanisation croissante. Elle s'obtiendra en faisant différemment, en relâchant la pression sur les salariés, en leur accordant plus de liberté de mouvement, d'action, de pensée, d'expression. Sur le temps long, c'est une vue de l'esprit de croire possible de renforcer l'efficacité économique sans les salariés de base et même contre eux : cela ne peut se faire qu'avec eux. Les salariés de base ne représentent un poids (censé lester les résultats de l'entreprise) qu'aussi longtemps qu'on n'a pas pris la peine d'essayer une autre manière de faire, celle, par exemple, consistant à faire d'eux le fer de lance de la performance économique, en libérant leur potentiel d'innovation, grâce à une démocratie d'entreprise. Ce qui suppose, évidemment, que ceux qui tiennent les rênes du pouvoir acceptent de le partager – ce qui n'adviendra que si c'est la performance de leur entreprise qui leur importe, avant celle de leur carrière.

L'homme libre est plus performant que l'homme contraint, mais sur le long terme, n'étant pas forcé de produire à court terme, il

---

ment traité des étrangers, il faut les accueillir eux-mêmes avec la plus grande bienveillance » (2e édition, tome XVII, article « négoce », p. 37-38).

produira davantage dans la durée. Que l'homme libre soit plus performant que l'homme contraint ne signifie pas que la contrainte ne puisse être un stimulant pour le premier, encore faut-il que lui soit laissée la liberté de faire preuve d'inventivité. La contrainte ne se révèle féconde que pour qui s'autorise à créer, ce qu'un environnement de travail fortement hiérarchique empêche précisément. Une autre conviction de fond – liée à celle selon laquelle l'homme libre est plus performant que l'homme contraint – est que l'homme épanoui est plus performant que celui qui ne l'est pas. Si cette affirmation paraît évidente, dans la plupart des entreprises, l'épanouissement personnel est rarement considéré comme une condition *sine qua non* du succès économique. L'efficacité économique d'abord, parce qu'elle est nécessaire, l'épanouissement du personnel ensuite, «si possible», entend-on souvent, sans établir un lien de cause à effet entre la satisfaction du personnel et la performance économique. Or il y en a un ! Le premier facteur du succès d'une entreprise, c'est l'épanouissement des salariés, dont dépend leur motivation, c'est-à-dire leur envie de donner plus que le strict nécessaire, de s'investir personnellement dans leur travail, au-delà du minimum professionnel requis. Lors de la reprise en main d'une activité déficitaire, la première chose à considérer et à éventuellement restaurer est l'épanouissement des salariés, car c'est d'elle dont dépend le redressement de l'activité. Un personnel heureux de travailler, motivé, trouvera toujours les moyens techniques lui permettant de redresser la barre – le problème est rarement technique, de l'ordre d'un déficit de compétences, mais d'abord humain. Retrouver la voie de la confiance, et si possible de l'enthousiasme sous l'effet d'une émulation collective, c'est reprendre le chemin du succès.

On le voit, des hommes libres s'investissent davantage dans leur travail que des hommes qui y sont contraints par leur contrat. Ce qui donne un avantage concurrentiel à leur entreprise, c'est la propension à payer de leur personne pour repousser collectivement les limites individuelles. En réalité, il y a interaction entre la création et le bien-être. On peut à la fois dire que c'est parce qu'un individu se sent bien, en particulier dans son travail, qu'il devient créatif, et que c'est le fait de créer qui lui permet de se sentir bien. L'homme se réalise dans la création, c'est-à-dire dans une affirmation de soi qui est en même temps un dépassement de soi. S'épanouir, c'est créer. Une personne est bien dans son être quand elle se trouve en situation de créer : elle est prête à gagner moins, à posséder moins, du moment qu'elle crée et qu'elle est son propre chef. Nous pourrions résumer ainsi : bien savoir permet de bien avoir (ce sont ceux qui savent que faire et comment faire qui gagnent le plus d'avoirs), lequel permet le bien-être (être sécurisé dans son avoir permet de s'autoriser à être libre et donc à créer), qui permet la bienveillance. Autrement exprimé : bien savoir -> bien avoir -> bien-être -> bienveillance. La bienveillance envers autrui, si capitale dans une entreprise pour nourrir la coopération, est le plus découlant d'une situation de liberté entre les membres de l'équipe : des personnes qui ne se sentent pas menacées par les autres se montrent naturellement altruistes, font spontanément preuve d'entraide.

Toute personne en situation de création a d'autant moins besoin de dominer

Prétendre organiser une société de coopérants libres les uns des autres n'a de sens que si, d'une part, chacun des coopérants mis en situation de liberté se montre créatif, et si, d'autre part, aucun ne cherche à dominer les autres (puisque aucune contrainte ne l'en empêche). Cela suppose de se faire une certaine idée de l'homme et de son « fonctionnement ». Tout homme aspire à se réaliser et il ne se réalise jamais mieux que dans la création[146], laquelle lui fait passer l'envie de dominer

146. Cette idée ne va pas de soi. Jusqu'au XVIIIe siècle, la *vita contemplativa* représentait, pour la majorité des individus, une mode de vie supérieur à la *vita activa*. C'est à partir du XIXe siècle que survient un changement radical de la philosophie de la vie et qu'apparaissent des modèles humains inédits, exaltés par l'opinion et comportant tous une dimension créatrice : le capitaine d'industrie (qui crée de l'emploi et de la valeur ajoutée), l'ingénieur, l'inventeur, l'explorateur, l'homme d'affaires, le savant, l'écrivain à succès, l'artiste, etc. Toutes ces figures emblématiques ont un point commun (outre la dimension créatrice de leur activité), c'est d'être immergés dans l'action ; ces héros des temps modernes vont au bout d'eux-mêmes et repoussent leurs limites. C'est dans et par l'action que, dorénavant, l'homme se réalise. Le contraste avec le sage de l'Antiquité et le mystique du Moyen Âge est frappant.

puisque sa volonté d'affirmation de soi a trouvé une manière positive de s'exprimer. Reprenons. L'homme est naturellement fait pour être libre, pour créer, pour faire advenir de la nouveauté dans le monde. Il trouve sa réalisation dans cette affirmation de soi qu'est la création. C'est en ce sens, avons-nous vu, qu'Hannah Arendt dit de lui qu'il est l'animal natal, celui qui introduit dans le monde des commencements, des initiatives, de l'innovation. Quand l'homme ne peut pas s'affirmer, quand il ne peut pas créer, quand il se trouve brimé dans sa volonté de création par un environnement de travail limitatif, sa volonté de création se mue en volonté de domination, qui est encore une manière de s'affirmer, mais négative : au détriment des autres. Les organisations qui n'offrent pas à leurs membres la possibilité de créer génèrent inévitablement de la frustration et un type humain dominé par une volonté féroce de domination, d'où les comportements de «petits chefs», les brimades, vexations et entraves en tout genre à la libre expression des salariés. À l'inverse, des salariés en situation de liberté créent spontanément, se montrent naturellement innovants et, en créant, ils cherchent d'autant moins à dominer leurs collègues ou collaborateurs.

«*Je suis convaincu que le goût du pouvoir existe chez chacun d'entre nous, mais qu'il peut se tourner soit vers la domination, soit vers la création*[147]», et que «*le pouvoir de création [est] pour chacun de nous l'antidote du pouvoir de domination. La seule façon de permettre aux gens de contrôler leur volonté de domination consiste à leur donner l'opportunité de libérer leur pouvoir de création, d'être acteurs ; bref, d'entreprendre*[148].» Une telle idée est profondément nietzschéenne : l'homme n'est pas d'un côté animé par une volonté de création et d'un autre côté par une volonté de domination, c'est une seule et même volonté, de puissance, qui peut se faire créatrice ou dominatrice. Celui qui est animé par une volonté de puissance déclinante ne trouvera à exercer sa puissance que dans la domination, qui

147. Michel HERVÉ, «Pouvoir de domination et pouvoir de création», dans *De la pyramide aux réseaux* (en collaboration avec Alain d'IRIBARNE et Elisabeth BOURGUINAT), éditions Autrement, 2007, p. 11.
148. *Ibid.*

est toujours servile, une marque d'esclavage, remarque Nietzsche, car elle a besoin d'un autre à dominer.

La volonté de puissance, quand elle ne trouve pas à s'exprimer positivement, devient négative. C'est pourquoi il importe, dans les organisations, de laisser une place à la créativité personnelle, où se libère la volonté de puissance positive. C'est en créant, en laissant s'exprimer sa puissance créatrice, que le salarié d'une entreprise pourra le mieux se réaliser, car cette volonté de puissance constitue «*l'essence la plus intime de l'être*[149]». Le «développement personnel» actuellement en vogue dans les entreprises n'est que le correctif symptomatique d'une atrophie du «potentiel humain[150]» qui ne trouve pas à s'exprimer au sein d'organisations structurellement répressives (en termes de créativité et donc d'épanouissement personnel). Dans le monde nouveau dans lequel les NTIC nous ont fait entrer, les hommes vont avoir de moins en moins besoin de dominer parce qu'ils pourront de plus en plus créer. Si les organisations sont marquées par la domination de certains hommes sur d'autres – au titre de l'exercice normal de l'autorité hiérarchique –, c'est parce qu'elles ne leur offrent pas suffisamment de possibilités de créer, de faire preuve d'initiative. Pour enclencher un processus vertueux de coopération, il faut donc commencer par accorder à chacun la plus large autonomie possible : en découlera une moindre envie de dominer ses pairs, que l'on se trouve en position de manager ou pas.

Celui qui est animé par une volonté de puissance affirmative est un éternel insatisfait, et c'est pourquoi il cherche, en créant, à repousser ses limites, à explorer des territoires où ni lui, ni peut-être aucun homme, n'est jamais allé. Ce qu'il réalise, il le fait gratuitement, sans rien avoir à prouver (ce qui serait encore une manière réactive d'agir), par simple goût du jeu, de l'amusement, de la jouissance de sa propre puissance, fût-elle dépensée en vain. Celui qui est animé par

149. NIETZSCHE, *Fragments posthumes (1888-1889)*, 14 [80], p. 58 ; KSA, 13, p. 260.
150. Le développement personnel, courant psychologique, né dans les années 1960 sous l'égide d'Abraham MASLOW et de Carl ROGERS, s'appelait aussi «mouvement du potentiel humain».

une volonté de puissance déclinante se contente de *suivre* ce qu'on lui demande, d'*attendre* des consignes pour agir, de *dénigrer* l'existant au lieu de l'améliorer, de *fuir* la responsabilité de ses échecs au lieu de s'en servir de tremplins. Bref, il est réactif au lieu d'être proactif, quand il n'est pas simplement passif. Il est victime d'abord parce qu'il se vit, en toute chose, comme une victime, comme un agent que l'on manipule, de sorte qu'il finit par l'être effectivement.

Un management à visage humain

La dernière idée fondatrice d'une démocratie dans l'entreprise est que l'humain a une valeur telle que l'intégralité de sa dignité doit être respectée, ce qui commence par le respect de l'intégralité de sa capacité à se déterminer lui-même. Une organisation du travail qui limiterait la liberté de l'homme à la seule détermination de moyens fixés par d'autres ne serait pas intégralement respectueuse. Une telle organisation du travail peut faire une société de collaborateurs, elle ne fait pas une société de coopérants. Elle peut caractériser une entreprise 1.0, elle ne dépeint pas l'entreprise 2.0. Remettre l'humain au centre des organisations – comme il peut n'être pas absurde de le vouloir pour l'entreprise de demain – cela signifie d'abord remettre sa liberté au centre des préoccupations.

Remettre l'humain au centre des organisations, comme remettre la culture et la liberté au centre, n'est pas un objectif secondaire, subordonné à celui d'efficacité économique. Il en est la condition. « *L'efficacité économique passe par la prise en compte de l'humain*[151] », comme avoir des salariés libres et une culture d'entreprise pertinente conditionnent la performance économique. C'est à un tel renversement des mentalités qu'invite le modèle entrepreneurial de « démocratie 2.0 ». Ce n'est pas pour des motifs idéologiques que l'homme n'y est plus conçu comme une variable d'ajustement des performances économiques, mais pour des raisons strictement logiques : la primauté accordée à une culture

151. Jean-Pierre DOLY et François MONCONDUIT, *L'Entreprise entre contrainte et liberté*, L'Harmattan, 1995, p. 24.

d'entreprise centrée sur la liberté se révèle économiquement profitable. Un management à visage humain, c'est d'abord un management qui traite les hommes comme des hommes, ce qui veut dire comme des humains d'une part, comme des adultes d'autre part.

a) S'adresser à des humains

Sortir d'un management réduisant qui fait de la personne le rouage d'une machine

Au cours de la Deuxième Guerre mondiale, l'expérience de l'organisation nazie du travail a mis en lumière les dangers qu'il y avait à bâtir des organisations réduisant leurs membres à n'être que les rouages d'un projet qui les dépasse et dont ils ne comprennent pas la fin ultime. C'est afin de ne pas retomber dans les ornières du passé qu'il est, depuis, absolument capital de bâtir des organisations dont le management participatif conduise chacun à être acteur de son travail plutôt qu'agent passif de directives reçues d'en haut.

Qu'en est-il aujourd'hui dans la plupart des organisations, tant publiques que privées ? Soumis à des contraintes de rendement et à une fragmentation croissante, le travail est devenu à courte vue et les travailleurs aveugles à ce qu'ils contribuent à faire. Tout le monde court dans les entreprises, tout le monde s'agite en tous sens, comme dans une termitière, et nul ne prend plus le temps de s'interroger sur la légitimité de ses actions. Déjà, à l'aube des années 2000, Roger Fauroux notait que « *depuis une dizaine d'années, il y a eu deux irruptions violentes : l'actionnaire et le client. L'un et l'autre ont changé le temps de l'entreprise. Les cadres sont surexploités, ils ne s'intéressent plus qu'à leur business. Il leur manque cette chose élémentaire, le temps de réfléchir.* » Or, comme le disait Edgar Morin, « *à force de sacrifier l'essentiel pour l'urgent, on en finit par oublier l'urgence de l'essentiel* », et que cet essentiel c'est l'humanité des hommes et des femmes au travail.

Pris dans un travail routinier, sans visibilité sur les autres postes de l'entreprise et sur le long terme, obnubilés par les résultats immédiats de leur micro-tâche, les salariés se trouvent trop souvent conduits à effectuer un travail mécanique, morne et répétitif, susceptible de les amener à accomplir collectivement des œuvres qu'individuellement ils réprouveraient. La mécanicisation de ce travail et l'enfermement dans cette seule activité rend possible leur participation à une orientation générale qu'ils combattraient s'ils en avaient une claire conscience. Pour que les salariés ne soient plus aveugles à ce qu'ils font et retrouvent un sens à leur travail, il est important d'organiser des espaces de réflexion – c'est la fonction des réunions d'équipe mensuelles – et de leur redonner de la visibilité, sur leur avenir comme sur les activités des autres équipes de leur entreprise.

Dans la période où nous sommes, de mécanicisation croissante des rapports sociaux dans les entreprises, ce qu'il faut redouter, c'est d'être atteints de l'«*absence de pensée*» (*thoughtless-ness*) qu'Hannah Arendt voyait chez Adolf Eichmann, et qui ferait de nous des témoins passifs, ne se posant pas de questions – tels des fonctionnaires «compétents[152]», mais aveugles ou indifférents aux fins collectivement poursuivies, chacun étant occupé à «*faire cuire sa petite soupe, dans son petit coin, sur son petit feu*» (de Gaulle). Dans un ouvrage paru en 2002, *Modernité et Holocauste*, Zygmunt Bauman montre les mécanismes qui, à travers une division hiérarchique et fonctionnelle du travail et un souci constant de l'efficacité, substituent progressivement la responsabilité technique à la responsabilité morale. Dans une représentation technicienne du monde, on se contente de fonctionner et de traquer les dysfonctionnements, ce qui permet de commettre les pires atrocités avec la meilleure bonne conscience, d'agir de façon prétendument éthique au service de fins inhumaines. «*Il n'y a rien de plus inutile que de faire avec efficacité quelque chose qui ne doit pas être fait du tout*», disait Peter Drucker[153]. Si Hannah Arendt relevait l'incapacité

152. Au sens où «*un homme compétent est un homme qui se trompe selon les règles*» (Paul VALÉRY).

153. «*Inutile*», dit Peter DRUCKER, là où nous dirions volontiers «nuisible». L'inventeur du marketing s'inscrit ici dans la lignée de saint Augustin déclarant qu'«*il vaut mieux suivre le bon chemin en boitant que le mauvais d'un pas ferme*». À tout prendre, il eut mieux fallu que le criminel soit doté de moins de vertus comme le courage, la persévérance, l'habileté, etc. L'éthique de l'assassin ne rend pas son crime moral.

d'Eichmann à sortir d'une logique de fonctionnement pour se poser la question du sens moral de son action («Je n'ai fait que mon travail.»), Zygmunt Bauman l'explique par le morcellement du travail en une multitude de tâches, séparant «*responsabilité technique*» et «*responsabilité morale*»[154]. L'individu «responsable», au sens d'une organisation technicienne (ou techniciste), c'est celui qui fait bien son travail, qui applique les bonnes techniques au bon moment, quelle qu'en soit la finalité axiologique. La déshumanisation des entreprises, aujourd'hui tant dénoncée, commence sans doute avec la mécanisation des organisations et la réduction des salariés à des rouages capables de servir n'importe quelle finalité du moment qu'elle se pare des oripeaux du bien et de la vertu, ce que tout régime tend évidemment à faire.

Sortir d'un management «au bâton et à la carotte»

La première condition du développement économique durable d'une entreprise, c'est qu'elle soit composée d'acteurs réellement motivés, cherchant à repousser leurs limites, ce qui suppose qu'ils se sentent respectés dans leur humanité, tirés vers le haut. Quand un management table prioritairement sur la peur de la sanction et l'appât

---

154. Ce que BAUMAN veut mettre en évidence c'est que les «débordements» nazis sont une possibilité permanente, une bifurcation pas si improbable, de toute société qui a fait de la rationalité scientifique une valeur cardinale. Mieux, l'organisation même de la société moderne renforce les possibilités de telles horreurs: «*C'est l'esprit de rationalité instrumentale, avec sa forme bureaucratique moderne institutionnelle, qui rendit les solutions de type Holocauste non seulement possibles, mais éminemment raisonnables et augmenta la probabilité de leur choix. Cet accroissement de la probabilité a un lien plus que fortuit avec la capacité de la bureaucratie moderne à coordonner l'action d'un grand nombre d'individus d'une moralité irréprochable dans la poursuite de n'importe quel but, même immoral.*» Bauman conteste donc toute idéologie qui tendrait à établir que les atrocités nazies sont liées à une insuffisance de civilisation et de rationalité. Il faut considérer, par exemple, que les agissements des nazis étaient compatibles avec une logique de l'honneur et de l'obéissance, du devoir bien rempli («bien faire son travail»), qui permettait à des milliers de participants (à des tâches plus ignobles les unes que les autres) de poursuivre leur «travail» en toute bonne conscience. Notamment parce que la «participation» au projet d'extermination était souvent fort abstraite: comme l'écrit Raul HILBERG, cité par Bauman, la plupart des fonctionnaires nazis pouvaient «*annihiler tout un peuple en restant assis à leur bureau*». Ce sur quoi insiste Bauman c'est que «*le processus de civilisation consiste, entre autres choses, à dépouiller l'utilisateur de la violence de tout calcul moral et à débarrasser tout désir de rationalité de toute interférence de normes éthiques ou d'inhibitions d'ordre moral*».

du gain pour motiver ses collaborateurs, il table sur des ressorts qui chez eux ne flattent que l'animal, de sorte que, si satisfaits en apparence que ceux-ci puissent s'éprouver, ils n'en finissent pas moins par développer un mal-être au travail générateur de démotivation, dont résulte une perte de productivité et de proactivité.

En traitant les hommes comme des animaux, il n'est pas exclu qu'on puisse les faire devenir tels – en apparence seulement, car le mal-être demeurera[155]. On se limite alors à ne pouvoir les tirer vers l'avant qu'à la mesure de la peur de la sanction provoquée ou de la perspective du gain qu'on leur fait miroiter. Ce système est «*autolimitatif*[156]» : il ne peut obtenir des hommes que ce qu'il en escompte *a priori*, ce dont il les estime capables ; suivant la formule du général de Gaulle déjà citée : «(...) *pour un salaire calculé au minimum, on fournit un effort minimum, ce qui produit collectivement le résultat minimum*». La fine tranche de *happy few*, dont le salaire se trouve calculé au maximum pour les inciter à produire un résultat maximum (leur salaire étant d'ailleurs souvent pour une large part indexé sur le résultat obtenu), ne se trouve incitée à «délivrer» de la valeur qu'à la mesure de l'attente que l'on place en elle : ces «agents rationnels» chers aux marchés calculent qu'ils n'ont aucun intérêt à «délivrer» plus que ce qu'ils peuvent obtenir en retour, aucun intérêt à «donner» de leur personne, à fournir un effort qui dépasserait ce que leur ligne hiérarchique peut raisonnablement attendre d'eux, au regard de ce que font les autres. Les «agents rationnels» ont ainsi tendance à s'autolimiter. Gouvernés par une logique prédictive plutôt que par une logique effectuale, ils se contentent de produire ce qu'il est prévisible qu'ils puissent produire.

Combien plus profitable ce serait, pour une organisation, de traiter les personnes comme ce qu'elles pourraient devenir, à savoir plus et mieux que ce qu'elles se trouvent être factuellement ! C'est en traitant les gens comme s'ils étaient ce qu'ils pourraient être qu'on les aide

155. L'homme ne se réduit pas à son animalité. Comme l'écrit LAO-TSEU, « *tout l'animal est dans l'homme, mais tout l'homme n'est pas dans l'animal*».
156. Joël DE ROSNAY, *L'Homme symbiotique*, 1995 [2000] p. 267-271.

à devenir ce qu'ils sont capables d'être (Goethe), et ce dont ils sont capables, c'est ce dont nul ne peut préjuger[157]. Traiter ses coéquipiers avec humanité, de la part d'un manager, ce n'est pas les entretenir dans ce qu'ils sont, mais les encourager à devenir ce qu'ils pourraient être, c'est-à-dire grandir. C'est ce que les circonstances permettront de révéler ; il ne faut en tout cas pas le prédéterminer, l'enfermer *a priori* dans une perspective donnée, comme il en va lorsqu'on fixe des objectifs à un collaborateur, sans quoi on s'interdit de voir ce qu'il est capable de donner, jusqu'où il est capable d'aller et quelles voies imprévues sa singularité le conduit à explorer. Cultiver l'humanité, ce n'est pas constater ce qu'elle a pu devenir, par exemple un « agent rationnel » principalement mû par un calcul de gains et de pertes, c'est la pousser à repousser sans cesse ses limites, notamment actuelles ; ce qui ne veut pas dire la former dans un sens plutôt que dans un autre (suivant le projet prométhéen de construire un « homme nouveau », racine de tous les totalitarismes), mais ôter les obstacles qui l'empêchent de s'épanouir d'une manière conforme à son véritable désir.

Cultiver l'humanité de ses coéquipiers pour les motiver durablement, c'est donc les humaniser, créer les conditions de travail leur permettant de restaurer l'estime d'eux-mêmes. Les humaniser, c'est leur permettre de dépasser la logique du bâton et de la carotte qui les enferme dans la seule animalité, où ils se morfondent. Si dépasser cette logique est un enjeu managérial important, c'est que la motivation qui en résulte est autolimitative et non créatrice. Autolimitative en ce sens qu'elle demeure proportionnée aux gains et pertes attendus, non créatrice parce qu'elle n'incite pas à aller au-delà de l'attendu, à repousser ses limites, à donner le meilleur de soi. Elle incite à faire plus de la même chose – plus que ce que font les autres, par rapport auxquels je serai évalué –, non à faire différemment, d'une manière qui serait peut-être plus conforme à ma complexion particulière, dans laquelle

157. « *Lorsque nous nous contentons de prendre les êtres humains tels qu'ils sont, nous les incitons à la médiocrité. Lorsque nous les traitons comme s'ils étaient tels qu'ils devraient être, nous les amenons là où ils peuvent se surpasser.* » (Goethe)

je me réaliserai mieux et dans laquelle je serais plus productif. L'usage du «bâton et de la carotte» ne motive pas suffisamment les individus – c'est un fait avéré – et bride l'innovation. Concrètement, sortir de ce type de management, cela veut dire, entre autres choses :

• Ne plus tabler sur la peur de la perte d'emploi pour motiver ses collaborateurs. Leur garantir, donc, une relative sécurité de l'emploi, sentiment de sécurité sans lequel nul ne s'autorise à créer et à prendre les risques afférents.

• Faire droit à l'erreur. L'erreur ne doit pas être systématiquement sanctionnée ; c'est son renouvellement qui peut l'être, et encore, sur le moyen terme, s'il s'avère qu'il s'agissait vraiment d'un échec et non d'une occasion de sursaut.

• Le chef ne doit plus être redouté et sacralisé comme celui qui sanctionne et offre la récompense, ce qui implique de lui ôter tout pouvoir arbitraire hiérarchique («pouvoir discrétionnaire»).

• Supprimer les rémunérations au mérite individuel. Non seulement pour cette raison de fond que nul ne peut savoir quelle est la part de mérite qui lui revient, abstraction faite de tous ceux qui l'ont formé, encouragé, conseillé[158], mais parce qu'une telle individualisation de la rémunération incite les coéquipiers à développer des comportements individualistes, nuisibles à un travail de coopération et privant chacun des bénéfices d'une émulation collective.

Ne plus travailler à cause du bâton

On est libre quand on agit vraiment, au lieu de se contenter de réagir à la peur du bâton et à l'attrait de la carotte. Libérer l'homme, vaste programme ! Vaste, mais pas moins nécessaire si l'on souhaite fonder son organisation sur la coopération plutôt que sur la collaboration, en vue de maximiser sa capacité d'innovation collective. Pour que les coéquipiers ne soient pas conduits à n'agir qu'en réaction à la menace d'une sanction, il apparaît utile de dépouiller le supérieur

---

158. Comme le dit limpidement saint Paul : « *Qu'as-tu que tu n'aies reçu ? Et si tu ne l'as pas reçu, pourquoi te glorifier comme si tu ne l'avais pas reçu ?* » (I *Corinthiens*, 4,7).

hiérarchique de tout pouvoir de sanction. Dans une organisation libérale et tendue vers la performance, celui-ci ne peut pas plus imposer de sanction qu'il ne peut contraindre quiconque à agir dans un sens plutôt que dans un autre ; il n'a pas à imposer quoi que ce soit, car en imposant il coupe court à tout dialogue et à toute possibilité d'amélioration de la décision. En imposant une décision, il y a toute chance qu'elle ne soit pas optimale et pas légitime aux yeux de l'équipe, de sorte qu'elle sera peu soutenue.

Ne plus travailler pour la carotte

L'argent, quant à lui, ne doit plus être un moteur. Comme le dit Ricardo Semler, le dirigeant de *Semco*, entreprise florissante bâtie suivant un modèle démocratique : « *Le but du travail n'est pas de gagner de l'argent. C'est de faire que ceux qui ont un travail pénible aussi bien que les cadres dirigeants se sentent bien dans la vie*[159]. » Ce n'est pas pour gagner plus d'argent qu'un coéquipier doit chercher à bien faire, mais d'abord par goût du travail du bien fait et souci de la reconnaissance de ses pairs, comme il en va par exemple dans le domaine de la recherche scientifique. Il est important, aussi surprenant que cela puisse paraître, qu'il n'y ait pas d'intéressement des salariés aux résultats. Dans le groupe Hervé, « *l'échelle des salaires est assez plane. Les cadres sont moins payés que dans une structure classique tandis que les opérationnels ont des salaires plus élevés que la moyenne du secteur*[160]. » Le fait d'avoir des salariés « de base » mieux rémunérés que la concurrence et des cadres moins bien payés qu'à la concurrence traduit la plus grande importance donnée à la base dans l'organisation générale du Groupe. C'est un message implicite fort envoyé à la base, de nature à la valoriser et à encourager sa créativité.

---

159. Philippe TROUVÉ, « Les utopies sociales de la dirigeance », « Ricardo Semler (1959) : une démocratie entrepreneuriale ? », *in* BOURNOIS F., DUVAL-HAMEL J., SCARINGELLA J.-L. (coord.), *Comités exécutifs. Voyage au cœur de la dirigeance*, Eyrolles/Éditions d'Organisation, 2007.

160. Rapport « Concours performance globale » (outil de diagnostic proposé par le CJD) de Master I remis par Fabien ABEIL, Julien BAUCHER, Lancinet Francedy CONDE et Thomas WRORZYNSKI à l'université d'Orléans, 2010, p. 15.

b) S'adresser à des adultes : sortir d'un management infantilisant

Traiter ses coéquipiers avec humanité est une chose, les traiter comme des adultes en est une autre. Dans les deux cas, il s'agit de faire preuve du réalisme le plus strict. Il se trouve en effet que les membres d'une entreprise sont des humains, c'est-à-dire des potentiels à actualiser dans un sens ou dans un autre, non des animaux enfermés dans une nature qui les conditionnerait, de toute éternité, à être prioritairement mus par la peur du bâton et l'appât de la carotte. Il se trouve par ailleurs que les membres d'une entreprise sont des adultes, suffisamment grands pour se diriger eux-mêmes sans avoir besoin d'être infantilisés par un management directif.

Un management directif est déresponsabilisant, et donc infantilisant, en ce sens qu'il consiste à dire à l'individu : « Je décide ce que tu dois faire, des tâches à accomplir pour y parvenir et des éléments constitutifs de chaque tâche ; tout a été pré-pensé et prémâché ; je t'impose et l'objectif et les moyens d'y parvenir, quand bien même, de là où je suis, je ne suis pas le plus à même d'évaluer s'ils sont les mieux adaptés à la situation donnée. » On pourrait comparer le manager infantilisant à un homme qui prétendrait guider par la main une équipe de malvoyants. De fait, diriger les hommes les dispense d'avoir à se diriger eux-mêmes ; prétendre voir et penser à leur place les dispense de voir et penser par eux-mêmes. Le problème d'un tel chef, c'est que, même animé par les meilleures intentions du monde, il déresponsabilise et donc infantilise son équipe. Or ses coéquipiers sont supposés être des adultes, capables de voir, penser et se diriger par eux-mêmes, sans avoir besoin qu'on leur prenne la main pour leur imposer un objectif, un bien venu d'en haut.

« *La gouvernance d'aujourd'hui, insérée dans la globalisation, ne s'accommode plus de décisions imposées d'en haut. Elle doit responsabiliser les acteurs, non les infantiliser, par la création des conditions propres à la réussite plutôt qu'en arrêtant telle ou telle mesure ponctuelle coercitive*[161] », écrit François Rachline. Dans *The Seven Day*

161. François RACHLINE, « Capitalisme contre capitalisme », *Les Echos* du 26 mars 2011, p. 17

weekend: changing the way work works (2003), Ricardo Semler, fondateur du groupe *Semco*, pointe l'incohérence de la plupart des entreprises qui ont de beaux discours sur le fait de donner plus de pouvoir à leurs employés mais qui, dans la réalité, traitent ceux-ci «*comme des enfants à l'école*»: contrôle des horaires d'arrivée et de départ, contrôle de présence aux réunions, punition en cas d'erreur ou de remise en cause du système, punition en cas de non suivi de la procédure. Elles finissent par produire le type humain dont elles se défient. À l'inverse de telles manières de faire, il convient de mettre en place une organisation régie par des relations de pairs à pairs (*peer-to-peer*) et non de père à fils, «*dans laquelle tous les salariés sont libres et responsables* [car la liberté sans la responsabilité ouvre sur l'anarchie], *sont des êtres adultes plutôt que des infantilisés qui attendent des ordres pour faire et qui, après, vont venir avec des excuses parce qu'ils n'ont pas fait ce qu'on leur a demandé*[162]».

Pour justifier sa propension au dirigisme, le manager ne saurait invoquer la demande de ses subordonnés: ce n'est évidemment pas parce qu'ils demanderaient, implicitement ou explicitement, à être infantilisés qu'il deviendrait acceptable d'entretenir chez eux cette disposition. Traiter enfin les hommes comme des adultes, même s'ils demandent à être traités comme des enfants (à être guidés), c'est un héritage des Lumières, comme l'explique Kant dans *Qu'est-ce que les Lumières?*:

«*Les lumières se définissent par la sortie de l'homme hors de l'état de minorité, où il se maintient par sa propre faute. (...).* Sapere aude! *Aie le courage de te servir de ton propre entendement! Voilà la devise des Lumières. La paresse et la lâcheté sont les causes qui expliquent qu'un si grand nombre d'hommes, alors que la nature les a affranchis depuis longtemps de toute direction étrangère, restent cependant volontiers, leur vie durant, mineurs; et qu'il soit si facile à d'autres de se poser comme leurs tuteurs. Il est si commode d'être mineur. Si j'ai un livre qui me tient lieu d'entendement, un directeur qui me tient lieu de conscience, un médecin qui juge de mon régime à ma place, etc.,*

162. Isaac GETZ, en septembre 2010 sur la «WebTV du management»

je n'ai plus besoin de me fatiguer moi-même. Je ne suis pas obligé de penser, pourvu que je puisse payer; d'autres se chargeront pour moi de cette besogne fastidieuse.»

Certes, le poids des responsabilités induit par la liberté effraie parfois, de sorte que les hommes peuvent se complaire dans un état d'enfance par commodité, paresse ou lâcheté. Le manager averti doit à la fois considérer ses subordonnés comme des adultes autonomes et savoir qu'ils ne disposent pas nécessairement tous du même degré d'autonomie : ce n'est pas parce que les hommes sont libres qu'ils n'ont plus à se libérer. À lui de discerner comment aider ses coéquipiers sans pour autant faire le travail à leur place, c'est-à-dire voler à leur secours au moindre «coup de tabac». Si la carotte et le bâton ont disparu, pourquoi travailler? Pour la reconnaissance et le plaisir. Traiter l'homme comme un animal, par le biais de ce management, a fourni d'indéniables fruits, financièrement parlant, mais au prix de quel gâchis humain et de quel manque à gagner! En effet, dans cette configuration:

- les résultats sont intenses à court terme, mais peu durables avec les mêmes salariés, vite usés, laminés, touchés par le *burn-out* de la souffrance au travail, de sorte que, pour assurer une durabilité aux résultats, il faut «consommer» de plus en plus de personnel, tel Chronos dévorant ses propres enfants;
- les résultats sont structurellement limités car proportionnels au minimum requis par le contrat de travail;
- est laissée de côté la propension naturelle de l'homme à donner sans compter, son envie de repousser ses limites;
- l'innovation est peu stimulée et orientée dans un sens prédéfini (ce que le chef ou le client demande), ce qui en limite considérablement le potentiel.

c) Travailler pour la reconnaissance

Une reconnaissance proportionnelle à l'utilité sociale et à l'étendue des réseaux

Dans un environnement de plus en plus ouvert, transparent, grâce aux NTIC, ce qui devient possible, c'est que votre «*incentive*» (motivation), comme disent les Anglo-Saxons, ne soit plus l'ordre (émanant d'un chef sacralisé en raison de sa position hiérarchique), la menace (d'une sanction) et/ou l'appât du gain, mais la reconnaissance. Il n'est pas de motivation plus puissante, plus noble et plus durable, que le souci de se voir reconnu. Même ceux qui travaillent pour maximiser leurs gains financiers ne travaillent pas en dernier lieu pour l'argent, mais pour ce qu'il permet : la reconnaissance sociale liée à tout ce que l'argent permet d'acheter. Dans le cadre d'une entreprise, cette reconnaissance s'obtient par l'utilité sociale et le profit que le plus grand nombre peuvent en tirer[163]. Liée à la gratitude des bénéficiaires, cette reconnaissance, dont jouissent les concepteurs de logiciels libres, par exemple, suffit à leur donner envie de se dépasser. L'utilité sociale du salarié se voit reconnue par tous ceux avec lesquels il communique : pairs, clients, fournisseurs, responsables hiérarchiques. Par conséquent, développer, d'une part, les moyens de communication des salariés (en leur permettant d'accéder à un réseau social plus large dans et hors de l'entreprise), d'autre part, la transparence de leurs actions et réalisations et l'égard de leurs réseaux, c'est démultiplier chez ces salariés la part du facteur « reconnaissance » dans leur motivation – la satisfaction que je retirerai de la reconnaissance sera en effet d'autant plus grande que seront nombreux ceux qui me témoigneront leur gratitude ou leur admiration. Le développement de réseaux sociaux dans et hors l'entreprise constitue donc un enjeu majeur pour celles qui tablent sur des facteurs de motivation plus nobles et plus efficaces que le bâton et la carotte.

Un désir de reconnaissance qui oblige sans cesse à plus

Si le désir de reconnaissance est un puissant moteur de dépassement de soi, il est aussi un puissant frein, permettant de prévenir nombre d'excès et d'erreurs. Un moteur lorsqu'un salarié sait, grâce à

---

163. Ceci dit sans pour autant négliger, à côté de la reconnaissance sociale, l'importance de la reconnaissance de soi par soi (génératrice d'« estime de soi »), qui se traduit par le souci du travail bien fait, dont on peut d'autant plus légitimement partager la fierté – qui grandit à mesure où elle se partage – que le mérite en est en réalité collectif.

la transparence instaurée en interne, que ses collègues se fixent des objectifs d'un certain niveau, et qu'eux-mêmes pourront savoir ceux qu'il se fixe – il se sent alors obligé (au sens où l'on dit « noblesse oblige ! ») de se fixer des objectifs d'un niveau au moins comparable, afin de ne pas être montré du doigt comme celui qui profite davantage du collectif qu'il ne le sert. Un frein lorsque la circulation de l'information à l'intérieur de l'entreprise est telle que tout se sait ou finit par se savoir : les salariés font davantage attention à leurs faits et gestes afin de ne pas démériter aux yeux de leurs partenaires (collègues, clients, fournisseurs...), ils se sentent obligés à davantage de vigilance pour bien faire. L'autocontrôle est d'autant plus fort que moins de choses peuvent passer inaperçues.

On le voit, dans une entreprise où la transparence des uns par rapport aux autres est développée, chacun peut sans cesse se comparer aux autres, de sorte que chacun cherche à se montrer à la hauteur de ses pairs, sinon à les dépasser en se surpassant. Ainsi peut s'enclencher une dynamique d'émulation collective vers le haut, génératrice de performance pour l'entreprise et d'un gratifiant sentiment de progression permanente pour le personnel. Chaque salarié cherche à ne pas démériter, parce que c'est socialement mal vu et que sa visibilité sociale – et, dès lors, son exposition au risque de décevoir – est accrue. Ne pouvant se cacher, ceux qui ne jouent pas le jeu du collectif se trouvent pointés du doigt et tacitement poussés vers la sortie par leurs pairs, de sorte que le responsable hiérarchique n'a pas (dans la plupart des cas) à prendre la décision de licencier quelqu'un ; celui-ci part de lui-même, sous la pression d'un environnement devenu pour lui difficilement supportable. L'obligation (morale) est ainsi le substitut à la contrainte (hiérarchique).

Dans une entreprise où les velléités de contrainte de qui que ce soit par quiconque sont fortement combattues, c'est le sentiment d'obligation qui joue le rôle de régulateur social. Tant pour éviter l'opprobre liée au démérite – et non à la seule erreur qui est socialement tout à fait acceptée quand elle est compréhensible – que pour maximiser son sentiment d'utilité sociale, chacun met un point d'honneur à donner le meilleur de lui-même, ne comptant ni sa peine ni son temps, ce qui, agrégé au niveau du tout, se révèle économiquement très rentable. C'est ainsi qu'en se fondant sur ce qu'il y a de noble et de spécifiquement humain chez des salariés : le sentiment d'obligation morale, l'estime de soi, il est possible de bâtir une entreprise extrêmement concurrentielle.

La reconnaissance d'un mérite prioritairement collectif

L'émulation collective consécutive à la course à la reconnaissance entre salariés ne doit pas pour autant dégénérer en concurrence, comme il en va dans les entreprises où la rivalité entre collègues est érigée en mode de management[164]. Elle ne dégénérera pas si un travail éducatif – dévolu, dans le groupe Hervé, aux « réseaux fonctionnels » – est mené auprès des salariés pour leur faire comprendre combien leur degré d'interdépendance est tel qu'aujourd'hui, plus encore qu'hier, nul ne peut se prévaloir d'un mérite dont les autres se trouveraient exclus. Tout succès, tout échec, est nécessairement collectif. La « globalisation », en tant que phénomène distinct de la mondialisation (comprise alors comme simple extension géographique d'un phénomène), exprime bien cette nouvelle conscience du caractère global, intégré, des choses (reflet d'une vision « holistique », si l'on veut). C'est parce que l'entreprise 2.0 reconnaît cette réalité de la dimension

164. Toute l'expérience « Hervé » peut se lire comme une tentative de substituer, entre les hommes, des rapports de concurrence solidaire (émulation) à des rapports « rivalitaires ». Cette ambition vaut aussi pour les rapports entre collectivités, qu'elles soient entrepreneuriales ou nationales. Ainsi Charles de Gaulle exprimait-il son souhait « *que [chaque peuple] transforme en émulation créatrice et productrice par rapport aux autres nations ce qui fut et demeure trop souvent rivalité d'ambitions* » (Réponse au toast porté par le président de la république de Bolivie, 28 septembre 1964). La concurrence est rivalitaire quand l'inégalité entre les acteurs rend leurs intérêts divergeants : le malheur de l'un devient la condition du bonheur de l'autre, l'un ne peut s'élever qu'en écrasant l'autre. Inversement, la concurrence peut être solidaire quand l'égalité réelle entre les acteurs rend leurs intérêts convergeants. Pour qu'elle ne soit pas « rivalitaire », il faut que (comme dans une compétition sportive) les conditions entre concurrents soient comparables et que chacun n'ait rien à gagner en plus s'il gagne que s'il perd. Aussi l'une des priorités du groupe Hervé est-elle de tendre à établir une égalité entre tous les salariés, non seulement économique (matérielle), au moyen d'une réduction des inégalités salariales (relativement aux entreprises du même secteur), mais aussi politique, en organisant la réduction des pouvoirs hiérarchiques.

essentiellement collective de tout travail qu'il ne saurait y avoir, en son sein de primes individualisées de performance.

Dans la mesure où, au sein d'une équipe de coopérateurs, la créativité individuelle résulte largement d'une stimulation par l'intelligence collective, une invention ou une création ne peut être réellement attribué à tel ou tel, quand bien même telle invention ou création se trouverait formellement portée et assumée par l'un. Les idées qui émergent, puis se réalisent, proviennent d'une interaction avec tous, d'une co-élaboration. Dire cela, c'est reconnaître cette réalité que, d'une manière générale, il n'y a pas de travail qui ne serait qu'individuel et dont le fruit ne serait dû qu'au mérite propre de son agent immédiat.

«*La conscience de ce que doit mon travail au travail de tous, ne serait-ce que, par exemple, tous ceux que j'ai lus ou écoutés, depuis des millénaires (...), c'est elle, cette conscience, qui m'oblige à me demander: "Mais que peut-il y avoir au juste qui soit vraiment de moi et à moi, dans tout cela, et que je puisse prétendre m'appartenir en propre?" Même ce que j'ajouterais, à supposer que j'ajoute rien, ce n'est encore qu'une réaction à ce que je vois de là où d'autres m'ont conduit, jusqu'à ce champ de perspectives, unique, sans doute, que nul ne peut certes occuper à ma place (autrement qu'en s'identifiant à moi), mais dont la singularité même demeure aussi, plus ou moins directement, l'œuvre de tous. Je ne dis pas que rien ne soit de moi. Je dis juste que je ne peux pas savoir quoi. Et qu'en particulier mon travail ne me donne aucun droit d'appropriation exclusive d'aucune part de ce qu'il a produit là. Il a plutôt été de m'approprier un bien qui n'était le mien que parce qu'il était celui de tous*[165]*.*»

Ce sont justement les inventeurs et les créateurs qui savent le mieux ce qu'ils doivent à ceux qui les ont «préparés»: leurs prédécesseurs qu'ils ont étudiés, leurs maîtres qui les ont formés, leurs contemporains qui les ont influencés. Toute production est l'œuvre d'un collectif, à un

---

165. Pierre-Marie HASSE, *Le Cercle sur l'abîme. Eléments d'une théorie de la non-contradiction*, 2008, VII, 19, § 2-3.

degré ou à un autre, sans que l'on puisse distinguer, en elle, ce qui est attribuable au mérite propre de celui qui la porte à achèvement. Au reste, ce que l'un estimerait son mérite se verrait assez payé de cette estime. Le seul vrai mérite est justement d'être capable de mériter plus qu'on ne reçoit. Le thème infantile de la «récompense au mérite» n'est qu'une tentative de moraliser l'individualisation du travail (c'est-à-dire sa désocialisation), afin d'introduire au sein de chaque entreprise ou communauté de travail une «'culture de la concurrence» entre agents ou services homologues, substituable au nom de la «justice» à l'esprit de solidarité. En conséquence de quoi, dans une entreprise 2.0 fondamentalement coopérative, il n'y a pas de place pour une rémunération au mérite individuel[166]. Ce qui prime n'est pas le résultat seul, mais la nature des moyens employés et l'intensité des efforts déployés pour y parvenir, comme y invite une certaine conception française[167]. S'il est important que les salariés ne fonctionnent pas au bâton et à la carotte, c'est que l'un comme l'autre, loin de motiver, inhibent. Être sous l'emprise de passions telles que la peur de la sanction ou l'appât du gain conduit à faire non pas ce que l'on veut vraiment, mais ce à quoi nous poussent ces passions. La «crise des *subprimes*» (celle, en fait, dont les *subprimes* n'ont été qu'un révélateur) a montré les excès, nuisibles pour tous, auxquels peut mener l'appât du gain. Le contraire d'un comportement écosystémique.

d) Travailler pour le plaisir

Le sentiment de liberté ne se manifeste jamais mieux que dans la gratuité d'une activité libre comme le jeu. Il ne s'agit pas ici de «faire du ludique» comme on le voit dans tant d'entreprises, ce qui ne manque pas d'infantiliser les salariés – de manière d'ailleurs cohérente avec un management «au bâton et à la carotte»: on leur donne «du

166. *Ibidem*, VII, 19, § 1.

167. C'est cette culture du mérite, acquis par l'effort et non par le résultat seul, qui faisait dire au général de Gaulle: «*La France ne distinguera les mérites de ses enfants que d'après les efforts qu'ils auront fournis pour elle.*» (Intervention à l'Assemblée consultative provisoire, Alger, 10 janvier 1944, in *Charles de Gaulle. Lettres, notes et carnets*, Robert Laffont, 2010, p. 445).

pain et des jeux[168] » en contrepartie des brimades et limitations de leur liberté. Ce type d'entreprises n'essaye pas de rendre le travail moins pénible ; elles s'attellent à faire en sorte que ce qui est aujourd'hui perçu comme pénible le soit demain comme agréable – une des techniques à la mode était ainsi le « développement personnel » obtenu à travers des stages de PNL (programmation neurolinguistique) : « Nous ne changerons rien à la réalité d'un travail fortement hiérarchisé, c'est à vous de changer votre perception de la réalité ; ce n'est pas l'organisation du travail qui est en cause, mais vous-même, votre manière de vous représenter ce travail. » Un peu court...

Rien d'aussi dilatoire dans ce qui est recherché dans l'entreprise nouvelle génération : le plaisir au travail dont il est question n'y est pas artificiellement produit par un jeu de déprogrammation/reprogrammation des esprits, il découle d'un environnement de travail réellement plus collaboratif et donc plus agréable, se traduisant par un management et une organisation spécifiques. « *Qu'est ce qui a fait le succès du web 2.0 ? Les nombreuses possibilités d'interactions, les interfaces riches, les APIs, les mashup... oui et non car ce ne sont que des moyens qui ont rendu possibles la quête de quelque chose d'autre. Je me suis livré à un petit sondage improvisé au sein de ma "webosphère 2.0" et finalement le mot qui revient le plus souvent est le "plaisir". Parce que l'individu a plaisir à échanger, plaisir à "jouer" en interagissant informellement via des interfaces plus ludiques que ce qu'on a connu jusqu'à présent, plaisir à surprendre les autres en dévoilant certains pans de sa personnalité, plaisir à retrouver de vieilles connaissances, plaisir à garder le lien, plaisir à trouver plein d'information sans trop de difficulté, plaisir enfin à trouver des inconnus qui s'intéressent aux mêmes choses que lui et donc plaisir à échanger avec eux*[169]. » (Bertrand Duperrin)

---

168. « *Panem et circenses* », écrivait JUVENAL (Satire X, vers 81).
169. Bertrand DUPERRIN, « Comment éviter que les notions émergentes ne troublent l'entreprise... et quelques mots sur le plaisir », 6 novembre 2007, http://www.duperrin.com/2007/11/06/comment-eviter-que-les-notions-emergentes-ne-troublent-lentrepriseet-quelques-mots-sur-le-plaisir/

Ce doit être un objectif constant d'une entreprise de coopérateurs, 2.0 : les salariés doivent « se faire plaisir », c'est là qu'ils se montreront le plus innovants, la performance de l'entreprise découlant directement de leurs conditions de travail. Selon Ricardo Semler, le fondateur de *Semco*, « *mieux vaut encourager les travailleurs à s'autodéterminer, à se fixer des défis et chercher des satisfactions personnelles avant de chercher à atteindre les buts de l'entreprise*[170] », puisque ceux-ci ne seront jamais mieux servis que si ceux-là le sont d'abord. Il énonce ainsi les idéaux de son propre management : « *être un catalyseur au sens chimique du terme, flexible, non dogmatique, intuitif, prendre des risques et savoir gagner de l'argent en s'amusant (« have fun »)*[171] ». L'effet est immédiat en termes de fidélisation des collaborateurs : le *turnover* est de seulement 1 % chez *Semco*.

Nous travaillons parce que nous avons besoin d'un salaire pour vivre, mais ce travail doit être structuré de telle sorte qu'il convertisse ce besoin en plaisir. Le but est de concevoir un environnement de travail tel que, même si nous n'avions plus besoin de travailler, nous travaillerions encore, parce que nous trouvons dans cet environnement un moyen de nous réaliser, de construire du lien avec d'autres et de repousser nos limites. Autrement dit : le besoin nous contraint au travail dont le produit nous libère. Sur la base de cette conception du management, elle-même fondée sur une certaine vision de l'homme et des relations devant régir les rapports entre les hommes, le projet d'exercer un management à visage humain qui favorise les comportements coopératifs implique au moins six réalisations :

1. Créer en interne le climat de confiance permettant aux salariés de s'autoriser à être libre et à créer.

2. Mettre les salariés en relation les uns avec les autres pour qu'une empathie mutuelle se développe et que des idées nouvelles germent.

---

170. Philippe TROUVÉ, « Les utopies sociales de la dirigeance », « Ricardo Semler (1959) : une démocratie entrepreneuriale ? », *in* BOURNOIS F., DUVAL-HAMEL J., SCARINGELLA J.-L. (coord.), *Comités exécutifs. Voyage au cœur de la dirigeance*, Eyrolles/Éditions d'Organisation, 2007.
171. Ibid.

3. Leur permettre d'affirmer leur singularité en encourageant l'impertinence et en valorisant la remise en question.

4. Densifier la communication au sein des équipes et entre elles.

5. S'assurer que chacun comprenne bien son travail, son environnement, le sens et les enjeux.

6. Favoriser l'implication des salariés dans la vie de leur équipe et de leur entreprise, ce qui devrait résulter d'une forte motivation.

Ce sont les facteurs clés de succès d'un management participatif. Le but de celui-ci étant de créer les conditions de travail pour que chacun se trouve incité à se dépasser et à donner le meilleur de lui-même, qualitativement autant que quantitativement. La plus ou moins grande réussite d'un management participatif se mesure ainsi au degré de motivation réelle des salariés ; nous entendons par là une motivation pour leur travail en tant que tel (suscitant un investissement indéfini), non pour la carotte financière qui l'accompagne (suscitant un investissement de façade et proportionné au montant de cette carotte, donc limité).

Management participatif et management non directif

La problématique du management participatif est de parvenir à susciter des comportements spontanément participatifs au sein de l'organisation. De ne pas faire plus que disposer des éléments pour ne pas nuire à la spontanéité de la participation. Raison pour laquelle un management participatif ne peut être qu'un management non-directif. Il serait contradictoire de forcer les individus à participer, l'objectif du management participatif étant de les tirer vers toujours plus de liberté en acte. Il faut donc qu'ils participent d'eux-mêmes à la vie de leur organisation, qu'ils en aient envie. Mais comment donner envie d'avoir envie ? Nous le verrons plus loin, cela passe essentiellement par le fait de se sentir bien dans son travail, dans tout ce que cela comporte de sentiment de sécurité, de compréhension du sens de ce que l'on fait et de son environnement, de relations interindividuelles, d'ambiance générale, d'émulation collective, etc. Et ce n'est qu'une fois que des salariés se sentent bien dans leur travail que, spontanément, ils en viennent à avoir envie de donner plus que le strict nécessaire, à désirer s'impliquer davantage et assumer par exemple des responsabilités fonctionnelles en plus de leurs responsabilités opérationnelles.

Une particularité du management participatif est de considérer que, d'une part, les individus ont à être libérés (c'est en participant qu'ils croîtront en liberté), et qu'ils ont besoin, d'autre part, d'être accompagnés dans le mûrissement de leur liberté. Car enfin, si la condition de la création c'est la liberté et si les personnes sont déjà libres, à quoi bon un management, même non-directif? Ne suffirait-il pas de laisser les salariés sans aucun management d'aucune sorte, livrés à eux-mêmes, pour qu'en résulte de la création? S'il ne peut en aller ainsi, c'est que des libertés laissées à elles-mêmes ne créent pas. L'expérience montre qu'elles ont besoin pour créer d'émulation, d'interactions avec d'autres, de dialogue, bref de participer à un collectif qui les transcende pour être stimulées, gênées, dérangées, remises en question (quand on participe à une vie collective, on ne fait pas ce que l'on veut, on doit respecter des règles communes qui limitent notre liberté). Laissé à lui-même, un individu se laisse aller, en reste à ce qu'il est, à ce qu'il sait faire, à ce à quoi il s'intéresse, à ses opinions. Confronté à d'autres personnes, d'autres manières de faire, d'autres opinions, il en vient spontanément à réagir, à prendre position, à s'opposer, à évoluer dans ses propres manières de faire et de penser, à réviser ses jugements, bref à remettre en question ce qu'il était pour devenir autre, à repousser les limites qu'il s'imaginait être les siennes, ce qui lui donne le goût du dépassement de soi et donc de la création. Le processus de création, et donc d'innovation, naît de la confrontation, mais cette confrontation demande à être organisée, parce que l'attitude naturelle est de fuir la confrontation. La fonction du management, dès lors, est d'inciter à la confrontation, de créer les conditions de la confrontation : créer l'occasion, d'abord, grâce à des réunions régulièrement organisées, de faire émerger une vraie diversité, et ensuite, avec une prime donnée à l'impertinence, veiller à ce que la confrontation ne dégénère pas en conflit.

Pour autant, précisément parce que le but c'est la liberté, la fonction du management ne peut pas être, comme dans une organisation traditionnelle, de résoudre les conflits et de prendre les décisions. Le management, dans une organisation à visée coopérative, ne peut jamais faire violence aux libertés des salariés, en leur imposant des décisions venues d'en haut, il ne peut qu'accompagner ces libertés vers plus de liberté. La fonction du management, dans une organisation 2.0, n'est pas d'orienter les libertés dans tel ou tel sens, comme il en va dans un management directif ou semi-directif, mais de créer les conditions, externes (informations disponibles, réunions régulières, absence de chef...) et internes (sentiment de sécurité, confiance en soi, connaissance de soi...), pour qu'elles puissent s'orienter d'elles-mêmes.

III – Un management participatif requiert que les salariés :

a) se sentent le plus possible en sécurité

Un management participatif est le plus favorable pour encourager l'innovation collective. Mettre en place un management participatif dans une organisation requiert un certain nombre de conditions, dont la première est peut-être de satisfaire le besoin de sécurité des personnes, de manière à ce qu'elles s'autorisent à être libres et, de là, à créer. C'est un postulat anthropologique, étayé par l'expérience : on ne s'autorise à créer qu'à partir du moment où l'on se sent suffisamment en sécurité. Dans une organisation qui aurait réussi à mettre en place un management véritablement participatif, les individus se sentent en sécurité, en raison de quoi ils s'autorisent cette prise de risque qu'est la liberté et la création, dont résultent des décisions plus pertinentes et une innovation collective plus importante.

Il n'y a pas de raison de penser que certains, dans une organisation, ne voudraient pas être libres. Tous cherchent à l'être, mais certains ne se l'autorisent pas. La tâche du manager est donc d'abord de les rassurer, de susciter un climat de confiance. L'individu en effet, en règle générale, ne s'autorise à être libre qu'à partir du moment où il s'estime suffisamment en confiance, professionnellement et personnellement. Ce qui est relativement conforme à la pyramide des besoins de Maslow. Comme l'expliquait Alain Peyrefitte dans *La Société de confiance* (1995), le principal ressort du développement tient à la constitution d'un «*éthos de confiance compétitive*»: confiance des individus en leur organisation, entre eux et en eux-mêmes. Ce serait cet «*éthos de confiance*» qui, en bousculant des tabous traditionnels et en favorisant l'innovation, la mobilité, la compétition, l'initiative rationnelle et responsable, aurait permis le développement de l'Europe occidentale ces derniers siècles, comme il peut aujourd'hui encore favoriser celui des entreprises qui misent sur une autonomie réelle de leurs salariés. Innover, entreprendre, épargner, échanger, investir, tolérer, organiser, éduquer, se doter d'un environnement stable, non sujet aux caprices d'un homme, sont autant de traits qui rompent avec l'immobilisme craintif des communautés traditionnelles et qui tiennent moins au jeu des forces matérielles, aux ressources et aux capitaux disponibles qu'à l'inventivité et à l'initiative des hommes.

La «société de confiance» qu'il revient au manager de créer est à l'opposé de la «société de défiance» à l'œuvre dans trop d'organisations traditionnelles qui n'autorisent pas leurs membres à se fixer leurs propres objectifs, qui les soumettent à une discipline imposée par la hiérarchie, qui restreignent leur accès à Internet, qui surveillent leur messagerie électronique, qui pratiquent un contrôle *a priori* et qui ne tolèrent pas ou peu l'erreur. «*Que l'on considère la mise en place de la démocratie ou celle d'une économie de marché, le facteur majeur de succès, c'est l'établissement de la confiance, de la confiance à l'intérieur, de la confiance à l'extérieur.*» (Maurice Allais, cité par Alain Peyrefitte dans *La Société de confiance*). Il n'est que temps de passer d'une rhétorique de la confiance à une confiance effective, en particulier dans les capacités décisionnelles des collaborateurs.

Le premier objectif d'un management participatif est donc de créer les conditions d'un «*éthos de confiance*». Se sentant en sécurité, l'équipe deviendra naturellement demandeuse de plus de liberté. À l'inverse, ce sont les organisations fondées sur la contrainte hiérarchique qui ont besoin de créer en interne un sentiment d'insécurité, par la menace de la perte d'emploi et la mise en concurrence des services et des collègues. C'est seulement si le groupe a peur qu'il va chercher à se donner des chefs. Une équipe qui n'a pas peur ressent moins le besoin de se donner un chef qui la conduise et la protège comme le berger son troupeau. En tout cas ce ne sera pas pour de mauvaises raisons qu'elle cherchera à se donner un chef, le besoin de sécurité, mais pour une bonne raison, l'aspiration à la liberté.

Par ailleurs, le chef remplit un peu la même fonction que l'État libéral : ce qui le justifie, c'est, en protégeant les individus, en assurant leur sécurité, de leur permettre d'être libres pour créer. Sa fonction n'est pas de rendre les hommes libres (ce qui autoriserait qu'il le fasse malgré eux), mais de créer les conditions permettant à chacun d'assumer ses responsabilités, de choisir l'autonomie (la prise en main personnelle) ou l'obéissance à un chef souhaité dirigiste. Le chef, se disent des salariés qui ont peur, sera pour nous un paratonnerre ; en cas de problème, d'insuffisance de résultats, ce sera lui qui en paiera les conséquences, lui qui sera tenu pour responsable. Avoir un chef répond au besoin de sécurité. Le groupe se donne des chefs parce qu'il a peur (motivation négative), pour se protéger. La première fonction d'un chef est donc de répondre à un besoin légitime de sécurité, celui qui permet la liberté, sans tomber dans l'excès de sécurité qui encourage l'assistanat et qui, au lieu de faire des hommes adultes, façonne des enfants en quête d'instructions. Tout est donc question de mesure : l'excès de quelque chose est un manque de quelque chose. Quand le chef tire sa justification de la peur du groupe, et donc du besoin d'être dirigé/dominé, il est à l'image du groupe, servile. On peut dénombrer six conditions d'émergence d'un sentiment de sécurité :

1. La relative sécurité de l'emploi rend l'avenir suffisamment prévisible.

2. La transparence, toujours relative elle aussi, rend, elle, l'environnement suffisamment pré-visible.

3. Le sentiment que les décisions ne sont pas soumises à l'arbitraire d'un homme, mais à la plus grande rationalité d'un groupe, donne le sentiment que les décisions sont plus prévisibles.

4. Le droit à l'erreur rend supportable le risque lié à toute action véritable, c'est-à-dire qui ne se contente pas d'être une application de directives.

5. La reconnaissance sociale donne confiance en soi.

6. La connaissance de soi qui résulte de la reconnaissance par les autres pondère la confiance en soi d'une prise en compte de ses limites.

Pour qu'il y ait sentiment de sécurité, il faut :

Une relative sécurité de l'emploi

La première condition pour qu'un salarié se sente en sécurité, c'est qu'il ne travaille pas dans la crainte de la sanction, qui peut aller jusqu'au licenciement. Seul en effet peut créer, avec la part de risque que cela comporte, celui dont l'emploi ne se trouve pas raisonnablement menacé, qui se sent à l'aise dans son équipe. Comme le rappelle Peter Drucker : « *nous ne pouvons pas à la fois vivre dans la crainte de perdre notre emploi et être capable d'assumer la responsabilité de notre tâche* ». Or pour qu'une personne ne se sente pas menacée dans son emploi, il faut d'abord qu'elle n'ait pas le sentiment que son emploi dépend de l'arbitraire d'un homme, son supérieur hiérarchique. Quand l'emploi ne dépend plus d'un seul, mais d'une communauté de pairs, alors il se trouve davantage sécurisé, à défaut d'être garanti. C'est pourquoi l'initiative d'un licenciement doit toujours venir de l'équipe elle-même, c'est-à-dire des pairs de la personne concernée, même si, *in fine*, c'est au responsable hiérarchique de prendre la décision, afin de ne pas lester le dynamisme entrepreneurial de l'équipe du poids d'une telle décision.

La relative sécurité de l'emploi est un élément déterminant dans l'établissement de véritables relations coopératives au sein d'une entreprise, car tant que l'avoir d'un individu (que procure l'emploi) n'est pas assuré, celui-ci ne s'autorise pas à être : être soi, être libre, etc. Un collaborateur ne s'autorise à être lui-même, à affirmer sa différence spécifique, qu'à partir du moment où son avoir se trouve suffisamment sécurisé. De même, il ne s'autorisera à douter qu'à partir du moment où il se sentira suffisamment en confiance. Toute mise en danger, comme la liberté, le doute ou l'affirmation d'une différence, suppose un sentiment de sécurité.

De la transparence, pour rendre l'environnement pré-visible

La deuxième condition pour que les salariés se sentent en sécurité et, de là, se libèrent jusqu'au point de créer, c'est qu'ils aient de la visibilité sur leur environnement, c'est-à-dire, principalement, sur les autres membres de leur équipe, sur la stratégie de leur entreprise et sur l'évolution de leur environnement de marché (secteur d'activité, contexte local, innovations technologiques...). Cette meilleure connaissance de leur environnement leur est en particulier apportée par les réseaux de communication internes (intranet) ou externes (Internet) à l'entreprise. Le développement des NTIC a en effet accru de manière considérable la transparence entre l'intérieur et l'extérieur de l'entreprise : ce qui est fait en interne est mieux connu de l'extérieur (les réseaux sociaux se chargent de diffuser les moindres faits et gestes) et inversement (la veille technologique via les flux RSS permet de se tenir instantanément au courant des innovations, événements ou *buzz* liés à un secteur), mais c'est aussi l'interne qui se trouve mieux informé : le partage à l'ensemble des employés des comptes rendus de réunions met toutes les informations à la disposition de tous et rapproche les équipes qui se découvrent des préoccupations communes.

Ce plus grand nombre d'informations, sur l'interne ou sur l'extérieur, que les nouveaux outils technologiques apportent à chaque employé lui permet de devenir décideur, apte à prendre lui aussi part à la décision dans son équipe. De fait, pour qu'il y ait participation de la base aux décisions, il faut que cette base dispose de suffisamment d'informations pour pouvoir juger des choses en toute connaissance de cause, et c'est précisément ce que rendent possibles les nouveaux moyens de communication et d'information. S'agissant, en particulier, de la vie au sein de l'équipe de travail, il faut que, sous l'impulsion du manager, soit créé un champ informationnel dense, qui donne à chacun de la visibilité sur ce qui se passe et qui rende donc l'environnement plus prévisible. «Pour assumer pleinement son autonomie et sa responsabilité, chacun doit pouvoir disposer de toutes les informations nécessaires. C'est pourquoi les technologies de l'information et de la communication jouent un rôle capital dans notre entreprise, qu'il s'agisse de l'intranet, qui compte quinze mille pages, ou des messageries et des forums de discussion[172].»

Pour se sentir en confiance, les individus doivent avoir le sentiment qu'on ne leur cache rien, que tout est organisé pour leur permettre d'en savoir le plus possible. «Les NTIC ont apporté aux acteurs de l'entreprise une opportunité extraordinaire, celle de connaître en temps réel les stratégies, et leurs résultantes, de tous les autres acteurs de l'organisation, pour que chacun puisse en permanence avoir une vision globale qui donne du sens à son action, et qui permette d'ajuster sa propre stratégie à celle du groupe[173].», ce qui a pour conséquence une transparence des salaires, pratiquée dans ces deux démocraties entrepreneuriales que sont le groupe Hervé et le groupe Semco.

Par transparence, il faut aussi comprendre l'ouverture aux autres, la clarté quant à ses comportements, la capacité à les rendre visibles pour permettre aux autres de mieux nous comprendre, ce qui leur permet de pouvoir nous aider et d'adapter leur propre stratégie à ce qu'ils perçoivent de la nôtre. Pour passer de la «corporate *connivence à la nouvelle gouvernance*[174]», au sein de chaque équipe, il doit y avoir le moins de coulisses possible: un maximum de tractations, négociations et transactions doivent avoir lieu au su et au vu de tous, afin de garantir le caractère raisonnable des décisions finalement prises.

---

172. Michel HERVÉ, Communication à l'Ecole de Paris du management, 6 janvier 2006.
173. Michel HERVÉ, «Le libéralisme dans l'entreprise - l'intra-entrepreneunariat».
174. Thème d'un colloque qui s'est tenu au Sénat le 28 janvier 2003.

Des décisions prises au terme de débats transparents ont en effet toute chance d'être à la fois plus rationnelles, en tant que procédant de la confrontation d'une large pluralité de perspectives, et plus acceptables socialement, en tant que validées par l'ensemble de ceux qui en subiront les conséquences à un degré ou à un autre.

N'éprouve le besoin de dissimuler de l'information aux autres membres de son équipe que celui qui, à tort ou à raison, pense que ce qu'il fait ou conclut avec un autre pourrait lui être reproché par les autres membres du groupe[175]. Cette connivence entre certains est ce qui permet tous les privilèges, tous les abus, et qui mine la confiance dans une entreprise. Or la démocratie, c'est d'abord la fin des privilèges. En tout cas des privilèges indus. Il peut y avoir des privilèges légitimes, accordés par le groupe à certains de ses membres : par exemple si le fils de l'un vient à devenir polyhandicapé, ses coéquipiers peuvent parfaitement accepter que lui soit accordée une augmentation de salaire dont eux-mêmes ne bénéficient pas. Des pairs se montrent toujours plus compréhensifs qu'un supérieur hiérarchique, de sorte que les privilèges qui peuvent exceptionnellement être accordés aux uns ou aux autres sont raisonnables et proportionnés. Ils ne procèdent pas de préférences personnelles toujours plus ou moins arbitraires, comme le sont les avantages en nature ou en argent consentis par un chef à tel ou tel de ses subordonnés. Si une inégalité de traitement mérite d'être accordée à un membre de l'équipe, en raison d'une situation personnelle difficile ou de résultats particulièrement méritoires dont tous bénéficient, alors il n'y a aucune raison de garder cela confidentiel, cela peut s'exposer devant tous et être discuté ouvertement. La norme du juste et de l'injuste,

175. Selon le PDG de Google, Eric Schmidt, « *si vous n'êtes pas prêt à ce que ce que vous faites soit connu de tous, peut-être ne devriez-vous tout simplement pas faire ce que vous faites* » (cité par Laurent LEDOUX et Laurent HUBLET dans *Trends-Tendances*, « Transparence : une nouvelle servitude volontaire ? », 14 avril 2011). C'était déjà l'enseignement de Platon (au début du deuxième livre de *La République*, dans le passage dit de l'anneau de Gygès) : est vraiment juste celui qui, même étant rendu invisible, agit de la même manière (conforme à la justice) que s'il agissait au vu et au su de tous.

de l'équitable et de l'inéquitable, ce n'est pas à l'un des membres de l'équipe – le manager – de la fixer suivant l'opinion qu'il s'en fait, mais à tous, au terme d'une confrontation d'opinions qui aura permis à chacun de dépasser le stade de la simple opinion pour construire un jugement raisonnable.

Organiser la transparence de l'information au sein des équipes et de l'ensemble de l'entreprise a une double fonction politique. Premièrement, en donnant une publicité à tout ce qui se fait (rémunérations, avantages matériels...), elle limite l'arbitraire des décisions et les petits arrangements entre amis. Ce qui est fait par les uns doit pouvoir être connu de tous les autres. C'est là un bon moyen de savoir si ce que je fais est légitime : si tous étaient au courant de ce que je fais, le ferais-je encore ? Et face à une alternative : si toute mon équipe me voyait, quel choix lui paraîtrait préférable ? La légitimité démocratique s'enracine sur la légitimité morale accordée depuis Kant au principe de publicité, défini comme transparence des lois : « *Toutes les maximes qui pour produire leur effet ont besoin de publicité s'accordent avec la morale et la politique combinées*[176]. » La possibilité de publiciser une décision ou une loi sans craindre la réaction des gouvernés constitue ainsi pour un gouvernement la garantie d'une cohérence entre les lois de la morale et l'exercice politique. La deuxième fonction, d'un point de vue politique, de la transparence, est d'empêcher le pouvoir d'un homme sur d'autres hommes par la rétention d'informations[177]. Si celui qui a le savoir est celui qui a le pouvoir, alors il faut que tous aient également accès au savoir pour qu'ils aient tous un égal pouvoir dans l'entreprise. La transparence de l'information est l'une des conditions pour réaliser la démocratie dans l'entreprise. La non-domination commence avec la non-dissimulation.

---

176. Emmanuel KANT, *Projet de paix perpétuelle* (1795).

177. Ce sont souvent les responsables hiérarchiques qui ont le plus de mal à partager les informations dont ils disposent. Mais leurs craintes sont infondées. « *Un tel discours* [sur le partage des savoirs] *ne vaudrait rien si la démonstration n'avait été faite depuis longtemps, au sein de l'entreprise, que partager son savoir ne conduisait pas à perdre son emploi, mais au contraire à enrichir son poste* » (Michel HERVÉ, *De la pyramide aux réseaux*).

Organiser la réduction de l'asymétrie informationnelle entre la hiérarchie et la base permet d'empêcher un mode de domination de l'homme sur l'homme par la rétention d'informations. Cette volonté de transparence n'est pas sans lien avec les idées défendues par les sites internet organisant des fuites d'informations dans le but de rétablir l'égalité devant l'information entre les détenteurs du pouvoir hiérarchique et les simples citoyens : «*L'organisation de fuites constitue une action intrinsèquement anti-autoritaire*[178]», revendique ainsi Julian Assange[179], de *Wikileaks*. Ce dernier, dans un texte publié en décembre 2006 par la revue *Contretemps* sous le titre «L'art de la fuite. La philosophie politique de Julian Assange par lui-même», dit observer «*des interactions de type conspiratif*» au sein des élites politiques et économiques, «*pour planifier le maintien ou le renforcement du pouvoir autoritaire*», concluant que «*les pouvoirs autoritaires victorieux sont ceux qui parviennent à dissimuler leurs plans jusqu'à ce que toute résistance soit devenue futile ou dépassée face à l'efficacité sans fard d'un pouvoir nu. Cette pratique du secret collaboratif, exercée au détriment d'une population, suffit pour qualifier leur comportement de conspiratif*».

Les fuites (*leaks*) étant inhérentes à un environnement marqué par une utilisation massive des nouvelles technologies, il s'agit, pour le fondateur de Wikileaks comme pour les initiateurs de démocratie

178. Julien ASSANGE, cité dans le journal allemand *Süddeutsche Zeitung* du 3 décembre 2010, p. 15.

179. Comme l'indique sa fiche *Wikipedia* en date du 15 mai 2011, «*Julian Assange constate qu'il existe une asymétrie d'information entre les pouvoirs publics et les citoyens et que cette asymétrie informationnelle profite essentiellement aux États. En d'autres termes, cela signifie que les États sont, d'une part, en mesure de contrôler une grande partie des communications de leurs citoyens, et qu'ils tentent, d'autre part, de garder secrets de larges pans de l'information dont ils disposent. Partant de ce constat, Assange estime que les innovations techniques proposées par l'Internet offrent désormais la possibilité d'inverser l'asymétrie observée. (...). De tels moyens sont susceptibles de pouvoir restreindre très fortement l'influence et le contrôle qu'exercent les États sur leurs citoyens. (...). Il convient de noter que l'asymétrie d'information constatée entre les autorités publiques et les citoyens constitue une grille de lecture que Julian Assange entend, dans le sillage d'un nombre croissant d'économistes, appliquer également à la compréhension du mode de fonctionnement des entreprises*».

2.0 dans l'entreprise, d'amener les organisations traditionnellement structurées selon une ligne hiérarchique longue, agissant sous un mode autoritaire, à s'adapter à ce nouvel environnement technologique en transformant leur exercice du pouvoir dans le sens d'une pratique non autoritaire. Dans un environnement web 2.0, ne peut qu'être bannie la rétention d'information, c'est-à-dire la «*pratique du secret collaboratif*» par la hiérarchie, en tant qu'elle ressortit à un «*comportement conspiratif*» à l'égard de ceux qui n'y ont pas part (i.e, généralement, la base), et donc à un manque de confiance des uns vis-à-vis des autres. «*Renonce aux secrets, c'est cela le Secret*» écrivait le poète persan Mawlânâ Djalâl ad-Dîn Rûmi dans ses *Odes mystiques*.

La transparence dont doit faire preuve le chef vise à le dépouiller de cet instrument traditionnel de pouvoir qu'est la rétention d'informations, ou du moins la prétention à disposer de davantage d'informations que les subordonnés. Maintenir ses subordonnés dans une relative ignorance des tenants et aboutissants d'une décision est un bon moyen de couper court à toute contestation. Un management non autoritaire se doit donc d'être le plus transparent possible. Karl Jaspers voit cependant dans cette «*opposition du pouvoir (qui tend à cacher) et de la Vérité (qui veut rendre public)*[180]» une donnée structurante de notre humanité: nous ne sommes pas des anges, nous ne vivons pas dans la pure transparence à nous-mêmes et des uns par rapport aux autres. En effet, «*selon la pensée d'autrefois, les anges ne se cachent rigoureusement rien les uns aux autres, vivent sans violence en dehors du temps et dans un mouvement accompli, ils sont dans la lumière de la pure Vérité*[181]», tandis que nous autres humains avons part à la matière par laquelle nous ne sommes déjà pas parfaitement transparents à nous-mêmes: comment, dès lors, pourrions-nous l'être avec d'autres?

La transparence ne saurait être totale, sous peine de devenir totalitaire. Comme le souligne Alain d'Iribarne: «*Il y a des effets pervers*

180. Karl JASPERS, *Initiation à la méthode philosophique* [1965], Payot, 2002, p. 140.
181. *Ibid.*

du sentiment que tout est transparent (...). [Cela pose en particulier] la question de la confidentialité et le problème de la surveillance, sociale et hiérarchique. Il y a le sentiment parmi les salariés que, dans un espace ouvert, tout le monde espionne tout le monde, de sorte que l'idée de coopération cède le pas à celle de «flicage». Ainsi, quand les employeurs parlent de transparence, les salariés ont dans la tête Michel Foucault, pour qui la transparence est la pire des choses. N'oublions jamais que l'être humain a un fort besoin d'intimité[182]. »

Il n'y a pas totalitarisme tant que l'individu reste maître de son degré d'ouverture aux autres et donc de sa transparence. Il ne s'agit pas d'*être* ouvert, mais de s'ouvrir, c'est-à-dire de maîtriser son degré d'ouverture aux autres. Cette volonté de transparence, dans l'entreprise 2.0, adaptative et interactive ici promue, n'est ni plus ni moins condamnable que sur les sites de socialisation comme Facebook, où chaque membre est libre de définir les informations qu'il communique et à qui il les communique. L'essentiel est ici que la transparence demeure volontaire, relative. Comment en serait-il autrement? Qui, à part un ange, pourrait prétendre à la transparence absolue et assumée dans ses conséquences prévisibles? Si le degré de transparence doit toujours être modulé par la libre volonté des individus, celle-ci n'en doit pas moins être encouragée par le manager, car c'est la relative transparence d'un individu aux autres qui lui permettra d'être mieux compris de ses coéquipiers et donc d'être aidé le cas échéant. S'il ne se montre pas suffisamment transparent, ses coéquipiers n'auront pas l'occasion de développer avec lui une empathie telle que ses problèmes deviennent aussi, pour une part, les leurs.

Le sentiment que les décisions ne sont pas soumises à l'arbitraire d'un homme

Un troisième élément capital pour que les membres d'un groupe humain s'autorisent à être libres, et donc à créer, c'est qu'ils aient le sentiment que leur environnement est prévisible et non livré aux

---

182. Alain d'IRIBARNE, interviewé par Muriel Jasor dans *Les Echos* du 7 janvier 2010.

choix arbitraires d'un homme, fondés sur ses goûts changeants, ses préférences personnelles, ses sautes d'humeurs. La prévisibilité d'une décision est plus aléatoire lorsque celle-ci dépend d'un homme seul, le supérieur hiérarchique, plutôt que d'un groupe de pairs. Aussi le fait d'organiser une construction de décision collective est-elle de nature à rassurer les membres d'une équipe. En effet, comme nous l'avons vu, les décisions élaborées en groupe auront toutes raisons d'être plus rationnelles, moins affectives, que celles émanant d'un homme seul. L'inscription dans un groupe rassure. Le groupe est perçu comme un cadre sécurisant, ce qui permet à la créativité et à l'autonomie individuelle de s'exprimer en toute liberté. Même les jeunes générations, que l'on décrit volontiers comme individualistes, sont en fait très enracinées dans une multiplicité de communautés et consciente des vertus du travail collaboratif. Elles en ont besoin, car la grande liberté qui est la leur crée un sentiment d'insécurité que l'appartenance à des réseaux et communautés permet de réduire.

Le droit à l'erreur

La quatrième condition, pour qu'une personne s'autorise à créer librement, c'est qu'elle ne soit pas paralysée par la peur d'une sanction en cas d'échec. « *Pour que la créativité se développe, il faut que les collaborateurs se sentent dans un environnement protégé, avec une relative tolérance à l'erreur*[183] », déclare par exemple Edouard Fourcade, directeur général de SAS France. « *Pour qu'il y ait création, il faut des acteurs qui prennent des risques et des confrontations d'idées entre personnes de différentes cultures*[184]. » Le droit à l'erreur est le corollaire de la prise de risque inhérente à toute initiative. Il faut être cohérent : vouloir que ses salariés fassent preuve d'initiative, c'est accepter qu'ils puissent se tromper. Prendre ses responsabilités, c'est prendre le risque de l'échec : « *Quand on ose, on se trompe souvent ; quand on n'ose pas, on se trompe toujours.* » (Romain Rolland).

---

183. Edouard FOURCADE, cité dans *L'Usine nouvelle* du 26 mars 2011.
184. Michel HERVÉ, *Le Point* du 17 octobre 2010, p. 38.

On ne peut pas à la fois demander aux personnes d'être autonomes et les condamner dès qu'elles font une erreur, sans quoi, au lieu d'être proactives, elles se couvriront en se bornant à faire ce qui leur est explicitement demandé. L'entre-prise, le passage d'une prise à l'autre, implique une prise de risque : il faut assumer de pouvoir chuter, du moment que l'on sait se relever (résilience). Dans un environnement professionnel qui encourage l'action et décourage les comportements de réaction (comme le sont ceux de simple obéissance), le salarié se trouve par définition incité à prendre des risques, et donc exposé à celui de l'erreur. Il doit apprendre à demander pardon plutôt qu'à demander la permission. Et le pardon ne s'obtient pas par une sanction, mais par une formation, destinée à identifier pourquoi l'individu n'a pas eu le résultat escompté et à le mettre en situation de réussir à l'avenir. «*L'entreprise doit changer de paradigme. Plutôt que d'appliquer le principe analysé par Michel Foucault, «surveiller et punir», l'entreprise doit en réalité, contrôler pour éduquer et pour former. L'erreur doit être prise au contraire comme du miel sur lequel on va travailler et construire de la compétence et non pas de la punition*[185] ». Former, pour éviter le renouvellement de l'erreur individuelle, c'est la voie de la réussite collective. Comme l'explique Gary Hamel, «*la principale raison de l'échec des entreprises est qu'elles surinvestissent dans ce qui est, plutôt que dans ce qui pourrait être*[186] ».

Et justement, l'erreur peut ne pas être un échec. Elle ne le devient que si on ne s'en relève pas, que si elle ne sert à rien. Ce n'est donc que sur un temps long, et rétrospectivement, que l'on peut en juger. Si on fait preuve de résilience, une erreur de parcours, un échec momentané devient extraordinairement formateur et celui qui le traverse en ressort plus fort : une bataille a été perdue, mais pas encore la guerre. Les erreurs ne sont des échecs que si elles ne sont pas complexifiées, si elles n'ont pas été comprises, intégrées, digérées, acceptées et utilisées,

---

185. Michel HERVÉ, *De la pyramide aux réseaux* (en collaboration avec Alain d'IRIBARNE et Elisabeth BOURGUINAT), éditions Autrement, 2007..

186. Gary HAMEL, *La Fin du management. Inventer les règles de demain*, Vuibert, 2008.

si elles n'ont pas été exploitées pour servir à une réussite plus grande encore. D'obstacles, elles deviennent alors des tremplins. Un individu, un corps social passés par des revers de fortune en sortent moins fragiles, le cuir plus épais, davantage prêts à affronter des turbulences que celui qui n'a jamais connu l'échec. Tous ceux qui travaillent dans le domaine de la recherche savent bien que tout échec est une réussite en ce qu'il permet d'éliminer des hypothèses fausses. Et l'on ne compte plus le nombre de découvertes fondamentales dues à des erreurs judicieusement exploitées[187]. L'enseignement est clair: c'est en se trompant que l'on progresse, et seulement comme cela. Cela s'appelle la pédagogie de l'erreur[188]. C'est pourquoi l'optique de l'entreprise adaptative sera, de manière privilégiée, de laisser l'erreur se dérouler, pour que les salariés apprennent de leurs erreurs. Pour le dire autrement, l'important n'est pas l'erreur, mais ce qu'on en fait. L'erreur doit être un matériau à partir duquel on construit. Car l'erreur n'est pas la faute et, sur le temps long, quelque qui apparaît négatif à court terme peut se révéler positif, fécond. Un management un tant soit peu éclairé autorise l'erreur comme la condition du succès durable.

L'erreur est ce qui permet de se remettre en question. Dès lors, la manière dont un individu gère ses erreurs est un formidable révélateur de personnalité. Un individu qui se remet en cause suite à une défaillance (donc après avoir été corrigé par le groupe) a plus de valeur

---

187. Sans reprendre ici l'exemple de l'invention du *Post-it* (suite à une erreur de dosage lors d'une manipulation visant au contraire à trouver une colle forte), mentionnons seulement le rôle déterminant de l'erreur dans la découverte des polymères conducteurs. En effet, jusqu'en 1967, les matières plastiques étaient considérées comme des isolants. Or, au sein d'un groupe de chercheurs japonais étudiant la polymérisation de l'acétylène en plastique, un chercheur en formation se trompa dans les proportions de catalyseur et augmenta de 1 000 fois la dose idéale, lui permettant d'obtenir contre toute attente un film à reflets métalliques, de couleur argenté et brillant, qui avait l'apparence du métal quoique n'étant pas encore conducteur de l'électricité. Cette sérendipité rapporta le prix Nobel de chimie en 2000 à la collaboration entre le physicien Alan HEEGER et les chimistes Alan MACDIARMID et Hideki SHIRAKAWA qui, conduisant des expériences d'oxydation du film en utilisant la vapeur de diiode, parvinrent à modifier ce nouveau plastique pour le rendre conducteur d'électricité.

188. Sur ce sujet, lire par exemple, de Jean-Pierre ASTOLFI, *L'Erreur, un outil pour enseigner*, ESF éditeur, coll. Pratiques et enjeux pédagogiques, Paris, 1997.

que celui qui ne rencontre aucun problème. C'est la progression qui compte – et donc la résilience, la capacité de rebond, à s'amender –, pas la valeur absolue. Raison pour laquelle, dans une entreprise 2.0, l'important n'est pas être de recruter un diplôme, ni même une compétence, mais un potentiel. Les individus doivent ainsi être jugés non sur leurs erreurs, mais sur leur capacité à apprendre de leurs erreurs, à s'améliorer. Certains parviennent à s'améliorer au fil de leurs erreurs, en acceptant de se remettre en question, d'autres pas. On observe en effet que lorsque c'est un manager qui est mis en cause par ses coéquipiers et «corrigé» par eux (en particulier lors de son «évaluation par sa base»), une fois sur cinq, il s'amende ; quatre fois sur cinq, il préfère partir (mobilité interne ou externe), soit qu'il ne veuille pas se remettre en question, soit qu'il n'y parvienne pas en dépit de sa bonne volonté. Ceux qui ont la plus grande valeur, pour une entreprise, sont ceux qui savent se remettre en question et s'améliorer au fur et à mesure.

Dans le groupe Hervé – comme cela se passait dans les sociétés primitives où il n'y avait pas un ailleurs où l'individu déviant puisse fuir – l'individu mis en cause par le groupe est obligé par celui-ci à se remettre en cause : soit il se soumet (aux invitations du groupe à se remettre en question) soit il se démet (il quitte son poste). En tout cas, à la différence des entreprises traditionnelles où la solution de facilité est d'exclure la personne qui ne convient plus, dans cette entreprise interactive, tout est fait par le groupe pour amener la personne à s'amender. Le groupe laisse toujours une deuxième chance à l'un des siens pour se reprendre ; mais cette deuxième chance, celui-ci ne la saisit pas toujours, soit qu'il préfère fuir dès le premier coup de semonce, soit qu'il ne parvienne pas à se corriger et renouvelle l'erreur. La remise en question d'un individu, quand elle vient de ses pairs, est bien mieux acceptée que si elle venait d'un supérieur hiérarchique, elle est perçue comme plus légitime car moins soupçonnable de partialité, de sorte que l'individu est davantage enclin à modifier son comportement.

Dans l'entreprise nouvelle génération, adaptative, il doit donc y avoir un droit à l'erreur. En favorisant l'initiative individuelle dont le corollaire est la possibilité assumée de l'échec, une telle entreprise encourage en effet ses salariés à faire preuve d'audace créatrice, à explorer de nouvelles pistes, sur de nouveaux territoires. Ce qui est condamnable, ce n'est pas l'erreur elle-même, car on n'apprend que de ses erreurs, c'est la répétition de la même erreur par entêtement dans la même direction, sans procéder aux changements nécessaires : «*On a le droit de faire des erreurs, mais on a le devoir de les corriger*» (Ronsard). Quand une personne, malgré sa bonne volonté, ne parvient pas à changer, on peut lui proposer un tuteur, dont le rôle est de l'amener à l'autonomie. Par ailleurs, le droit à l'erreur est la contrepartie de la transparence, car je n'accepte de m'exposer totalement, dans mes ombres et mes lumières, qu'à condition que ces ombres que je dévoile n'entraînent pas pour moi de condamnation *de facto*. Pour que mes pairs, dans mon équipe, puissent évaluer correctement mes aptitudes professionnelles, il faut qu'ils puissent pondérer mes succès par mes échecs et éclairer mes échecs par mes succès, ce qui suppose que je leur donne matière à comprendre ma situation.

De la reconnaissance : de la part d'un père, des pairs et de la société

Dans le contexte d'une démocratie dans l'entreprise où l'avis du groupe est déterminant dans toute prise de décision, la reconnaissance sociale, c'est-à-dire par le groupe auquel on appartient, devient le fondement du sentiment de sécurité : c'est parce que j'ai conscience d'avoir la reconnaissance de mes pairs que je sais ne pas être menacé dans mon emploi et avoir droit à l'erreur. C'est à la mesure où mes coéquipiers me feront confiance qu'ils toléreront mes éventuelles défaillances. Cette reconnaissance des pairs est décisive pour la coopération au sein d'une équipe car c'est d'elle dont dépend que les uns ou les autres se sentent libres. En effet, comme y a en particulier insisté Hegel, c'est la reconnaissance des autres qui me permet d'accéder à la conscience de ma liberté. J'ai besoin de cette reconnaissance pour attester de la réalité de la liberté que j'éprouve. C'est le regard des autres qui me prouve que ce que j'éprouve comme liberté n'est pas un simple sentiment, mais bien une réalité. C'est dans le regard des autres que je lis si je suis vraiment libre ou esclave de mes passions, des directives du manager, des demandes de mes clients, des exigences de mes fournisseurs. Tant que je n'ai pas obtenu cette reconnaissance de mes semblables, je ne me sais pas libre, de sorte que je ne m'autorise pas à créer. Or la reconnaissance se gagne, comme Hegel l'a exemplairement expliqué, elle n'est pas donnée d'emblée par le groupe. Un manager, lui, peut accorder sa confiance *a priori* à un nouvel entrant (sans quoi il ne l'aurait pas recruté), charge à celui-ci de ne pas la décevoir. Il est possible de considérer que tout homme a besoin d'une triple reconnaissance, celle d'un père, celle de ses pairs, celle de la société.

Chacun cherche d'abord à obtenir la reconnaissance d'un autre que soi, considéré comme supérieur : un père, un maître – ce père me reconnaît pour ma valeur intrinsèque, c'est-à-dire quoi que je fasse, quels que puissent être mes démérites (comme un père aimera toujours son fils). C'est ce qui, managérialement parlant, a donné naissance au modèle paternaliste. Les individus veulent un père, ils projettent sur quelqu'un, quand bien même ce dernier le refuse. Cela traduit le besoin de se rattacher à quelque chose qui nous dépasse.

Chacun cherche ensuite à obtenir la reconnaissance de ses pairs. Cela traduit le besoin de nous détacher de toute emprise (besoin d'individuation), de toute domination par un supérieur : nous voulons être considérés avec égalité, comme un pair parmi des pairs. Besoin d'individuation. Nous cherchons à voir reconnue par nos pairs notre singularité, notre différence spécifique, fondatrice de notre utilité sociale. Chacun cherche enfin à obtenir la reconnaissance de personnes n'appartenant pas à l'équipe, qui ne soient donc ni le supérieur hiérarchique ni les coéquipiers. Nous cherchons à être reconnus par l'ensemble de la société, à recevoir non de l'affection paternelle (de la part d'un supérieur), non de l'amitié (de la part d'égaux), mais de la considération, du respect, des égards. Selon les personnes et les époques, ces trois types de reconnaissance se combinent et se hiérarchisent différemment, mais ils sont toujours à l'œuvre dans la vie d'une équipe ou d'une entreprise. Un collaborateur cherche à se faire bien voir de celui qu'il veut considérer comme son supérieur – quand bien même celui-ci s'en défend –, il cherche aussi à être considéré comme crédible par ses collègues, il cherche enfin à obtenir la satisfaction de ses clients. Le moyen professionnel privilégié grâce auquel mesurer le degré de reconnaissance d'un individu par son environnement social (pairs et manager) est son évaluation annuelle. C'est elle qui permettra de mesurer les écarts entre la reconnaissance ressentie par l'individu et celle réellement consentie par le groupe.

La transparence recherchée, avec l'aide des NTIC, a pour but de permettre à chacun non seulement de trouver la ressource (information ou compétence) répondant à son besoin, mais surtout de se comparer aux autres pour créer une émulation collective. L'idée est la suivante : toute personne ayant besoin de reconnaissance, et ne supportant pas longtemps de se trouver dépréciée aux yeux de ses pairs, sera d'autant plus incitée à se dépasser qu'elle le fera au su et au vu de tous, c'est-à-dire que ses efforts ne demeureront pas méconnus. Ce qui vous motive à agir, ce n'est pas l'ordre d'un chef, la menace d'un bâton ou la perspective d'une carotte financière, c'est le regard de vos pairs. La reconnaissance donne confiance en soi, laquelle doit être renforcée par une meilleure connaissance de soi.

De la connaissance de soi

Contrairement à Freud, qui réservait la créativité aux sujets prédisposés à la sublimation[189] (c'est-à-dire au dépassement de soi, suivant une conception aristocratique), une entreprise démocratique part de la conviction que tout le monde a la possibilité de créer et l'envie de

189. FREUD pensait que la sublimation était une capacité, une prédisposition possédée par un petit nombre d'individus, et il s'est même demandé si cette prédisposition n'était pas l'expression d'une particularité organique. Mais il y a plus. Le père de la psychanalyse pensait que la minorité qui avait une prédisposition à la sublimation était surtout… masculine. Il était persuadé que « *les femmes sont peu aptes à la sublimation* » (cité par Sophie MIJOLLA-MELLOR dans *La Sublimation*, PUF, coll. « Que sais-je ? », 2005). « *Le concept de sublimation est donc, à ses yeux, un concept discriminateur. Il traçait une ligne de démarcation non seulement entre les créateurs et les non-créateurs, mais aussi entre les hommes et les femmes. Il séparait les individus aptes à la sublimation, c'est-à-dire au dépassement de soi, et ceux qui, par une sorte d'infériorité congénitale, devaient se contenter de mener une vie ordinaire.* » (Michel LACROIX, *Se réaliser. Petite philosophie de l'épanouissement personnel*, Robert Laffont, coll. Marabout, 2009).

se réaliser dans cette création, même si l'individu n'a pas nécessairement une conscience claire de cette aspiration profonde. Le groupe, manager compris, doit alors jouer un rôle de révélateur : en regardant les autres faire, en entrant en contact avec des personnes semblables à moi qui sont parvenues à créer, à libérer leur potentiel, je vais prendre confiance dans mes propres capacités. Même dans une organisation structurée en un réseau d'intra-entrepreneurs, il est essentiel que ceux-ci se trouvent en même temps intégrés à une équipe déterminée, car c'est le regard, l'attente et l'invitation des pairs qui poussent l'individu à aller plus loin qu'il n'aurait imaginé, en vertu de son désir de reconnaissance. C'est le groupe qui va me faire prendre conscience de mes capacités, va me permettre de développer celles-ci et m'inciter à repousser mes limites, grâce à l'émulation collective. La connaissance que j'ai de moi-même résulte, pour une part déterminante, des interactions que j'entretiens avec mes coéquipiers. Elle n'est pas tant donnée que construite. Et toujours à construire davantage, à préciser, à ajuster. Car une condition essentielle du bien-être au travail et de la réussite professionnelle réside dans le fait d'avoir une juste connaissance de soi, et en particulier de ses capacités, de manière à se préserver de deux excès : la sous-estimation ou la surestimation, qui conduisent à ne pas se fixer des objectifs avec justesse, à accepter des missions au-dessus de ses moyens, etc.

Dans le groupe Hervé par exemple, la connaissance de soi est stimulée lors des évaluations, au cours desquelles la perception que l'on a de soi est confrontée à celle que les autres ont de nous. Pour ceux qui sont à la base, l'évaluation se fait par les pairs seulement. Pour ceux qui se trouvent en situation de managers, il leur est demandé, au moins une fois tous les deux ans, d'effectuer une autoévaluation, dont les résultats sont comparés à leur évaluation par la base. Ce qui est le plus intéressant, dans cet exercice, ce ne sont pas les résultats en valeur absolue, savoir si untel, sur un item donné, est bon ou mauvais ; c'est que l'exercice permet de comparer les écarts existants entre la représentation que se fait de soi le manager et celle que se font de lui ses coéquipiers. Il permet donc de mesurer le décalage entre le manager et son équipe, de savoir si tel manager se trouve en prise avec elle, que ses résultats se trouvent en valeur absolue être objectivement satisfaisants ou non.

C'est bien là l'essentiel : que le manager soit en cohérence, qu'il ait une juste conscience des choses ; c'est ce qui lui permettra de progresser et de conserver l'adhésion de son équipe, quelles que soient par ailleurs ses lacunes comportementales et/ou techniques. Ces évaluations sont donc des accélérateurs de maturité en ce sens qu'ils provoquent un affinement de la connaissance que chacun a de soi, réduisant la part de biais cognitif inhérente à notre position de juge et partie dans notre projet de nous connaître. C'est par les autres que nous construisons notre propre image – je me sens beau si je séduis, je me sens compétent si je suis reconnu tel – et par eux que nous nous faisons une idée plus juste de nous-mêmes. C'est par la critique, et l'ouverture à une telle remise en question, que nous pouvons nous améliorer. Ce progrès dans la conscience de ses limites et insuffisances, à l'occasion des évaluations, ouvre naturellement sur une plus grande humilité, vertu professionnelle capitale s'il en est. Il n'est pas rare que des salariés sortent bouleversés de cette épreuve de vérité où, de manière anonyme via les fiches d'évaluation, puis de la discussion ouverte qui s'ensuit, chaque collègue de l'évalué a pu dire ce qu'il avait à en dire et confronter sa vision à celle des autres.

Il ne faut toutefois pas se méprendre sur le sens de la sécurité qui est ainsi recherchée. Il s'agit d'une sécurité *complexe*, c'est-à-dire qui s'intègre l'insécurité au lieu que celle-ci lui demeure extérieure. Car la seule sécurité peut conduire à des comportements sclérosants, rétifs à la prise de risque induite par tout exercice de la liberté ; elle ne devient dynamique, vivante, au service de la liberté, qu'à la condition de se nourrir de son contraire : « *Une chose n'est vivante qu'en tant qu'elle contient en soi la contradiction, qu'elle est cette force qui saisit et garde la contradiction en soi*[190]. » (Hegel). L'intra-entrepreneur n'exclut pas le risque, il l'intègre dans la définition de sa stratégie, il s'en fait un allié :

190. HEGEL, *Science de la logique*.

en allant au-devant de lui au lieu de le fuir[191], il en démine la charge nocive, qui est avant tout d'inhiber – et donc, en se mettant dans une disposition défensive, d'appeler sur soi l'échec que l'on cherchait à éviter[192]. C'est en ce sens que l'on peut lire le désormais célèbre «*ce qu'on ne peut éviter, il faut l'embrasser*» de Shakespeare : le risque, croissant dans la «*société du risque*» (Ulrich Beck) et de l'incertitude qui est la nôtre, il faut l'inclure, l'instiller subtilement dans les organisations, si l'on veut le maîtriser. Tout comme il en va du conflit, qu'il ne faut pas fuir, mais au contraire encourager et multiplier dans les organisations pour les stabiliser durablement. Cette pensée complexe, par bien des aspects paradoxale, inspire les manières de faire de l'organisation adaptative et détermine en particulier sa manière de susciter la liberté par une sécurité intégrant l'insécurité. Que les salariés se sentent en sécurité ne suffit cependant pas pour qu'ils soient vraiment libres et donnent ainsi le meilleur d'eux-mêmes. Encore faut-il qu'ils :

b) soient mis en relation les uns avec les autres

Une fois les salariés confiants dans leurs capacités, la tâche d'un management participatif est de les faire se rencontrer de manière à ce qu'ils s'enrichissent les uns les autres, dialoguent et initient des projets communs. Dans une organisation authentiquement démocratique en effet, l'impulsion du changement vient d'en bas, du «*demos*», du menu peuple, c'est-à-dire des salariés de base : c'est à eux qu'il revient d'initier, grâce à leur mise en relation, des projets de développement pour leur entreprise, sans attendre d'hypothétiques propositions de projets de leur direction qui, de toute façon, seraient nécessairement moins en prise avec les réalités et moins innovants. Les nouvelles technologies de l'information et de la communication (NTIC) sont ici

---

191. Comme le dit l'épigraphe de René CHAR placée en exergue du livre de Jean-Marie MESSIER, *J6M.com* : «*Impose ta chance, serre ton bonheur, va vers ton risque, à te voir ils s'habitueront.*»

192. Etre sur la défensive est, paradoxalement, le meilleur moyen de s'exposer au danger. Comme l'exprimait humoristiquement André FROSSARD : «*Tous les stratèges vous le diront : la meilleure défense, c'est l'attaque. Dans ces conditions, il est clair que la plus mauvaise défense, c'est la défense. Par conséquent, ne nous défendons pas, nous serons invincibles*».

d'une aide précieuse, elles qui permettent non seulement de garder le contact, visuel et auditif, entre collègues éloignés géographiquement mais aussi de construire des connaissances à distance et de manière asynchrone grâce à des wiki. Pour susciter les occasions de rencontres dont naîtront les projets, imprévisibles *a priori* mais porteurs de croissance, un management participatif ne doit pas pour autant négliger les recettes traditionnelles que sont la création d'événements d'entreprise au cours desquels les salariés de tous horizons se brassent, s'exposent leurs activités, échangent leurs coordonnées et, finalement, s'attablent plus longuement pour étudier la faisabilité d'une idée qui germe. Rien ne remplace la rencontre physique, pour susciter l'envie de construire ensemble des projets sur des territoires inexplorés. Rien n'est plus performant, économiquement parlant, que cette sérendipité semi organisée dont résulte une dynamisation de l'innovation.

Pollinisation et fertilisations croisées par le voyage

Pour développer la curiosité des collaborateurs dont dépend la sérendipité et la diffusion des bonnes pratiques, dont dépend aussi une innovation harmonieusement répartie, il est de bon aloi, de la part d'un management participatif, d'encourager, comme nous l'avons vu, les occasions de rencontres (séminaires, conventions...) entre équipes plus éloignées les unes les autres (par la géographie, le métier, le secteur...), ainsi que les voyages des collaborateurs d'une entité à l'autre, sous la forme par exemple d'audits des uns par les autres – entre pairs, donc. Ce sont ces échanges entre entités diverses qui, d'une part, permettent à tous de bénéficier des bonnes idées de quelques-uns, et qui, d'autre part, multiplieront les occasions d'émergence de projets imprévisibles *a priori*. Le voyage, d'un membre d'équipe vers d'autres équipes, les échanges ponctuels de compétences, permettent des fertilisations croisées : d'ensemencer une autre entité et de se laisser ensemencer par elle.

La condition de la relation est l'interaction

Pour que les individus se trouvent réellement mis en relation les uns avec les autres, il ne suffit pas qu'ils soient mis en contact, ni même qu'ils échangent des informations. Encore faut-il qu'ils s'en trouvent, sous quelque rapport, modifiés, c'est-à-dire que chacun des deux acteurs de la relation accepte de s'ouvrir pour intégrer à sa vision celle de l'autre, de sorte qu'ils s'influencent mutuellement. C'est ce qu'exprime le terme de « causalité boucle » : la relation interindividuelle n'est qu'un cas particulier d'un système où il y a rétroaction, chaque interlocuteur se trouvant modifié en retour par l'effet qu'il aura produit sur l'autre. « *Mary Follett insiste auprès de ses auditeurs sur la notion de réaction circulaire qu'il ne faut jamais sous-estimer. Le simple fait d'agir déclenche une action en retour qui va conduire l'individu à modifier sa position initiale et à tenir compte de l'échange qui a eu lieu*[193]. » La relation débute vraiment à partir du moment où les deux parties en présence s'ouvrent à la possibilité de se trouver modifié, altéré, enrichi par l'autre.

L'interaction, condition de la liberté

Comme l'explique l'économiste Jacques Généreux, l'indépendance n'est qu'une condition nécessaire, mais non suffisante à une pleine liberté individuelle, et c'est par la multiplication des interactions avec notre environnement que nous construisons notre liberté :

« *La liberté a toujours été plus ou moins conçue comme une indépendance envers autrui et un relâchement des liens sociaux. Or, cette dernière façon de concevoir la liberté est un contresens absolu par rapport au processus effectif de construction d'un sujet singulier. Il est, de nos jours, parfaitement établi que ce dernier se construit dans et par la relation et la communication avec les autres, et se trouve dans l'incapacité de grandir sans elles. Nous savons que la liberté réelle ne se forge pas dans l'indépendance à l'égard d'autrui mais dans l'interdépendance et l'enchaînement de cercles multiples et diversifiés de relations sociales. Ce n'est pas la destruction des liens qui nous libère, mais leur multiplication. On sait enfin que, pour grandir en*

193. « Diriger au-delà du conflit. Mary Follett », mémoire d'Alexandre OTTEVAERE dans le cadre du séminaire d'Yvon PESQUEUX « Philosophie et management », université Paris-Dauphine, 2007.

sujet singulier, chaque être a besoin de la présence symbolique d'un autre que soi en soi, d'une place de l'Autre qui, tout en imposant une limite à l'expansion de soi, crée l'espace consistant où cette expansion devient possible. L'être seul et sans limites, privé de transcendance, n'est pas libre et autonome, il se noie dans le vide d'un espace infini. En un mot, l'être singulier et sa liberté ne se construisent pas contre la société et sans les autres, mais grâce à elle et avec eux.[194]»

Être interconnecté avec mes collègues me permet d'interagir avec eux plus souvent, ce qui me permet de grandir plus rapidement dans ma liberté professionnelle, de gagner plus rapidement en autonomie et responsabilité, c'est-à-dire, somme toute, de mûrir plus vite. Le bénéfice premier de la mise en relation des salariés est un surcroît de liberté pour chacun d'eux : «*l'homme le plus libre est celui qui a le plus de relations avec ses semblables*», affirmait Proudhon. L'homme est un être relationnel qui s'épanouit dans et par la relation avec ses semblables, car celle-ci l'ouvre sur autre chose que lui-même, l'amène à se dépasser, à briser l'enfermement en soi. En l'occurrence, le fait de voir comment les choses se passent ailleurs, comment d'autres pensent, conduit chaque salarié à se libérer de ses a priori, à réviser ses propres conceptions, à se remettre en question et, de là, à s'affranchir d'idées anciennes qui grevaient sa créativité. La confrontation à d'autres que soi stimule la liberté – «*Animus in consulendo liber*», l'esprit se libère dans la confrontation des idées – et donc les capacités créatrices : «*Les chocs culturels stimulent la créativité*», écrivait quelque part Lindsey Owen-Jones, l'ancien PDG de l'Oréal. C'est en effet l'émulation collective résultant de la mise en relations des salariés les uns avec les autres, qui va les pousser à repousser leurs limites et à trouver ensemble des chemins qu'ils n'auraient jamais conçus seuls.

Créer du collectif à partir d'une somme d'individus

Ces individus qui se sentent à leur place dans leur emploi, rassurés sur leur environnement et confiants dans leurs capacités, s'ils

194. Jacques GENEREUX, *Le Socialisme néomoderne ou l'avenir de la liberté*, Seuil, 2009.

demeurent isolés les uns des autres, ne parviendront pas nécessairement à libérer entièrement leurs libertés, c'est-à-dire leurs capacités de création, en tout cas pas au plus haut point. Pour que les individus, au sein d'une entreprise, parviennent à créer, encore faut-il qu'ils soient mis en relation les uns avec les autres, de manière à susciter une émulation collective, à faire en sorte que les individus se sentent portés par un collectif, incités par le groupe à dépasser les limites que, sans lui, ils se seraient mis. Le collectif *émerge*, au sens où il se trouve doté de propriétés – des constantes, une dynamique propres – que l'observation de chacune de ses parties ne suffit pas à expliquer. C'est à favoriser une telle émergence que les managers et les concepteurs de l'organisation doivent œuvrer, par le biais d'une densification des relations interindividuelles favorisée notamment par une large utilisation des NTIC : « *La « communauté des usagers » est considérée comme un phénomène d'émergence qui découle des interactions entre les membres d'un groupe dont les relations sont fortement médiatisées par des systèmes informatiques coopératifs*[195] » (P.-L. Harvey et G. Lemire).

Outre les échanges redoublés que permettent les NTIC, les réunions mensuelles obligatoires ont pour fonction de créer du liant entre les membres d'une même équipe – cette multiplication des relations entre membres étant source de libération pour chacun[196]. Dans un contexte de démocratie en entreprise : les réunions, c'est-à-dire les discussions, sont plus longues que dans d'autres entreprises, mais c'est un mal pour un bien[197]. « *C'est d'ailleurs le principal atout des entreprises démocratisées, où, selon les études économiques, le supplément de dynamisme et d'efficacité qui en résulte fait plus que compenser*

195. Pierre-Léonard HARVEY et Gilles LEMIRE, *La Nouvelle Éducation : NTIC, transdisciplinarité et communautique*, Presses de l'université de Laval, L'Harmattan, 2001, p. 13 et 184.
196. Ainsi selon Joseph PROUDHON, comme nous avons déjà eu l'occasion de le voir, « *l'homme le plus libre est celui qui a le plus de relations avec ses semblables* », « *la liberté de chacun rencontrant dans la liberté d'autrui, non plus une limite (...), mais un auxiliaire.* » (*Les Confessions d'un révolutionnaire*, in *Œuvre complètes*, Paris, 1929, p. 249).
197. PERICLÈS : « *Plutôt que de voir la discussion comme une entrave à l'action, nous pensons qu'elle est un prélude essentiel à toute action judicieuse.* »

l'alourdissement des processus de décision[198] », écrivent Yves Lambert et Olivier Sabouraud dans le numéro de *Panoramiques* consacré à la démocratie dans l'entreprise.

Le collectif émerge grâce aux réunions mensuellement organisées porte chacun à se dépasser non seulement en termes d'investissement dans son propre travail, mais aussi en direction des autres à la vie desquels il n'est désormais plus étranger. Un bénéfice important de la mise en relation des salariés est en effet un accroissement de la solidarité. Ceux-ci se connaissant mieux, ils sont moins indifférents au sort des uns et des autres et augmentent ainsi leur conscience d'une communauté de destin. Et cela grâce aux NTIC qui, en construisant du réseau, renforcent le lien social et sont à cet égard un puissant adjuvant au management participatif. À ce stade, il faut remarquer qu'en réalité, un management participatif n'a pas à construire du lien social, en tout cas pas directement : il doit le laisser se développer. La solidarité germe spontanément là où il y a de la liberté, là où les personnes sont autonomes et indépendantes les unes des autres.

Un management participatif doit pour l'essentiel se concentrer sur la libération des personnes, ce qui veut dire supprimer les obstacles externes (dépendance à l'égard d'un supérieur hiérarchique, des collègues, des fonctions support, etc.) et internes (autocensure en particulier), et la solidarité fleurira d'elle-même. L'expérience montre en effet que des personnes libres les unes à l'égard des autres – comme il en va par exemple dans une organisation composée d'intra-entrepreneurs –, à condition qu'elles se connaissent mutuellement grâce à une mise en relation régulière, développent spontanément les unes envers les autres un sentiment de solidarité[199]. Elles développent de

---

198. Yves LAMBERT et Olivier SABOURAUD dans *La Démocratie dans l'entreprise : une utopie ?*, éd. Corlet, 2000, p. 10

199. «*Je suis homme, et rien de ce qui est humain ne m'est étranger*», notait TERENCE (*Héautontimoroumenos*, I, 1, 77). C'est à Rome, à la fin de la République et au début de l'empire, que CICERON et d'autres penseurs romains formalisent l'idée de l'*humanitas* comme solidarité des humains les uns envers les autres qui, pour naturelle qu'elle soit, doit néanmoins être cultivée afin de ne pas laisser surgir la *feritas* (de *ferus*, sauvage), cette bestialité destructrice logée dans chaque société comme dans chaque individu.

l'empathie et se laissent affecter par ce qui arrive à ceux qu'elles connaissent : notre humanité est ainsi faite que nous ne sommes pas insensibles à ceux qui nous sont proches, et la vertu des NTIC est justement d'augmenter le nombre de ceux qui, en entreprise, nous deviennent et demeurent proches.

Une personne libre des autres membres de son équipe, croyant n'avoir pas besoin des autres pour réussir, libérée de tout lien de dépendance grâce à l'absence de contrainte hiérarchique et au développement des outils d'autonomie professionnelle, finit néanmoins toujours par se tourner vers les autres pour accomplir à plusieurs ce qu'elle pourrait accomplir seule, simplement parce qu'elle constate que c'est plus agréable et qu'elle a plus de plaisir à réaliser collectivement ce qu'elle pourrait accomplir solitairement. En conséquence de quoi, un management participatif, s'il se contente de veiller à la liberté des personnes – c'est-à-dire d'assurer la non-domination des uns sur les autres et d'empêcher l'autocensure individuelle –, verra émerger une fraternité entre les membres de son équipe, dont découlera une progressive égalisation des conditions : les coéquipiers, se connaissant de mieux en mieux, sont moins dupes des mérites réels des uns et des autres et tolèrent moins bien les disparités salariales. La liberté, la fraternité, l'égalité : les trois sont liées. Le collectif ne se crée pas à la force du poignet, il émerge *sponte sua* à partir du moment où les acteurs en présence s'éprouvent libres les uns des autres. La fraternité et l'égalité ne se décrètent pas, elles découlent de la priorité accordée, en régime libéral, à la liberté. Si elles n'en découlent pas, c'est que la liberté à l'œuvre n'est pas encore effective, soit que subsistent des contraintes illégitimes d'ordre externe, soit que demeurent des inhibitions indues d'ordre interne.

Risques du collectif

Le collectif peut donner lieu à des phénomènes d'emballement mimétique, de type grégaire (du latin *gregis*, le troupeau), et à un conservatisme nuisible à l'innovation. Tout d'abord c'est un fait que les hommes, quand ils se retrouvent en groupe, tendent vers une uniformisation de leurs manières d'être, de faire et de penser : le conformisme joue à plein, fût-ce inconsciemment. Ce que Rabelais stigmatise en qualifiant les hommes de « moutons de Panurge », c'est un comportement déresponsabilisant, qui consiste à ne se déterminer qu'en suivant les choix effectués par les autres membres de la communauté. Ce conformisme bêlant présente une vraie difficulté dans la mesure où, du coup, les équipes se montrent le plus souvent réticentes aux innovations, lesquelles viennent par définition remettre en cause l'ordre établi, perturber le confort de la simple reproduction mécanique du même à l'identique.

Un groupe a naturellement tendance à écarter la nouveauté. C'est alors au manager qu'il revient d'accorder une prime à l'innovation. C'est à lui de discerner si l'innovation proposée par l'un des membres de l'équipe est rejetée par celle-ci simplement parce qu'elle dérange son petit confort ou parce qu'elle est réellement inepte. S'il détecte qu'il faut laisser à cette innovation sa chance, alors même que l'équipe cherche à l'exclure, le manager n'est pas fondé à trancher contre l'avis de son équipe, pour les raisons que nous avons déjà expliquées plus haut. En revanche, il pourra temporiser, suspendre les débats et demander que le sujet soit réétudié une fois suivante, en invitant les membres de l'équipe à bien réfléchir d'ici là. Il pourra surtout, si l'équipe semble déterminée à rejeter une innovation d'une manière qu'il juge prématurée et insuffisamment réfléchie, sous l'effet peut-être de ce qu'il suspecte être un mécanisme d'aveuglement collectif, élargir le champ des décisionnels à d'autres équipes, pour voir si ces éléments extérieurs se révèlent plus ouverts à la nouveauté en question. L'important ici étant que ce ne soit pas le manager qui décide sur le point de savoir si telle innovation doit être retenue, mais le niveau hiérarchique même, où l'innovation a été proposée. Que les salariés se sentent en sécurité ne suffit pas pour qu'ils soient les plus libres et donnent ainsi le meilleur d'eux-mêmes, car le besoin de sécurité peut conduire les hommes, d'une part, à sacrifier leur liberté en diluant leur responsabilité dans celle du groupe, ce qui n'est jamais bon et, d'autre part, à penser et agir tous de la même manière, ce qui est économiquement contre-productif puisque le groupe ne bénéficie alors plus de la réelle diversité de points de vue propre à lui faire adopter des positions judicieuses.

Pas n'importe quel collectif

Le collectif ne doit pas être fusionnel, sans quoi il peut conduire à des phénomènes totalitaires et/ou sectaires. Par conséquent, plus il est donné d'importance au groupe, plus il est nécessaire, dans une perspective libérale, d'y cultiver la diversité afin d'assurer la primauté des individus sur le collectif. Il est en effet clair que, dans une organisation se revendiquant de la démocratie, et de la démocratie libérale, le groupe demeure au service de l'individu : le rôle de l'équipe est d'apporter à chacun de ses membres, par la pluralité des points de vue exprimés, un éclairage sur ses manières de faire et d'être censé lui permettre de se déterminer ensuite en toute connaissance de cause, de façon plus lucide.

Le besoin de sécurité ne doit donc pas être satisfait de n'importe quelle manière. Il y a une manière d'y répondre qui, loin de susciter une liberté, l'aliène. S'il est vrai que, comme le pense Proudhon, l'homme se libère à mesure qu'il entre en relation avec ses semblables, c'est pour autant qu'une authentique relation soit possible (avec toute la distance critique que cela suppose). La fusion, comme abolition de la distance, est la négation de la relation. Lorsque nous faisons tous bloc, lorsque nous ne faisons plus qu'un, il n'y a plus de relation possible. La relation amoureuse elle-même suppose la distance : « *Aimer vraiment, c'est aimer la distance entre soi et ce qu'on aime* », écrit par exemple Simone Weil. La relation suppose la distinction : la fusion est une suppression de toute relation. La relation suppose la distance, mais aussi la différence ; c'est l'altérité, c'est-à-dire la distance incommensurable entre deux libertés, qui rend possible la relation – l'altérité entre deux libertés, deux esprits indépendants d'une part, l'un de l'autre d'autre part. La confrontation avec le différent, les associations improbables, poussent chacun à se dépasser (se libérer de soi, des limites que l'on s'impose) et à créer du nouveau.

Des autres, c'est-à-dire des différents

Mettre des individus en relation avec d'autres est d'autant plus fécond que les différences entre eux sont notables. L'irruption des NTIC permet certes de communiquer davantage, mais cela n'a de sens que si d'abord on communique mieux, c'est-à-dire entre personnes plus différentes les unes des autres, ayant davantage de choses à s'apporter. L'intensification de la communication n'est féconde que si elle a lieu entre des points de vue réellement différents, susceptibles de s'enrichir les uns les autres, c'est-à-dire de créer de la complexité. Il faut d'abord qu'il y ait de vraies différences entre les individus, et qu'ensuite il y ait une communication intense entre eux, pour que chacun d'eux s'en trouve en retour modifié, chaque point de vue s'en trouvant complexifié. En revanche, lorsque tous en viennent à partager le même point de vue, tous risquent d'avoir le même point aveugle, de sorte que c'est collectivement qu'ils sont aveugles aux mêmes choses. Au contraire, cultiver une pluralité de points de vue garantit que certains verront ce que d'autres ne voient pas. Il faut donc préserver des points de vue différents, ne pas laisser le point de vue le plus fort ou le plus séduisant réduire les autres à néant. Fécondité des différences. D'où l'importance d'équipes pluridisciplinaires et pluriculturelles pour bien cerner un problème et y apporter la solution la plus pertinente et la plus innovante. Nous le voyons, la réduction de tous les points de vue à un seul, en quoi consiste l'unanimisme, est un frein à l'innovation.

c) puissent affirmer leur singularité

Dans le cadre d'un management participatif, ce sont effectivement des différences qu'il s'agit de faire coopérer. Un tel management appliqué à une somme d'éléments homogènes ne présenterait aucun intérêt, puisque ceux-ci ne pourraient s'enrichir les uns les autres et se révéleraient par là incapables de construire de la complexité. D'autant que le degré de liberté d'un équipier peut se mesurer à sa capacité à savoir dire non et à faire entendre sa différence lors des réunions d'équipe mensuelles.

S'il est important qu'une entreprise encourage ses salariés à se différencier les uns des autres, c'est afin que l'esprit grégaire, encouragé par le besoin de sécurité, ne les conduise pas à mettre de côté leur individualité dans un délire fusionnel. Dans nombre de cas en effet, un groupe cherche à se souder le plus possible, marchant au même pas, ce qui comporte d'évidentes menaces totalitaires. Le manager doit prévenir ce risque, néfaste humainement, nuisible économiquement, et refuser de répondre au besoin de sécurité par un surcroît d'ordre et de hiérarchie.

Dans une démocratie d'entreprise 2.0, chacun doit pouvoir proposer des innovations aux manières de faire communes. Cette contribution personnelle pouvant se faire, ainsi qu'il en va par exemple dans le groupe Hervé, via des réseaux fonctionnels, s'il s'agit d'une proposition de changement technique, soit via la création d'un groupe de travail *ad hoc*, s'il s'agit d'une proposition de changement organisationnel. Non seulement chacun doit pouvoir proposer des améliorations, mais chacun est appelé à contester, exprimer sa différence voire sa divergence, sur le forum de discussion en ligne ou sur le *Wiki*. L'idée étant qu'une contestation, pour être constructive, doit se confronter le plus tôt possible à l'avis de nombreux pairs, de manière à se préciser, se corriger ou s'approfondir.

d) soient hautement informés

Un haut niveau d'information au sein d'équipes différenciées est une condition supplémentaire à une véritable participation des équipiers aux débats animant la démocratie d'entreprise. C'est le partage de l'information qui permet le partage du pouvoir, car comment des salariés feraient-ils preuve d'autonomie s'ils ne pouvaient pas se décider en toute connaissance de cause, c'est-à-dire en étant suffisamment informés des tenants et aboutissants de leurs actions ? « *La presse, les consultants et les travaux des chercheurs soulignent ainsi que l'avènement des nouvelles technologies de l'information et de la communication, en facilitant l'accès à l'information pour tous, permettrait un partage du pouvoir et une plus grande autonomie des salariés*[200]. » (Malone).

Inversement, la dissémination du pouvoir doit se doubler d'une dissémination des savoirs, sans quoi cela permet toutes les dérives. Dans un article intitulé *How organization socialize individuals into evildoing*, John M. Darley montre que lorsque les organisations fragmentent les responsabilités d'une part et l'information d'autre part, cela peut conduire à socialiser les individus dans des pratiques condamnables sans qu'aucun des acteurs ne soit malveillant. En effet, au sein de l'entreprise, du fait de la division du travail, un bien n'est produit qu'à la suite de plusieurs activités : un département s'occupe de la conception, un autre de la production, un troisième se consacre à la vente. Autrement dit, la production implique une départementalisation qui fait en sorte que l'information sur un produit est fragmentée au sein de ces divisions. L'organisation dans son ensemble contient probablement suffisamment d'informations sur la nocivité potentielle d'un produit, mais la fragmentation de l'information occasionnée par la division du travail fait en sorte qu'aucun individu n'est en mesure d'identifier ce danger, puisque chaque acteur ne détient qu'une parcelle d'information.

La question de la responsabilité est liée à celle de l'information. D'emblée, toute organisation a avantage à responsabiliser ses employés de façon à renforcer leur engagement envers l'entreprise et leur travail. Or, la dissémination du pouvoir risque également de provoquer une déresponsabilisation. Prenons l'exemple d'un nouveau médicament. Un groupe peut avoir la responsabilité de le produire, un autre devra en assurer sa mise en marché. Chaque département peut détecter un problème dans le médicament. Trop souvent, ils auront tendance à supposer qu'un autre département est mieux habilité à assurer la sécurité du produit. Ils peuvent également délester leur responsabilité par rapport aux futurs utilisateurs en supposant qu'ils ne détiennent pas suffisamment de pouvoir afin de corriger la situation.

---

200. T.W. MALONE, « Diriger et contrôler au XXIe siècle », *Expansion Management Review*, juin 1997.

La création d'un champ informationnel dense devrait permettre d'améliorer la conscience que chacun a de son environnement, afin qu'il puisse, en toute connaissance de cause, déterminer sa stratégie, son plan d'action. Combien de fois voit-on, au sein d'une entreprise, deux individus réinventer la roue chacun dans leur coin et adopter des stratégies totalement divergentes ? Ce partage de l'information est une condition de l'entraide dans une équipe : pour s'aider, encore faut-il que chacun sache ce que fait l'autre, ce dont il a besoin, et que l'autre sache ce qu'autrui peut lui amener. L'information sans la compréhension ne sert à rien.

e) comprennent ce qu'ils font

Un management participatif suppose que les salariés comprennent les informations qui leur sont données. Il ne suffit pas qu'ils soient abreuvés en informations de tous genres, encore faut-il que celles-ci fassent sens à leurs yeux, qu'elles nourrissent leur réflexion, alimentent leur créativité, voire fécondent leur pratique professionnelle. Ils doivent en percevoir les tenants et aboutissants, ce qu'elles supposent et ce qu'elles impliquent, par exemple pour leur métier. La démocratie dans l'entreprise n'aurait guère de sens si ceux qui sont amenés à contribuer directement à la prise de décision le faisaient aveuglément, sans conscience des enjeux. C'est pourquoi rien n'est plus nécessaire que de former le « personnel de première ligne » (*frontline staff*), c'est-à-dire la base, à comprendre la prise de décision dans les organisations traditionnelles. Décider de manière pertinente n'est pas tant affaire de connaissance que de pensée. Ce n'est pas la quantité de connaissances accumulées par un individu qui va le rendre plus à même de décider : cela peut aider, mais cela peut aussi handicaper. Être expert dans un domaine ne garantit pas la qualité de la prise de décision dans ce domaine[201], même si cela peut y contribuer. Pour

201. La crise financière débutée en 2007 a mis en lumière combien les prétendus experts dans un domaine, en l'occurrence la finance, pouvaient se révéler les plus aveugles dans leur domaine d'expertise. Immergés dans l'action, ces spécialistes de la finance internationale manquaient de recul, péchaient par excès de proximité avec ce dont ils parlaient. Ils n'ont pas su comprendre

prendre des décisions pertinentes, ce n'est pas beaucoup savoir qui est utile, mais bien penser. Or pour ce qui est de penser, un salarié de base est aussi bien armé qu'un cadre de direction : « *Beaucoup savoir n'apprend pas à penser* » (Héraclite). Le bon sens étant « *la chose au monde la mieux partagée* » (Descartes) et les informations pouvant être, pour peu qu'on le veuille, également réparties en tout point de l'entreprise, tout salarié peut être à même de décider d'une manière aussi pertinente qu'un cadre. Tant que l'information n'était pas aussi répandue à tous les niveaux hiérarchiques, il pouvait sembler légitime de ne rendre décideurs que ceux disposant d'informations suffisantes pour apprécier une situation. Mais maintenant que les nouveaux moyens de communication rendent l'information également accessible chez le salarié de base et le cadre de direction, il n'y a plus de raison de limiter la prise de décision à ce dernier.

Être en position de décider suppose seulement d'avoir les informations nécessaires et d'être doué de pensée. Ces deux conditions permettent de penser les informations, c'est-à-dire de les organiser, les relier, les critiquer, les soupeser. Tout salarié se trouve ainsi en capacité de décider. La démocratie dans l'entreprise est une démocratisation de la décision, comme elle était une démocratisation de la créativité : la décision, comme la créativité, n'est aucunement l'apanage d'un aréopage de hiérarques qui en seraient plus capables que les autres. « *Cette optique démocratique radicale* [d'une démocratie délibérative] *reprend pour partie l'idéal de la démocratie antique lorsqu'elle affirme que tout un chacun peut délibérer de façon raisonnable et que cette activité*

---

en profondeur, pas su anticiper, pas su évaluer correctement les risques ; ils n'ont pas vu ce que d'autres, nombreux, voyaient se profiler distinctement. Ceux qui ont vu arriver la crise et qui ont mis en garde de manière argumentée, comme un Nouriel ROUBINI, un George AKERLOF, un Robert SHILLER ou, dans une moindre mesure, un Emmanuel TODD, présentent tous la particularité d'être des généralistes de l'économie, pas des spécialistes de la finance. « *Mauro Guillén, professeur de management à la Business School de Wharton à Philadelphie, tente une explication :* "Ceux qui étaient hors du système avaient l'avantage de la distance." *Etonnant plaidoyer : les financiers prétendaient jusque-là que pour comprendre leur monde, il fallait l'appréhender "de l'intérieur". Et voilà qu'être "dedans" aurait constitué un handicap pour percevoir la crise !* » (*Le Monde* du 03/07/09).

n'est pas le monopole des élites[202] », écrivent Loïc Blondiaux et Yves Sintomer. Ce que le salarié de base perd peut-être en connaissances théoriques par rapport au diplômé de grande école, il le gagne en bon sens, en sens des réalités, en expérience, en connaissance du terrain. L'intelligence collective à l'œuvre dans l'organisation adaptative se nourrit de tout cela, à la fois des capacités d'abstraction des hauts diplômés et de l'esprit de concret des salariés de base, de sorte que les décisions collectives prises se trouvent enrichies d'une vraie diversité.

Pour que les membres d'une équipe puissent se trouver en situation de décider, il est de la responsabilité du manager de les abreuver en informations suffisantes et de stimuler la pensée collective au cours des réunions. Son rôle est d'accompagner la construction d'une pensée d'équipe, à partir des opinions individuelles. La fonction des réunions d'équipe est précisément de convertir les opinions des uns et des autres en une pensée, individuelle d'abord, collective ensuite. C'est au cours des réunions que, par la confrontation des opinions sous l'impulsion du manager, chacun va être amené à prendre en compte d'autres points de vue que le sien et ainsi à progressivement quitter son opinion pour se former une pensée, intégrant différentes opinions. La pensée est une complexification de l'opinion, une prise en compte de plusieurs opinions contradictoires qui les dépasse en un point de vue supérieur, plus compréhensif, plus vaste. Si le débat est absolument décisif en démocratie, c'est parce que c'est en et par lui que se forme le jugement des participants. Une prétendue démocratie dont le choix des citoyens ne serait précédé d'aucun débat public, ne serait qu'une démocratie d'opérette : une démocratie d'opinion, dans laquelle Platon voyait un bateau ivre, ballotté au gré des passions dominantes du moment, le plus critiquable des régimes[203].

« *La décision légitime n'est pas la volonté de tous,* insiste Bernard Manin, *mais celle qui résulte de la délibération de tous : c'est le*

202. Loïc BLONDIAUX et Yves SINTOMER (dir.), revue *Politix* n° 57, « Démocratie et délibération », Hermès, 2002, p. 23.

203. PLATON, *République*, I, 488a, 489a.

processus de formation des volontés qui confère sa légitimité aux résultats, non les volontés déjà formées[204]. » « *La norme n'est légitime que si elle est fondée sur des raisons publiques résultant d'un processus de délibération inclusif et équitable, auquel tous les citoyens peuvent participer et dans lesquels ils sont amenés à coopérer librement*[205] », précisent Loïc Blondiaux et Yves Sintomer.

Dans une démocratie d'entreprise, la pensée doit donc être organisée, pour ne pas laisser chacun à ses premières impressions sur un sujet donné et l'ouvrir sur d'autres perspectives. La réunion tient lieu d'*agora*, où s'échangent des arguments à fréquence régulière. Si les connaissances ne sont pas déterminantes pour décider, et si des informations suffisent pour nourrir la pensée des participants à une réunion, il n'est néanmoins pas inutile que tous puissent bénéficier de l'éclairage averti de tel ou tel spécialisé dans un domaine. Certaines décisions techniques peuvent en effet demander plus que de simples informations : une vraie technicité. C'est la raison pour laquelle il est pertinent d'avoir dans chaque équipe un référent davantage spécialisé que les autres dans tel ou tel domaine sur lequel l'équipe peut être amenée à statuer : un référent juridique, un référent comptabilité, un référent ressources humaines, un référent pour tel métier, etc.

Dans le groupe Hervé, cela se traduit par la présence, dans presque chaque équipe (car cela se fait sur la base du volontariat), d'un « animateur réseau » pour la gestion budgétaire, les questions de santé/sécurité/environnement, la production travaux, la production maintenance, la logistique, etc. Il y en a douze, correspondant à autant de réseaux fonctionnels. Dans une équipe de vingt personnes, douze d'entre elles se trouvent donc avoir une « double casquette » : une compétence opérationnelle et une compétence fonctionnelle. Les décisions prises en équipe en portent la marque : elles sont éclairées en permanence par le point de vue de techniciens au fait des problèmes.

---

204. Bernard MANIN, « Volonté générale ou délibération. Esquisse d'une théorise générale de la délibération politique », in revue *Le Débat*, n° 33, 1985.
205. Loïc BLONDIAUX et Yves SINTOMER, revue *Politix* n° 57, « Démocratie et délibération », Hermès, 2002, p. 18.

f) s'impliquent dans la vie de l'entreprise

Plus les salariés comprendront les tenants et aboutissant des sujets sur lesquels ils sont appelés à prendre position, plus, inéluctablement, ils s'intéresseront à une plus grande diversité de sujets que ne les y prédisposait leur formation initiale. Dans une entreprise traditionnelle, au sein de laquelle chaque salarié est spécialisé dans un domaine ; il n'a guère d'occasions de s'ouvrir à d'autres domaines, pourtant non moins décisifs que le sien pour la bonne marche de son entreprise. N'y comprenant goutte, il ne risque pas de développer une compréhension générale des buts qu'elle poursuit, de comprendre pourquoi telle décision est prise par la hiérarchie, etc. En revanche, dans une entreprise démocratique, les salariés, étant en quelque sorte obligés de prendre des décisions dans des domaines excédant leur champ de compétence particulier, sont conduits à s'intéresser à tous les domaines liés à la vie de l'entreprise : à chaque réunion, ils reçoivent des informations et un éclairage technique concernant le point sur lequel ils sont invités à statuer. En conséquence de quoi ils développent leur curiosité et, de là, leur capacité d'innovation. Comprenant mieux les différentes dimensions constitutives de l'entreprise, ils s'attachent davantage à celle-ci et souhaitent s'y impliquer.

Nous voyons ici combien la participation à la vie de l'entreprise est à la fois une cause et une conséquence du management participatif. Une cause, en ce sens que c'est parce que les salariés ne se désintéressent pas des affaires communes (« *res publica* ») qu'il devient possible de les rendre participants de la prise de décision. Une conséquence, dans le sens où un management participatif est censé rendre les individus plus participatifs qu'ils ne l'étaient auparavant : en organisant la circulation des informations et les interactions entre les personnes, en facilitant la compréhension par chacun des enjeux, le manager attise l'intérêt des membres pour les affaires communes. Les membres d'une organisation ne rechignent en effet à s'investir dans la vie de l'organisation que s'ils n'en comprennent pas suffisamment les enjeux et s'ils perçoivent que leur avis ne compte pas.

Comme l'avaient bien perçu les Grecs, ces inventeurs de la démocratie, la liberté est à la fois cause et conséquence de l'activité politique. C'est parce que les hommes sont naturellement libres qu'ils peuvent mener une vie politique et c'est pour se libérer toujours davantage qu'ils ont à y participer. Traduit en termes contemporains de management, cela signifie que c'est en participant à la vie de leur équipe et/ou de leur entreprise que les individus se libèrent. La liberté n'est pas tant donnée qu'à conquérir par une implication active dans les affaires communes : les débats préalables permettent aux salariés de dépasser leur opinion spontanée (prisonnière d'a priori et de réactions « épidermiques ») pour se construire un jugement réfléchi, et les décisions finalement prises leur permettent de n'être soumis qu'à des règles à l'élaboration desquelles ils ont contribué, ce qui est la définition de l'autonomie. Autrement dit, c'est dans la mesure où il participe aux délibérations collectives et contribue à la prise de décision finale qu'un salarié peut être dit, dans le champ de sa vie professionnelle, non seulement indépendant mais autonome. Un salarié qui ne participerait pas à l'élaboration de la prise de décision collective serait hétéronome, c'est-à-dire soumis à des règles décidées par d'autres, et non autonome.

Comme le soulignait Aristote dans sa *Politique*, l'homme n'est pas seulement un animal social, comme les abeilles ou les termites, mais aussi un animal politique. L'homme s'épanouit dans une activité politique ; c'est en participant à la vie de la *polis*, de la Cité, c'est-à-dire à tout ce qui concerne les affaires communes, qu'il atteint son *telos*, c'est-à-dire l'accomplissement de son humanité. Il se réalise quand, tant dans sa vie privée que professionnelle, il a part à la définition des fins collectives auxquelles il se trouve soumis ; quand il n'est pas seulement déterminé, mais aussi déterminant, quand il n'est pas seulement agent, mais acteur[206]. Comment prétendre réaliser le bien-être de salariés si on les empêche d'atteindre, la plénitude de leur humanité, laquelle passe par leur participation à l'élaboration des normes collectives ?

---

206. « *Est citoyen*, écrivait Aristote, *celui qui est capable de gouverner et d'être gouverné* ».

Réduit à n'être qu'un animal social, condamné à fonctionner selon des règles sur lesquelles il n'a pas prise, l'homme ne peut accéder à un réel épanouissement personnel. Amputé de sa dimension politique, l'homme vivote, mais ne vit pas. Il ne sert à rien de vouloir « remettre l'humain au centre » si ce qui est visé, c'est une humanité atrophiée. « Mettre l'humain au centre », ne serait-ce pas aller au bout de la logique consistant à faire de l'humanité une cible ? Il est vain de chercher à limiter les effets douloureux du manque de participation des salariés à la prise de décision par l'administration régulière à cette humanité structurellement blessée de doses de « développement personnel » ou d'*empowerment*. Il est ô combien plus efficace de redonner à ces salariés accès à la dimension politique de leur existence. Dans la mesure où l'homme tend naturellement à s'accomplir dans une vie politique (où s'exprime l'ambivalence de sa nature à la fois déterminée et déterminante), la fonction de manager ne consiste qu'à supprimer les obstacles, externes ou internes, à la pleine expression de la nature politique de ses coéquipiers : captation du pouvoir de décision par la ligne hiérarchique d'une part, autocensure d'autre part.

S'il est vrai que, suivant l'enseignement des premiers démocrates, un individu est d'autant plus libre qu'il participe, et que chacun se libère en participant à la vie du corps politique[207], alors apparaît l'importance d'un management participatif pour une organisation soucieuse de maximiser l'innovation de ses membres : c'est de sa capacité à rendre chacun participant de la vie collective dont dépendent la liberté et donc l'innovation individuelles. Ce qui est visé, *in fine*, est bien de constituer une société d'acteurs, pas de spectateurs. Il est important que chaque membre d'une équipe participe activement et sincèrement, sans quoi, la nature ayant horreur du vide, le

207. La liberté des Grecs est une liberté politique, une liberté-participation. L'individu n'est libre que dans la mesure où il participe à la liberté, à la souveraineté de la Cité, et il se libère d'autant plus qu'il participe à la vie politique. Ce que l'on peut aussi exprimer, selon les catégories de Benjamin Constant, en termes de liberté des Anciens, opposable à une liberté des Modernes conçue, elle, au contraire, comme « *non-interférence* », « *silence des lois* » et « *exemption au service de la communauté* » (Hobbes).

responsable hiérarchique sera incité à intervenir d'autant plus que le reste du groupe intervient moins. Il ne faut pas refuser de voir que, parfois, une équipe a une part de responsabilité dans le pouvoir personnel trop affirmé que s'autorise à exercer son chef : c'est aussi qu'on lui a laissé la place de le faire, voire que, en se mettant en retrait, on l'a implicitement appelé à faire preuve d'interventionnisme ou de dirigisme. Comme l'écrit Kant de manière cinglante : « *Si tu te fais ver de terre, ne sois pas surpris si on t'écrase avec le pied* ». La ligne hiérarchique des entreprises autoritaires, au management directif, n'est donc pas seule fautive : la responsabilité est partagée.

g) jouissent de la plus large autonomie effective : subsidiarité et empowerment

Au minimum, l'*empowerment* consiste, pour quelque individu que ce soit, à se prendre davantage en main, à assumer davantage les responsabilités qui sont les siennes, ce qui est censé se traduire, pour un manager de proximité par exemple, par le fait d'assumer pleinement sa fonction. L'*empowerment* désigne alors un processus visant à la complétude professionnelle (remplir intégralement son poste) et/ou à la plénitude personnelle (réalisation de soi). Un individu *empowered* a un « *sentiment de grand contrôle sur sa vie*[208] », ce qui suppose, de la part de l'organisation, de « *donner aux collaborateurs la responsabilité et les moyens de leur autonomie*[209] », sans quoi l'*empowerment* se réduit à n'être qu'un slogan, un effet de communication dépourvu de toute réalité effective, plaçant de surcroît les salariés devant une injonction paradoxale (« Soyez autonomes, même si on refuse que vous en ayez les moyens ! »).

L'*empowerment* suppose donc deux choses : que l'autonomie soit effectivement permise par une organisation du travail adéquate, laissant à chacun la possibilité de déterminer lui-même ses objectifs et

---

208. Bruno FORTIN, « Empowerment : appropriation ou réappropriation de son pouvoir ».
209. Jean-Pierre LE GOFF, *Management et imaginaire social*, CNAM, coll. « Université de tous les savoirs », Paris, 18 mai 2000.

les moyens qu'il leur alloue ; que les membres de l'organisation se saisissent effectivement de cette faculté qui leur est offerte en ne reculant pas devant l'exercice de leurs responsabilités. Dans le cadre d'une démarche d'*empowerment*, chacun doit faire sa part de chemin : l'organisation autorise ses membres à prendre eux-mêmes toutes initiatives qu'ils jugent appropriées pour résoudre efficacement un problème donné ; les individus se mettent en position d'acteurs et non plus de spectateurs, de consommateurs ou de mineurs attendant passivement une directive. Il ne faut pas se leurrer, ces deux conditions sont difficiles à réaliser : dans les faits, par-delà les discours magnifiant la confiance comme principe fondateur du management, les entreprises renâclent à faire pleinement confiance à leurs salariés ; d'un autre côté, par-delà les revendications convenues exigeant plus de liberté, les salariés rechignent à assumer le risque inhérent à toute prise d'initiative.

L'affaire n'est pas simple. Ce qui est sûr, c'est que les réformes organisationnelles doivent toujours précéder les réformes managériales, dans la mesure où il faut d'abord que l'organisation permette l'autonomie pour que chacun puisse ensuite, saisissant la perche qui lui est tendue, le devenir effectivement. Pour autant, les réformes organisationnelles sont une condition nécessaire quoique non suffisante à l'implémentation de l'*empowerment* dans l'entreprise. Une organisation soucieuse de mettre en place une véritable politique d'*empowerment* ne peut pas se contenter d'instaurer, au niveau organisationnel, une démocratie doublée d'une réelle subsidiarité, elle doit aussi mettre en place un mode de management qui favorise un développement personnel de ses employés tel qu'ils s'autoriseront à se vivre au quotidien comme effectivement autonomes. La démarche d'*empowerment* suppose donc, corrélativement, une démarche de développement personnel ; elle n'a pas seulement « *pour objet d'augmenter le pouvoir des employés mais de libérer la connaissance et la motivation que les employés ont en eux*[210] ».

210. Claire DAMBRIN et Caroline LAMBERT, « Les salariés sont de plus en plus autonomes, c'est l'ère de l'*empowerment* ! », in *Petit Bréviaire des idées reçues en management*, sous la direction d'Anne PEZET et Samuel SPONEM, éd. La Découverte, Paris, 2008, p. 122.

IV – Être manager dans un contexte de coopération

Construire un lien politique

L'objectif d'une entreprise organisée en vue de maximiser son potentiel d'innovation est de faire en sorte que ses salariés se sentent les plus libres possibles, de manière à accroître leur créativité. Dans cette perspective, la fonction d'un management participatif est de les faire grandir en liberté, en les rendant davantage participants des affaires « publiques » de leur entreprise, celles qui les concernent tous. Le management participatif ne laisse pas chacun là où il est, à ce qu'il s'imagine a priori (i.e. son opinion) : en l'immergeant dans le bain des affaires communes et des débats d'équipe, il le pousse à se poser des questions, à prendre position, à dépasser son opinion pour se former un jugement, une pensée. La réunion d'équipe a ainsi une fonction proprement politique : celle de faire évoluer chacun, de le faire progresser dans la conscience qu'il a des problèmes et des enjeux. C'est dans et par la réunion d'équipe que se construit du lien politique, en tant qu'il se distingue d'un simple lien social.

Alors qu'un lien social se constate, un lien politique se construit ; un lien social est dû à des déterminismes biologiques ou culturels (les liens sociaux qui unissent les fourmis sont biologiques), un lien politique résulte d'un arrachement aux déterminismes ; un lien social est dû à une commune appartenance (à une ethnie, une culture, une religion, une entreprise...), un lien politique est toujours la conséquence d'une commune volonté. Un lien politique entre des personnes peut n'avoir rien de social : tout peut les séparer (la géographie, la culture, l'ethnie...) à l'exception de l'orientation politique, c'est-à-dire par exemple de la commune volonté de se soumettre aux décisions prises collectivement. Le manager, dans ces conditions, est l'agent politique par excellence : il tisse du lien politique entre les membres de l'équipe, par-delà les différences sociales qui déterminent autant d'opinions devant être dépassées. Le lien qui unit les membres d'une équipe doit en effet être de nature politique et non pas sociale : il faut chercher à entreprendre ensemble pour une idée, pour une réalisation, pour un client, et non parce que nous appartenons à la même communauté. Le lien social peut être une base, jamais une finalité, sans quoi ce qui se perd est l'ouverture sur l'extériorité dont dépend la vigueur de l'innovation.

Cadre en dehors des cadres

Dans un environnement démocratique, la fonction organisatrice de la coopération ne saurait être de contrôler et de punir, raison pour laquelle nous préférons le terme de «manager» à celui de «cadre». Les mots «cadres» et «encadrement» sont en effet loin d'être satisfaisants, s'agissant d'un environnement coopératif, en raison du cadre, justement, dans lequel ils se sont formés. Le «cadre» de l'armée était primitivement celui qui assurait la bonne ordonnance du carré que formaient les hommes de rang. Le «cadre» est donc associé à une notion de discipline, non à l'idée d'autorégulation, voire de créativité, que le manager 2.0 est censé promouvoir. Nous passons du chef au manager, qui ne commande plus mais influence, n'impose plus mais propose. S'agissant de ses qualités intrinsèques, la première chose à relever est que, dans une économie de l'innovation, c'est la capacité à dominer la complexité, à embrasser l'incertitude, à sortir de tout cadre préétabli, à faire preuve d'entre-prise comme le gibbon, c'est-à-dire d'agilité entrepreneuriale, d'intelligence de situation, qui permet à un salarié de faire la différence. Lorsque le contexte est complexe, une tête bien faite est plus utile qu'une tête bien pleine, car c'est la tête bien faite qui, même dotée de peu de connaissances, est douée d'intelligence – c'est-à-dire de capacité à *lier ensemble* des éléments de savoir de plus en plus fragmentés –, qualité déterminante pour entre-prendre – c'est-à-dire pour *prendre ensemble* les données d'une situation et les transformer en une offre commerciale améliorant l'existant. L'*inter-ligere* est la condition de l'entre-prendre, cet art de l'improvisation – au sens où un artiste improviste, parvenu au faîte de sa maîtrise –, de l'adaptation permanente à l'évolution de l'environnement. Et pour s'adapter, pour répondre à la singularité d'une situation managériale autant qu'à une demande client spécifique, il vaut mieux être capable de penser hors des cadres tout faits hérités du passé: «*inventer, c'est penser à côté»*, disait Einstein. A tout prendre, il vaut mieux que le manager fasse davantage preuve d'intelligence inventive que d'érudition, car penser n'est pas connaître, éduquer n'est pas instruire. C'est la raison pour laquelle un salarié ordinaire, autodidacte, sans bagage théorique important, peut tout autant, sinon mieux, exceller dans une fonction managériale, qu'un diplômé bardé de connaissances livresques. Mais ces considérations générales ne nous en disent encore que trop peu sur le métier de manager 2.0. En quoi consiste, au juste, la fonction de manager, lorsqu'il s'agit de faire preuve de management participatif tout en étant non directif? Pour clarifier les choses, nous pouvons distinguer, de sa part, une action sur chacun des membres de l'équipe, et une action sur l'ensemble de l'équipe, étant entendu que naturellement toute action sur l'un des deux termes influe sur l'autre.

S'agissant de l'action sur les individus

Fonction initiatrice

Le manager est d'abord celui qui initie le processus démocratique, qui dispose le cadre nécessaire, mais il est aussi une médiation par laquelle les individus se révèlent à eux-mêmes et à leurs collègues. Il est essentiellement celui qui initie à la réalité de la liberté (exigeante, responsabilisante), par-delà ses apparences dont peuvent se satisfaire ses coéquipiers.

a) Le manager a d'abord une fonction fondatrice : il donne l'impulsion initiale, pour *obliger* chacun à vivre librement (pour rompre les chaînes des prisonniers de la Caverne[211], les forcer à se libérer). Il dispose les éléments constitutifs du cadre le plus favorable à l'épanouissement de la liberté des membres du groupe. «Il faut être très précis sur le cadre de fonctionnement si on veut générer de la liberté pour les individus[212].» D'une certaine manière, le manager com-

211. Cf. l'allégorie de la caverne présentée par PLATON au livre VII de *La République*.

212. Michel HERVÉ, *De la pyramide aux réseaux* (en collaboration avec Alain d'IRIBARNE et Elisabeth BOURGUINAT), éditions Autrement, 2007.

mence par imposer un cadre, lequel pourra ensuite être critiqué. Il faut assumer ce paradoxe qu'une période de « dictature » puisse être nécessaire à la mise en place d'une démocratie dans l'entreprise, compte tenu des résistances de la hiérarchie traditionnelle face à ce qui représente pour elle une perte de pouvoir.

b) Par une habile maïeutique, le manager aide ses coéquipiers à accoucher d'eux-mêmes, c'est-à-dire :

– à *affirmer* leur différence, dans le double sens de l'approfondir et de l'exprimer. En encourageant l'affirmation par chacun de sa singularité, il accompagne vers la liberté. L'individu est en effet plus libre quand il prend conscience de sa singularité et qu'il peut l'affirmer ;

– à ne pas se mentir, ne pas se raconter d'histoires, sur eux-mêmes et sur les autres. Le manager aide chacun à faire la lumière, la vérité sur soi-même, c'est-à-dire à progresser dans la connaissance de soi, en faisant intervenir la médiation des pairs, qui sont les mieux placés pour dire à l'intéressé la manière dont ils le perçoivent. Ce travail de clarification s'opère soit dans le cadre exceptionnel d'une évaluation annuelle, soit dans celui plus régulier des réunions d'équipe. Le manager initie donc le processus de révélation de soi à soi qui sera mené par les pairs. En jouant lui-même un rôle de miroir ou en invitant d'autres à jouer ce rôle, en questionnant (« management par le vide »), le manager permet aux membres de son équipe de mettre à jour leur différence et leur valeur ajoutée dans le groupe, c'est-à-dire d'y trouver leur place. En aidant le salarié à se trouver, il l'aide à trouver sa propre place ;

c) Avant même de faire vivre son équipe en l'animant, le manager la constitue : il est seul à pouvoir embaucher et licencier. Son rôle est ainsi d'abord celui d'un sélectionneur. Cette fonction est absolument déterminante. Si l'on peut considérer que « *l'art de la réussite consiste à savoir s'entourer des meilleurs* » (John Fitzgerald Kennedy), cela ne signifie pas que seuls les meilleurs aient leur place dans une équipe. Comme le savent bien les managers sportifs, une équipe est plus qu'une somme d'individualités, si excellentes soient-elles. La meilleure équipe n'est pas nécessairement celle qui est composée des meilleurs, c'est celle dont les individus, si médiocres soient-ils, produisent le meilleur collectif.

Fonction protectrice

Dans la mesure où, comme nous l'avons vu, ce n'est qu'à partir du moment où des individus se sentent suffisamment en sécurité qu'ils s'autorisent à être libres et donc à créer, la première fonction du manager, après avoir initié le processus de coopération, est d'assurer la sécurité du groupe, de s'exposer pour le préserver.

a) Contre l'extérieur : paratonnerre

L'une des utilités d'un manager est de servir de paratonnerre à ses coéquipiers. Leur chef leur couvre le « chef », il les protège. C'est lui qui subit les foudres de la direction en cas de dégradation du résultat. Son rôle est de faire écran, de ne pas répercuter sur ses subordonnés la pression que lui-même subit, de la part de l'environnement (clients, fournisseurs...) ou de sa propre hiérarchie. Patrick Fridenson rappelle dans la première partie des *Nouvelles frontières du travail subordonné*[213] combien le lien de subordination a aussi un caractère protecteur pour les employés, en raison de quoi supprimer purement et simplement les chefs des organisations serait nuisible aux équipes. Le manager endosse aussi les décisions difficiles. Ayant plus de visibilité que les autres membres du groupe, il est plus exposé, de sorte que c'est lui qui servira de victime expiatoire – le fameux « bouc émissaire » du peuple juif[214] – au groupe lorsque celui-ci se trouvera agressé et aura besoin de refaire son unité, contre quelqu'un. Ce à quoi tient le caractère sacré du manager, sacralisé en « chef » : il est le premier qu'on

213. *Les Nouvelles Frontières du travail subordonné*, sous la direction d'Héloïse PETIT et Nadine THEVENOT, éd. La Découverte, 2006.
214. *Lévitique*, XVI, 7-10 et 20-22. Il s'agissait à l'origine d'un rite expiatoire : un bouc, porteur des fautes des Israëlites, était annuellement lâché dans le désert à l'occasion de la fête de Yom Kippour et adressé à Azazel, démon sauvage dont le nom signifie « dieu-bouc ».

sacrifie[215]. S'il faut un coupable, ce sera lui. La position (hiérarchique) suscite l'opposition : il est la cible privilégiée de toutes les critiques, il cristallise autour de sa personne toutes les insatisfactions.

Il n'est pas absurde de considérer que la sacralité du chef tient à ce que chacun de ses coéquipiers cherche, même inconsciemment, en le chargeant de tous les maux, à lui « faire la peau ». Comme l'a montré Freud, le sacré repose sur un meurtre, une violence incontrôlée. René Girard saura exploiter cette relation et développera dans *La Violence et le sacré* l'importance fondamentale prise par le phénomène religieux dans toute société[216]. Il explique notamment comment le bouc émissaire, dans un groupe humain, permet une unilatéralisation sur lui de la violence collective qui fait sortir de la circularité indéfinie de la violence, assurant ainsi l'unité de la collectivité. Il a un rôle libérateur. Le problème, c'est que ce report de la faute des autres sur un seul exonère chacun de sa responsabilité.

Le sacré nous libère certes de notre culpabilité, mais aussi de notre responsabilité individuelle. Aussi est-il important dans une organisation de désacraliser le pouvoir du supérieur hiérarchique, comme nous le verrons plus loin, de manière à ce que l'exercice de ce pouvoir renforce la liberté des coéquipiers au lieu de les déresponsabiliser. « *On considère le chef d'entreprise comme un homme à abattre* [i.e. un bouc émissaire] *ou une vache à traire. Peu voient en*

---

215. René GIRARD rappelle que le sacrifice est l'essence du sacré : être sacrifié, c'est être rendu sacré (« *sacer* »).

216. Selon René GIRARD, le religieux est la réponse trouvée par les hommes pour contrer l'irruption du chaos, du désordre. De fait, la religion fait davantage qu'administrer le sacré, elle le canalise. Reprenant à son compte l'interprétation freudienne du meurtre primitif, René Girard la confronte au christianisme. Toutes les religions, explique-t-il, mettent fin au désordre en organisant le sacrifice d'une victime émissaire, tenue pour responsable de tous les maux du groupe. Dans la religion chrétienne, la victime, pour la première fois, est innocente. La passion du Christ a principalement valeur didactique : Jésus accomplit en quelque sorte le sacrifice une fois pour toutes, sur lui-même, et disqualifie du même coup toutes les autres pratiques religieuses dont l'injustice et la cruauté sautent désormais aux yeux. Il faut, explique le christianisme, protéger l'individu innocent contre la violence du groupe, toujours injuste, mais qui trouve ses racines dans la nature du désir humain. Voilà pourquoi, pense René Girard, le christianisme est à l'origine de la démocratie comme de l'individualisme.

lui le cheval qui tire le char. » (Churchill). Il doit résister à la tentation de « faire à la place de », ce qui déresponsabilise son équipe qui sait pouvoir se reposer, *in fine*, sur le savoir-faire du chef, ou se couvrir derrière lui en cas d'échec. S'il doit protéger, le manager ne doit pas surprotéger, c'est-à-dire démobiliser des libertés qu'il cherchait au contraire à stimuler.

b) Contre soi-même : garantir la cohérence de chacun avec ses objectifs

Pour amener ses coéquipiers à la liberté, le manager commence par assurer leur survie en se tenant prêt à se sacrifier pour eux (bouc émissaire, paratonnerre), ce pourquoi il est sacralisé. À dire vrai, il ne garantit aucune sécurité, il se contente d'avertir, de faire prendre conscience de certaines menaces, à commencer par le manque de fidélité à soi. Il aide en effet chacun à rester cohérent avec lui-même, en cohérence avec les objectifs qu'il s'est fixés. Il aide chacun à ne pas céder aux illusions du court-terme, à privilégier son bien à long terme sur sa satisfaction à court terme. Si l'autorité d'un chef est souhaitable, c'est pour aider les hommes à se tenir à ce qu'ils veulent vraiment, à être fidèles à leur propre volonté et parole, sans céder aux tentations de facilité du moment. Il rappelle à chacun ses engagements. Car les hommes sont d'ordinaire inconstants. L'homme est ainsi constitué qu'il fait le mal qu'il ne veut pas et ne fait pas le bien qu'il veut[217]. Il se trouve que « *l'homme a été taillé dans un bois si tordu* » (Kant) qu'à moins de le redresser de l'extérieur, on n'en pourra jamais tirer quelque chose

217. Dans son *Épître aux Romains* (vers 55 après J-C), saint Paul déclare : « *Je ne fais pas le bien que je voudrais faire, je fais le mal que je ne voudrais pas faire* » (VII, 19). Ovide, en ses *Métamorphoses* (an I après J-C), met quant à lui ce vers dans la bouche de Médée : « *Video meliora proboque, deteriora sequor* », je vois bien ce qui est meilleur, je l'approuve, et c'est le pire qui m'entraîne. Et Racine reprend le thème, dans sa « Plainte d'un chrétien sur les contrariétés qu'il éprouve au-dedans de lui-même » (1694) : « *Mon Dieu ! Quelle guerre cruelle : / Je trouve deux hommes en moi... / Hélas, en guerre contre moi-même, / Où pourrais-je trouver la paix ? / Je veux... et n'accomplis jamais ! / Je veux mais, ô misère extrême, / Je ne fais pas le bien que j'aime / Et je fais le mal, que je hais !* » (in *Cantiques spirituels*). Tous disent suivre le pire tout en voulant le meilleur.

de tout à fait droit. Il est constamment attiré par la facilité, se laisse facilement séduire par les mirages du court-terme.

Dans ces conditions, l'homme a besoin d'entraîner sa volonté, de prendre une bonne habitude, ce qu'il ne peut faire seul. Le manager est comme l'entraîneur du sportif : il aide celui-ci à atteindre ses objectifs en s'en donnant les moyens concrets et en le poussant à repousser ses limites. La fonction du manager est de faire un travail qui ne nous est pas agréable, d'élaguer ce qui en nous n'est pas conforme à notre propre orientation, nous aider à nous en tenir à notre résolution, nos objectifs. Le manager est le garant de ce que les orientations de long terme ne sont pas sacrifiées par les séductions du court-terme ; autrement dit, il incarne la constance de la volonté, qui ne doit pas se laisser dévier par les variations des désirs. L'homme a besoin d'un manager, parce qu'il n'arrive pas à s'en tenir à ses résolutions. Il a besoin d'un maître qui l'oblige à ne pas tout sacrifier aux séductions du court terme. Le chef est donc bien utile : faire sans, c'est exposer davantage ses salariés. Supprimer les chefs dans une entreprise, c'est faire un cadeau empoisonné. C'est surtout jeter le bébé avec l'eau du bain : ce qui sera gagné d'un côté sera perdu au centuple de l'autre. Il y a plus d'inconvénients que d'avantages à supprimer les chefs et toute organisation hiérarchique. Il est plus astucieux, comme nous le verrons, de subvertir la hiérarchie de l'intérieur, ne serait-ce qu'afin d'éviter qu'en supprimant purement et simplement une hiérarchie institutionnelle ne renaissent des hiérarchies naturelles plus contraignantes encore.

Fonction libératrice : faire en sorte que chacun s'autorise à être libre

Les fonctions initiatrices et protectrices du manager étaient déjà intégralement orientées vers la liberté des membres de l'équipe. Il ne s'agit maintenant plus seulement, pour le manager, de disposer les éléments du cadre favorisant le mûrissement des libertés, ou de protéger celles-ci de l'extérieur ou d'elles-mêmes, mais de créer les conditions d'une prise de conscience par chacun qu'il peut oser la liberté.

a) Le paradoxe d'une domination visant la non-domination

«*La vertu de justice consiste, si on est le supérieur dans le rapport inégal des forces, à se conduire exactement comme s'il y avait égalité*», écrit la philosophe Simone Weil dans *Attente de Dieu.* La présence d'un «chef», au sens de responsable hiérarchique, ne signifie pas nécessairement qu'il exerce une domination. Il peut s'agir, comme dans le cas de la «domination» politique, d'une domination paradoxale, car libératrice. Le «bon chef», c'est celui qui libère de toute domination, qui assure la non-domination des plus forts sur les plus faibles, des plus habiles dialecticiens sur les moins éloquents. C'est cette fonction «politique» que le manager est appelé à exercer: il assure la prédominance du politique sur le social[218], de l'état de droit sur l'état de nature qui, sans lui, règnerait dans l'équipe, et où les plus forts feraient leur loi. «*La politique a pour essence la suppression de toute forme de domination – aussi bien celle de l'État sur les citoyens que celle des individus privés les uns sur les autres*[219]», écrit l'un des spécialistes français de philosophie politique, Jean-Fabien Spitz.

Cette responsabilité d'un affranchissement à l'égard de toute domination est, dans le cadre d'une organisation à responsabilité intégrale, dévolue au manager et, dans la sphère politique, dévolue à l'État[220], censé transcender tout intérêt particulier – notamment les volontés de domination des particuliers –, pour ne servir que le seul intérêt général: «*La non-domination ne peut être l'œuvre que*

---

218. La fonction de la politique est de libérer, contrairement à ce qu'insinue la mythologie contemporaine de la gouvernance qui réduit le pouvoir politique à un pouvoir parmi d'autres.

219. Jean-Fabien SPITZ, *Le Moment républicain en France*, Gallimard, 2005, p. 61.

220. Pour l'esquisse d'une conception de l'État démocratique qui empêche la domination par l'État et permet de garantir le caractère non arbitraire de l'action de la puissance publique, voir P. Pettit, *Républicanisme, Une théorie de la liberté et du gouvernement* [1997] (tr. Fr., Gallimard, 2004), mais aussi, du même auteur, *A Theory of freedom: from the psychology to the politics of agency* (Oxford University Press, 2001) ainsi que «Republican liberty and its constitutional significance» (*Australian Journal of legal philosophy*, vol. 25, n° 2, 2000, p. 237-256). La liberté des républicains, conçue comme non-domination, est bien autre chose que la liberté des libertariens anglo-saxons, conçue comme non-interférence: comme y insiste Jean-Fabien Spitz, l'interférence n'est pas arbitraire et n'aliène pas la liberté si elle contribue à la justice des institutions qui fonde la validité du contrat.

d'une puissance publique impartiale dont l'essence est de contenir les intérêts particuliers et d'empêcher les phénomènes de domination qui résultent nécessairement de leur libre jeu et de l'inégalité qui l'accompagne[221] »; «*L'État n'est jamais un but en soi et il n'a pas d'intérêt distinct de celui des individus dont sa tâche est d'assurer la franchise contre toute domination*[222] »; «*Sans la puissance publique, la société n'est pas libérale mais féodale, elle n'est pas faite de libertés mais livrée aux appétits de la domination privée*[223] »; «*La puissance publique est le brise-glace qui empêche la solidification des hiérarchies, et elle le fait d'abord en instaurant le règne du droit et en empêchant quiconque de se soustraire à la règle commune ou de profiter d'une puissance matérielle acquise*[224]. »; «*La puissance publique est la seule instance capable de garantir à chacun cette liberté comme non-domination et d'agir pour la diffusion des moyens d'anti-pouvoir*[225] *dont elle dépend dans une société de marché*[226]. »

S'il faut des chefs dans les organisations, c'est pour empêcher les dominations, ce qui permet de voir dans le chef «*non plus une limite (...) mais un auxiliaire*» à la liberté (Proudhon). Ce n'est en effet pas parce qu'il y a de mauvais chefs qu'il faut supprimer les chefs en tant que tels: ce serait jeter le bébé avec l'eau du bain et appliquer un remède pire que le mal. Grand en effet est le risque que, en cherchant à s'affranchir de toute domination, par exemple en supprimant les chefs, on aboutisse, «*à une situation plus pénible et plus périlleuse que la situation antérieure, qui était sous la domination mais également sous la protection d'une autorité extérieure*» (Noam Chomsky). La relation politique qui s'établit entre un chef et un subordonné a pour fonction de libérer, et d'abord de libérer le subordonné du chef: «*N'est-il pas vrai que nous croyons tous d'une manière ou d'une autre*

221. Jean-Fabien SPITZ, *Le Moment républicain en France*, Gallimard, 2005, p. 40.
222. *Ibid.* p. 44.
223. *Ibid.* p. 46.
224. *Ibid.* p. 46.
225. Cf. P. PETTIT, «Freedom as antipower», *Ethics*, 106 (1996), p. 576-604.
226. Jean-Fabien SPITZ, *Le Moment républicain en France*, Gallimard, 2005, p. 56.

que la politique n'est compatible avec la liberté que parce que et pour autant qu'elle garantit une possibilité de se libérer de la politique?» (Hannah Arendt, *La Crise de la culture*). Le bon manager est un bon formateur, au sens où André Gide disait qu'*«un bon formateur a ce souci constant: enseigner à se passer de lui»*. C'est en ce sens encore que l'on peut dire du bon manager qu'il est un éducateur: *e-ducere* signifiant «conduire hors de», son rôle consiste à amener ses coéquipiers à ne plus avoir besoin d'être conduits par quiconque d'autre qu'eux-mêmes. Eduquer à la liberté est la seule justification légitime à l'autorité d'un homme sur un autre homme.

La légitimité d'une autorité se mesure à sa capacité à libérer d'elle-même, à faire grandir ses subordonnés en autonomie. Une autorité s'évalue à ce qu'elle fait grandir dans la liberté, à ce qu'elle augmente (*augeo*) et protège la liberté des autres. En effet, par définition, l'autorité est ce qui ne va pas dans le sens du mouvement naturel de l'écrasement des plus faibles par les plus forts, sans quoi on n'en aurait pas besoin. L'autorité est ce qui, par l'ordre qu'elle instaure, permet à des subordonnés d'agir pleinement, sans être entravés dans leur action par les velléités d'empiétement des autres. Dans une organisation, la fonction du dépositaire de l'autorité hiérarchique est donc de garantir le respect des limites de l'autorité inférieure: le «supérieur» a la responsabilité de la circonscription des limites de la responsabilité de l'«inférieur» et de l'évolution de son champ de responsabilités en fonction de sa capacité à les remplir. Il est le garant de ce que nul coéquipier n'empiète sur le champ de responsabilité d'un autre coéquipier. Vers quelle liberté professionnelle un chef doit-il faire croître ses subordonnés? Comme il en va pour toute liberté, la liberté professionnelle suppose la maîtrise, celle des fondamentaux du métier certes, mais aussi celle par chacun de sa propre crainte devant la responsabilité, l'autonomie, l'indépendance, la franchise et l'altérité.

b) Ne pas avoir peur de la responsabilité

Comme y insiste Mary Follett, *«le rôle du leader est de nous faire prendre nos responsabilités, pas de nous en débarrasser»*. De ne pas répondre, donc, aux demandes de déresponsabilisation de ses coéquipiers, qui peuvent attendre des directives, des orientations, des injonctions, comme si le point de vue du manager était plus éclairé que celui des autres alors que, si la transparence est bien organisée, il ne dispose pas d'informations privilégiées. «*Liberté implique responsabilité. C'est là pourquoi la plupart des hommes la redoutent*», écrivait George-Bernard Shaw : le rôle du manager est précisément de conduire ses coéquipiers hors d'une telle peur (*e-ducere*), de les rassurer sur leurs capacités, sur la stabilité de leur environnement de travail, sur la relative prévisibilité des décisions prises (étant formées collectivement). Bref, de créer l'«*éthos de confiance*» déjà évoqué.

S'il est vrai que «*tout ce qui augmente la liberté augmente la responsabilité*» (Victor Hugo), il ne faut pas s'étonner que, dans une entreprise qui se fixe pour priorité des priorités le développement de la liberté de ses salariés, les responsabilités individuelles soient importantes, écrasant les uns, dynamisant les autres, charge au manager d'organiser l'accompagnement de ceux qui plient sous le poids des responsabilités, par exemple via un système de tutorat. En tout cas, dans toute la mesure du possible, ce n'est pas au manager de guider celui que les responsabilités effraient, mais aux pairs de celui-ci, afin de ne pas réintroduire l'image d'un chef sauveur auquel les uns et les autres devraient plus ou moins la conquête de leur autonomie.

Au manager, donc, de discerner le moment à partir duquel la protection de la liberté d'un coéquipier, en vue de la faire mûrir, sert ou dessert celle-ci. Accompagner un pair vers une plus grande autonomie sert à le faire grandir en responsabilité, il ne saurait s'agir, suivant une logique d'assistanat, de lui permettre de fuir ses responsabilités. Si, dans les entreprises traditionnelles, «*est dirigeant celui qui accepte de prendre les risques que les dirigés ne veulent pas prendre*» (Jean Jaurès), dans une entreprise à responsabilité intégrale en revanche, est manager celui qui n'accepte pas de prendre les risques que ses coéquipiers peuvent être tentés de ne pas vouloir prendre, car ce n'est pas là un service à leur rendre. Accepter de prendre les risques que les autres ne veulent pas prendre, ce serait profiter de leur faiblesse, peut-être passagère, pour asseoir une domination, alors que ne pas accepter de déresponsabiliser ceux qui demandent à l'être, c'est les pousser à être libres.

c) Ne pas avoir peur de l'autonomie

Nous voyons ici que le manager idéal d'une entreprise à responsabilité intégrale ne répond pas à n'importe quelle demande de ses coéquipiers. Il redonne le goût de l'effort à ceux qui se laisse entraîner par les sirènes de la facilité, il ne déresponsabilise pas ceux qui lui demandent que faire et que penser. Il ne les maintient pas dans un état d'enfance. Il refuse d'accorder à ceux qui se considèrent comme ses subordonnés la déresponsabilisation qu'ils demandent. Un bon manager n'est pas nécessairement populaire, apprécié sur le moment, car son action peut contrevenir aux désirs momentanés de ses subordonnés. C'est dans la durée que sa bonté se fait sentir. Son rôle est d'amener ses coéquipiers à pouvoir se passer de lui, c'est-à-dire à être autonomes, de manière à ce qu'ils puissent agir sans attendre de consignes et en assumant pleinement les conséquences de leurs actes. Ce qui n'est pas une mince affaire. L'expérience montre en effet que, paradoxalement, les salariés s'autorisent plus de libertés avec leurs clients, donc avec l'extérieur, qu'avec leurs collègues : ils parlent d'égal à égal avec leurs clients, mais, en interne, ils reproduisent spontanément des comportements de subordination, voire de soumission, à l'égard de leur responsable hiérarchique, quand bien même celui-ci ne demande rien et même s'en défend.

d) Ne pas avoir peur de l'indépendance

L'indépendance d'esprit est perçue par une majorité de salariés comme un risque : un sondage réalisé en 2011 indique que 52 % des salariés estiment qu'en disant ce qu'ils pensent ils risquent d'être mal vus dans leur entreprise[227]. Or si les personnes n'osent pas faire

227. Sondage réalisé début 2011 par l'institut BVA pour le cabinet de conseil en ressources humaines BPI et le magazine *L'Express*, auprès d'un échantillon de 1 000 salariés représentatifs de la population active.

preuve d'indépendance d'esprit, une réelle diversité de points de vue ne pourra pas émerger en réunion, de sorte que les décisions prises seront moins complexifiées et moins judicieuses. C'est pourquoi, en tant qu'animateur des réunions chargé de veiller à ce qu'une véritable liberté de parole puisse avoir lieu au cours de celles-ci, il est de sa responsabilité d'encourager l'indépendance d'esprit en la valorisant explicitement. Tout doit pouvoir se dire en réunion, de manière à ce que tout se passe de manière transparente, au su et au vu de tous, et non en coulisses. Il est capital qu'il n'y ait pas de tabous, de non-dits, générateurs de frustrations et d'inhibitions qui, pour insignifiants qu'ils paraissent parfois, peuvent en fait comporter des signaux faibles décisifs. Cette absence de tabous participe de la volonté de transparence et de désacralisation de la hiérarchie. En particulier, les salariés doivent, en réunion, se sentir libres de critiquer leur responsable hiérarchique, sans quoi eux-mêmes ne s'autoriseront pas à être libres pour créer. L'indépendance d'esprit est une qualité qui se travaille et se développe avec l'esprit critique qu'aiguisent les débats d'équipe. Mais à quoi servirait aux salariés d'être doués d'indépendance d'esprit et de disposer d'une liberté de parole, s'ils n'osaient dire ce qu'ils pensent vraiment ?

e) Ne pas avoir peur de dire les choses

Dans ses cours au collège de France de 1984 publiés sous le titre *Le Courage de la vérité. Du gouvernement de soi et des autres*, Michel Foucault insiste sur l'importance de la *parrêsia*, le « dire-vrai », pour être libre[228]. N'est pas encore vraiment libre celui qui ne peut parler avec franchise, car cela témoigne d'une inhibition, d'une autocensure, d'un frein mis à l'affirmation de soi, ce qui, dans le cadre d'une démocratie d'entreprise, se révèle non seulement préjudiciable pour les réunions d'équipe (en les privant d'un point de vue) mais aussi

228. « *La* parrêsia *est donc, en deux mots, le courage de la vérité chez celui qui parle et prend le risque de dire, en dépit de tout, toute la vérité qu'il pense* » (Michel FOUCAULT, *Le Courage de la vérité. Le Gouvernement de soi et des autres*, tome II, Seuil, 2008, p. 26).

pour l'innovation (en limitant l'expression de la créativité). Il revient au manager de faciliter, en réunion, ce franc-parler, grâce auquel il pourra percevoir des signaux faibles émis par les participants et ainsi traiter les problèmes précocement, avant qu'ils n'apparaissent. Finalement, assumer son indépendance d'esprit, ne pas avoir peur de dire les choses, se ramène à ne pas avoir peur des autres.

f) Ne pas avoir peur des autres

L'ouverture aux autres est une condition de la liberté dans la mesure où s'ouvrir, c'est se libérer de l'enfermement en soi, de ses opinions, de ses préjugés, de ses impressions premières, et les dépasser au contact de ceux des autres. Mais l'attitude naturelle peut être le repli sur soi, à mesure même où croissent les difficultés. Plus un salarié rencontre de problèmes, plus, au lieu de s'ouvrir pour en faire part à ses pairs, il a naturellement tendance à se replier et à se fermer à toute communication. C'est au manager de faire en sorte de susciter les occasions d'une égale prise de parole en réunion. Il doit « tendre des perches », solliciter un avis, demander une objection, bref insérer progressivement dans le débat celui qui tend à le fuir, de manière à ce que chacun s'ouvre sans cesse aux autres. Pour non naturelle qu'elle paraisse à certains, l'ouverture aux autres est néanmoins un effort permanent à entreprendre, un exercice qui désaliène en brisant l'enclosion native sur soi. C'est au contraire en se refermant sur soi, en devenant passif, que l'on forge ses propres chaînes, que l'on devient dépendant de son environnement sans pouvoir l'infléchir.

g) Créer

Lorsqu'un équipier n'a peur ni de la responsabilité, ni de l'indépendance, ni de l'autonomie, ni de dire les choses, ni des autres, lorsque donc il se trouve serein, vraiment lui-même, assumant sa différence, c'est alors et alors seulement qu'il s'autorise à créer. Il faut certes beaucoup de conditions pour parvenir à cet état de liberté grâce auquel l'individu se met spontanément à créer, et nul ne peut se dire arriver au terme du processus. Il s'agit toujours de degrés. Mais la fonction de manager consiste précisément à faire progresser ses coéquipiers d'un degré à un autre, d'où qu'ils partent et où qu'ils arrivent. Son objectif n'est pas d'avoir des hommes libres, mais qui se libèrent, allant de libérations en libérations, progressant de moins d'autocensure vers moins d'autocensure, de plus d'audace créatrice vers plus d'audace créatrice. Pour ce faire, il incite ses équipiers à repousser les limites qu'ils se fixent[229], à voir plus grand qu'ils ne le font spontanément, à se donner des objectifs plus ambitieux.

On peut dire des salariés ce que Stendhal disait des peuples, à savoir qu'ils *« n'ont jamais que le degré de liberté que leur audace conquiert sur la peur. » « Quel est le sceau de la liberté acquise ? Ne plus avoir honte de soi-même »* (Nietzsche), s'assumer avec nos défauts et nos qualités, pour s'autoriser à affirmer notre différence et à en jouer, l'important n'étant pas d'avoir un beau jeu mais de bien jouer celui qu'on a. Un chef est souvent souhaitable pour convaincre les hommes de s'autoriser à être libres, pour leur *« apprendre à oser »* comme le dit la devise d'HEC. Il s'agit bien de les convaincre, pas de les libérer malgré eux, à la manière des techniques du développement personnel. Il ne s'agit pas de désinhiber pour désinhiber, mais de rendre la personne maîtresse de son degré d'inhibition : qu'elle le choisisse au lieu de le subir. Il est essentiel que la personne soit actrice de sa propre libération, qu'elle en soit responsable.

---

229. Winston Churchill : *« Tout le monde savait que c'était impossible à faire, sauf lui, et c'est pour cela qu'il l'a fait. »* G-B Shaw (repris par Robert Kennedy le 13 mars 1968) : *« Certaines personnes voient les choses comme elles sont et se demandent : pourquoi ? Moi, je vois les choses comme elles pourraient être et je me dis : pourquoi pas ? »* ; *« Un homme ne va jamais plus loin que lorsqu'il ignore où il va »* (J. Giono) : plus exactement, un homme ne va jamais aussi loin que lorsqu'il ignore jusqu'où il peut aller. Che Guevara : *« Soyez réalistes, demandez l'impossible »*. Goethe : *« J'aime celui qui rêve l'impossible. »* Amiel : *« Faire aisément ce qui est difficile aux autres, voilà le talent ; faire ce qui est impossible au talent, voilà le génie. »* Oscar Wilde : *« La sagesse, c'est d'avoir des rêves suffisamment grands pour ne pas les perdre de vue lorsqu'on les poursuit. »* Il est sage d'être ouvert sur l'infini et, pour le suivre, de ne pas s'en tenir au seul raisonnable. Mot de Guillaumet (rapporté par Antoine de Saint-Exupéry), qui venait d'accomplir un exploit physique réputé impossible : *« Ce que j'ai fait, aucune bête ne l'aurait fait. »* Surhumain ? Non, il repousse les limites de l'humain (qui *est* de ne pas en avoir). Paul Valéry : *« Les maîtres sont ceux qui nous montrent ce qui est possible dans l'ordre de l'impossible. »*

S'agissant de l'action sur le groupe

Garant de la non-domination

Il y a toujours, dans quelque groupe humain ou animal que ce soit, de l'autorité et des chefs, qu'on le veuille ou non, qu'on le reconnaisse ou non. Comme il en va dans toute société animale : certains sont naturellement dominants, d'autres naturellement enclins à la soumission, la seule différence entre les sociétés animales et les sociétés humaines étant que, chez les hommes, il ne s'agit que de tendances (tel a tendance à dominer, quand tel autre a plutôt tendance à se laisser dominer), d'inclinations, de sorte que les positions ne sont pas figées, il ne s'agit que de rôles. Dans le contexte d'une démocratie d'entreprise de laquelle, d'une certaine manière, les chefs ont été expulsés, la fonction de manager est de garantir que ne revienne pas par la fenêtre ce qui a été expulsé par la porte, c'est-à-dire que n'émergent pas des chefs naturels dont le charisme inhiberait les coéquipiers. Le manager garantit qu'au sein de l'équipe ne règne pas la loi de la jungle, que ce ne soit pas les plus forts ou les plus habiles qui dominent les autres, bref que nul ne prenne l'ascendant sur un autre, en tout cas un ascendant tel que la spontanéité et la créativité des autres s'en trouveraient limitées. Il doit garantir que chacun demeure libre.

Dans la mesure où le manager jugule les velléités de domination des uns, réfrène la propension à l'autocratie des autres, il ne se fait pas nécessairement des amis : mais telle est l'ingratitude de sa position, qui en fait en même temps la noblesse, de ne pas prioritairement chercher à se faire aimer. S'il faut un manager capable d'autorité au sein d'une équipe, c'est précisément pour contrer les tentatives naturelles et pas nécessairement conscientes, de prise du pouvoir par certains sur les autres. La fonction du manager est de « forcer la force à ne pas forcer », d'empêcher que la force (de conviction, de séduction...) des uns ne l'emporte sur le droit de chacun, en démocratie, à dire librement ce qu'il pense sans se sentir intimidé.

Contrebalancer les tendances lourdes du groupe

La deuxième action notable du manager sur le groupe en tant que tel consiste à contrebalancer les éventuels emballements collectifs. Dans la mesure où un groupe possède une inertie propre – comme le révèlent les études de dynamique de groupe –, comportant un certain nombre de risques, il est besoin d'un manager qui soit à même de contrebalancer les tendances collectives, et donc capable d'y contrevenir le cas échéant. Il faut donc un chef, qui dispose de l'autorité nécessaire pour imposer au groupe des garde-fous, des limites. Le chef est là pour «titiller» le groupe: l'inquiéter quand il s'endort, le rassurer quand il y a contagion d'inquiétude. Il doit savoir déranger, de manière à éviter les «*décisions absurdes*[230]» procédant de ce que Irving Janis a appelé la «*pensée de groupe*[231]» et qui désigne la propension des membres d'un groupe à rechercher le consensus plutôt qu'à appréhender de manière réaliste les situations.

Ainsi en vient-on à ce paradoxe qu'un bon chef est un chef qui indispose[232]. De même que l'on ne fait pas de bonne politique avec de bons sentiments[233], on ne fait pas un bon manager si l'on n'est pas capable de froisser, de déranger, d'incommoder. Face à une équipe qui s'enlise dans le quotidien, qui n'est plus animée par le dépassement de soi, qui se construit des certitudes et s'enferme ainsi progressivement

---

230. Cf. Christian MOREL, *Les Décisions absurdes*, Gallimard, 2002.

231. Cf. Irving JANIS, *Victims of groupthink? A psychological study of foreign-policy decisions and fiascoes*, Houghton Mifflin, Boston, 1972.

232. Nous pourrions appliquer au management d'équipe ce que Charles PÉGUY disait d'une revue: «*Une revue n'est vivante que si elle mécontente chaque fois un bon cinquième de ses abonnés. La justice consiste seulement à ce que ce ne soient pas toujours les mêmes qui soient dans le cinquième. Autrement, je veux dire quand on s'applique à ne mécontenter personne, on tombe dans le système de ces énormes revues, qui perdent des millions, ou en gagnent, pour ne rien dire, ou plutôt à ne rien dire*» (in *L'Argent*, 1913).

233. C'est toujours avec de bons sentiments que l'on refuse la voie de la pureté, de la plus haute exigence. Le souci premier de Pétain était de faire libérer les deux millions de prisonniers de guerre détenus en Allemagne – dans un but que l'on qualifierait aujourd'hui d'humanitaire. Il n'hésitera pas, pour cela, à «*[faire] don de [sa] personne à la France pour atténuer son malheur*» et à créer le STO. Un «bon» chef doit savoir distinguer la stratégie – les buts sur lesquels il faut être ferme – de la tactique, où l'on peut faire des accommodements avec le diable. C'est tout l'art de la recherche d'un compromis sans compromission.

dans une arrogance (*a-rogare* : ne plus se poser de questions) source de déconvenues futures, le manager doit savoir pointer les failles, instiller le doute, initier une remise en question. À la tête au contraire d'une équipe qui manque de confiance en elle, se trouve désarmée face à des situations complexes, le manager l'aidera à se familiariser avec l'inattendu pour y voir des opportunités plus que des menaces. Car si la complexité doit être interpellante, dérangeante, et qu'il est sain de se laisser remettre en cause, elle ne doit pas être pour autant déroutante et, de là, décourageante. Le manager a un rôle d'aiguillon : il contrebalance les tendances lourdes du groupe afin d'éviter les phénomènes mimétiques (d'emballement collectif ou de conformisme), tout en dynamisant la réflexion de tous en y injectant de l'impertinence. Son rôle est de rendre la réflexion commune peu commune, de la stimuler en la poussant hors des sentiers battus, loin de la zone de confort, balisée, bornée, où chacun préfère habituellement se tenir.

Un groupe aura par exemple naturellement tendance, par inertie, à être plutôt conservateur, plus averse au risque que ne le requerrait une démarche d'innovation. Dans ces conditions, la responsabilité du chef est, au cours de son animation de réunion, de pointer les éventuels excès de prudence et d'inciter à l'audace. Ce qui veut dire d'abord remettre en cause un certain nombre d'idées reçues, de bousculer les conforts, les certitudes, étant entendu qu'« *innover, ce n'est pas d'abord avoir une nouvelle idée, c'est surtout arrêter d'avoir une vieille idée* » (Edwin Herbert Land). S'agissant de cette fonction qui est la sienne, de remettre en question les certitudes, le chef doit également, à ceux qui seraient tentés de se croire « arrivés », montrer qu'il n'en est rien. Ceux qui se croient libres, leur montrer qu'ils le sont moins qu'ils ne le pensent, ceux qui se pensent aliénés, leur montrer qu'ils le sont moins qu'ils ne le croient, bref, inquiéter ceux qui se reposent trop et rassurer ceux qui s'inquiètent trop. Qu'est-ce qu'un bon chef ? Quelqu'un qui ne se satisfait pas de l'autonomie dont croient pouvoir se satisfaire ses hommes. C'est d'ailleurs cette insatisfaction qui fait de lui un bon chef, car n'est plus bon celui qui cesse de s'améliorer. Pour préserver les capacités créatrices et créatives de ses collaborateurs, le chef doit savoir instaurer une saine insatisfaction au sein de son équipe car c'est dans l'insatisfaction que s'origine la créativité[234]. Sans insatisfaction de l'existant, la créativité ne serait pas stimulée. De fait, les créatifs ont cette capacité à discuter l'ordre apparemment naturel des choses, à ne pas se satisfaire du convenu. Ils posent ainsi les bonnes questions, celles qui remettent en question les manières de faire, qui remettent en cause les certitudes et les situations établies.

Unifier (animer) et différencier

Dans la lignée de son rôle consistant à savoir tantôt rassurer son équipe, tantôt l'inquiéter en semant le doute, le manager doit savoir insister, selon les moments, sur la cohérence ou la différenciation : soit mettre l'accent sur ce qui permet au groupe de gagner en cohésion, soit, si cette cohésion devient exclusivement sociale (plutôt que politique) et ferment de conservatisme, mettre l'accent sur ce qui différencie les membres les uns des autres. Une saine vie d'équipe, pourrait-on dire, est constituée de tel mouvement de contraction/décontraction, de diastole/systole, respiratoires, d'inspiration et d'expiration, par lesquels les liens tantôt se resserrent, tantôt se distendent. Tout l'art du management consiste à unir du différent, voire des opposés[235], à faire tenir ensemble la diversité de personnalités que constitue une équipe.

Pour autant, pas plus que l'âme d'un corps ne réside uniquement dans la tête, mais est diffuse dans tout le corps, l'âme d'une équipe et

---

234. Nietzsche : « *Aucun artiste ne tolère le réel.* ». Wagner : « *L'homme qui n'a pas été, dès son berceau, doté par une fée de l'esprit de mécontentement de tout ce qui existe, n'arrivera jamais à la découverte du nouveau.* » Goethe : « *Seul l'insuffisant est fécond* ». L'homme est l'être perpétuellement insatisfait, comme l'illustre le mythe de Faust.

235. C'est ce qu'exprime Platon dans son *Politique* quand il dit que le dirigeant de la cité, équivalent pour nous ici du manager, doit avoir les qualités d'un « roi-tisserand » (J-P Vernant), capable d'associer des éléments opposés. Si le chef doit être tisserand, c'est parce que les hommes qu'il doit unir en une communauté serrée sont composés, d'une part, de ceux qui sont du côté de l'*andreia*, les énergiques, les violents, d'autre part de ceux qui sont du côté de la *sôphrosuné*, les doux, les tempérés. Il faut faire avec la chaîne et la trame de ces deux éléments contraires un tissu qui soit cohérent et se présente comme un seul tissu.

d'une entreprise n'est pas apportée par le seul manager, qu'il soit le créateur de l'entreprise ou un chef de circonstance. Ce n'est pas lui le ferment d'unité du groupe. C'est de chacun des membres de l'équipe ou de l'entreprise qu'émerge progressivement un «esprit commun», appropriable par personne en particulier. Trop souvent, «*les ouvriers, s'ils sont attachés à leurs outils, ne forment pas l'âme de l'entreprise (à quelques grandes exceptions près), laquelle reste l'apanage de ses créateurs*[236]». Or «*ce sont eux qui portent l'esprit de l'entreprise, ils y vivent, ils en vivent, la font vivre, l'aiment*[237]».

S'il revient au manager de faciliter l'émergence d'un esprit de groupe, il n'en est clairement pas le seul artisan. Seulement le médiateur et le catalyseur. Mais l'émergence d'un tel esprit de groupe est décisif quant au succès collectif, car c'est de lui dont dépendent la fierté d'appartenance et la volonté de dépassement de soi de chacun des membres de l'équipe. C'est le fait que mon équipe ait une âme et un caractère propres qui me la rend attachante; c'est le fait qu'entre nous «le courant passe bien» qui me pousse à donner le meilleur de moi-même pour ne pas décevoir les autres et les aider à atteindre leurs propres résultats. L'âme d'une équipe ou d'une entreprise est ce qui l'unifie en même temps qu'elle la dynamise. C'est même dans son dynamisme qu'elle trouve son unité, comme un vélo trouve son équilibre par le mouvement. Aussi n'est-ce pas en encourageant ses coéquipiers à se regarder les uns les autres qu'un manager facilitera l'émergence d'un esprit d'équipe dynamisant, mais en les incitant à regarder dans la même direction, vers un même objectif. C'est dans l'action que, indirectement, petit à petit, se crée un collectif excédant une simple somme d'individualités.

Animer les débats: catalyseur et chef d'orchestre

Le manager, nous l'avons déjà évoqué, a fondamentalement une fonction animatrice, avec au centre de cette fonction son rôle

---

236. François RACHLINE, «Capitalisme contre capitalisme», *Les Echos* du 26 mars 2011, p. 17.
237. *Ibid.*

capital de d'animateur des réunions. À mesure où la culture d'entreprise devient une culture du débat et de la transparence, les réunions deviennent le lieu et le moment essentiels où tout se noue. Il n'y a plus de sens à parler de chef. Le «chef» n'est plus car il n'est plus la tête qui commanderait aux membres. De fait, ce n'est pas la tête qui meut le corps, c'est l'âme (*anima*) qui donne au corps de se mouvoir de lui-même. Dans ces conditions, la fonction du chef n'étant plus que d'animer son équipe, et d'abord les réunions, de lui insuffler un esprit de groupe, une âme, un caractère grâce auquel tous auront envie de se dépasser pour le groupe, il vaut mieux parler de «manager». Le chef dirige, le manager anime.

a) Construire la décision

Une réunion n'a de sens que si elle porte des fruits. Pour être fructueuse, elle doit déboucher sur une décision, ou *a minima* sur l'adoption d'une position commune, ce qui prendra autant de temps que nécessaire. Mais passer de la réflexion délibérative à la décision ne va pas de soi, tant il est plus facile de se complaire dans l'échange gratuit d'arguments, potentiellement indéfini si nul n'en oriente le cours vers une réduction des choix possibles, jusqu'à une alternative finale face à laquelle se décider. C'est à l'animateur de la réunion, donc au manager, qu'il revient de conduire méthodiquement les débats jusqu'à une issue décisionnelle. À lui de catalyser les débats, de ramasser des éléments épars pour les mettre en rapport et ainsi montrer une progression, une inflexion de la réflexion de groupe, etc. En réunion, face à une question donnée, le manager peut suivre deux méthodes, suivant le modèle de démocratie participative auquel il adhère :

– Voilà quelle est ma vision des choses, qu'en pensez-vous ? (modèle semi-directif)

– Dites-moi quelle doit être ma vision des choses (modèle non directif, question ouverte)

Il peut soit demander au groupe quelle est sa vision des choses, de manière à prendre ensuite position par rapport à celle-ci, soit exposer sa position personnelle et demander au groupe de se positionner par rapport à elle. Dans les deux cas la pratique relève de la démocratie, mais la première seule ne prédétermine pas le sens dans lequel le groupe va juger. Enfin, notons que le rôle du manager, en tant qu'animateur des réunions, n'est pas simplement de faire émerger une décision collective, car ce collectif peut très bien être unanimiste et ne refléter qu'un seul point de vue, il est de faciliter la construction d'une décision collective à partir d'une diversité de points de vue. Il s'agit de parvenir à un point de vue commun, et non pas unique.

b) Faire émerger une diversité de points de vue

Le manager d'équipe de coopérateurs, nous avons déjà eu l'occasion de le souligner, anime les réunions de telle sorte qu'une véritable diversité de parole puisse s'y exprimer. Il ne suffit en effet pas d'avoir des équipes aux origines culturelles ou disciplinaires variées pour générer de la créativité. Kevyn Yong, professeur à HEC, dans son article «*The creative advantage of same-discipline network ties*» (*working paper*, 2010), a mis en évidence qu'une équipe pluridisciplinaire n'est pas toujours créative, car les échanges ont parfois tendance à se focaliser sur les acquis communs. Cet effet «*common-konowledge*», comme l'appellent les psychologues, se traduirait par une propension à éviter les conversations potentiellement conflictuelles, et nuirait du coup à l'apparition d'idées inédites. Conscient de cela, le manager doit savoir contrebalancer cette tendance naturelle des groupes à fuir les sujets qui fâchent pour au contraire porter le fer dans la plaie, s'attarder sur les points de divergence[238]. Il ne suffit pas non plus de laisser la parole, car des individus n'osent pas la prendre alors que d'autres la monopolisent ; le manager doit donc

---

238. Et cela vaut aussi bien pour les équipes qui ne sont pas particulièrement interdisciplinaires. Kevyn YONG montre en effet que c'est une erreur de penser que les savoirs de personnes issues d'un même champ disciplinaire se juxtaposent systématiquement. En effet, le faisceau des connaissances et des intérêts de deux individus différents ne coïncident jamais totalement et deux personnes de même fonction (comme, ici, deux chargés de clients) peuvent parfaitement manier des éléments de connaissance bien distincts. Tandis qu'un dialogue interdisciplinaire se cantonne généralement à un degré d'information basique, l'échange entre deux spécialistes d'un même métier peut s'avérer plus précis.

avoir une action positive et encourager la prise de parole la plus large et équitablement répartie possible – sans la forcer. Il ne s'agit pas seulement de faciliter les débats. Il ne suffit pas de laisser la discussion se dérouler (naturellement, les débats s'affadissent, les différences se lissent), mais d'organiser de vrais débats, ce qui suppose de reformuler, de pointer les différences, de pousser à bout les logiques, de dégager les points saillants, de provoquer à bon escient, de mettre en lumière les contradictions. Les débats doivent être contradictoires pour être féconds. Animer les débats, c'est leur donner du caractère, du relief, c'est faire en sorte qu'ils soient vraiment animés, vifs, dérangeants. Le manager doit libérer la parole et la pensée, ce qui est une condition d'une vraie participation.

Animer des débats, c'est faire émerger la complexité, non la réduire. Pour cela, il faut profiter au maximum des apports de chacun, et commencer par n'en rien perdre. Si, lors d'une confrontation d'idées entre deux hommes, l'un des deux renonce contre son gré à ses convictions, sous l'effet, par exemple, de l'intimidation ou de la pression du groupe, il aura certes perdu la partie, mais le vainqueur aussi aura perdu (et, avec lui, l'ensemble de l'équipe), parce qu'il aurait gagné plus et plus durablement s'ils avaient réussi à trouver ensemble une solution respectant la diversité, c'est-à-dire résultant d'une authentique synthèse des points de vue. Pour accepter de prendre le risque de faire émerger une véritable diversité de points de vue au sein de son équipe, le manager doit être convaincu que ce n'est pas le différent qui crée le différend dans les équipes, mais le semblable. L'expression de différences de points de vue n'est pas une menace pour la cohésion de son équipe, c'est bien plutôt l'uniformité qui l'est, en ce que chacun perçoit l'autre comme susceptible de le remplacer à son propre poste (des éléments uniformes étant interchangeables).

Contre la tendance au consensualisme, il faut remarquer que quand rien n'est négatif, ce n'est pas positif. Si les membres d'une équipe en viennent à penser tous la même chose, c'est qu'ils ne pensent plus rien. Le manager ne doit pas céder à la tentation du consensualisme, car c'est un danger pour la liberté parce qu'elle est d'abord un danger pour la pensée, celui de l'uniformité, du prêt-à-penser, de la bien-pensance qui est la mort de la pensée. Ce que valorise le modèle entrepreneurial d'une démocratie à responsabilité intégrale dans l'entreprise, c'est au contraire la diversification des opinions, certes appelées à se résoudre en un point de vue supérieur qui les dépasse, mais qui, pour les dépasser, ne les efface pas, n'en annule pas les différences.

Si le manager doit faire émerger une diversité de points de vue, c'est afin qu'ils puissent se confronter et que de cette confrontation émerge une innovation. Si aucun des membres de l'équipe ne s'en charge, c'est au manager de rapprocher telle idée de telle autre, d'établir des liens que les autres ne voient pas, ce qui veut dire, de sa part, faire preuve d'intelligence. Innover suppose de faire preuve d'intelligence en ce sens que c'est lier ensemble (*inter-ligere*) des idées différentes pour faire des idées nouvelles. Si le fait d'assurer l'émergence d'une réelle diversité de points de vue apparaît si important, c'est parce que c'est une telle diversité qui rend possible une plus grande rationalité des délibérations collectives sur les délibérations d'un seul. Rappelons-le : c'est parce qu'une délibération collective intègre un plus grand nombre de perspectives qu'elle débouche sur des décisions plus pertinentes : « *la délibération ne déploie toute sa rationalité que lorsque l'ensemble des parties concernées y participent*[239] ». Plus il y aura de points de vue exprimés, plus il y aura de chances que s'exprime une réelle diversité d'opinions.

c) Intensifier la communication

C'est au manager qu'il revient d'encourager la prise de parole chez un maximum de participants aux réunions, de manière à, d'une part, maximiser les chances d'expression de points de vue dissemblables et, d'autre part, à légitimer les décisions qui seront finalement prises. Plus

239. Loïc BLONDIAUX et Yves SINTOMER (dir.), revue *Politix*, n° 57, « Démocratie et délibération », Paris, Hermès, 2002, p. 25.

la participation est grande en effet, plus les décisions qui en résultent se trouvent légitimées et donc mieux appliquées. L'intensification de la communication doit d'abord être une diversification de la communication, chez un plus grand nombre de participants. Une intensification de la communication entre deux ou trois acteurs seulement porterait de bien maigres fruits au regard de ce qu'il aurait été possible à quinze ou vingt. Mais ce n'est pas tout. Le manager, pour permettre à ses coéquipiers de prendre position en toute connaissance de cause sur un sujet donné, doit faire partager et circuler l'information. Son rôle est d'intensifier la communication entre les acteurs, afin de créer du lien et un « esprit de groupe ». Dire que le manager 2.0 joue un rôle de catalyseur, c'est dire qu'il a pour fonction, par son animation d'équipe, de convertir la créativité en innovation. Il doit être celui qui permet « à la mayonnaise de prendre », qui fait d'une diversité d'éléments un même ensemble, qui sait convertir une somme d'initiatives personnelles en une action collective. Il doit aussi être celui qui aide les uns et les autres à accoucher de leurs bonnes idées, à penser plus loin qu'ils ne se l'autorisent spontanément, à développer leurs intuitions, à pousser leur logique à bout. Bref, il doit porter l'attention sur ce qui, émit en réunion, peut paraître anodin, alors que cela peut se révéler décisif si on se donne la peine de l'approfondir suffisamment.

d) Détecter les signaux faibles

Dans le même ordre d'idées, un rôle capital de l'animateur de réunion est le « décèlement précoce », de porter attentions aux signes avant-coureurs d'un phénomène, c'est-à-dire de faire œuvre de discernement. Le responsable hiérarchique, quand il anime sa réunion d'équipe, doit détecter les signaux faibles qui trahissent un problème plus important qui a du mal à s'exprimer ou qui en est encore à ses prémices. Comme le dit Sun Tzu, « *celui qui excelle à résoudre les difficultés les résout avant qu'elles ne surgissent* ». C'est cette plus ou moins grande capacité à détecter les problèmes précocement, avant qu'ils ne se développent, qui fait que, là où « *certains sentent la pluie à l'avance, d'autres se contentent d'être mouillés* » (Henry Miller). Pour être à même de détecter le plus grand nombre de signaux faibles et donc d'anticiper, le manager doit être au plus près du terrain : c'est le manager de proximité qui est le plus capable de dire à sa ligne hiérarchique ce qui s'amorce et de le désamorcer.

Le manque de prise en compte des signaux envoyés par le management de proximité conduit une entreprise à se couper des réalités du terrain. C'est d'ailleurs une des explications avancées par la direction de *France Telecom* pour expliquer l'ampleur des suicides en 2009/2010. Didier Lombard, alors PDG, reconnaissait sur Europe 1 que « *le management de proximité n'avait pas les degrés de liberté qu'il fallait pour résoudre les problèmes. On va y remédier en renvoyant du pouvoir et des moyens vers les équipes locales. Ce qu'on a raté, ce sont les indications qui nous revenaient des équipes qui sont sur le terrain et qui percevaient une réalité différente de celle que,* nous, *on percevait* ». Le management de proximité ayant une perception plus fine des réalités du terrain, c'est aux signaux faibles qu'il émet que, prioritairement, le manager doit être attentif. Didier Lombard ajoutait : « *Nous n'avons pas été suffisamment attentifs à quelques indicateurs* » et, en particulier, « *nous avons sous-estimé un certain nombre de paramètres humains* ». Sous-estimer le paramètre humain, voilà ce dont doit, par excellence, se prémunir un manager 2.0. Plus d'attention au management de proximité permet justement de moins négliger ledit « *paramètre* » humain. C'est bien d'être dans le global, mais le global n'a de sens que s'il s'enracine dans un local.

e) Amplifier les phénomènes

Une fois un signal faible décelé, le rôle du manager est de l'amplifier. De braquer le projecteur dessus pour faire prendre conscience à l'ensemble de l'équipe que peut se jouer là quelque chose décisif pour la suite, non encore apparent. Pour ce faire, il lui revient de surdimensionner les problèmes, de forcer le trait, d'accentuer la tendance, de manière à ce que ce soit le reste de l'équipe qui joue un rôle modérateur. Dans le cas d'un problème de personne, la responsabilité du manager est, tout en s'abstenant de juger du fond, de pointer le problème en le grossissant ; de manière naturelle, les autres membres de l'équipe prendront la défense de leur collègue et l'aideront à résoudre le problème ainsi mis en exergue. Le rôle dévolu au manager est, dans un certain nombre d'entreprises, de modérer les rapports à l'intérieur de l'équipe, en particulier lors de conflits. Dans une entreprise de nouvelle génération, soucieuse d'anticiper les problèmes et de les résoudre avant qu'ils ne se posent, son rôle est au contraire d'amplifier ces conflits. C'est aux pairs (du niveau où a lieu le conflit) qu'il revient de réguler, de modérer.

f) Arbitre

Le manager, dans une entreprise adaptative constituée de coopérateurs, ne détermine pas les règles du jeu. S'il les déterminait, celles-ci seraient immanquablement ressenties comme partiales, à son avantage, etc. Déterminer les règles, voilà qui est du ressort, dans le groupe Hervé, des « réseaux fonctionnels » pour tout ce qui a trait à la technique, et à des groupes de travail *ad hoc* pour tout ce qui a trait à l'organisationnel. Le manager est juste là pour laisser jouer les autres - « il ne fait pas lui-même » -, pour garantir le bon déroulement du jeu, selon les règles. Il garantit l'égalité entre tous les acteurs, de manière à préserver leur liberté. En tant qu'arbitre, c'est-à-dire non participant au jeu lui-même, le manager ne peut qu'apparaître comme étant à la fois dans l'équipe et en dehors, une interface entre le dedans et le dehors, le moyen privilégié par lequel le dehors vient nourrir le dedans. Mais, à la différence d'un arbitre ordinaire, ce n'est pas, comme nous l'avons vu, à lui de trancher les conflits, mais à l'équipe elle-même, sans quoi ses jugements apparaîtraient comme nécessairement partiaux et partiels.

g) Chef d'orchestre

Dans le cadre d'une culture réellement collaborative, c'est-à-dire en réalité coopérative, les décisions doivent être prises « de concert ». Ce n'est pas un vain mot. Ce qui résulte d'une authentique concertation n'est pas l'œuvre privilégiée d'un seul ; la concertation n'est pas la simple consultation. Le chef d'orchestre ne joue pas lui-même d'un instrument. Il ne fait pas, il anime. Aussi le manager se doit-il d'être

« un chef d'orchestre, pas un chef de bande ». Lui-même ne doit appartenir à aucun des sous-groupes susceptibles de se dessiner au sein de l'équipe dont il a la charge. Il n'est pas d'un côté, il n'est pas de l'autre, il n'est pas au-dessus, il n'est pas en dessous, il est à côté.

La comparaison musicale est tentante. En effet, dans une entreprise, il y a un auteur (le fondateur et concepteur de l'organisation), des chefs d'orchestres (les managers) et des instrumentistes (les acteurs, surtout si ce sont des intra-entrepreneurs). Sans oublier un public qui achète sa place et qui vient avec une attente dont il attend qu'elle soit débordée, ce qui correspond aux clients de l'entreprise qui sont ceux pour qui l'orchestre joue. Comme le chef d'orchestre, il s'agit de construire une unité à partir d'une diversité de tempéraments, de créer un unisson à partir d'éventuelles dysharmonies de tempéraments, en poussant chacun à se dépasser jusqu'au point où il entre en accord avec tous les autres – sans rien perdre de sa singularité. Comme l'écrivait le théologien suisse Hans-Urs von Balthasar, « la vérité est symphonique » (titre d'un de ses ouvrages, 1971). De fait, *« que la vérité soit symphonique est sans doute la chose la plus importante que nous ayons à annoncer et à méditer. La symphonie n'est absolument pas une harmonie doucereuse et relâchée. La grande musique est toujours dramatique, action incessante et suprême détente. Mais la dissonance n'est pas la cacophonie »*. La diversité est un gain, à condition que la diversité des sons émis entre dans une harmonie globale.

Le prodige de la direction d'orchestre tient à ce que c'est en laissant chaque instrumentiste parfaitement libre de jouer sa propre partition que, petit à petit, l'on parvient à les faire tous jouer ensemble, on amène le collectif à transcender les individualités, à les porter plus haut qu'elles n'imaginaient aller, et cela rien qu'en insufflant un mouvement, une dynamique, un esprit, une tonalité, une couleur spécifiques. Nul commandement n'est à l'œuvre, nulle hiérarchie ne s'exerce, tout repose sur la confiance de chacun en la capacité de tous à sublimer même les éventuelles défaillances personnelles. Le leadership du chef d'orchestre se manifeste dans sa capacité à amener chaque instrumentiste à se dépasser pour se mettre à l'unisson de tous les autres.

C'est la confiance que chaque instrumentiste place dans le chef d'orchestre qui sécurise chacun et qui fait qu'il s'autorise à être libre, et donc à se dépasser jusqu'au point de synchronisation avec tous les autres. Et cette confiance, le chef d'orchestre va d'abord la chercher dans le regard de ses instrumentistes pour ensuite la leur communiquer en retour, toujours par le regard et une manière d'être. Une fois cette confiance établie, une fois les parties prenantes (chef, orchestre, public) à l'unisson, en synchronisation, le chef d'orchestre peut tout se permettre, du moment qu'il reste en cohérence avec son orchestre et le public. Il peut emmener l'un et l'autre où il veut, d'une certaine manière, du moment qu'il continue de nourrir, par le regard et sa manière d'être, cette confiance qui fait que « son » orchestre et « son » public continuent de le suivre. Ce qui est, pour lui, exaltant, et, pour tous, enivrant.

Comme il en va dans un orchestre, si l'impulsion vient bien du « chef » d'orchestre, ce qui dirige au final ce n'est pas le chef d'orchestre seul, mais un point d'équilibre qui est au-delà du chef comme de l'orchestre, un point résultant de l'interaction entre le chef d'orchestre, l'orchestre, le public et la salle (la « salle » voulant tout à la fois dire le public et la configuration spatiale du lieu de la représentation). Le chef d'orchestre lui-même se laisse d'une certaine manière diriger par ce qu'il perçoit et donc reçoit de son orchestre comme de la salle ; il reste maître du jeu, mais il doit rester en cohérence avec ces parties prenantes que sont ses instrumentistes et le public. Pour le chef d'orchestre comme pour le chef d'équipe, l'ambition est la même : construire du groupe en préservant la singularité de chacun de ses membres. Le défi ne consiste pas à construire du groupe en dépit de la singularité de chacun, mais grâce à elle : à faire de l'expression des singularités individuelles le principe dynamique d'élaboration du groupe. Faire en sorte que le collectif n'étouffe pas l'individu mais, au contraire, le pousse à s'affirmer davantage, à pousser plus loin sa spécificité, c'est-à-dire à se dépasser.

Mais l'image du chef d'orchestre a ses limites, car l'idéal demeure qu'il y ait une osmose telle au sein de l'orchestre que celui-ci puisse se passer de tout chef. «La démocratie de médiation évoque plutôt un orchestre de jazz qui tape le bœuf: chaque musicien, tout en se référant à des standards qui lui permettent de composer en permanence avec ce que jouent ses partenaires, improvise librement sa partie; il n'y a généralement pas de chef d'orchestre, et s'il y en a un, son rôle ne consiste qu'à vérifier que chacun respecte les règles assurant l'harmonie générale[240].» Idéalement, chaque instrumentiste, donnant sa propre interprétation, finit, grâce aux interactions phoniques avec tous les autres, par se caler sur eux, par faire ce que les autres attendent tacitement de lui, et *in fine* par se laisser transporter par le mouvement collectif jusqu'à un point imprévisible, qui n'est contrôlé par personne tout en l'étant plus ou moins par tous. «*Quand vous êtes un jeune chef, vous croyez que l'orchestre ne peut pas jouer sans vous, vous voulez tout contrôler. Alors que le plus important pour un chef est de savoir quand il n'a pas besoin de diriger, quand il peut laisser jouer l'orchestre. [...] En réalité, nous faisons de la musique de chambre en grand nombre. Plus les musiciens jouent librement, plus le son est* riche[241].» (Paavo Järvi)

S'agissant de la non-action

Agir sans effort

Le manager d'un groupe humain résolument tendu vers l'innovation doit en faire aussi peu qu'un chef d'orchestre, par où nous comprenons bien qu'il ne s'agit pas pour lui de ne rien faire mais plutôt de n'agir que sous un mode non agissant, ce qu'il nous reste maintenant à comprendre, en nous mettant à l'écoute des différentes dimensions du fameux «non-agir» (*wu-wei*) taoïste, qui constituent autant de sens fertiles en enseignements pour le manager soucieux de laisser se déployer l'innovation.

---

240. Michel HERVÉ, *De la pyramide aux réseaux* (en collaboration avec Alain d'IRIBARNE et Elisabeth BOURGUINAT), éditions Autrement, 2007.
241. Paavo JÄRVI, chef d'orchestre estonien, né en 1962, dirige actuellement l'Orchestre de Paris. Cité dans *Le Figaro* du 14 mars 2011.

Pour appréhender cette action non agissante, «*pensez à toutes les étapes qui séparent une première leçon de violon du jeu d'un grand violoniste*[242]», recommande le sinologue Jean-François Billeter. Le grand violoniste se laisse porter par la musique et ses gestes viennent tous seuls, sans qu'il ait à les vouloir. C'est aussi, à un degré moindre, ce que nous expérimentons quotidiennement lorsque, pour marcher, nous ne pensons pas à contracter chacun des muscles qui seront activés: c'est parce que nous n'avons pas y penser que nous marchons sans trébucher. «*Quand nous parvenons à combiner des mouvements de manière à ce qu'ils produisent un seul geste et que ce geste devient naturel, nous sommes passés d'un régime inférieur d'activité à un régime supérieur de l'activité* [appelée «non agissante»]. *Dans le premier régime, il a fallu exercer un contrôle sur chacun de nos mouvements et faire preuve de volonté. Dans le second régime tout cela a disparu: nous sommes comme délivrés de l'intention consciente*[243]», nous avons effacé toute trace du travail qui nous a permis de parvenir à un geste, un acte qui nous soit vraiment naturel, spontané, sans effort.

La non-action apparaît ainsi comme une action au-delà de l'action, le comble de l'action, son *summum*, en quelque sorte, où celle-ci n'a plus à être explicitement voulue pour être efficiente. Au faîte de la maîtrise, l'action se renverse en non-action. Ce qui veut dire que la non-action du manager doit être, idéalement, *au-delà* de l'action – action collective se réalisant comme s'il n'y était pour rien, alors même qu'il y participe de manière décisive, tel un orchestre entrant grâce à son chef en synchronisation et où la musique semble se produire toute seule. L'aboutissement de l'action juste (ajustée, faisant preuve de justesse) est la non-action, tout comme l'aboutissement de la communication juste est la non-communication (où les deux protagonistes se comprennent tant et si bien que leur communication se passe de mots).

---

242. Jean-François BILLETER, sinologue, exégète de Tchouang-tseu, in *Philosophie magazine* n° 45 de décembre 2010/janvier 2011, p. 62.
243. *Ibid.*

Dans ce que nous entendons par «non-action», il s'agit donc de maîtriser tant et si bien une action complexe (comme la marche, le jeu d'un instrument ou une direction d'orchestre) qu'elle ne nous soit plus en rien compliquée, qu'elle nous soit si simple qu'elle nous devienne spontanée, comme une seconde nature. Alors nous agissons sans avoir aucunement l'impression d'agir. C'est un agir sans effort ni intention consciente, une action que le faîte de la maîtrise rend comme naturelle. Parvenu au sommet de son art de diriger les hommes, en quoi consiste le management, le manager d'équipe doit avoir le sentiment d'en faire aussi peu qu'un violoncelliste jouant un morceau mille fois répété, ce qui ne demande pas de sa part une attention moindre, mais autorise seulement un plus grand relâchement, une moins grande tension, dont procède un meilleur rendu[244]. Car ne nous y trompons pas, la question qui se pose à un manager, en entreprise, est bien celle de l'efficacité, de la qualité du rendu. Quelle est la manière la plus efficace de diriger un groupe humain? Quelle est la manière la plus efficace de résoudre des conflits?

Agir sans violence

C'est pourquoi, fondamentalement, le «non-agir» ne saurait en aucun sens être compris comme un «ne rien faire». La non-action comme inaction se condamne d'elle-même, elle est vouée à disparaître. En revanche, la non-action comme désactivation de la violence contenue dans toute action allant contre «*la propension des choses*» (François Jullien), elle, est vraiment efficace à moyen et long terme[245]. En effet, on le sait, toute action tend à générer une réaction de sens contraire et de force proportionnelle, une résistance; toute prise de

244. Parvenu au sommet de son art, «*seul l'homme relaxé est vraiment créateur et les idées lui viennent comme l'éclair*» (Cicéron).

245. C'est en ce sens que l'aïkido offre une réponse «intelligente» à la violence: en laissant l'attaque de l'adversaire se déployer jusqu'au point où elle se retourne contre lui – afin de lui montrer l'inanité de sa violence –, l'aïkidoka ne se contente pas de ne rien faire, il répond à l'agression par une pacification résolument active. Si la non-violence comme inaction se condamne elle-même, la non-violence comme pacification constitue la juste réponse à la violence.

position produit une opposition ; toute détermination porte en elle, en germe, ce qui viendra la nier : « *Omnis determination negatio est* », dit Spinoza.

Dans la mesure où toute action suscite inéluctablement une opposition, la simple sagesse recommande au manager de ne pas poser d'actions qui aillent contre le cours naturel des choses et la volonté de son équipe. Les actions les plus efficaces du manager, dans la durée s'entend, sont celles qui découlent de la logique des choses, celles qui, sans être déterminées par les événements, en prennent le sens en compte. La bonne décision managériale, dès lors, est celle qui tombe comme un fruit mûr tombe d'un arbre, naturellement, sans forcer. Une action insuffisamment en symbiose avec son environnement (de marché, d'équipe, d'entreprise...) serait une violence faite à celui-ci, et l'expérience montre que la violence ne profite jamais à moyen et long termes.

Le manager qui, par exemple, prendra une décision contre l'avis de ses coéquipiers, pourrait sans doute franchir le premier obstacle, mais il générerait une frustration croissante, telle qu'à terme il en perdrait toute légitimité, et donc toute influence réelle. Aller contre le cours des choses va un temps, mais pas deux ni trois, raison pour laquelle le mieux est encore d'agir comme si on n'agissait pas, c'est-à-dire de « non agir », en ne posant que des actions en cohérence avec l'environnement, portées par celui-ci comme l'orage porte la pluie, et en ne prenant que des décisions « qui s'imposent ». L'action non agissante nous apparaît ici comme une action non violente, qui ne fait pas violence à son environnement. Ce qui veut dire aussi ne pas faire violence, dans la pratique quotidienne du management, à la légitime aspiration des coéquipiers à conduire leurs propres affaires de manière responsable, autonome et libre, sans avoir à se soumettre à quiconque, c'est-à-dire à s'avilir, pour réussir. Toute action relevant d'une décision autoritaire du chef est, à terme, condamnée à l'inefficacité et finira par se retourner contre son auteur. Cela peut sembler indifférent à des managers exclusivement focalisés sur le court terme et insensibles à l'avenir de leur entreprise, mais cela intéresse en premier lieu quiconque est soucieux de la pérennité de son entreprise.

Pour un manager, ne pas faire violence à ses coéquipiers signifie, entre autres choses, permettre à chacun d'eux de faire ce pour quoi il est le plus fait, et que les hasards de la vie ont pu orienter vers des compétences non adaptées. Il s'agit donc de permettre à des personnes de se révéler dans des fonctions pour lesquelles elles pensaient ne pas avoir de dispositions – ou auxquelles elles croyaient ne pas pouvoir prétendre en raison de leur formation initiale. L'objectif étant d'utiliser les qualités profondes des collaborateurs pour les affecter à tel ou tel poste. Pour grossir le trait, il est aussi aberrant qu'inefficient de demander à un esprit «orienté tâche» de faire de la stratégie, s'il y est rétif. Sa force et son excellence ne sont pas là. Ce n'est pas une question d'ego à satisfaire ou pas. Il s'agit de ne pas encombrer, d'atteindre un rendement optimal de l'organisation avec le moindre effort.

Management non personnel et non directif

De ce que nous avons dit précédemment, il découle que ce n'est pas seulement le pouvoir autoritaire qui se révèle contre-productif, mais tout pouvoir personnel. Dès lors qu'une décision est personnellement prise par le chef, elle demeurera fondamentalement, aux yeux des coéquipiers, la décision du chef, la décision d'un membre de l'équipe qui, d'autorité, impose aux autres de s'y plier, générant ainsi l'effet boomerang inhérent à toute utilisation de la force –où toute action forçant le cours des choses, faisant violence à l'environnement, suscite en retour une indéfinité de résistances plus ou moins larvées, allant de l'opposition explicite à la grève du zèle. Si juste soit-elle, une décision se trouve *ab ovo* [dès l'origine] entachée d'avoir été prise par le chef, raison pour laquelle le manager doit prendre toute précaution pour que ses décisions ne puissent pas lui être personnellement attribuées : soit elles s'imposaient, doit-il argumenter, soit elles se contentaient de traduire en actes les positions exprimées par l'équipe. Autrement dit, son action doit apparaître aussi anonyme et impersonnelle que possible. D'une certaine manière, il n'est pas censé décider, mais prendre la décision qui s'impose. Dans le même ordre d'idées, il doit en toute chose se garder de décider par lui-même, laisser le plus possible son équipe ou ses pairs décider, non pas pour se couvrir si l'affaire tournait mal, mais pour garantir une efficacité durable à ses actions[246]. C'est une ambition puérile que de vouloir diriger pour jouir des effets de son propre pouvoir, alors que l'apprentissage du métier de manager est justement d'apprendre à se déprendre[247]. Vouloir prendre des décisions seul, c'est, par-delà les apparences immédiates, diriger inefficacement, dans la mesure où les actions qui en découlent ne manquent pas d'entraîner des réactions de sens contraire et de semer le trouble[248].

Le manager évoluant dans une entreprise adaptative exerce, pourrait-on dire, un mode de management non directif : il gouverne sans diriger, laissant les hommes se diriger eux-mêmes. Comme chef, il a cette responsabilité qu'Adolphe Thiers attribuait au roi : « *il règne, mais ne gouverne pas*[249] ». Il représente l'unité de l'équipe et son ouverture vers une dimension supérieure – l'extériorité de l'environnement ; sa

---

246. Le manager ne sait pas mieux que ses coéquipiers ce qu'il faut faire : « *La première chose que cette personne doit faire est de changer son propre comportement. Il doit arrêter de dire aux gens comment ils doivent faire leur travail, s'interdire de décider et de proposer des solutions à la place des autres. C'est très difficile. Si quelqu'un vient vous voir et vous demande : « Comment dois-je faire ? », il faut lui répondre : « Ecoutez, je vous ai recruté car vous êtes le plus compétent pour ce poste… donc quelle est votre solution ? ». Il ne faut surtout pas se substituer à l'individu qui a un problème, car si vous ne lui faîtes pas confiance, vous ne lui permettez pas de se développer.* » (Isaac GETZ, professeur à ESCP Europe et co-auteur de *L'Entreprise libérée*, interviewé le 19 mai 2010 pour le magazine *Capital*).

247. DE GAULLE : « *L'ambition individuelle est une passion enfantine* » (propos rapporté par André Malraux dans *Les chênes qu'on abat*, 1971).

248. « *Tout homme qui dirige, qui fait quelque chose, a contre lui ceux qui voudraient faire la même chose, ceux qui font précisément le contraire et surtout la grande armée des gens, d'autant plus sévères, qu'ils ne font rien du tout* » (Jules CLARETIE).

249. C'est en ce sens que Paul VALÉRY, observant l'état du monde, faisait remarquer que chez les hommes, « *la conscience règne mais ne gouverne pas* » (*Mauvaises pensées et autres*, 1942). Et c'est encore dans le même sens que madame de GIRARDIN disait de la femme qu'elle « *règne mais ne gouverne pas* », laissant le gouvernement à son homme. Il y a règne de la femme car, « *en regard d'une prépotence masculine, je constate une prééminence féminine. (…).Ainsi se résout cette contradiction apparente, qui dit à l'homme :* commander, pour mieux servir *; à la femme :* obéir, pour mieux régner » (PROUDHON, *De la pornocratie*, III).

force est un peu analogue à celle d'un symbole. Sa simple présence parle pour lui, et là réside le secret de son efficacité qui n'a pas à se faire sentir pour s'exercer. Car, comme le dit Confucius, «*Si on est droit, on n'a pas besoin de donner des ordres pour être écouté. Si on ne l'est pas, on a beau donner des ordres, on ne sera pas suivi.*»

On le voit, le leadership dont doit faire preuve un manager comporte une dimension essentielle de non-agir, en ce sens que le leader obtient l'adhésion non par la contrainte mais par le consentement, parce qu'il insuffle aux autres l'envie de le suivre dans l'aventure qu'il initie. Il n'a pas à diriger pour être suivi ; il n'a pas à commander pour être obéi. Comme le précise André Cheng, «*en somme, le non-agir l'emporte sur l'agir par attraction plus que par contrainte, par la manière d'être plutôt que d'avoir à le faire*[250]». C'est un pouvoir d'influence, dont l'autre nom est *leadership*, pour lequel il n'existe pas de traduction satisfaisante en français.

Laisser agir l'environnement de travail

La non-action, disons-nous, n'est pas inaction. Guo Xiang[251] dit : «*Par wu-wei, il ne faut pas entendre ne rien faire, il faut entendre qu'on laisse chaque chose se faire spontanément, de sorte à être en accord avec les lois naturelles.*[252]» Ce non-agir n'est pas sans effet, simplement son efficacité ne se mesure pas à l'écart constaté entre un modèle idéal et les fruits de l'action directe. Comme le précise François Jullien, «*l'"agir sans agir" est un laisser-faire, mais qui*

---

250. André CHENG, *Histoire de la pensée chinoise*, Seuil, Paris, 1997, p. 183.

251. Guo Xiang (ou Kuo Ksiang) était un philosophe taoïste du IIIe siècle avant J-C, de la période dite des «Jin occidentaux», éditeur et glosateur du *Zhuangzi*.

252. De sorte que, pour un manager, «*agir de façon éclairée, c'est agir conformément aux lois immuables de la nature*» (Yvon Pesqueux, D. Pham Huy et F. De Gueuser, «A reflexive «detour» : Approaching representation and action from an Oriental perspective», Workshop «Corporate Management, Accouniting, National Ideology – A multinational perspective», tenu à la Aarhus School of Business, Danemark, 11-13 décembre 2003) et ne pas aller contre le cours des choses. Même «l'homme qui a dit non», de Gaulle, tout ardent volontariste et anti-déterministe qu'il fût, avait la sagesse de reconnaître que l'on ne va pas contre ce qu'il appelait «*la force des choses*», «*les réalités telles qu'elles sont*», «*la nature et l'histoire*», et qu'il faut savoir composer avec son temps, ne serait-ce que pour mieux en orienter le cours.

n'est pas rien faire du tout. Car il revient à faire en sorte que cela puisse se faire tout seul. À l'inverse de l'action (directe, volontaire, fonction d'un but), l'"agir sans agir" possède une efficacité indirecte : procédant d'un conditionnement et se réalisant par la transformation[253] ». C'est la raison pour laquelle le moyen le plus efficace d'agir ne consiste pas à poser des actions, lesquelles suscitent immanquablement des oppositions, ou à ordonner, ce qui suscite immanquablement des résistances, mais à mettre en place un environnement tel qu'il conditionne le bien agir de tous sans avoir à le prescrire. L'idée est au fond celle-ci : un environnement favorable appelle des actions favorables, comme une note de jazz en appelle une autre. Lorsque tout est bien disposé, les actions des individus sont naturellement bonnes, c'est-à-dire vertueuses, c'est-à-dire encore efficaces, d'une manière ou d'une autre, d'une manière dont on ne peut en tout cas pas présumer car il y a plusieurs façons de bien agir, dans une situation donnée, suivant l'inventivité et la virtuosité de chacun[254]. Le manager éclairé prêtera donc une attention toute particulière à la conception du dispositif-cadre (organisation du travail et esprit d'équipe), car il a une influence significative sur les manières de faire, indéfiniment inventives, qu'adopteront les équipiers, celles-ci constituant toujours indirectement une réponse à ce qu'ils ont perçu de leur environnement (ex : une organisation du travail mettant en concurrence les membres de l'équipe conduira inconsciemment ceux-ci à trouver des solutions reproduisant ce dispositif). Dit autrement, la conception taoïste d'un « agir sans agir » ne faisant sentir ses effets qu'indirectement, par un conditionnement de l'ensemble des choses, nous conduit à penser que, appliqué au monde du travail, c'est l'environnement de travail, et donc en premier lieu le dispositif-cadre mis en place par le manager

---

253. François JULLIEN, *Traité de l'efficacité*, Grasset, Paris, 1996.

254. Les Grecs considéraient qu'une action bonne est une action bien faite. Et ce qui lui permet d'être bien faite, ils l'ont appelé *aretè*, l'excellence. Elle désigne la qualité de ce qui fait bien ce qu'on en attend : le cheval qui court vite, le couteau qui coupe bien. L'homme lui aussi a une excellence, et il l'atteint quand il accomplit bien son œuvre d'homme. On peut l'appeler « vertu », à condition d'y entendre avant tout la « virtuosité ».

qui, sur le moyen et long termes, joue un rôle déterminant, car c'est lui qui amènera petit à petit les équipiers, par imprégnation progressive, à adopter spontanément les bonnes attitudes et habitudes, qui ne se trouvent être «bonnes» que parce que d'abord elles leur sont bonnes, c'est-à-dire pas exclusivement mais aussi pour l'ensemble des parties prenantes, donc parce qu'elles sont celles qui leur permettent le mieux de vivre en harmonie avec leur environnement, ainsi qu'y aspire chaque être vivant.

Un «bon» comportement est un comportement *ajusté* à son environnement, lequel environnement d'entreprise ne peut donc s'en prendre qu'à lui-même si les salariés, sans même avoir à le vouloir, lui renvoient la monnaie de sa pièce: il n'y a pas lieu de s'étonner que des salariés ne parviennent pas à prendre des initiatives, à agir de manière proactive, en dépit des injonctions répétées du management et des formations dispensées, si la simple structure de l'environnement, fortement hiérarchisée, leur adresse le message exactement contraire. L'environnement de travail doit être structurellement responsabilisant pour qu'éclosent des comportements autonomes, sans même avoir à les vouloir – ce qui est proprement agir par une action non agissante. Ce n'est pas conjoncturellement, par des actions ponctuelles, ou même récurrentes, en tout cas exclusivement volontaristes, par exemple d'*empowerment*, que l'on peut durablement développer certaines attitudes et aptitudes, c'est toute la structure de l'organisation qui doit y appeler, au sens où l'on parle d'un appel d'air, de sorte que les comportements individuels s'y ajusteront spontanément[255]. Le message non verbal donné par la juste disposition des choses est incommensurablement plus efficace que tous les messages, purement verbaux, de communication, qui ne produisent d'effets que de surface,

---

255. Isaac GETZ, professeur de management des idées, de l'implication et de l'innovation à ESCP Europe, auteur de *L'Entreprise libérée* (en collaboration avec Brian CARNEY, Fayard, 2012), insiste sur le fait qu'un dirigeant doit cesser d'essayer de motiver ses salariés et plutôt tout miser sur la juste disposition de l'environnement. Il y a ainsi selon lui trois conditions pour permettre l'initiative chez tous les salariés : bâtir un environnement dans lequel chacun est traité comme intrinsèquement égal, dans lequel chacun peut se développer et dans lequel chacun peut s'auto-diriger.

circonstanciels et limités, sans modifier l'orientation profonde des individus. «*Les gens répondent à l'environnement dans lequel ils se trouvent. C'est ce que voulait dire William L. McKnight, le légendaire patron de* 3M *lorsqu'il disait que* «si vous dressez des barrières, vous obtiendrez des moutons». *Les obstacles rendent les gens moutonniers par des biais subtils dont ils peuvent ne pas avoir conscience*[256]», écrivent les auteurs de *L'Entreprise libérée*, un livre présentant différentes organisations du travail fondées sur la liberté.

Si le dispositif organisationnel, l'environnement, est mal calibré, mal orienté, peu cohérent, les membres de l'équipe agiront de manière disparate, peu droite et peu ordonnée, ce qui est une manière de dire que les individus sont, dans une large mesure, à l'image de leur environnement, qu'ils deviennent ce que leur environnement, tacitement, les encourage à être, car ils cherchent fondamentalement, comme tout être vivant, à vivre d'une manière qui soit conforme, en tout cas cohérente, avec ce qui les entoure. Nul besoin de forcer qui que ce soit à agir de telle ou telle manière: dans l'immense majorité des cas, tel agira simplement de la manière la plus conforme à ce que semble exiger de lui son environnement, par la manière même dont celui-ci se trouve disposé[257].

On pourrait encore faire comprendre cette idée en faisant résonner deux termes quasiment homophones en grec, que ne distingue que l'accentuation, *éthos* et *èthos*. Le manager doit veiller à l'*éthos* de son équipe, c'est-à-dire non seulement au contexte de travail entendu comme organisation du travail et bonne ambiance, mais tout aussi bien aux habitudes, usages et pratiques qui y ont cours, car c'est également eux qui contribueront à forger l'*èthos* de chaque

256. Brian M. CARNEY et Isaac GETZ, *L'Entreprise libérée*, Fayard, 2012, introduction.

257. L'agir humain se cale spontanément sur le cosmos, sur la totalité bien ordonnée des choses qui l'entoure et dont il ressent la présence muette comme un appel à agir, lui aussi, d'une manière bien ordonnée. Si, en revanche, il ne perçoit plus ce qui l'entoure comme un cosmos mais comme un chaos ou, de manière plus neutre, comme un univers, alors son comportement sera plus chaotique (cf. Rémi BRAGUE, *La Sagesse du monde. Histoire de l'expérience humaine de l'univers*, Fayard, 1999).

équipier, c'est-à-dire son caractère[258]. L'*éthos*, l'usage, forme l'*èthos*, le « caractère » dont le colonel de Gaulle avait montré dans *Le Fil de l'épée* le caractère, justement, déterminant dans l'abord de circonstances imprévues[259], et qui désigne la « *courbure d'âme*[260] » (Bergson) propre à chacun de nous, qui nous fait réagir de manière personnelle, incomparable et imprévisible, aux situations que nous rencontrons, en particulier professionnelles. Les manières de faire (*habitus*), au sein d'une équipe, n'ont rien d'anodines : elles influencent en retour la manière d'être de chacun, son style propre qui lui fera, ou non, trouver des solutions novatrices sources d'enrichissement pour l'équipe.

---

258. L'*èthos*, en grec ancien, signifie le caractère, l'état d'âme, la disposition psychique. Il se distingue donc du mot *éthos* qui signifie, lui, la coutume, l'habitude. L'*èthos* désigne aussi l'inclination naturelle à agir : c'est sous l'impulsion de son *èthos* que le castor construit des barrages, que l'abeille fait des alvéoles, que le pélican s'ouvre la poitrine à coups de bec pour nourrir ses petits, que les parents risquent leur vie et la donnent parfois pour sauver leurs enfants.

259. Avoir du caractère est d'abord assumer, ne pas chercher à fuir ses responsabilités dans les délices sécurisants d'une hiérarchie, ne pas se dérober : « *Face à l'événement, c'est à soi-même que recourt l'homme de caractère. Son mouvement est d'imposer à l'action sa marque (...) et loin de s'abriter sous la hiérarchie, de se cacher dans les textes, de se couvrir de compte-rendu, le voilà qui se dresse, se campe et fait front* » (DE GAULLE). Faire preuve de caractère, ce n'est pas seulement « *faire front* » à ce qui arrive, c'est aussi et peut-être surtout rechercher ce qui est difficile, ardu, hors de l'ordinaire et du familier : « *La difficulté attire l'homme de caractère, car c'est en l'étreignant qu'il se réalise lui-même. Mais, qu'il l'ait ou non vaincue, c'est affaire entre elle et lui. (...). Il y cherche, quoi qu'il arrive, l'âpre joie d'être responsable* » (DE GAULLE). L'homme de caractère se met en prise avec l'imprévisible, avec ce qui requiert de lui une intelligence de situation et l'appelle à se dépasser, hors des sentiers battus, là où il n'y a plus de traces et où il faut frayer son propre chemin.

260. BERGSON : « *Que sommes-nous, en effet, qu'est-ce que notre caractère sinon la condensation de l'histoire que nous avons vécue depuis notre naissance, avant notre naissance même, puisque nous apportons avec nous des dispositions prénatales ? Sans doute nous ne pensons qu'avec une partie de notre passé ; mais c'est avec notre passé tout entier, y compris notre courbure d'âme originelle, que nous désirons, voulons, agissons.* » (*L'Évolution créatrice*, « L'évolution de la vie »). C'est cette dimension innée, « *originelle* », « *prénatale* », de notre caractère, qui nous a, pour une part essentielle, conduit à réagir ainsi plutôt qu'autrement aux événements auxquels nous avons été confrontés, mais d'une manière néanmoins libre (car prédisposition n'est pas prédétermination), en vertu de laquelle, comme dirait Sartre, nous nous faisons à partir de ce que l'on a fait de nous. La question demeurant ouverte de savoir si cette « *courbure originelle* » universellement partagée, quoique singulière chez chacun, n'est pas une déformation de nature qu'il reviendrait à l'éducation de tenter de redresser, au sens où KANT disait que « *l'homme a été taillé dans un bois si tordu qu'il est douteux qu'on en puisse jamais tirer quelque chose de tout à fait droit* ».

Cette manière de faire pourrait s'apparenter au *nudge management*, pratique managériale récemment thématisée. Un article du *Nouvel Économiste* en date du 10 mars 2011 nous le présente : « *Obtenir de l'autre qu'il fasse ce que l'on souhaite. L'intention est vieille comme le monde. Depuis toujours, politiques, religieux, pères de famille et, bien évidemment, dirigeants d'entreprise s'y emploient en ayant recours aux mêmes outils : l'incitation matérielle – la carotte – et la contrainte – le bâton. Double levier de persuasion qui, dans l'univers managérial, se traduit d'un côté par les primes, augmentations et avantages en tous genres du type voiture de fonction, place de parking, bureau à épaisse moquette, etc., et de l'autre par l'ensemble des menaces dont tout dirigeant dispose, du refus d'augmentation à la lettre d'avertissement. Jusque-là, rien de nouveau. Si ce n'est que depuis peu se profile une alternative à ces leviers éculés du management traditionnel. Une autre forme de gouvernance consistant à manœuvrer non plus par la contrainte ou la promesse, mais par simple incitation, conformément à une doctrine qui ne cesse de gagner du terrain aux États-Unis :* le nudge *(littéralement « pousser du coude »). À l'origine du concept, deux universitaires américains, Richard Thaler et Cass Sustein – respectivement spécialiste en économie comportementale et directeur des affaires réglementaires au sein de l'administration Obama –, et un objectif clairement revendiqué : orienter les choix individuels en faveur de l'intérêt collectif et ceci sans pour autant altérer le libre arbitre. Utopique ? Pas tant que cela. À condition de voir dans le* nudge *l'art de présenter les choses autrement* », de donner envie, et non une énième technique de manipulation. Car l'objectif ne doit pas tant être d'« *obtenir de l'autre qu'il fasse ce que l'on souhaite* », depuis notre point de vue limité, mais qu'il fasse ce qu'il veut vraiment, toujours imprévisible.

Une conséquence de la primauté, en termes d'efficacité, de l'environnement sur les actions volontaristes du manager, est que, s'agissant de stratégie, la plus efficace sera celle qui se laissera largement guider par les évolutions toujours imprévisibles de son environnement plutôt que par un objectif prédéterminé *in abstracto*, à un moment où l'on était encore ignorant de l'évolution de nos ressources disponibles et des rapports de force. Dit autrement, une stratégie doit être en permanence réactualisée, réajustée en fonction de l'évolution du contexte, au regard notamment de ce qu'il permet désormais (opportunités) ou ne permet plus. Aussi le manager soucieux d'agir en harmonie avec son environnement se laissera-t-il guider par une logique effectuale, subordonnant les fins aux moyens, plutôt que par une logique prédictive, déterminant les moyens en fonction de fins pré-jugées.

Laisser ouvertes options et interprétations

Une fois posé le cadre de travail et animée la vie d'équipe, pour ne pas fausser le jeu de la libre initiative, le manager doit s'en tenir à la règle de la non-interférence, s'interdire de laisser paraître son opinion personnelle de manière à n'influencer la volonté d'aucun des membres de son équipe. Aussi doit-il apprendre à maîtriser ses émotions ou, s'il n'y parvient pas, à brouiller suffisamment les pistes pour rendre vaine toute tentative de discernement de sa propre inclination. C'est à ce prix, et à ce prix seulement, que ses coéquipiers seront vraiment libres de choisir par eux-mêmes, plutôt que par influence du chef, la solution, aux problèmes qu'ils rencontrent, qui leur paraît optimale du point de vue de la satisfaction globale de leur environnement. Si le manager laisse transparaître son opinion, il se prive, et prive toute son équipe, des solutions imprévues que chacun des membres aurait été obligé d'imaginer et qui auraient pu ouvrir des pistes de développement insoupçonnées. Nous parvenons donc à cette conclusion : si, d'une part, le contexte de travail est mal ajusté, les membres de l'équipe donneront une interprétation peu juste, peu optimale (pour l'ensemble des parties prenantes) des situations professionnelles qu'ils rencontreront, et si, d'autre part, le manager ne parvient pas à ne rien laisser voir de ses préférences, les membres de l'équipe apporteront des réponses peu innovantes aux questions, elles, toujours singulières, qui se poseront à eux (ils se conformeront à la volonté présumée du chef). Dans cette perspective, le rôle du manager apparaît triple : disposer judicieusement les éléments constituant le contexte de travail (organiser le travail et animer l'équipe), vérifier la cohérence des choix de chacun (questionner pour pousser dans les retranchements), lutter contre le conformisme (aider chacun à trouver *sa* solution optimale, à jouer *son* interprétation).

Interroger, plutôt qu'affirmer

Si véritablement le manager s'interdit de faire violence à la volonté des coéquipiers, que ce soit directement en décidant à leur place ou indirectement en laissant transparaître sa propre inclination, alors il sera amené à adopter une attitude questionnante plutôt qu'assertive. L'action d'un tel manager est non agissante en ce sens qu'elle n'est pas affirmative – il n'apporte pas des solutions toutes faites –, mais interrogative – il questionne. C'est un management par le vide, comme le karaté est, étymologiquement, «l'art de la main vide». C'est le vide qui est ici créateur, mais un vide qui n'est pas rien. De même que c'est le vide, dans une jarre, qui en permet l'usage, c'est l'absence de réponses toutes faites, de la part du manager, qui va permettre aux subordonnés de se remettre en question et de trouver par eux-mêmes les réponses. Questionner habilement n'est pas rien, c'est bien une action, mais elle ne fait, à proprement parler, rien d'autre que d'inciter l'autre à faire par lui-même, à répondre. Pour détecter quelle est la «*propension des choses*» au sein de son équipe, le manager a en effet tout intérêt, face à un problème donné, à ne rien laisser paraître de sa propre inclination, de manière à ne pas fausser les réponses que ses coéquipiers pourront donner à ses interrogations. Il s'agit bien là d'un management, mais par le vide. Le «management par le vide», c'est interroger ses coéquipiers, les pousser dans leurs retranchements, et non pas leur dire ce qu'ils doivent faire ou leur donner une orientation a priori, laquelle est toujours susceptible de n'être que celle du manager et donc de ne rencontrer d'autre adhésion que de façade. Le management par le vide, ou par le doute, ou par la contradiction, comme on voudra l'appeler, consiste, de la part du manager, à ne donner aucune consigne, par exemple, face à des «chargés de clients» (des chargés de clientèle appelés aussi «chargés d'affaires» dans le secteur du BTP, et qui l'un et l'autre correspondent à un manager de proximité), sur les affaires à prendre ou à ne pas prendre, mais seulement des indications sur les manières de faire : à chaque chargé de clients de prendre ses responsabilités et de décider, en son âme et conscience, par rapport aux moyens qu'il s'est donnés, s'il est raisonnable qu'il candidate pour prendre la responsabilité de tel ou tel chantier.

Ne pas faire, mais animer

L'action du manager ne s'exerce, en fin de compte, que dans le domaine de la culture d'entreprise, c'est-à-dire du savoir-être. Il ne fait pas, il anime, c'est-à-dire qu'il donne un souffle, une âme à la structure dont il a la charge, comme nous l'avons déjà vu. Ne pas faire soi-même ce que l'on se saurait capable de faire, telle est, pour lui, la difficulté. Ne pas céder à cette facilité. La vraie grandeur, c'est de savoir se limiter, se retenir d'agir. De se tenir d'autant plus en retrait que l'on tient une position plus élevée dans la hiérarchie : un PDG n'a à prendre que très peu de décisions opérationnelles, mais doit, en revanche, mobiliser l'essentiel de son attention sur les problèmes liés à la culture d'entreprise, déterminant le long terme. Plus que tout autre membre de l'équipe, le manager est appelé à réfréner sa naturelle volonté d'affirmation de soi et privilégier le collectif. Il ne doit pas chercher à innover par souci d'imposer sa marque, de faire sentir son autorité, de montrer « qui est le chef » et combien il est capable. Il gagne au contraire à avoir la maturité de vouloir qu'une action se fasse non parce que c'est lui qui l'a initiée, mais parce qu'elle se trouve en harmonie avec un contexte donné – harmonie à laquelle participe, pour une part décisive, le degré d'adhésion des coéquipiers.

Être disponible

Le « management par le vide » consiste aussi, pour le manager, à être disponible pour ses coéquipiers, en permanence à l'écoute, ouvert à une remise en question de ses actions. La disponibilité est ainsi, d'abord, une attention à son environnement, une manière de rester en éveil pour accueillir l'inattendu sans le réduire à du déjà-vu et s'y adapter. C'est se tenir prêt, aux aguets, sans la tension qui diminue d'autant la part d'attention réelle. En ce sens, être dans la non-action signifie être dans l'écoute, écoute des personnes, mais également écoute des situations. Ce qui veut dire sentir les choses, être attentif à ce qui ne se révèle pas encore, mais frémit, de manière à faire ce qui se doit. Même si, idéalement, le manager *peut* tout, il ne *fait* rien. Car le plus important dans le pouvoir, c'est le pouvoir, c'est-à-dire la potentialité, non l'exercice : ce que les arts martiaux expriment en enseignant la maîtrise des coups portés, c'est-à-dire leur rétention. Sans aucunement négliger l'action, où s'atteste la réalité d'un potentiel, le plus important n'en reste pas moins de *pouvoir* agir, non d'agir. L'important est de ne pas se trouver emporté dans une direction au point de ne pouvoir en changer, de ne pas se retrouver prisonnier d'un geste alors que l'adversaire a bougé, prisonnier d'un objectif ou d'une stratégie alors que les circonstances l'ayant motivé ont évolué. Quelle que soit l'action entreprise, le manager, comme tout équipier, doit demeurer tout du long à l'écoute des évolutions de son environnement, disponible pour une éventuelle réorientation.

De même que la complexité consiste à intégrer le désordre à la définition de l'ordre, le conflit à la définition de la paix, l'insécurité à la définition de la sécurité, l'imprévisibilité structurelle à la définition de la prévisibilité, elle consiste, en termes de management, à intégrer la non-action à l'action managériale : même agissant avec le plus total engagement, le manager doit demeurer suffisamment en retrait de son action, suffisamment maître d'elle (plutôt que dominé par elle, emporté) pour rester capable d'en infléchir le cours en fonction de l'évolution du contexte. Quoi qu'il fasse, le manager doit agir comme s'il n'agissait pas, c'est-à-dire demeurer détaché de son action[261], sans

261. Ce détachement est rendu possible par une détente, un lâcher prise. « *Seul l'homme relaxé est vraiment créateur et les idées lui viennent comme l'éclair* », écrit CICERON. Pour créer vraiment et, de là, agir efficacement, il faut être détendu, ce qui n'est pas être relâché. Rien de plus contre-productif qu'une atmosphère de tension permanente où, par un processus psychologique

préjugés ni certitudes quant à la justesse de son intention, des moyens qu'il emploie et des conséquences qu'il prévoit. Juger paralyse l'action, enferme dans une voie, alors que le manager doit laisser les choses suivre leur cours, ce qui veut dire laisser les pairs régler un problème donné sans s'immiscer. Le plus difficile pour lui étant de se retenir d'agir, de vouloir imposer sa solution, qui n'est pas nécessairement celle que la situation exige.

Plus on s'élève dans la hiérarchie, plus on doit être dans la non-action et se montrer attentif à son propre processus de maturation, en vue d'être le plus créatif possible. Le manager, plus encore que le technicien (davantage immergé dans l'action) doit faire place en lui au vide créateur, au bouillonnement intérieur, ce que Jean-François Billeter appelle le «*virtuel*», qui est «*la réserve d'où sortent nos pensées et nos actes*[262]», et que le *Tchouang-tseu* présente tantôt comme un grand vide, tantôt comme une confusion obscure et féconde. C'est en effet de ce vide créateur, où se composent et se recomposent mille virtualités, que débouchera la décision la plus juste, la plus pertinente et adaptée au contexte. C'est ainsi, donc, qu'il fera le plus preuve d'intelligence de situation. Si je suis manager, je dois laisser advenir «*ces états de distraction profonde dans lesquels je m'installe lorsque je dois prendre une décision : je fais le vide pour que l'acte se fasse*[263]», et que la décision tombe. C'est ce va-et-vient entre activité intentionnelle et activité non-intentionnelle, entre tension et relâchement, qui est fécond, créateur. La créativité, comme on le constate en arts, est directement liée à cette capacité de relâchement ou de lâcher-prise.

Par où se comprend aussi qu'un manager doit se dégager du temps libre afin de laisser son esprit divaguer et créer, en faisant confiance à

---

classique, la focalisation exclusive sur l'objectif vient à le faire manquer.

262. Jean-François BILLETER, sinologue, exégète de Tchouang-tseu, in *Philosophie magazine* n° 45 de décembre 2010/janvier 2011, p. 61.

263. *Ibid.*, p. 62. C'est au même vide bouillonnant que nous faisons spontanément appel pour laisser se dessiner la solution à un problème mathématique (cf. Simone Weil, «*Lorsque vous cherchez un mot, vous vous arrêtez. Votre visage devient inexpressif et votre regard se perd. Vous faîtes le vide et vous attendez que le mot surgisse*» ; il surgit comme de lui-même, ce n'est pas directement moi qui le fait surgir).

la sérendipité. C'est ce qui fait que, chez Google par exemple, tous les ingénieurs sont autorisés à dépenser 20% de leur temps de travail sur des projets autres que ceux qui leur sont assignés[264]. Dans une économie de l'innovation, il est important que les salariés, et les managers en particulier, puissent se dégager du temps libre, car c'est alors que la création est le plus prolifique, sous une forme généralement imprévue. Ce n'est manifestement pas le cas aujourd'hui dans les entreprises traditionnelles, où l'on entend nombre de managers dire qu'ils sont tellement dépassés par le quotidien qu'ils n'ont «pas le temps» de faire ce qu'ils devraient faire. Naturellement, si le manager doit tout particulièrement se dégager du temps libre, c'est aussi en raison de sa position plus élevée dans l'organigramme, qui exige de lui une prise en compte plus importante des intérêts de long terme, c'est-à-dire de la dimension stratégique[265].

Faire que les choses se fassent toutes seules

À la différence de ceux qui se trouvent affairés sans rien faire, le bon manager, laissant agir un environnement de travail adroitement disposé, fait en sorte que les choses se fassent toutes seules, sans qu'il ait besoin d'intervenir, de sorte qu'à terme le chef pourrait s'absenter sans que les résultats de l'équipe s'en trouvent affectés. Le *Tao-Te-King* dit, en son paragraphe 57: «*On gouverne un royaume par la justice. On conduit une guerre par la tactique. Mais c'est en renonçant à toute action qu'on devient le maître du monde. Comment peut-on savoir cela? En considérant ceci: Plus il y a d'interdits, plus le peuple s'appauvrit. Plus les armes se perfectionnent, plus le pays est dans le désordre. Plus les hommes sont ingénieux et habiles, plus leurs inventions deviennent néfastes. Plus nombreux sont les décrets*

---

264. Google affirme notamment que c'est cette manière de faire qui leur a permis de développer des produits innovants comme Google News.

265. Ainsi selon DE GAULLE le chef de l'État, plus que tout autre chef, doit-il «*prendre de la distance par rapport aux partis*» et «*se dégager assez des problèmes quotidiens pour se consacrer comme il convient au long terme*» (cité par Bernard Tricot, dans «Bayeux: nouveauté et classicisme», revue *Espoir*, n° 55, p. 14-15).

et les lois, plus les malfaiteurs et les bandits pullulent. C'est pourquoi le prince sage dit : Je n'agis pas et le peuple s'amende de lui-même. Je demeure dans la quiétude et le peuple s'améliore. Je ne recherche aucun profit, et le peuple voit augmenter ses biens. Je demeure sans désirs et le peuple retrouve les bienfaits d'une vie simple. » Dans ce passage, nous pouvons comprendre que, d'abord, la fonction de la loi n'est pas d'interdire mais d'autoriser, que, ensuite, plus on force, plus on légitime l'usage de la force et plus on suscite une force inverse, et que, enfin, il faut gouverner et non diriger, de manière à libérer au maximum les énergies créatrices, indéfiniment inventrices, de la base.

De ce que le bon manager fait que les choses se fassent toutes seules, on ne saurait en conclure qu'il s'agit, pour lui, de faire travailler les autres à son profit exclusif, d'instrumentaliser son équipe de manière à en faire, lui, le moins possible. Engager le manager à faire preuve de non-agir n'équivaut pas à lui dire : « *L'*empowerment*, c'est très simple : tout ce que vous avez à faire, c'est de libérer le pouvoir que renferme votre équipe et de faire travailler ce pouvoir pour vous*[266]. » Car si les subordonnés travaillent pour d'autres fins que celles qu'ils se sont fixées, alors ils ne sont plus autonomes. Et c'est se méprendre profondément sur le sens du non-agir, qui consiste, de la part du manager, à se contenter d'établir un environnement favorable et à faire ensuite confiance à la libre initiative de ses subordonnés, à leur intelligence des situations, à leur inventivité, pour trouver chacun une réponse personnelle, originale et imprévue à un problème donné, cohérente avec leur propre contexte. La réponse de chaque membre de l'équipe étant fonction de la situation singulière à laquelle il se trouve confronté et du contexte professionnel particulier qui est le sien, nul ne peut préjuger de l'interprétation toute personnelle (au sens où un musicien interprète un morceau) qu'il jugera la plus juste de donner

---

266. J. ALLAN, « Empowerment », *Management Accounting*, février 1995. Cette attitude serait une dérive de la définition que donnait du management, en 1947, le prix Nobel d'économie Herbert SIMON : l'art d'atteindre des résultats par l'intermédiaire de l'action d'autres personnes (H. Simon, *Administrative behavior. A Study of decision-making processes in administrative organizations*, MacMillan, New-York, 1947).

de ces deux éléments. Le manager non agissant fait confiance à ses subordonnés pour trouver le meilleur, leur meilleur, compte tenu du contexte qui est le leur, fort de la conviction que, spontanément, un individu, pour peu qu'il ne soit pas parasité et agisse de manière vraiment libre, cherche toujours la solution la plus favorable à l'ensemble des parties prenantes de son environnement. Il ne s'agit donc pas, pour les subordonnés, de faire ce que le manager veut, ou ce qu'ils croient deviner de ce qu'il veut, mais de jouer leur propre interprétation, toujours imprévisible, du contexte, en réponse à une situation unique.

Le manager n'a, d'une certaine manière, rien d'autre à faire que de veiller à la bonne disposition des choses, ce qui veut notamment dire la qualité de la culture d'entreprise et le respect des procédures. Tout au plus peut-il ponctuellement mettre de l'huile dans les rouages, afin que les choses tournent mieux toutes seules, sans pour autant s'emballer. Mais ses interventions correctives doivent rester ponctuelles ; s'il a besoin d'intervenir régulièrement, cela manifeste un dysfonctionnement structurel dans la disposition de l'environnement de travail. Par exemple, si l'environnement ne suffit pas à motiver durablement les salariés, c'est manifestement qu'il présente un défaut de conception. Les entreprises qui cherchent à « motiver leurs collaborateurs » avouent par là même que leur organisation, fondée sur un management « au bâton et à la carotte », n'y suffit pas : « *Pourquoi doit-on motiver les gens ? Parce que les gens n'ont pas envie de faire. Donc on va trouver des bonus, des systèmes de motivation extrinsèques*[267] » qui dispensent d'avoir à remettre en question l'organisation même du travail, source du problème.

Si l'environnement « *donne envie de faire* », s'il est réellement conçu avec justesse, c'est-à-dire aussi avec justice, alors le rôle du manager n'est que de veiller à ce que, dans l'équipe, la dynamique de groupe fonctionne, ce qui se vérifie à ce qu'elle porte chacun à réaliser plus et mieux qu'il n'aurait été capable seul. Sa responsabilité est de

---

267. Isaac GETZ, co-auteur de *L'Entreprise libérée* (Fayard, 2012), en septembre 2010 sur la « WebTV du management ».

faire en sorte qu'il y ait émulation collective au sein de l'équipe. Car quand tout se passe bien, le groupe se révèle supérieur à la somme de ses parties. Mais quand tout se passe mal, le groupe amplifie la dégradation, le groupe se révèle pire que la somme de ses parties. Le manager est le garant de la fécondité de la dynamique de groupe.

Cueillir les opportunités

Nous le voyons, fondamentalement, le non-agir est un art, ou plutôt principe d'art, raison pour laquelle il se manifeste de manière éminente aussi bien dans les arts martiaux que dans ceux, aussi pacifiants, de la direction d'orchestre, du management ou de la navigation à voile. Dans la navigation, il s'agit de prendre appui sur les éléments, même contraires – on tire des bords quand on a le vent de face –, pour avancer. L'art, ici, consiste à se servir des contraintes pour les sublimer, à convertir les obstacles en tremplins. Lorsque le vent du changement se lève, les uns construisent des murs pour le retenir, les autres des moulins à vent pour l'utiliser : «*Les pessimistes se plaignent du vent ; les optimistes attendent qu'il change ; les réalistes ajustent leurs voiles*» (William Arthur Ward). Le non-agir, pourrions-nous dire, consiste à surfer sur les événements, à profiter des occasions, à exploiter des failles ou à tirer parti de circonstances[268] comme, en aïkido, on ne parvient à la maîtrise de l'adversaire qu'à la condition de s'en être fait un partenaire, d'être rentré dans son mouvement pour en exploiter le cours. Du non-agir (*wu-wei*), Lin Yu-tang dit : «*C'est l'art de maîtriser les circonstances sans leur opposer de résistance ; le principe d'esquiver une force qui vient sur vous en sorte qu'elle ne puisse vous atteindre. Ainsi, celui qui connaît les lois de la vie jamais ne s'oppose aux événements ; il en change le cours par son acceptation, son intégration, jamais par son refus. Il accepte toutes choses jusqu'à ce que, les ayant assimilées toutes, il parvienne à leur*

268. Étymologiquement, les circonstances sont «ce qui se tient autour» (*circum-stare*). En conséquence de quoi tirer parti des circonstances veut dire profiter de son environnement.

maîtrise parfaite[269]. » Le non-agir, ici, désigne donc une intelligence de situation – la fameuse *Mètis* d'Ulysse : il s'agit, pour tirer parti d'une situation, de ne pas s'opposer à son développement inertiel : c'est au contraire en comprenant intimement la logique interne à une suite d'événements, en en atteignant le cœur jusqu'à s'identifier à eux et à les nourrir, que l'on peut alors les subvertir vraiment, de l'intérieur. Il faut accompagner les événements de si près que l'on devienne nécessaire à leur déroulement et, de là, capable d'en orienter le cours. Idéalement, le manager avisé comprend si bien la logique gouvernant le déroulement des événements qu'il n'a qu'à attendre pour saisir le moment opportun (*kaïros*). Au fond, le manager avisé est simplement économe en moyens : il cueille dans ce qui se présente ce qui lui profite, plutôt que s'escrimer à produire, à contretemps, des effets incertains et passagers. C'est certes plus facile à dire qu'à faire.

Les maîtres de sagesse chinois, et en particulier taoïstes, nous apprennent à user du réel en rusant avec lui, non pas tant à ruser avec les autres (ce qui a toujours paru chez nous le comble de l'habileté : voir Ulysse, Renard) qu'à ruser avec la situation, en comptant sur la logique de son déroulement. *Les Ruses de l'intelligence*, par Detienne et Vernant, d'un côté ; le *Traité de l'efficacité*, par François Jullien, de l'autre, sont deux livres qui tentent de répondre, avec des instruments différents, à un même problème. L'un cherche à prévoir les péripéties du parcours et déduit l'efficacité de cette prévision même, l'autre laisse advenir le processus du réel, si bien qu'aucun effet n'est à produire pour être efficient.

Dans cette mesure, l'autorité du manager n'est jamais plus manifeste que lorsqu'il parvient, non à changer l'ordre des choses suivant sa volonté particulière, mais à tirer profit des potentialités de l'existant : « *Le bon maître est celui qui, tout en répétant l'ancien, est capable d'y trouver du nouveau*[270] » (Confucius). « *Non nova, sed*

269. Lin YU-TANG (1895-1976), *L'importance de vivre* [1937].
270. CONFUCIUS, *Entretiens*, II, 11, Seuil, 1981. Il redit des choses déjà entendues mais en les donnant à entendre comme nouvelles (tel un artiste redonnant à voir le quotidien).

nove», dira Vincent de Lérins : non du nouveau, mais de nouveau. Il repère dans l'existant ce qui est porteur d'avenir, ce qui est gros de développements fructueux. Le manager n'a pas à s'attribuer un mérite quelconque quand il ne fait qu'accomplir ce qui est déjà là, tel l'artiste qui, dans la conception aristotélicienne de la *mimesis*, se contente d'aider la nature à accoucher d'elle-même, à atteindre son *telos*, sa finalité[271]. Le manager n'agit jamais plus efficacement, jamais plus en profondeur que quand, exploitant une situation, surfant sur un courant, se laissant porter par une dynamique, il a moins à agir par lui-même.

Le non-agir dans l'art du management n'est-ce pas simplement reconnaître qu'« *on ne commande à la nature qu'en lui obéissant* » (Bacon) ? Par où se dessine le profil d'un manager artiste, révélateur de possibles – au premier rang desquels les talents de ses coéquipiers –, animé par une volonté de puissance et non de force, ne devant son autorité (leadership) qu'à sa reconnaissance par les autres. Comme il en va dans toute véritable création artistique, l'agir du manager doit être un laisser-agir, sa manière d'être un laisser-être[272]. Ce qui peut se comprendre de plusieurs manières :

– Il ne doit pas écraser : ni interdire ni imposer, ni empêcher ni contraindre. Il doit avoir le recul suffisant pour laisser son équipe mener sa vie, prendre ses responsabilités, assumer ses choix, soutenir la comparaison avec les autres équipes.

– Il ne fait pas, il orchestre.

– Ce qu'il fait ne doit empêcher personne de faire. Non seulement il ne doit pas « faire à la place de », mais il doit demeurer ouvert à la possibilité qu'un membre de son équipe refasse ce qu'il a fait : ce qu'il fait, il ne le fait pas de manière exclusive, mais toujours en collaboration ou du moins en étant ouvert à la possibilité qu'un autre vienne s'associer à sa tâche, pour la perfectionner ou la corriger.

---

271. ARISTOTE : « *L'art imite la nature et la porte à son point d'achèvement* » (*Physique*, II, 2, 194 a 21).

272. CEZANNE : « *Je laisse les choses être* ».

– S'il repère un dysfonctionnement, il doit alerter son équipe et laisser celle-ci le résoudre par elle-même.

En définitive, toute la difficulté consiste à parvenir à trouver des managers doués à la fois d'un esprit de géométrie et d'un esprit de finesse. D'un esprit de géométrie, d'abord, pour porter une attention méticuleuse aux processus, aux règles, qu'il doit commencer par s'appliquer à lui-même (exemplarité) et dont dépend la qualité des prestations commerciales sur laquelle repose la pérennité de l'activité économique. D'un esprit de finesse et de discernement, ensuite, pour recruter à bon escient[273] et appréhender avec justesse les situations humaines dans son équipe. Nous pouvons le dire ainsi : dans une organisation à visée 2.0 (c'est-à-dire à visée coopérative et démocratique), le seul pouvoir dont dispose le manager est celui de faire appliquer les règles et de sélectionner les hommes. Il a un rôle de facilitation et de coordination entre les membres de l'équipe, de manière à organiser entre eux la coopération, mais aussi de coordonner l'ordre interne à l'équipe avec celui prévalant dans le reste de l'entreprise. Tel le « roi-tisserand » de Platon (*Politique*), sa fonction est de coordonner le haut et le bas, l'interne et l'externe : il tisse ensemble l'abscisse et l'ordonnée de l'entreprise, les fils verticaux constituant la chaîne et les fils horizontaux constituant la trame, alliant le sens de la hiérarchie et celui de l'égalité, ayant à la fois la vision de l'ordre interne et celle de l'expérience terrain.

En tant que simple animateur ou coordinateur, le manager, dans le modèle managérial ici décrit, n'a pas à éduquer ses coéquipiers, s'il perçoit chez eux des failles. La fonction d'éducation étant susceptible d'être ressentie comme infantilisante si elle est exercée par le manager, elle peut revenir, comme dans le groupe Hervé (et ainsi que nous le développerons plus loin), aux « réseaux fonctionnels ». Les « animateurs réseaux fonctionnels » étant alors des pairs de ceux dont ils ont à améliorer les pratiques, ce qu'ils disent est mieux reçu que si cela vient d'un manager, inévitablement perçu, pour une part, comme

273. John Fitzgerald KENNEDY : « *L'art de la réussite consiste à savoir s'entourer des meilleurs.* »

un supérieur hiérarchique. Il est perçu comme tel, bien qu'il n'en soit rien. Le manager, comme animateur, n'est ni au-dessus (comme s'il pouvait imposer ses décisions), ni au-dessous (comme s'il n'avait pas son mot à dire et devait se contenter d'appliquer passivement les décisions du groupe), mais à côté, pair parmi ses pairs, simplement doté d'une fonction différente.

Un management participatif doit toutefois se doubler d'une organisation participative. Un mode de management participatif dans une organisation pyramidale générerait une méfiance légitime quant à la liberté qui est laissée – ce serait une injonction paradoxale, où l'on vous prend d'une main ce qu'on vous donne de l'autre – : soyez autonomes… dans le cadre que *nous* avons défini pour vous, dans la limite de ce qui vous est imparti. La liberté promue dans le cadre d'un management participatif ne correspondrait en fait qu'à la longueur de la longe permise par l'organisation. C'est pourquoi un management participatif n'a de sens que dans le contexte d'une organisation elle-même participative, c'est-à-dire dans laquelle la participation des salariés est structurelle et pas seulement accidentelle.

TROISIÈME PARTIE

Une organisation démocratique

Constituer une entreprise durablement innovante, à l'ère de la transparence coopérative des réseaux, passe par un management participatif, incitant les individus à devenir acteurs de leur destin. Mais on ne saurait en rester là. Un management participatif crée des attentes qui ne peuvent à terme être satisfaites que par une organisation elle-même réellement participative. C'est pourquoi la simple exigence de cohérence conduit à associer au management participatif une démocratie participative.

La nouvelle donne démocratique permise par les NTIC

Comme l'écrit Suzy Canivenc[274] dans sa thèse sur les nouveaux modèles autogestionnaires :

« *Avec les NTIC, émergerait selon certains un nouveau mode de production des règles d'où l'État et tout pouvoir central seraient absents : le modèle de l'autorégulation ou de l'auto-organisation, basé sur la dissémination du pouvoir politique au sein de l'ensemble de la*

---

274. Suzy CANIVENC, *Autogestion et nouvelles formes organisationnelles dans la société de l'information, de la communication et du savoir*, thèse de doctorat en Sciences de l'information et de la communication, Université européenne de Bretagne – Rennes 2, disponible en ligne : http://tel.archives-ouvertes.fr/tel-00458192/fr/

structure sociale. Patrice Flichy intitule l'un des paragraphes de son ouvrage L'imaginaire d'Internet *: "Internet, un modèle pour une société sans État*[275]*". Cette dissémination du pouvoir s'opérerait grâce à :*

– La démocratisation de la communication (c'est-à-dire de la possibilité pour tous de s'exprimer) ;

– La démocratisation des informations et des savoirs ;

– Une organisation sociale plus participative.

(...) Cette réappropriation du pouvoir politique s'opère tout d'abord grâce à la démocratisation du pouvoir d'expression permise par les NTIC et notamment Internet. C'est notamment l'idée défendue par Pierre Lévy qui parle de "cyberdémocratie" et pour qui "le principal avantage de l'Internet (...) est qu'il permet de s'exprimer à tous les acteurs qui le désirent. Résultat : la sphère publique s'élargit[276]".

L'apparition du web de deuxième génération (wikis, blogs et compagnie) semble accentuer ce phénomène puisque "là où le web 1.0 plaçait l'internaute en tant que récepteur d'informations et simple utilisateur de services, le Web 2.0 redéfinit son rôle en lui proposant d'être également acteur d'Internet et producteur d'informations[277]". *Les logiciels libres participent également au développement de ce phénomène* "où le rapport production/utilisation tend à se confondre[278]".

La réappropriation du pouvoir politique s'opère également par une dissémination des informations et des savoirs, augmentant cette fois-ci non plus seulement la possibilité mais également la capacité de prendre part aux décisions. Les NTIC et Internet sont en effet perçus comme des moyens jusqu'ici inégalés d'accéder pour tous en quelques clics à une profusion d'informations : la diversité des informations présentes sur la toile et la rapidité de transmission des NTIC abolissent la distance et le temps nécessaires pour obtenir une information. (...)

---

275. Patrice FLICHY, *L'imaginaire d'Internet*, Paris, La Découverte, 2001.

276. Pierre LÉVY, *Cyberdémocratie*, Paris, Odile Jacob, 2002.

277. Guillaume CHOCTEAU, *Qu'est-ce que le web 2.0 ? Ressources solidaires*, 2007. Disponible sur : http://www.ressources-solidaires.org/spip.php?article6066

278. Laurent MOINEAU et Aris PAPATHEODOROU, « Coopération et production immatérielle dans le logiciel libre », *Multitudes*, vol. 1, n° 1, 2000, p. 144-160.

Cette dissémination du pouvoir de communiquer et de s'informer, auparavant confisqué et monopolisé, entraîne un renforcement de la participation de tout un chacun. (...). Depuis l'apparition du web 2.0 "dont le fonctionnement est fondé sur la participation d'un grand nombre d'internautes[279]", *de nouvelles possibilités d'une démocratie plus directe se feraient jour. Ouvrant un accès illimité à la parole et aux savoirs favorisant la participation de tout un chacun, les TIC, boostées par les possibilités offertes par le réseau Internet, incarneraient* "un instrument idéal pour faire avancer la démocratie[280]". *Une conception parfaitement illustrée par les propos de Véronique Kleck pour qui, avec Internet,* "une nouvelle organisation du pouvoir politique est en train d'émerger. Une forme inédite de démocratie s'invente sous nos yeux (...) Nous sommes convaincus que nos sociétés numériques produisent un autre rapport au pouvoir politique et que nous ne sommes qu'au début de cette nouvelle étape historique (...) L'exercice du pouvoir se répand, devient diffus et éclaté. Tout citoyen de la communauté est, dans l'absolu, détenteur d'une parcelle du pouvoir politique (...). L'utopie du pouvoir de tous pour tous et par tous est de nouveau à l'ordre du jour ![281]"».

Jusqu'à l'apparition d'outils permettant à n'importe qui, dans l'entreprise, d'avoir accès aux mêmes informations que le PDG, on pouvait croire naturel de considérer que la décision revient à celui qui dispose de plus d'informations que les autres, c'est-à-dire de plus de visibilité. Le chef, pouvait-on penser, est légitimement le décideur, parce qu'il en sait plus que les autres – donc il est à même d'apprécier une situation en toute connaissance de cause. Mais à partir du moment où ces informations sont accessibles à chacun dans l'entreprise, alors c'est chacun qui devient en position de décider. Grâce aux NTIC, la vision du tout devient accessible à

---

279. Guillaume CHOCTEAU, *Qu'est-ce que le web 2.0? Ressources solidaires*, 2007. Disponible à : http://www.ressources-solidaires.org/spip.php?article6066

280. Manuel CASTELLS, *La Galaxie Internet*, Paris, Fayard, 2001.

281. Véronique KLECK, «Réseaux numériques : le renouveau du politique». *Transversales*, 2007. Disponible à : http://grit-transversales.org/article.php3?id_article=174

chaque partie. Il n'est plus inéluctable que le sommet de la pyramide ait une meilleure vue sur l'environnement : si un intranet *a minima* est mis en place, et si les membres de l'organisation prennent l'habitude de partager leurs informations, alors ils deviennent également compétents pour décider.

I – Quel pouvoir ?

Un pouvoir qui libère

La démocratie républicaine ne s'arrêtant pas aux portes de l'entreprise, dans l'entreprise adaptative, démocratique, « *tout ce qui n'est pas défendu par la loi ne peut être empêché, et nul ne peut être contraint à faire ce qu'elle n'ordonne pas*[282] ». Tout ce qui n'est pas interdit par une règle interne est autorisé, par conséquent, un chef n'a pas le droit d'interdire ce qui ne l'est pas expressément dans une règle interne. Il ne dispose pas non plus de l'autorité hiérarchique lui permettant de contraindre l'un de ses subordonnés à faire ce qui ne serait pas expressément prévu par une disposition de l'entreprise. La fonction des règles internes modifiables par la base (assimilables du coup à des lois) est de dépouiller les managers de tout pouvoir de contrainte sur leurs subordonnés, que ce soit positivement (les forcer à faire) ou négativement (leur interdire de faire)[283]. Elles n'ont pour fonction que de limiter ce qui limite. Autrement dit, elles n'ont pour norme que la liberté. Le plus de liberté possible. S'il y avait un mot d'ordre dans l'entreprise 2.0, ce serait : « Interdit d'interdire ! » – et en assumant parfaitement que ce soit un interdit comme un autre[284]. Un intra-entrepreneur peut tout ce qu'il veut, à une seule condition (qui

---

282. Article 5 de la Déclaration des droits de l'homme et du citoyen de 1789.

283. Qu'elle soit positive ou négative, la contrainte est également insupportable. « *Moi, dit Gide, si l'on m'empêchait d'écrire, je me tuerais. Moi, répondit Valéry, si l'on me forçait à écrire, je me tuerais* » (Propos rapportés par André Maurois dans la revue Conferencia, 15 mars 1933).

284. cf. Pierre-Marie HASSE, *Le Cercle sur l'abîme. Eléments d'une théorie de la non-contradiction*, 2008, VII, 11, § 3.

n'est même pas que ce ne soit pas nuisible à son entreprise) : que la règle interne ne l'ait pas interdit comme tel.

Ce qui est important, dans une organisation tendue vers l'innovation, c'est que le pouvoir ne soit pas inhibant, et *a fortiori* paralysant. Donc de trouver des solutions à cet écueil. « *C'est en le partageant et en le dispersant que le pouvoir perd le caractère terrifiant qu'il revêt lorsqu'il est concentré entre les mains d'un seul ou d'une oligarchie*[285]. » Démocratiser l'exercice du pouvoir n'est pas seulement une noble ambition humaniste, c'est aussi un calcul de chef d'entreprise soucieux de compétitivité et de promouvoir dans son entreprise le plus d'innovation possible. Et ôter au pouvoir son « *caractère terrifiant* », cela veut dire le désacraliser.

Désacraliser le pouvoir hiérarchique

Il s'agit, au sein de l'organisation, de faire en sorte que le manager ne soit plus en position de force par rapport à ses équipes (sans quoi ceux qui se trouvent en position de faiblesse ne peuvent se sentir libérés), et donc d'équilibrer le rapport de force. Équilibrer le rapport de force, cela veut dire concrètement faire en sorte que le manager soit évalué par ses équipes en plus de l'être par ses pairs, et que cette évaluation puisse le remettre en cause. Équilibrer ce rapport est une chose, modifier la nature de la force en est une autre. Pour rendre le pouvoir hiérarchique « non terrifiant », il faut « *déhiérarchiser*[286] », c'est-à-dire désacraliser, ôter le *hieros*, le sacré[287].

La hiérarchie a partie liée avec le sacré

Spontanément, les salariés, d'une part, attendent de leur responsable hiérarchique des ordres, consignes ou indications, et, d'autre part, n'hésitent pas à lui obéir « par principe », donc de manière aveugle,

285. Michel HERVÉ, dans *De la pyramide aux réseaux* (en collaboration avec Alain d'IRIBARNE et Elisabeth BOURGUINAT), éditions Autrement, 2007, p. 10.
286. *Ibid.*
287. Étymologiquement, l'ordre sacré : du grec *hieros*, sacré, et *arkhè*, ordre (ou plutôt ce qui ordonne, le fondement, donc, de l'ordre : ce qui commande et ce qui commence).

suivant en cela le «principe du chef», à qui il est légitime d'obéir inconditionnellement – comme si les subordonnés assimilaient le pouvoir juridictionnel (*potestas juridictionis*), institutionnel, du chef d'équipe à une puissance par essence sacrée (*potestas sacra*). Dans les organisations traditionnelles régies par une hiérarchie, tout se passe comme si le chef avait cette dimension: le sacré en effet, dont est issu le mot «sacrifice» (*sacer-facere*), désigne ce pour quoi on pourrait se sacrifier et, partant, ce à quoi on accepte de sacrifier sa volonté. Le sacré est ce devant quoi on s'incline et à qui on laisse la prééminence: en cas de conflit de volonté entre mon chef et moi, c'est à moi de m'incliner. Dans les organisations traditionnelles, tout se passe comme si les salariés tiennent leur responsable hiérarchique pour un personnage sacré, qu'il y a tout lieu de craindre (de lui dépend que je reste ou sorte de l'équipe, que mon quotidien soit agréable ou non, etc.), investi de pouvoirs spéciaux par une autorité supérieure, encore plus redoutable. La hiérarchie, d'une manière générale, est ce qui est instauré par un ordre supérieur.

La conception traditionnelle du sacré

On considère généralement comme sacré ce qui nous dépasse et qui, dès lors, est susceptible de nous dominer. La hiérarchie étant étymologiquement un «ordre sacré», une verticalité, elle exprime une transcendance. La hiérarchie d'un salarié, c'est ce qui le dépasse, ceux qui traitent de questions auxquelles il n'a pas accès. C'est dire combien la notion de distance est essentielle au sacré, et donc l'autorité du chef. Comme l'écrivait le colonel de Gaulle dans *Le Fil de l'épée* (1932), «*l'autorité ne va pas sans prestige, ni le prestige sans éloignement*». Ce n'est toutefois pas seulement la distance, mais l'inaccessibilité, qui constitue le sacré comme tel. Nous tenons en effet pour sacré ce que nous considérons comme indépendant de notre volonté, ce qui est hors d'atteinte. Est sacré ce à quoi on ne peut rien. Si le chef est, traditionnellement, considéré comme sacré, c'est aussi parce que ses subordonnés ne sont pour rien dans le pouvoir dont il dispose; celui-ci les dépasse, il vient de plus haut qu'eux. L'indépendance ou, plus précisément, l'inaccessibilité du chef (c'est-à-dire le côté «sans appel» de ses décisions) participe de son aura. Le chef a été consacré tel par un plus haut gradé dans la hiérarchie du sacré, et ainsi de suite. Ce sacré, il peut l'avoir reçu de plus sacré que lui, en tout ou partie, de manière provisoire ou permanente. Il lui a alors été délégué un pouvoir, comme il en va d'un pouvoir «régulier», légal ou administratif. Mais le chef peut aussi être la source de son propre pouvoir, comme il en va dans les cas de pouvoir charismatique ou, dans une moindre mesure, pour les entrepreneurs dirigeant la structure qu'ils ont fondée. Qu'il tienne son pouvoir d'un autre ou qu'il ne le doive qu'à lui-même, dans tous les cas la sacralité dont ses subordonnés l'investissent plus ou moins consciemment – fût-ce malgré eux et même si le chef s'y refuse – tient à ce qu'ils dépendent de lui et que lui ne dépend pas d'eux.

Le sacré, c'est donc ce à quoi on ne peut rien, mais, plus précisément, ce que l'on regarde comme tel. Il n'y a de sacré que ce que l'on considère comme sacré, ce qui veut dire que c'est nous, finalement, qui lui donnons le pouvoir mystérieux, à la fois terrifiant et fascinant[288], qu'il exerce sur nous[289]. Et il n'en a que dans l'exacte mesure où nous lui en reconnaissons un – tout, y compris un manager, peut alors devenir objet de sacralisation. «*On n'insistera jamais assez sur le paradoxe que constitue toute hiérophanie, même la plus élémentaire. En manifestant le sacré, un objet quelconque devient autre*

288. C'est à Rudolf OTTO, dans son ouvrage fondateur *Le Sacré* (1917), que nous devons cette caractérisation du sacré comme un mystère *tremendum et fascinans*, le sacré nous mettant en présence de cet au-delà de l'intelligible et du sensible qu'Otto appelle le «*numineux*».

289. Jean-Pierre DUPUY appelle «*auto-extériorisation*» ce phénomène par lequel les hommes se représentent comme extérieur à eux et indépendant d'eux ce qu'ils ont en fait produit: «*Tout se passe comme si les hommes prenaient pour repères "extérieurs" capables de guider leurs actions des formes, des régularités, un ordre qui, de fait, proviennent d'eux-mêmes*» («Vers l'unité des sciences sociales autour de l'individualisme méthodologique complexe», in *Une théorie sociologique générale est-elle pensable?*, Revue du MAUSS, n° 24, 2004, p. 318). Jean-Pierre Dupuy établit ailleurs un lien explicite entre «*auto-extériorisation*» et hiérarchie: «*Tombé dans un marais, le baron de Münchhausen réussit, dit-on, à s'en extraire en se tirant lui-même par les cheveux (…). [Cette] formule est depuis longtemps dessinée par la philosophie. Hegel l'appelait "auto-extériorisation"* (Entaüsserung)*, Marx "aliénation"* (Entfremdung)*, Friedrich Hayek (…) "auto-transcendance"* (self-transcendence)*. Mais c'est l'anthropologue et sociologue français Louis Dumont qui a approché le plus près de sa forme pure. Il l'appelait hiérarchie.*»

chose, sans cesser d'être lui-même, car il continue de participer à son milieu cosmique environnant. Une pierre sacrée reste une pierre; apparemment (plus exactement: d'un point de vue profane) rien ne la distingue de toutes les autres pierres. Pour ceux auxquels une pierre se révèle sacrée, sa réalité immédiate se transmue au contraire en réalité surnaturelle[290]. »

Si le sacré est, suivant une définition classique, ce qui se trouve mis à part[291], c'est soit parce qu'on le considère comme une menace (et que l'on cherchera donc à sacrifier, bouc émissaire sur le dos duquel se refera l'unité de la communauté – ou se fera dans le cas d'un meurtre fondateur, fût-il symbolique), soit parce qu'on s'en considère indigne. En tout état de cause, est rendu sacré ce à l'écart de quoi on se tient, ce que l'on regarde comme inaccessible, et comme devant le rester.

Il faut toutefois immédiatement préciser que, même à considérer qu'il n'y a de sacré que ce que l'on regarde comme tel, il faut nécessairement, pour qu'il y ait sacré, que ce processus de sacralisation demeure inconscient, c'est-à-dire que tout se passe comme si nous n'y étions pour rien. Le sacré ne subsiste que pour autant qu'on le tienne comme ne tenant pas à nous. En effet, pour que son charme agisse, il faut que nous croyions que c'est lui qui se tient éloigné, de son propre chef, ou qu'il est tenu éloigné de nous par l'ordre du monde, en tout cas que nous ne sommes pour rien dans cet éloignement.

Pourquoi désacraliser le pouvoir hiérarchique ?

Si le pouvoir hiérarchique demande à être désacralisé dans une organisation, c'est d'abord parce qu'il constitue un obstacle à la remise en question permanente qui doit animer une équipe tendue vers l'innovation. Ce qui vient du chef (que ce soit une parole, une manière de faire, une gestuelle) étant considéré comme sacré, va être reproduit (mimétisme) et ne sera jamais remis en question, n'offrant

290. Mircea ELIADE, *Traité d'histoire des religions*, Paris, Payot, 1964, § 4.

291. Selon la formule célèbre d'Émile DURCKHEIM, sont sacrées les « *choses que les interdits protègent et isolent* », et profanes « *celles auxquelles ces interdits s'appliquent et qui doivent rester à l'écart des premières* » (*Les Formes élémentaires de la vie religieuse*, 1912).

de ce fait aucune possibilité d'amélioration. Que le pouvoir hiérarchique soit considéré comme sacré est un frein à l'innovation en ce sens que les personnes s'interdisent de lui opposer des arguments qui permettraient à tous de progresser. Toucher au pouvoir hiérarchique, c'est toucher à un tabou, à ce qui ne saurait être remis en cause. Tout est là : si l'on refuse, dans une organisation, de s'attaquer à la racine de ce qui empêche une vraie remise en question, on ne parviendra à générer qu'une innovation à la marge, elle ne sera jamais structurelle.

Si le pouvoir hiérarchique doit être désacralisé dans une organisation à visée 2.0 et démocratique, c'est donc parce qu'il empêche toute velléité de remise en cause de l'existant : les salariés n'osent pas, ils sont intimidés (au sens où l'on subit une intimidation). La hiérarchie étant un « ordre sacré », elle ne peut être vécue par les membres d'une organisation que comme inhibante, limitatrice de leur capacité d'initiative et de créativité, la seule pourtant par laquelle ils pourraient se réaliser. Si l'on cherche vraiment, réellement, sincèrement à favoriser l'*empowerment* – l'autonomie et l'épanouissement personnel des salariés dans les entreprises –, alors il faut accepter de voir dans la hiérarchie non pas une solution, mais un problème. Cet écrasement de l'homme par le sacré, sa paralysie ou même sa simple inhibition se révèlent dommageables pour l'individu comme pour les organisations dans lesquelles il évolue. S'il y a lieu de désacraliser la hiérarchie, c'est en raison du pouvoir « *terrifiant* » des hiérarques, qui inhibe les libertés, empêche les salariés de donner tout ce dont ils sont capables. S'il y a lieu de déhiérarchiser, c'est parce que moins de tabous, plus de liberté de parole sur davantage de sujets, entraînent, grâce à une multiplication des points de frottement et à une mise à plat anticipée des problèmes, une plus grande réactivité de l'organisation.

S'il est important d'empêcher la sacralisation du chef, c'est non seulement, du point de vue des subordonnés, afin qu'ils se sentent libres d'entreprendre, mais aussi, du point de vue du chef, afin que celui-ci, aussi équilibré soit-il, n'en vienne pas à basculer dans un sentiment de toute-puissance qui s'exprimerait par un comportement autoritaire et arbitraire. La sacralisation est une menace à la fois pour les salariés et pour le chef ; pour les premiers, facteur d'inhibition excessive, de limitation du potentiel, pour le second, facteur de désinhibition excessive, de croyance en l'absence de limite.

Comment désacraliser le pouvoir hiérarchique ?

Choisir son chef ne suffit pas

Il pourrait sembler que, pour déhiérarchiser, pour désacraliser la fonction de chef, il suffise que les équipes choisissent leurs chefs, de manière à ce que ceux-ci ne soient plus perçus comme tenant leur pouvoir d'un ordre supérieur, inaccessible, dans lequel ils auraient été admis. Or l'expérience montre qu'il ne suffit pas qu'un chef soit choisi par ses pairs, de manière directe (par élection) ou indirecte (par codécision), pour lui ôter cette sacralité en vertu de laquelle ses subordonnés tendent à lui obéir aveuglément. On observe en effet que la sacralisation du chef par les subordonnés perdure même dans les cas où – comme dans le Groupe Hervé – le pouvoir du chef demeure en permanence relatif à ses subordonnés (lesquels sont co-décisionnaires et peuvent lui indiquer le chemin de la sortie au moins tous les trois ans *via* l'évaluation du « N+1 »).

La sacralité du chef ne tient donc pas exclusivement à ce qu'il ne tient pas son pouvoir de ses subordonnés. Elle n'est pas exclusivement due à ce que son pouvoir soit hors de portée, indépendant de la volonté de ceux sur qui il s'exerce. Avoir des chefs élus, comme cela peut être le cas dans des structures coopératives ou mutualistes, ne garantit en rien que, d'une part, les chefs se comportent de manière moins autoritaire qu'ailleurs, d'autre part, que les salariés se dispensent d'adopter une attitude de soumission. Pour déhiérarchiser le pouvoir dans une organisation adaptative, il faut que d'autres éléments viennent compléter le choix du chef par son équipe.

Créer l'environnement favorable ne suffit pas

Pour limiter au maximum, dans les organisations, toute sacralisation de la fonction de chef, il faut dépouiller celle-ci de tout ce qui est susceptible de constituer le sacré, à savoir : la distance confinant à l'inaccessibilité, le mystère, l'indépendance à l'égard des profanes, le caractère inconscient du processus de sacralisation. Étant entendu que la sacralisation des responsables hiérarchiques tient, d'une part, à ce que leur pouvoir est perçu comme distant, inaccessible, non relatif à ceux sur qui il s'exerce, et, d'autre part, à ce que ce mécanisme de sacralisation demeure inconscient, le processus de désacralisation du pouvoir hiérarchique consistera à contrarier point par point ces éléments. C'est-à-dire, concrètement, à :

• rompre la distance entre les chefs et leurs équipes, grâce par exemple à des réunions mensuelles obligatoires et un usage intensif des technologies web 2.0 qui favorisent la transparence et une proximité de chaque instant[292], si nécessaire ;

• supprimer tout domaine réservé au chef, auquel n'auraient pas accès les autres membres de l'équipe, grâce à une transparence de l'information disponible la plus totale possible. Le chef ne doit avoir accès à rien à quoi les autres membres de l'équipe n'aient également accès. En réduisant la part de mystère et de secret, dans l'exercice de responsabilités hiérarchiques, et en dépouillant cet exercice de tout avantage (salarial ou informationnel) sur ceux qui n'y ont pas part, il s'agit de supprimer le pouvoir de séduction de la hiérarchie, de faire en sorte qu'elle ne soit plus regardée comme une fonction à part, plus désirable qu'une autre. Le chef ne doit plus avoir de privilèges, il ne doit plus être celui qui, dans l'équipe, a davantage de droits que les autres ;

---

292. Les réseaux sociaux d'entreprise permettant aux salariés de prendre plus facilement la parole, les messageries électroniques leur permettant de briser plus facilement les distances (et donc aussi de briser, à termes, certains codes sociaux entretenant la distance), et les chefs pouvant de leur côté se rendre plus proches en « *twittant* » et partageant de l'information, une plus grande *familiarité* s'instaure entre chefs et subordonnés, de sorte que le chef est de moins en moins considéré comme celui qui se trouve « mis à part », lointain. Auparavant perçu comme « différent », sous quelque rapport, des autres salariés, le chef devient de plus en plus un semblable, un frère, un autre moi-même auquel je peux m'identifier, un membre parmi d'autres de l'équipe. Sa désacralisation est aussi une démythification. En outre, le partage de l'information, associé à une plus grande démocratie participative, fait que la hiérarchie n'a plus le monopole de l'accès à, et du traitement de, nombre de questions : celles-ci devenant l'affaire de tous, c'est-à-dire du profane, s'en trouvent *de facto* désacralisées.

• rendre les chefs, au moins pour une part, dépendants de leurs équipes, notamment par une codécision des équipes dans leur nomination, doublée de leur régulière «évaluations par la base» qui n'en font plus des personnages intouchables, incritiquables et inamovibles ;

• rendre conscient le processus de sacralisation, en rappelant inlassablement, soit dans la communication d'entreprise soit dans les réunions d'équipe, que les individus sont responsables des pouvoirs qu'ils prêtent à leurs responsables.

Néanmoins, il faut savoir que contrarier méthodiquement, point par point, les éléments constitutifs du sacré, ne suffit pas à éliminer le sacré d'une organisation.

L'invincible besoin de sacralisation

L'expérience montre en effet qu'une organisation ne peut se contenter d'organiser un environnement défavorable à la sacralisation des chefs pour prévenir les phénomènes d'obéissance servile. Ce n'est là qu'une condition nécessaire mais non suffisante, car même lorsque les chefs se trouvent proches de leurs équipes, accessibles, ouverts sinon transparents, choisis par elles et sans privilèges particuliers, ils n'en continuent pas moins à générer, malgré eux, des comportements de soumission. Même lorsque le sacré se trouve théoriquement empêché, il renaît. Quand le chef ne censure plus, ses subordonnés s'autocensurent ; quand il ne donne plus de directives, ils s'escriment à décoder ses intentions secrètes pour en devancer les désirs. Empêcher la sacralisation du chef, empêcher les comportements d'obéissance purement hiérarchique, se révèle ainsi être une tâche indéfinie, les individus adoptant spontanément des comportements de subordination ou de soumission.

Si l'on ne comprend pas pourquoi les membres d'une équipe recréent de la hiérarchie là même où le *hieros* se trouve théoriquement empêché, c'est que l'on se trompe à la fois sur la nature des hommes et sur la nature du sacré. Contrairement à ce que l'on pense, les hommes veulent croire en la sacralité de leurs chefs ; le sacré ne dépend pas seulement de conditions objectives, mais aussi de conditions subjectives. Ces deux éléments nous rappellent que, à défaut d'être par elle-même sacrée, la hiérarchie est d'abord ce que l'on sacralise, ce que les hommes tiennent pour sacré. Cette volonté de sacralisation peut s'expliquer par le besoin de croire et par l'habitude.

L'homme est l'animal qui sacralise, «*l'animal qui vénère*[293]», dira Nietzsche. Il y a en effet dans notre humanité un irrépressible besoin de croire, écrit-il, qui est au fondement de l'expérience religieuse. L'homme peut ainsi se définir comme l'animal religieux par excellence, celui qui a besoin de croire[294], qui ne peut se passer de ce qui le dépasse. Dans cette mesure, les hommes, et en particulier la masse innombrable de ceux qui manquent de force d'âme, se donnent les chefs dont ils ont besoin, des chefs sur lesquels cristalliser, qui répondent à leur besoin de croire en un sauveur. Si on leur ôte ces chefs, ils en recréent d'autres, témoignant ainsi de l'indéracinable besoin («*humain, trop humain*») de croire.

Devant la «mort de Dieu» constatée par Nietzsche, l'homme se reconstruit des idoles[295] ; placé en situation d'autonomie, il n'a de cesse de se remettre en situation d'hétéronomie, parce que les masses préfèrent toujours leur sécurité à leur liberté. Nietzsche voit ainsi dans la hiérarchie la production par des hommes animés d'une volonté de puissance déclinante d'un ordre sacré auquel se soumettre. Ainsi

---

293. NIETZSCHE, *Le Gai Savoir*, § 346.

294. «*Sans la croyance, ni l'homme, ni l'animal, ne pourraient subsister*», raison pour laquelle seul «*peut se permettre le luxe du scepticisme celui qui possède une foi profonde*» (NIETZSCHE, *Le Crépuscule des idoles*).

295. La nature ayant horreur du vide, la crédulité remplace alors la foi : l'athéisme même devient un paravent à l'idolâtrie, l'adoration d'un ersatz de Dieu. Comme l'écrivait G. K.CHESTERTON : «*Depuis que les hommes ne croient plus en Dieu, ce n'est pas qu'ils ne croient en rien, c'est qu'ils sont prêts à croire en tout.*» Umberto ECO commente : «*C'est que, face à la grande crise des idéologies, la réaction n'est pas un athéisme dur, mais au contraire une fascination pour tout mystère, kabbalistes, rose-croix, templiers, schismes des églises. L'occultisme, l'ésotérisme et les dérivés envahissent les librairies depuis de nombreuses années, et les racines mystiques des terrorismes sont évidentes.*» (*Le Point* du 24 février 2005, n° 1693, p. 91). Charles DE GAULLE : «*Je veux bien admettre qu'une civilisation soit sans foi, mais je voudrais savoir ce qu'elle met à la place, consciemment ou non.*» (*Discours et messages*, I, 174 et V, 386). NIETZSCHE lui-même reconnaissait, dans *les Fragments posthumes* de 1888 : «*– Et combien de nouveaux dieux sont encore possibles !...Moi-même, moi en qui l'instinct religieux, c'est-à-dire créateur de dieux, cherche parfois à revivre : avec quelle diversité, quelle variété, le divin* [le numineux, dirions-nous aujourd'hui à la suite de Rudolf Otto] *s'est chaque fois révélé à moi !*»

la hiérarchie ne serait pas quelque chose que l'on subit, qui vous est imposé, mais quelque chose que l'on construit, que l'on choisit, et c'est pourquoi il ne suffit pas qu'une équipe se donne un chef pour qu'il s'en trouve désacralisé, bien au contraire. Un groupe se donnerait un chef, ou accepterait qu'on lui en donne un, ce qui revient au même, précisément *pour* pouvoir le sacraliser.

Nietzsche nous aide ici à comprendre pourquoi le fait de créer, dans une organisation 2.0, un environnement défavorable au sacré, ne suffit pas à l'évacuer. La sacralisation est un besoin inhérent au commun des mortels, dont seuls quelques «*surhommes*», suivant le vocable de Nietzsche, parviennent, ou croient parvenir, à s'extraire. Un besoin de sacralisation naturel renforcé par l'environnement social et culturel dans lequel ils ont grandi. Car la propension des hommes à reconstruire de l'obéissance inconditionnelle à la hiérarchie, jusque dans les situations où celle-ci se trouve dépouillée de tout pouvoir de contrainte, est aussi la conséquence d'une éducation qui les a accoutumés très tôt à obéir, même quand ils ne comprenaient ni n'approuvaient l'ordre. Ils sont, généralement perdus si on ne leur dit pas quoi faire, cherchant à deviner des consignes implicites («J'ai cru que vous vouliez»), tant est grand leur désir de suivre des directives.

Il faut certes créer les conditions extérieures pour ne pas favoriser la sacralisation, ce qui passe par des chefs choisis – élus ou cooptés – par leurs équipes de manière à maintenir ceux-là sous la dépendance de celles-ci, mais cela ne suffit pas. Avoir des chefs choisis est une condition nécessaire mais non suffisante de la désacralisation de la hiérarchie. Il faut s'y résoudre : le sacré est un besoin indéracinable de l'espèce humaine. L'homme produit du sacré comme l'araignée sa toile. Si le sacré demeurera toujours, il ne saurait s'agir de le supprimer, seulement de le transformer. Neutraliser le sacré, c'est-à-dire ne plus en faire un facteur d'inhibition, seul le peut efficacement celui-là même qui se trouve sacralisé, le manager. Désacraliser, au sens non plus d'ôter le sacré, mais de le déconstruire, cela ne se peut si le manager ne désacralise pas lui-même activement sa fonction, ou plutôt s'il ne fait pas tout pour empêcher sa sacralisation. C'est au chef qu'il revient de « déhiérarchiser ». Et le processus de sacralisation étant indéfini et incoercible, c'est indéfiniment que le chef doit désacraliser pour libérer l'innovation dans son équipe.

C'est au chef de désacraliser

Dans la mesure où nous tenons pour sacré ce qui nous paraît incompréhensible, inconnu, lointain et, de ce fait, inquiétant[296], le meilleur moyen de désacraliser consiste à annuler chacun de ces facteurs. Un chef, dès lors, désacralise sa fonction quand il parvient à rendre compréhensible, connaissable, proche, familier, ce qui ne l'était pas, que ce soit sa propre fonction ou l'environnement extérieur.

Désacraliser sa fonction

Pour désacraliser sa propre fonction, ou plutôt pour prêter le moins possible le flanc à une sacralisation de la part de ses coéquipiers, le chef, nous l'avons déjà évoqué, doit demeurer proche et familier, ce qui veut dire *abordable* et *disponible*. Deux attitudes que favorise l'humilité. La proximité avec les coéquipiers, de manière à être en prise avec leur quotidien, passe certes par une bonne connaissance de chacun d'eux, mais aussi par une exemplarité en termes de transparence permettant à chacun d'eux de bien connaître leur chef. Plus que tout autre coéquipier, le chef doit se montrer transparent, ne pas faire de rétention d'information, exprimer ses opinions, de manière à ce que d'autres puissent se reconnaître dans ce qu'il vit, éprouve et pense. Ainsi ne sera-t-il pas perçu comme fondamentalement différent des autres, mais comme un coéquipier parmi d'autres, pair parmi ses pairs. Désacraliser sa fonction ne signifie pas l'avilir, la dégrader. Il y a manière et manière, pour un chef, de désacraliser son pouvoir, comme il y a manière et manière de l'exercer. Il doit désacraliser non pas en s'abaissant mais en élevant les autres, ce qui l'élève lui-même d'autant plus. Désacraliser son pouvoir

296. L'homme a une propension naturelle à sacraliser ce qui le dépasse, ce à quoi il n'a pas accès en termes d'action (c'est le lointain, voire l'inaccessible, indépendant de sa volonté) aussi bien que de connaissance (c'est l'inconnu, le mystérieux).

ne saurait vouloir dire, pour le chef, s'avilir, se mettre systématiquement au niveau de la moyenne supposée des membres de son équipe, de manière à leur dire : « Voyez, je suis comme vous, l'un de vous, surtout pas meilleur ». Tout au contraire, désacraliser veut dire élever ses coéquipiers, en particulier à une connaissance de leur environnement telle que la part d'inconnu constitutive du sacré, pour eux, recule.

Désacraliser l'extérieur

La fonction de chef, dans une organisation constituée de coopérateurs, n'est pas de diriger mais de communiquer. Non seulement de faire communiquer les membres de l'équipe les uns avec les autres, mais de faire communiquer l'équipe avec son environnement, de l'ouvrir à ce qui la dépasse et l'environne. Afin d'accroître la transparence entre les membres et entre leur environnement et eux. Sa fonction est d'apporter aux membres de son équipe les éléments susceptibles de les aider à se déterminer en toute connaissance de cause, sur un sujet donné, ce qui veut dire, de la part du chef, rendre *disponible* de l'information sur les innovations (veille technologique) et les évolutions règlementaires, rendre *abordables* des analyses sur l'évolution du marché, etc. Son rôle est d'éclairer son équipe sur les orientations qu'il convient qu'elle se donne, grâce aux informations pertinentes qu'il aura glanées à l'extérieur. Il est une aide à la décision collective. Ce qui veut dire qu'il doit être capable, par les informations qu'il délivre, de donner à ses coéquipiers une plus grande visibilité non seulement dans l'espace, sur leur environnement de marché actuel, mais dans le temps, sur l'évolution prévisible de cet environnement de marché. Il est implicitement chargé, par son équipe qui le maintient à sa tête (c'est-à-dire à la fonction qui offre le plus de visibilité), de « donner de l'épaisseur au temps », c'est-à-dire de donner de la profondeur au présent en le nourrissant d'une connaissance du passé (les enseignements de l'expérience) telle qu'elle permette d'éclairer l'avenir[297].

---

297. De fait, plus on a de recul sur le présent, plus loin on peut se projeter dans l'avenir. Comme le disait BERGSON, « *l'homme d'action est comme le tireur à l'arc, plus loin il bande son arc vers*

En repoussant les limites de ce qui était auparavant inconnu aux membres de son équipe, c'est-à-dire en désacralisant l'extérieur, le chef contribue aussi à désacraliser sa propre fonction car, au fur et à mesure qu'il rend connaissable l'extérieur et fait donc reculer les frontières du sacré, il apparaît de moins en moins en contact du sacré. En donnant à connaître à ses coéquipiers ce qui auparavant leur échappait, le chef leur dit en quelque sorte : « Regardez, ce que vous teniez pour sacré, ces éléments qui vous paraissaient incompréhensibles, lointains, vous les comprenez aujourd'hui, ils vous sont familiers, ils n'ont donc rien de sacré, et moi qui vous parle je ne me trouve donc pas sacralisé d'être en en contact avec ces éléments profanes ». Le paradoxe est alors qu'en désacralisant, il se trouve d'autant plus sacralisé.

La désacralisation aboutit à une hypersacralisation.

Hypersacralisation de celui dont dépendent les bonnes décisions

Le chef travaillant à désacraliser n'en est pas moins considéré comme sacré par ses coéquipiers parce qu'il est investi d'une mission bien particulière à laquelle tient la vie ou la mort de l'équipe : porter à la connaissance de ses pairs toute information utile pour faire des choix pertinents. Si l'équipe échoue, il en sera tenu pour premier responsable car c'était à lui, le premier, qu'il incombait de fournir des informations et analyses suffisamment convaincantes pour amener l'équipe de ne pas prendre de décisions erronées, quitte à s'opposer, en dernière instance, aux décisions du groupe qui lui paraissaient suicidaires. Autrement dit, si les éléments qu'il apporte ne suffisent pas, selon son jugement, à convaincre la majorité de l'équipe de prendre les décisions salutaires, c'est à lui d'assumer de contredire l'équipe, quitte à y sacrifier sa place (dans la mesure où son opposition à la volonté majoritaire pourra le délégitimer). Ce qui sacralise le chef, dans un environnement démocratique, c'est de se voir chargé – tel le bouc

l'arrière, plus loin ira la flèche». Ou encore, plus sobrement, CHURCHILL : «*Plus vous regardez loin dans le passé, plus vous pouvez voir loin vers l'avenir.*» Ce qui faisait conclure à Harold MAC MILLAN que l'«*on devrait utiliser le passé comme trampoline, non comme sofa.*»

émissaire qu'il pourra devenir – non pas de guider ses subordonnés, mais d'éclairer leur discernement. Porté aux avant-postes, le chef est plus exposé. Aussi son statut est-il à la fois plus précaire, en ce qu'il sera le premier sacrifié en cas d'échec collectif, et plus gratifiant, en ce qu'il dispose, en tant que représentant des siens, d'une plus grande visibilité. L'« hypersacralité » du chef, c'est-à-dire sa sacralité conquise par-delà sa désacralisation[298], tient non seulement à la mission vitale, pour le groupe, qui est la sienne, mais aussi à sa fonction privilégiée d'interface avec l'extérieur.

Hypersacralisation de celui qui transgresse les frontières

Le chef qui travaille à montrer qu'il n'a rien de sacré (en ce qu'il est en contact avec un environnement extérieur qui lui-même n'a rien de sacré), demeure cependant sacralisé car il apparaît comme un passeur, un franchisseur de limites, un transgresseur de mondes, comme celui qui communique avec l'au-delà de l'équipe. Comme transmetteur d'informations de l'extérieur vers l'intérieur de l'équipe, le chef a, dans son groupe, comme chacun, une place différente de celle des autres, et c'est ce qui lui permet, comme tout autre, d'y trouver « sa place », qui n'est celle d'aucun autre. Sa différence n'en fait pas un supérieur. D'ailleurs, sa différence le place d'autant moins au-dessus des autres que, en réalité, elle le place plus au-dehors. Si, en effet, une particularité du chef tient à son rôle d'arbitre, cela signifie qu'il n'est pas lui-même l'un des joueurs et que donc, d'une certaine manière, il n'est pas l'un des membres de l'équipe, il est extérieur à elle. Sa différence fondamentale est d'être moins dans l'équipe que les autres, un pied dedans, un pied dehors. Il est à la fois en dedans et en dehors. Et là est son apport : il est un passeur, l'interface entre l'extérieur et l'intérieur, celui qui apporte aux membres de l'équipe ce qu'il a lu, vu et entendu ailleurs, de manière à en vivifier le groupe. Ce va-et-vient entre deux mondes nourrit son esprit critique. Comme

298. « Hypersacralité » car sacralité nourrie de désacralisation, sacralité complexe, étymologiquement, c'est-à-dire *tissée* du sacré et de son contraire.

le dit Michel Foucault, «*on doit échapper à l'alternative du dehors et du dedans : il faut être aux frontières. La critique, c'est l'analyse des limites et la réflexion sur elles*[299]».

En plus, donc, du sacré «subjectif», inhérent au besoin de croire de ses coéquipiers, le chef comporte bien une dimension de sacré «objectif», liée à sa fonction de médiateur entre l'ici et l'au-delà, centrale dans une démocratie de médiation. Ce qu'il y a de sacré dans le chef n'est pas qu'il soit au-dessus mais extérieur. Ce n'est même pas, à vrai dire, qu'il soit extérieur, auquel cas il serait simplement sacralisé comme tout ce qui est extérieur, il est à mi-chemin entre l'extérieur et l'intérieur, en va-et-vient constant de l'un à l'autre, et c'est pourquoi il est à la fois désacralisé et sacralisé : hypersacralisé. Il est en contact avec un ailleurs – a priori incompréhensible, imprévisible et insensé – qu'il a mission de communiquer, c'est-à-dire de rendre compréhensible, prévisible et sensé. Il rend compréhensibles des informations éventuellement déjà accessibles – dans la presse, sur l'intranet, etc. – mais qui ne faisait pas sens auparavant pour les membres de l'équipe. Il se sacralise d'autant plus qu'il rend plus communicables, abordables, accessibles des informations, analyses ou manières de faire auparavant inconnues du groupe ; qu'il rend plus proche, donc, ce qui paraissait plus lointain, familier ce qui semblait étranger. Le chef a part à l'au-delà, raison pour laquelle il doit développer l'existence au-delà de l'existant (i.e. pousser chacun à se dépasser), le pouvoir au-delà du pouvoir (i.e. un management non directif) et l'action au-delà de l'action (i.e. une action non-agissante).

En repoussant le sacré, garder le sens de l'au-delà

Son rôle, disons-nous, est de rendre compréhensible ce qui paraissait incompréhensible, prévisible ce qui semblait imprévisible. De rendre familier ce qui paraissait auparavant menaçant : en ouvrant l'équipe sur l'extérieur, en faisant reculer l'inconnu et en donnant du sens à ce qui semblait ne pas en avoir, le chef diminue la part de

---

299. Michel FOUCAULT, *Dits et écrits 1954-1988*

mystère et donc de sacré, il désacralise et... est sacralisé pour cela. Il est sacralisé parce qu'il diminue la menace que représentaient un environnement incompréhensible et un avenir imprévisible, mais aussi, corrélativement, en ce qu'il confère plus de cohésion et de dynamisme au groupe : il est facteur d'unité et de vie[300]. Le chef est donc sacralisé pour ce rôle de médiateur par lequel il rend accessible ce qui ne l'était pas.

Mais l'équipe a alors tendance à confondre environnement plus sécurisant et avenir plus prévisible avec environnement sécurisé et avenir prévisible, ce qui constitue une menace pour sa survie à long terme. Autrement dit, à la faveur d'un environnement devenu plus compréhensible et plus prévisible, perçu comme moins menaçant, les membres de l'équipe en peuvent en venir à penser que cet environnement ne comporte plus de menaces : de ce que tout se passe, provisoirement, *comme si* l'environnement était compréhensible et l'avenir prévisible, ils en viennent à croire qu'environnement et avenir sont, pour l'un, compris, pour l'autre, prévu. Croyant cela, l'équipe baisse la garde, diminue son degré d'attention aux signaux faibles, perd l'habitude de se remettre en question et de s'adapter à l'inconnu, par où elle perd en discernement et s'expose finalement à des dangers plus grands encore que ceux qu'une meilleure appréhension de son environnement lui permettaient d'éviter. C'est la raison pour laquelle le chef ne peut se contenter de seulement rassurer, en rendant l'environnement plus compréhensible et l'avenir plus prévisible, il doit aussi, indissociablement, inquiéter, interpeller, critiquer, en montrant que demeure toujours de l'imprévisible et de l'incompréhensible, de manière à ce que les membres de l'équipe ne perdent pas le sens des réalités et de l'adaptation aux circonstances imprévues, c'est-à-dire l'intelligence des situations. Le rôle du manager est de rendre l'extérieur familier, sans exclure de rendre ensuite le familier inquiétant si

300. Le sacré apparaît ici non pas tant ce pour quoi on peut mourir que ce qui fait vivre. Outre sa fonction d'animateur d'équipe, censée vivifier le débat d'idées, le responsable hiérarchique communique la vie en embauchant et maintenant dans l'emploi tel ou tel collaborateur.

l'équipe en vient à pécher par excès de confiance. A quelque degré que le manager parvienne, par sa pédagogie et son organisation du circuit de la connaissance (*knowledge management*), à repousser les limites de l'incompréhensible pour le groupe, et donc les frontières du sacré, demeure toujours de l'inconnu, seulement plus loin dans le passé et l'avenir. La meilleure compréhension qu'il donne de l'environnement ne doit pas donner l'illusion que l'environnement serait devenu connaissable. Il ne l'est que davantage.

Hypersacralisation post-moderne

Le moindre des paradoxes n'est pas que le mouvement de désacralisation des sociétés occidentales, la *« mort de Dieu »*, dans la modernité, aboutisse à un renforcement de la religiosité qui, au lieu de se trouver condensée en un seul être, devient diffuse : tout devient objet de sacralisation. Le sacré, évacué le champ religieux, se transfère en particulier sur les responsables hiérarchiques, qui n'ont jamais mieux porté leur nom de personnages « sacrés ». Ceux-ci se voient investis de « missions » et c'est d'eux dont les organisations traditionnelles attendent le « Salut » : c'est d'eux dont dépend le succès économique, non de ceux qui ne participent pas à cet ordre sacré. Autrement dit, depuis la *« mort de Dieu »*, le sacré s'est reporté avec une vigueur inconnue jusqu'alors sur les détenteurs de l'autorité hiérarchique, avec un culte du chef démesuré, que ce soit dans l'appareil d'État sous la figure des grands leaders charismatiques du XXe siècle, ou, dans une moindre mesure, dans les entreprises capitalistes avec la glorification du Leader, de l'Entrepreneur, du Chef éclairé conduisant ses troupes au Salut à travers un environnement semé d'embûches.

Notre époque se caractérise ainsi par un report du sacré – ou, si l'on veut, un *transfert* de la sacralisation – de Dieu à l'homme, et aux hiérarques en particulier. Et dans ce passage de l'un à l'autre croît la part d'illusionnement où prospère le sacré. *« Et sans doute notre temps (...) préfère l'image à la chose, la copie à l'original, la représentation à la réalité, l'apparence à l'être (...). Ce qui est sacré pour lui, ce n'est que l'illusion, mais ce qui est profane, c'est la vérité.*

Mieux, le sacré grandit à ses yeux à mesure que décroît la vérité et que l'illusion croît, si bien que le comble de l'illusion est aussi pour lui le comble du sacré[301]*.*»

Dans cette mesure même, la tâche du manager doit être de libérer ses subordonnés de toute illusion à son égard, de faire la vérité sur son autorité hiérarchique, de les affranchir de l'obscurantisme managérial dans lequel eux-mêmes se placent spontanément. Ce qu'il s'agit de désacraliser, c'est donc le sacré illusoire, la part d'illusion, de mystification, qu'entretiennent savamment les chefs à partir des capacités supérieures que leur prêtent leurs subordonnés. De fait, les spéculations, dans les équipes, vont bon train sur les ressources prodigieuses dont les chefs seraient capables, et toute une littérature managériale entretient à dessein ce mythe du héros omniscient, porteur de la vision, des objectifs et du plan d'actions[302]. C'est ce ballon de baudruche, cette «bulle spéculative» (ou nimbe de spéculations) autour du pouvoir hiérarchique qu'il s'agit de dégonfler en les perçant à jour. C'est cette représentation idéalisée, fantasmée, appelée par Raoul Girardet «*mythe du chef*» dans *Mythes et mythologies politiques* (1986), répondant à un besoin de croire des subordonnés, qu'il s'agit de déconstruire.

---

301. Ludwig FEUERBACH, préface à la deuxième édition de *L'Essence du christianisme* (1841), cité par Guy Debord en exergue du chapitre I de *La Société du spectacle* (1967).

302. L'économiste Alexandre DELAIGUE, auteur avec Stéphane MENIA de *Nos phobies économiques* (2010), écrit ainsi qu'« *il y a une mythologie du dirigeant, qui en fait un stratège des hautes sphères qui pilote son entreprise comme on conduit une voiture, sorte de leader omniscient dont la performance conditionne celle de tous les autres. Cette mythologie n'est d'ailleurs pas propre à l'entreprise: elle se retrouve en politique, ou l'on impute aux dirigeants des capacités qu'ils n'ont pas; dans le domaine militaire, ou l'on surestime le rôle des généraux en oubliant que le plus souvent, ils ne savaient pas ce qui se passait et que leurs ordres n'arrivaient que rarement à leur destinataire, et trop tard; dans le domaine de l'entreprise, ou l'on oublie un peu vite que les meilleurs dirigeants, comme un Jack Welch à General Electric, ont été ceux qui laissaient la plus grande autonomie à leur personnel*» («Le salaire des dirigeants d'entreprise», blog des éconoclastes, 8 juillet 2006). La réalité, c'est qu'un chef n'est en moyenne pas plus performant qu'un autre membre de son équipe: « *L'une des réalités les mieux établies du management, c'est que le fait qu'il y ait quelqu'un à la place du manager compte infiniment plus que les décisions que celui-ci prend. Le dirigeant sert à légitimer les décisions, et sert de relais d'information; mais sa contribution à la performance de l'entreprise n'est pas significativement différente de celle de nombre d'autres salariés.*»

«Nous avons souligné toute la mythologie qui s'est développé autour de l'entreprise et de ses dirigeants. Ce sont les mythes du patron, du leader, du chef, du cadre..., qui traduisent bien les représentations mentales dominantes de l'entreprise et du management dans notre société. Ces représentations sont en réalité directement issues de schémas anciens hérités de l'organisation militaire qui ont été reprises par le taylorisme et ses avatars comme modèles d'organisation des entreprises. Aujourd'hui encore, on constate une étonnante permanence de ces représentations de la dévolution du pouvoir dans les entreprises. Et cela malgré tous les courants de la pensée managériale qui ont, à des degrés divers, depuis une quarantaine d'années, remis en cause ces schémas (décentralisation, délégation, participation, pyramide inversée, empowerment, *réseaux, etc.). Il est d'ailleurs frappant d'observer combien un contexte de crise économique a tendance à provoquer une résurgence de ce mythe du chef dans les entreprises. C'est la recherche de «l'homme providentiel» sur lequel un maximum de pouvoirs seront concentrés pour surmonter la crise (...). Les sociologues des organisations tels que Crozier, Le Goff, etc., ont bien analysé ce phénomène. Dans des situations de difficultés, on aboutit ainsi à de véritables «régressions managériales» en revenant à des modèles managériaux anciens plus sécurisants ou paraissant offrir à court terme une solution plus rapide et efficace.*[303]»

L'hypersacralisation dont il s'agit ici n'est plus une progression vers une forme de sacralité s'intégrant la désacralisation, elle n'est plus un dépassement dialectique de la sacralité du chef, conquise par-delà la désacralisation, elle est une «*régression managériale*», un retour à la sacralité inhibante du départ, comme il y a des retours de bâton, où la vieille sacralité resurgit avec d'autant plus de force, par la fenêtre, que l'on avait tenté de l'éconduire par la porte des organisations.

---

303. *Education managériale : pour apprendre et pratiquer un nouveau métier de manager*, Daniel BELET, L'Harmattan, 1998, p. 57-58.

Le pouvoir hiérarchique peut être positif

Dialectique du sacré dans l'organisation 2.0

Le sacré ne pouvant être évité en raison de la propension naturelle de l'homme à sacraliser, une organisation 2.0 (c'est-à-dire adaptative et démocratique, étant composée de coopérateurs) peut néanmoins faire d'une faiblesse une force, convertir le sacré inhibant en un sacré créateur, au terme d'un processus de complexification en trois temps.

Premier temps : Le chef est sacralisé pour ce qu'il est, en tant que dépositaire d'un pouvoir intrinsèque, de trancher et d'initier, dont il détient une parcelle. Il apparaît alors sous la figure d'un hiérarque, qui communique parcimonieusement à ses subordonnés les lumières dont il dispose, qui lui viennent d'un ailleurs inaccessible au commun des salariés. Le sacré est ici recherché par tous, à la fois entretenu par les membres de l'équipe, qui demandent à sacraliser, et par le chef lui-même, qui cultive la distance et le mystère. Mais dans la mesure où ce sacré freine l'innovation dans l'équipe, en intimide les membres qui attendent une parole du chef pour agir, une dégradation des résultats s'ensuit assez naturellement, entraînant l'exclusion du chef par ses subordonnés qui le tiennent pour responsable.

Deuxième temps : Le chef, prenant conscience que le plus de liberté pour tous est dans l'intérêt de tous, désacralise activement en rendant accessible, compréhensible et prévisible ce qui ne l'était pas auparavant, comme la science moderne a contribué à désenchanter le monde en reculant les limites de l'inconnu. Il apparaît alors sous la figure d'un médiateur transgresseur de limites : tel Prométhée (« le Prévoyant ») volant le feu aux dieux pour le communiquer aux hommes[304], le chef jouant la transparence entre les mondes abolit la frontière entre extérieur et intérieur en portant à la connaissance de

---

304. Ce moment prométhéen de désacralisation. Sous le nom de « *complexe de Prométhée* », Gaston BACHELARD définit « *toutes les tendances qui nous poussent à savoir autant que nos pères, plus que nos pères, autant que nos maîtres, plus que nos maîtres* ». Selon ses termes, « *le complexe de Prométhée est le complexe d'Œdipe de la vie intellectuelle* » (*La Psychanalyse du feu* [1938], Gallimard, 1949).

l'équipe toute information utile sur son environnement, rendant ainsi l'ailleurs présent et l'avenir prévisible. L'essentiel de son travail de désacralisation consiste :

– à désacraliser sa fonction : à montrer qu'il est au service de chacun, à rester proche au quotidien (ce qui est dorénavant possible même à distance grâce aux NTIC) en même temps que disponible ;

– à désacraliser l'environnement : à organiser la mise en relation de chaque membre de l'équipe entre eux, puis avec d'autres équipes, puis avec d'autres entreprises et d'autres « parties prenantes » (associations, organisations professionnelles, organismes publics). Il permet aussi une meilleure compréhension par l'équipe de tout ce qui lui est extérieur, il lui rend son environnement tant et si bien visible et prévisible qu'elle en vient à avoir spontanément envie d'interagir avec cet environnement en créant de nouveaux produits ou de nouveaux partenariats.

Mais le fait qu'il fasse ainsi preuve de liberté, pour ne pas dire d'audace, à l'égard de tout ce que le commun tenait pour sacré, semble placer le chef hors du commun, par où il se voit à nouveau sacralisé par ses pairs. Aussi arrivons-nous à ce paradoxe que le chef est d'autant plus sacralisé qu'il désacralise. Par sa liberté hors du commun, il est mis sur un piédestal, à part, alors même que toute son action consiste à montrer qu'il n'est qu'un parmi d'autres, que ce qu'il fait tous en sont également capables et que chacun se doit d'être son propre chef, un chef à part entière, ouvert sur l'extérieur et n'attendant pas de directives d'un supérieur ou de plaintes d'un client pour agir.

Troisième temps : Le chef demeure sacralisé, non plus pour ce qu'il est (le membre d'un ordre sacré), mais pour ce qu'il fait (désacraliser). De même que l'artiste, en créant, cherche à imiter non pas la nature naturée, mais la nature naturante, les membres de l'équipe sont invités à imiter le caractère non pas adapté (à une seule équipe ou configuration de marché) mais adaptable (à une pluralité d'environnements, comme l'intérieur et l'extérieur de l'équipe) du manager, sa capacité à passer d'un monde à l'autre et à faire communiquer des éléments plus extérieurs les uns aux autres. L'exemplarité du chef, qui pouvait être un frein à l'innovation si elle donnait lieu à une imitation servile, devient féconde si ce sur quoi se modèlent les subordonnés est la capacité du chef à être à lui-même son propre chef et à se tourner vers l'ailleurs pour y chercher de quoi nourrir son présent. Ce qui paraissait dans un premier temps néfaste par nature, à savoir l'imitation (celle du chef, consécutive à son admiration béate et mimétique par ses subordonnés), apparaît finalement positif pour autant que ce qui soit imité ne soit pas un état mais un processus, celui de désacralisation. Ce qui peut être légitimement sacralisé dans le chef, et reproduit, et imité, c'est sa faculté à désacraliser, à être un pont entre l'ailleurs et l'ici, le passé et le présent. Alors la sacralité du manager n'est plus un frein à l'innovation, elle en devient au contraire le vecteur en ce sens qu'elle incite ses coéquipiers à remettre en question leurs pratiques à l'aune de ce qu'ils voient ailleurs.

Au terme de ce processus de complexification de sa sacralité, le chef n'est plus divinisé comme dans le premier moment, il n'est plus totalement profane comme dans le deuxième temps : il est un héros malgré lui, un demi-dieu, un Titan. Il est certes sacré, mais d'une sacralité complexe, ou « hypersacralité » : il est profane en tant qu'il appartient à l'équipe, sacré en tant qu'il est tourné vers l'extérieur. Il est à la fois un pair pour ses coéquipiers, et plus qu'un pair, le premier d'entre eux, porté par eux aux nues.

Réhabilitation du pouvoir hiérarchique

Ôter la sacralité du chef s'est révélé être une entreprise illusoire. Le mieux à quoi l'on puisse prétendre est de déconstruire le sacré. Ce que l'on ôte, dans une démocratie en entreprise, ce n'est pas la sacralité du pouvoir hiérarchique, mais une certaine sacralité, non complexe, exclusive de son contraire, pour lui en substituer une autre, complexe, s'intégrant la désacralisation. Le sacré, dans l'organisation adaptative de type démocratique, n'est pas détruit mais déconstruit. Il n'est pas supprimé mais transformé. Il n'est pas donné (avec la fonction hiérarchique) par l'élection (celle de la base ou celle de supérieurs), une fois pour toutes, il est conquis et à conquérir en permanence, par le dialogue. De l'organisation traditionnelle à l'organisation moderne, nous passons d'une sacralité «forte», pesante et inhibante, à une sacralité «faible», légère et dynamisante, effacée mais non disparue. «*Déhiérarchiser*» veut dire, en fin de compte, déconstruire une hiérarchie sacralisée pour lui substituer une hiérarchie non hiératique. Ce qui est visé, dans la désacralisation du pouvoir du manager, c'est une certaine pratique de l'autorité hiérarchique, non la hiérarchie elle-même. Ce qui est à déconstruire, c'est l'autorité hiérarchique, fantasmée intrinsèque et inhérente au poste occupé, non l'autorité elle-même, qui est à conquérir par le manager auprès de sa base par-delà toute position hiérarchique.

«*Cet effacement souhaitable du mythe du chef-tout-puissant ne signifie pas du tout l'absence de direction, de leadership du (ou des) responsable(s) d'entreprise. Il implique seulement une représentation différente de son rôle et de ses fonctions qui ne soit pas essentiellement centrée sur l'exercice du pouvoir, c'est-à-dire de l'autorité hiérarchique. (...). La disparition progressive du mythe du chef constitue un des principaux enjeux de la nécessaire métamorphose du métier de manager qui conditionnera sans doute la modernité du management et l'efficacité des modes d'organisations du XXI*e *siècle. Elle signifie également une autre vision du rôle et des fonctions d'encadrement et de direction. Mais une telle transformation implique à l'évidence une révolution mentale par rapport aux représentations dominantes encore aujourd'hui tant dans les entreprises que dans le système éducatif et la société dans son ensemble.*

Comme le souligne avec beaucoup de clairvoyance et de pertinence Peter Drucker dans ses récents écrits, les dirigeants d'entreprise "devront apprendre à diriger les gens sans posséder de pouvoir hiérarchique sur eux, dans un contexte où ils ne sont pas contrôlés et où ils n'ont pas la possibilité de contrôler". *Il annonce ainsi l'avènement d'un nouveau management moderne caractérisé par l'effacement du pouvoir hiérarchique, le développement de la responsabilité de chacun, la gestion optimum des connaissances, mes aussi des émotions, tant au niveau des individus que des équipes. Dans cette perspective, le rôle du dirigeant ou du manager sera de moins en moins de commander des subordonnés disposés en strates hiérarchiques. Les subordonnés détenteurs de connaissances et de compétences croissantes n'accepteront plus de recevoir des ordres de personnes dont ils ne reconnaîtront ni l'autorité ni la légitimité*[305]. » (Daniel Belet).

Le sacré n'est pas nécessairement mauvais. Tout dépend de l'effet, aliénant ou libérateur, qu'il produit sur l'homme. Tout est fonction, par conséquent, de l'attitude de l'homme face à ce qui le dépasse. L'immensité de ce sur quoi il n'a pas prise peut très bien inciter l'homme à l'humilité sans pour autant l'humilier. Le pouvoir hiérarchique peut laisser le salarié interdit, mais il peut aussi le libérer, en tirer le meilleur. Si le sacré peut avoir un rôle positif, une fois déconstruit, c'est donc que la hiérarchie n'est pas nécessairement mauvaise. Le pouvoir hiérarchique était suspect dans la mesure où il limitait la liberté de la base, l'intimidant et l'impressionnant, mais à partir du moment où il se dépouille d'une sacralité « forte » pour revêtir une sacralité « faible », d'obstacle à l'innovation, il peut en devenir le levier.

Quelle organisation des pouvoirs ?

Pour qu'une entreprise puisse être véritablement constituée de coopérateurs, libres les uns des autres et égaux entre eux, plutôt que de simples collaborateurs, de manière à stimuler l'innovation, il ne suffit pas que le management soit participatif et que le pouvoir ait été déconstruit, c'est-à-dire déhiérarchisé. Encore faut-il que les pouvoirs politiques, à l'intérieur de l'entreprise, soient organisés de telle sorte que le pouvoir, si désacralisé soit-il, ne puisse pas être capté par quelques uns tenant tous les autres sous leur domination, fut-elle douce.

Non pas des contre-pouvoirs, mais la dissémination du pouvoir

Dans la mesure où les détenteurs du pouvoir sont souvent portés à en abuser, on pourrait croire habile, pour garantir la pérennité de la libre coopération dans une organisation 2.0, d'opposer à chaque

305. *Education managériale : pour apprendre et pratiquer un nouveau métier de manager*, Daniel BELET, L'Harmattan, 1998, p. 59-60.

pouvoir un contre-pouvoir[306]. «*Dans les années 1970, une solution fréquemment apportée était celle du contre-pouvoir: tout pouvoir devait susciter un contre-pouvoir qui l'équilibrerait. Mais j'ai rapidement compris que pouvoir et contre-pouvoir étaient les deux facettes d'une même aspiration à la domination. Le jour où les détenteurs d'un contre-pouvoir s'emparent du pouvoir, ils font généralement la même chose que les précédents. C'est ainsi que la Révolution française a renversé la royauté et a finalement instauré l'Empire*[307]*.*»

Si l'on ne peut pas se satisfaire de neutraliser le pouvoir des uns par celui des autres, c'est que l'équilibre d'un tel système suppose que chacun reste dévoré par la volonté de dominer les autres[308]: il en est seulement empêché. Mais son «*aspiration à la domination*» (*libido dominandi*) demeure et entrave la libre expression de son aspiration à la création. Le dispositif des pouvoirs dans une démocratie renouvelée, de type 2.0, ne peut pas consister à attendre de la contrariété des intérêts des uns et des autres qu'ils s'annulent mutuellement, parce que, tant que subsistera cette «*aspiration à la domination*» chez les détenteurs du pouvoir, qu'ils se trouvent du côté d'un pouvoir ou de son contre-pouvoir, leur propre aspiration à la création et celle de leurs subordonnés se trouveront toujours aussi comprimées, et l'innovation collective plombée d'autant. Pour le dire autrement, tant que l'on en reste à une logique d'opposition entre un pouvoir et un autre, on reste dans une logique de pouvoir, dans un rapport de force, dont s'efforce précisément de sortir une organisation se donnant la coopération pour principe. Il ne s'agit pas de multiplier les pouvoirs, en doublant tout pouvoir d'un contre-pouvoir, mais de «désarmer» le pouvoir en tant que tel – pour n'en garder que la puissance, indéfiniment créatrice.

---

306. «*Le fractionnement du pouvoir est le plus sûr moyen d'en empêcher l'abus*», écrit Maurice Druon dans *Le Pouvoir* (1965).
307. Michel HERVÉ, dans *De la pyramide aux réseaux* (en collaboration avec Alain d'IRIBARNE et Elisabeth BOURGUINAT), éditions Autrement, 2007, p. 10
308. C'est la limite de la vision strictement mécaniste de l'organisation de la société revendiquée par certains économistes libéraux: si l'intérêt général n'est qu'un point d'équilibre résultant de la contrariété mutuelle des intérêts particuliers, le système a besoin que les hommes demeurent égoïstes et a donc intérêt à entretenir, chez eux, une telle disposition.

Le problème de tout contre-pouvoir, c'est qu'il est encore un pouvoir, avec les mêmes travers que celui auquel il s'oppose. «*Cela m'a amené à privilégier, plutôt que la notion de contre-pouvoir, celle de dissémination des pouvoirs: c'est en le partageant et en le dispersant que le pouvoir perd le caractère terrifiant qu'il revêt lorsqu'il est concentré entre les mains d'un seul ou d'une oligarchie*[309]», écrit Michel Hervé.

Pour Michel Foucault, dans *Surveiller et Punir*, la sécularisation des sociétés conduit à une «*dissémination des pouvoirs*». Nous pouvons quant à nous considérer que, sans exclure qu'elle découle du processus de sécularisation des sociétés occidentales, la dissémination des pouvoirs, permise par la dissémination de l'information[310], amplifie la désacralisation du pouvoir, faisant perdre à ce dernier son caractère «*terrifiant*» et libérant ainsi la créativité individuelle. Quand il était accaparé par certains au détriment d'autres, le pouvoir se figeait, tel une eau stagnante, et, dans cette rigidité, se faisait cassant. À présent démocratisé, ouvert, partagé, circulant autant que circule l'information, il devient familier, il n'effraie plus.

Le passage de l'un à l'autre ne peut se faire en un temps. La dissémination du pouvoir doit toujours se faire progressivement. Le premier temps consiste à déverrouiller le pouvoir en décentralisant et déléguant, suivant une logique *top-down*. Ce n'est qu'une fois le pouvoir approprié par la base, donc dans un deuxième temps, que la tendance pourra s'inverser et passer à une logique *bottom-up*. Au terme de ce processus, l'important est bien que le pouvoir ait cessé de se faire «*terrifiant*», pas qu'il soit annihilé. Qui dit dissémination des pouvoirs ne dit pas perte de tout pouvoir par le chef, mais seulement égalisation des pouvoirs entre les membres de l'équipe. Car le pouvoir, comme le feu, se communique sans appauvrir celui qui le donne. Disséminé, le pouvoir n'est pas dilué: il ne s'agit pas de réduire l'organisation à l'impuissance en rendant impossible à quiconque d'exercer

309. Michel HERVÉ, dans *De la pyramide aux réseaux* (en collaboration avec Alain d'IRIBARNE et Elisabeth BOURGUINAT), éditions Autrement, 2007, p. 10.

310. La hiérarchie peut en effet se définir comme une relation d'ordre au sein d'une organisation, impliquant une asymétrie dans la détention et l'exercice de l'autorité.

un quelconque pouvoir, mais au contraire de permettre à chacun d'exercer sans crainte tout le pouvoir dont il soit capable, qui est d'abord de création. Et c'est afin d'assurer à chaque salarié l'exercice du pouvoir ainsi disséminé qu'il est nécessaire de garantir une stricte séparation des pouvoirs.

Séparation des pouvoirs

De même que, dans les organisations politiques démocratiques, il y a séparation des pouvoirs entre un pouvoir législatif, dévolu au Parlement où l'on délibère, et un pouvoir exécutif, dévolu au gouvernement où l'on décide, on trouve, dans une expérience de démocratie comme celle menée dans le Groupe Hervé, une séparation entre la fonction délibérative du pouvoir, dévolue aux équipes, et la fonction exécutive du pouvoir, dévolue aux responsables opérationnels. L'idée étant qu'en aucun cas, comme il en va pourtant dans la plupart des entreprises traditionnelles, un seul et même homme, le chef, ne doit disposer des deux pouvoirs, sans quoi tous les abus sont permis – abus que l'on observe, et pour cause, fréquemment. Là où la séparation des pouvoirs n'est pas assurée, il ne faut pas s'étonner de voir des abus de pouvoir. Pour ce qui est du Groupe Hervé, il y a une séparation des pouvoirs entre les équipes, où se mûrissent et s'élaborent les décisions, les réseaux fonctionnels, chargés d'en contrôler la juste application, et les responsables opérationnels, chargés de prendre les décisions. Cette séparation des pouvoirs en une puissance délibérative, une puissance de jugement et une puissance d'exécution, se trouve correspondre aux trois composantes de l'action libre selon Aristote : délibération, jugement et exécution.

Il ne faut toutefois pas se méprendre sur le sens de cette séparation des pouvoirs. Son objet n'est pas de dresser des contre-pouvoirs au pouvoir puisque d'une part, cela laisse intacte « *l'aspiration à la domination* » et, d'autre part, la neutralisation du pouvoir qui résulterait d'une telle opposition, en son sein, d'un pouvoir à un autre, ne pourrait que nuire à l'innovation. La séparation des pouvoirs n'a pas pour fonction de contraindre les pouvoirs en place à se limiter mutuellement.

Il ne s'agit pas de neutraliser le pouvoir par le pouvoir en opposant une force à une autre, de contrebalancer le pouvoir du chef par celui du reste de l'équipe ou celui de l'équipe par celui du chef. Il s'agit de les forcer à ne pas se forcer la main l'un l'autre, de manière à garantir la prise de décision la plus efficace possible : une prise de décision ajustée grâce à la délibération collective, assumée par un seul, sous le « contrôle de légalité » des réseaux fonctionnels (garants de la compatibilité des décisions avec les normes qualité de l'entreprise).

Le but de la séparation des pouvoirs n'est donc pas de limiter chacun par les autres, mais au contraire de les libérer de toute emprise, de leur permettre de s'exprimer aussi loin qu'il se puisse, chacun dans son ordre, sans autre limitation que celle de ne pas nuire aux autres[311]. Une équipe, chef compris, peut tout ce qu'elle veut, du moment qu'elle n'enfreint aucune des règles internes. Pour ce qui est de la séparation du pouvoir de délibérer (ou de décider) et du pouvoir de décider (ou d'exécuter), entre les équipes et leur responsable hiérarchique, il est clair que si elle est nécessaire, c'est afin que le maximum de liberté laissé au pouvoir décisionnel ne lui permette pas d'aller jusqu'à prendre des décisions contraires à la volonté de l'équipe, et que, de son côté, le pouvoir délibératif ne soit pas enclin à vouloir ce qui porterait atteinte au reste de l'entreprise. L'équipe, dont la fonction est de délibérer, peut bien décider, si elle le souhaite, mais elle ne peut exécuter sans que le chef y consente. Et réciproquement, le chef, dont la fonction est de décider, peut bien délibérer, s'il le souhaite – c'est même conseillé ! –, mais il ne le peut vraiment, c'est-à-dire de manière pertinente, que s'il se fonde sur son équipe. La séparation des pouvoirs fait ainsi apparaître la solidarité qui unit, dans leur distinction même, les trois instances régissant l'action dans l'entreprise.

Dans les entreprises traditionnelles, la division du travail se traduit par une division du pouvoir : on fragmente le pouvoir pour l'affaiblir. Dans la dissémination du pouvoir, il ne s'agit pas de diviser

---

311. cf. Pierre-Marie HASSE, *Le Cercle sur l'abîme. Eléments d'une théorie de la non-contradiction*, 2008, VII, 11, § 1.

le pouvoir, de faire en sorte que chacun en ait le moins possible de manière à être moins porté à en abuser, mais que chacun ait le tout du pouvoir, qu'il puisse tout ce qu'il veut, au niveau qui est le sien. Il ne s'agit pas de minimiser le pouvoir mais de le maximiser.

II – Démocratie participative et démocratie de médiation

«*Pourquoi sommes-nous si nombreux à nous faire à l'idée que la démocratie s'arrête aux portes de l'entreprise? Par quelle fatalité avons-nous pu accepter que ce lieu, pourtant fondamental dans la vie humaine, soit considéré comme incompatible avec la décision collective et totalement soumis au pouvoir discrétionnaire des dirigeants?*[312]», demandaient des responsables politiques à l'orée des années 2000. La question demeure d'actualité.

Nous pensons quant à nous que la manière la plus cohérente, pour une organisation, d'être fidèle aux principes du web 2.0 et adaptée aux exigences économiques du «capitalisme humain», consiste à la doter d'une architecture fonctionnelle relevant d'une authentique démocratie participative. De manière à offrir «une autre manière de faire de la politique», affranchie de la déresponsabilisation à laquelle elle donne trop fréquemment lieu, et «une autre manière de vivre le salariat», pour les mêmes raisons. Ce concept que nous mobilisons, de «démocratie participative», nous conduira à préciser ce qu'il s'agit d'entendre ici par démocratie et par participation.

Se revendiquer d'un régime politique est original, s'agissant d'une entreprise. À tout le moins, cela manifeste la conscience du caractère politique de tout gouvernement des hommes par d'autres hommes, qu'il ait lieu dans le cadre de la société civile ou dans celui d'une société commerciale. De fait, dès lors qu'il y a société humaine, des rapports politiques entre eux sont à l'œuvre : des liens de subordination

312. Henri EMMANUELLI, Alain VIDALIES et Christian BATAILLE, motion «Démocratie, égalité» présentée au Congrès de Grenoble du parti socialiste, novembre 2000.

s'établissent, une organisation apparaît. Il y a donc *de facto* des rapports politiques aussi bien dans une association, une entreprise privée ou publique, une coopérative, ou toute autre forme que peut prendre une collectivité humaine. La forme que prend l'organisation de ces rapports politiques entre les hommes a été catégorisée de manière classique comme suit : il peut s'agir d'un gouvernement exercé par tous (démocratie), par quelques uns seulement (oligarchie[313], qui peut être un gouvernement soit des meilleurs, aristocratie, soit des plus riches, ploutocratie, soit des techniciens, technocratie) ou par un seul (monarchie, tyrannie[314], dictature[315] ou despotisme[316]), voire par un *mix* de tout cela sous la catégorie politique récente du totalitarisme. Ces régimes peuvent dégénérer de l'un à l'autre, se combiner et, de là, donner lieu à des formes bâtardes. Bref, toute société humaine un tant soit peu organisée relève nécessairement, de manière plus ou moins fidèle, de l'un de ces régimes politiques, qu'elle le reconnaisse ou non.

---

313. « Une oligarchie – du grec *oligos* (peu nombreux) et *arkhê* (commandement) – est une forme de gouvernement dirigé par un groupe de personnes qui forment une classe dominante plus ou moins nombreuse » (source : *Wikipedia*, article « Oligarchie »).

314. « Un tyran (du grec ancien τύραννος/týrannos, mot d'origine lydienne appliqué pour la première fois au VIIIe siècle av. J.-C. au roi lydien Gygès par le sophiste Hippias d'Élis) est un individu disposant d'un pouvoir absolu. C'est un homme qui s'empare illégalement du pouvoir » (source : *Wikipedia*, article « Oligarchie »). Une note de l'article « Dictature » de Wikipedia précise le sens qu'il convient de donner au mot « tyran » : « Du grec ὁ τύραννος, littéralement "celui qui a usurpé le pouvoir", sans connotation nécessaire de brutalité. Œdipe est ainsi un "tyran" ». Au sens strict, le tyran, comme le dictateur, dispose d'un pouvoir absolu, mais il l'a acquis de manière illégale et illégitime, donc abusive : il est un imposteur.

315. « La dictature désigne un régime politique dans lequel une personne ou un groupe de personnes exercent tous les pouvoirs de façon absolue, sans qu'aucune loi ou institution ne les limite » (source : *Wikipedia*, article « Dictature »). La dictature peut être parfaitement légale et constitutionnellement prévue, se justifiant par des circonstances exceptionnelles, tandis que le despotisme ou la tyrannie sont toujours abusifs.

316. « Le despotisme est une forme de gouvernement où l'autorité est exercée par un individu qui règne avec un pouvoir politique absolu et de manière abusive au regard des lois. Dans sa forme classique, un despotisme est un état où un homme unique, appelé un despote, retient tout le pouvoir (...). Le despotisme ne doit pas être confondu avec la dictature qui est un régime légal dans lequel les pleins pouvoirs sont confiés exceptionnellement à un général ou à un magistrat, lorsque l'État est en péril ou en guerre » (source : *Wikipedia*, article « Despotisme »). Le despotisme commence avec la rétention de pouvoir et d'informations, avec le refus de les partager avec ses subordonnés.

Dès lors qu'une entreprise est une collectivité humaine organisée, elle a nécessairement, consciemment ou non, un mode de gouvernement des hommes relevant de l'un des régimes politiques classiquement définis. Pour une entreprise privée, la question qui se pose est de savoir lequel de ces régimes assure la meilleure efficacité économique. À cet égard, force est de constater que la plupart des entreprises semble considérer que le mode de gouvernement le plus efficace de leurs salariés est le despotisme éclairé, suivant une organisation de type militaire : « Vous recevez des ordres (après que l'on vous ait ou non consulté), vous les exécutez. »

Insuffisance du despotisme éclairé

Le gouvernement d'entreprise aujourd'hui n'est clairement pas démocratique

Dans toute entreprise, il va de soi que l'équipe dirigeante affirme diriger en vue du bien de ses parties prenantes, clients, actionnaires, salariés, fournisseurs, société dans son ensemble. Et il est professionnel de sa part d'être capable de produire un discours cohérent, vraisemblable, à l'appui. Indépendamment de la question de savoir s'il ne s'agit là que d'un effet de communication destiné à entretenir la confiance avec ces parties prenantes (la confiance pouvant être nourrie aussi bien par une simple vraisemblance, même fausse, que par la vérité), se pose celle du type de gouvernement par lequel elle affirme produire un tel bien. Car, pour étonnant que cela puisse paraître, le bien des parties prenantes peut être objectivement réalisé tant par un despotisme éclairé ou une dictature (au sens classique du terme) que par une démocratie ou une aristocratie. Qu'un gouvernement soit bienveillant ne dit rien quant à la manière dont il exerce son pouvoir : l'intérêt des parties prenantes peut être servi sans qu'on leur demande leur avis, voire contre leur volonté explicite, ou à l'inverse procéder de leur consentement.

Le dirigeant d'entreprise, le chef d'équipe, peut à la fois apparaître comme l'expert travaillant pour le bien général de l'entreprise, et comme un individu économique rationnel, donc calculateur, œuvrant aussi à son intérêt propre, y compris, parfois, contre les intérêts de l'entreprise. Il peut être en même temps l'un et l'autre : que le chef se représente sa propre action comme au service de son entreprise et de ses subordonnés n'exclut pas que cette représentation même participe d'un stratagème inconscient pour conserver de l'estime de soi, alors même qu'il sert en réalité ses propres intérêts, plus ou moins exclusivement. Il peut aussi mettre l'un au service de l'autre : assumant cette fois-ci son caractère d'agent économique rationnel, il calcule froidement qu'il est de son intérêt d'apparaître comme l'expert travaillant pour le bien général de l'entreprise. De ce qu'un dirigeant, ou une équipe dirigeante, affirme œuvrer pour le bien de ses parties prenantes ne dit donc rien quant à la réalité du bien produit, rien non plus quant au type de régime politique par lequel il exerce le pouvoir. Les faits, rien que les faits, peuvent permettre d'y voir plus clair dans la caractérisation du régime politique dont relève tel ou tel gouvernement d'entreprise. Qu'en est-il à cet égard ?

Il faut en premier lieu noter qu'un employeur dispose, selon la loi, d'un pouvoir discrétionnaire, unilatéral, pour tout ce qui concerne l'organisation et les conditions de travail de son entreprise. Son pouvoir de direction quotidien ne suppose pas un consentement des salariés autre que celui délégué dans le cadre du contrat de travail. « *Le pouvoir discrétionnaire est une forme de pouvoir qui se caractérise par l'absence de nécessité de rendre compte des décisions prises (...).C'est l'espace du pouvoir absolu et du secret*[317]. » (Pierre-Yves Gomez). La direction peut bien décider de borner elle-même l'étendue de son pouvoir discrétionnaire, et le faire évoluer vers un « *pouvoir souverain* » ou un « *pouvoir contrôlé*[318] », elle demeure toujours libre de défaire ce qu'elle a fait et de reprendre ce qu'elle a donné, sans jamais avoir à se justifier, de sorte que son pouvoir demeure toujours *in fine* discrétionnaire. Dans la mesure où un dirigeant d'entreprise peut gou-

---

317. Pierre-Yves GOMEZ, « Jalons pour une histoire des théories du gouvernement des entreprises », revue *Finance, Contrôle, Stratégie*, volume 6, n° 4, décembre 2003, p. 183-208
318. Pierre-Yves GOMEZ, *ibid.*

verner à sa guise, donner des ordres de manière arbitraire, à l'intérieur du cadre défini par des lois garantissant un respect formel des libertés individuelles, le régime politique en place dans la quasi-totalité des entreprises actuelles peut s'interpréter comme relevant du despotisme ou de la dictature, selon les entreprises et la définition précise que l'on donne de chacun de ces régimes.

«*Le mythe du chef conduit à des formes quasi-dictatoriales de management dans les entreprises et les organisations qui sont de plus en plus en contradiction avec les valeurs dominantes de démocratie et de respect des individus prônées par ailleurs dans nos sociétés occidentales d'aujourd'hui*[319].» Qu'il y ait despotisme ou dictature n'est pas contradictoire avec le fait que les libertés individuelles soient formellement respectées dans ces entreprises. Un autocrate, comme un dictateur ou un despote, peut parfaitement être bienveillant à l'égard de ses subordonnés et ne leur ordonner que des actions conformes à l'état de droit, au sens où nous l'entendons communément. Même si l'autocrate se soumet à un état de droit assurant le respect des libertés individuelles, il n'en demeure pas moins seul à décider de ce que feront les uns et les autres, et c'est en quoi son régime n'est ni démocratique ni oligarchique. Dans les entreprises actuelles, aujourd'hui, dans chaque équipe, un seul, *in fine*, commande toujours, éventuellement après avoir consulté un collège d'*aristoï*, ceux qu'il considère comme les meilleurs. C'est la base, pense-t-on, de l'efficacité opérationnelle. Georges Barthès de Ruyter, ancien président du Conseil national de la comptabilité et de l'International Accounting Standards Committee, reconnaissait sans fard, le 28 janvier 2003 lors des Rencontres sénatoriales de l'entreprise, que le dirigisme autoritaire était le mode de gouvernement le plus efficace : «*Les entreprises qui réussissent sont celles que dirige un despotisme éclairé avec des équipes homogènes*[320].»

---

319. Daniel BELET, *Education managériale : pour apprendre et pratiquer un nouveau métier de manager*, L'Harmattan, 1998, p. 59

320. Georges BARTHES DE RUYTER, le 28 janvier 2003 lors des Rencontres sénatoriales de l'entreprise sur le thème «Gouvernance d'entreprise : de la *corporate* connivence à la nouvelle gouvernance», Palais du Luxembourg.

Tout en précisant : « *Il faut naturellement pouvoir éliminer le despote s'il déraille.* »

Nous pouvons maintenant être plus précis : la catégorie de philosophie politique qui s'applique le mieux au mode de gouvernement aujourd'hui en vigueur dans presque toutes les entreprises est effectivement celle du « *despotisme éclairé* »[321] : le chef, à tout niveau hiérarchique, dispose d'un pouvoir discrétionnaire. Les dirigeants ont, sur leurs troupes, tout pouvoir pour réaliser le bien, que celui-ci soit prioritairement celui des actionnaires, des salariés ou des clients ; ils peuvent recruter et licencier à volonté, décréter des modifications dans l'organisation du travail, etc. L'ancien « patron des patrons » français lui-même, Yvon Gattaz, déclarait le 8 février 2010 devant l'Académie des sciences morales et politiques dont il est membre[322], que le mode actuel de gouvernement des entreprises consiste en « *une forme de despotisme éclairé, tout à fait performante à la condition que l'éclairage soit plus fort que le despotisme* ». Bref, il faut bien reconnaître que, comme l'écrivait Pierre Allanche dans *La Revue française de gouvernance d'entreprise* (n° 2, 2007/2), « *l'entreprise fonctionne encore selon le modèle du despotisme éclairé* », à contre-temps puisque trois siècles après l'âge d'or de cette doctrine politique. Ce fait de philosophie politique – pour autant que l'on puisse parler de « faits » en philosophie – n'est en aucun cas un jugement de valeur. Il n'y a rien d'infamant à voir un gouvernement d'entreprise caractérisé de « despotisme éclairé » : ne vaut-il pas mieux, en certaines circonstances, avoir comme chef un despote intelligent servant l'intérêt général, plutôt qu'un gouvernement prétendument démocratique plongeant le pays dans la misère à force de clientélisme ? *Despotès* signifie en grec ancien le maître de

---

321. À la différence du despotisme, tyrannie et dictature correspondent à des situations provisoires, généralement d'état d'urgence. La tyrannie était, dans l'Antiquité grecque, à peu près l'équivalent de la dictature chez les Romains : un usage du pouvoir correspondant à une procédure juridique certes spéciale, mais parfaitement constitutionnelle. Le *dictator* romain était par exemple un magistrat investi de l'imperium absolu pour une période de six mois.

322. Suite à un exposé de l'ancien PDG du groupe *Lafarge*, Bertrand COLLOMB, sur « La démocratie dans l'entreprise ».

maison, le chef de famille : un despote est un chef qui se comporte avec ceux dont il a la responsabilité comme le maître d'une propriété, ou qui fait comme si ses concitoyens ou collaborateurs étaient des enfants. Aussi peut-il faire preuve de plus d'humanité qu'un dirigeant élu se croyant tout permis du fait de sa légitimation démocratique.

«*Finalement, le large pouvoir discrétionnaire de l'entrepreneur est respectable parce qu'il reflète l'esprit de responsabilité et de bien commun attaché au père de famille. La «dictature domestique» (Tocqueville) de l'entrepreneur est établie et limitée par sa responsabilité complexe de pater familias et, au bout du compte, par la «tyrannie des intimités» (Sennetti). L'entrepreneur ne peut agir selon son seul intérêt, parce qu'il a charge de famille*[323].» (P-Y Gomez et H. Korine)

Si le gouvernement d'entreprise de la plupart des entreprises peut être à bon droit qualifié de «despotisme éclairé» – ou d'«oligarchie éclairée[324]», mais l'expression est moins courante et moins neutre car n'ayant pas été connotée positivement dans l'Histoire, à la différence du despotisme éclairé –, c'est dans la mesure où, à chaque niveau hiérarchique :

• Le pouvoir des chefs n'est pas conditionné par le consentement de ceux qu'ils dirigent.

• Les chefs infantilisent leurs collaborateurs en décidant à leur place s'agissant des orientations et des résolutions de conflits.

• Les chefs exercent un pouvoir discrétionnaire. Ils peuvent, s'ils le souhaitent, expliquer leurs décisions, mais n'y sont nullement tenus.

• Les chefs affirment exercer leur pouvoir pour le bien des dirigés.

Dans un «*despotisme éclairé*», ce sont les chefs qui déterminent quel est le bien à suivre, aussi constituent-ils l'«*élite éclairée*» non

---

323. Pierre-Yves GOMEZ et Harry KORINE, *L'Entreprise dans la démocratie. Une théorie politique du gouvernement des entreprises*, éd. De Boeck, 2009, p. 97.

324. L'expression est utilisée par René BARBIER DE LA SERRE, alors président du Comité d'éthique du MEDEF, au cours d'un entretien mené par Jean-Hervé LORENZI pour la revue Risques n° 51, de septembre 2002. Et, dans *De la pyramide aux réseaux*, Michel Hervé parle aussi d'oligarchie, sans exclure le despotisme : «*C'est en le partageant et en le dispersant que le pouvoir perd le caractère terrifiant qu'il revêt lorsqu'il est concentré entre les mains d'un seul ou d'une oligarchie*» (p. 10).

plus du prolétariat mais des salariés de base, mieux à même qu'eux d'évaluer quel est leur vrai bien. Le chef est plus intelligent, plus expérimenté, mieux formé, de sorte que c'est pour le bien de ses troupes qu'il décide à leur place, après leur avoir demandé leur avis comme on demande à un enfant ce qu'il préfère. Sous un régime de « despotisme éclairé », les salariés de base, les membres des équipes, se trouvent donc infantilisés : ils ne sont pas acteurs mais agents du pouvoir suprême – celui du chef – seul à même de déterminer quel est le bien à suivre et quels sont les moyens à mobiliser pour y parvenir. Ce sentiment de n'être pas pris au sérieux, de n'être que les rouages anonymes et relativement interchangeables d'une machinerie qu'ils ne contrôlent pas, qu'ils ne font que subir, va d'ailleurs, de nos jours, croissant. Disons-le encore autrement pour bien clarifier notre propos : dans un « despotisme éclairé », les chefs prétendent faire le bien des salariés sans eux, sans que ceux-ci soient réellement associés au processus de décision – ils ne sont que consultés, leur avis n'étant nullement déterminant, nullement contraignant. Les salariés ne sont pas décisionnaires. Et pour cause, ils sont payés pour suivre les instructions qui leur sont données, ce qui n'exclut pas qu'ils soient force de proposition ou que leur avis soit écouté en amont des décisions. Pour le dire d'un mot, ils ne sont pas payés pour penser – même si c'est toujours préférable – mais pour appliquer. Une équipe est toujours une équipe d'exécution des décisions du chef ; le suivisme y est de mise. Mais nulle inquiétude à avoir : c'est pour leur bien. Leur bien se réalise sans qu'ils aient à s'en soucier. Ne doivent-ils pas avoir confiance dans leur ligne hiérarchique ? Même si celle-ci, en retour, ne semble pas leur accorder la même confiance et douter de leurs capacités de décision…

Que le gouvernement d'entreprise ne soit pas démocratique n'exclut pas qu'il puisse être républicain

La République se définissant par le service du bien commun, de l'intérêt général, il peut parfaitement y avoir république non démocratique : l'intérêt général peut très bien être servi dans un régime monarchique, dans une dictature ou un despotisme éclairé. La démocratie, inversement, peut être antirépublicaine, si une majorité en vient à faire prévaloir son intérêt propre sur celui de l'ensemble de la société. Il en va de même dans une entreprise : l'intérêt général, qui s'appelle alors « intérêt social », est censé inspirer les actes du Comité directeur.

« *L'intérêt social peut se définir comme l'intérêt supérieur de la personne morale elle-même, c'est-à-dire de l'entreprise considérée comme un agent économique autonome, poursuivant des fins propres, distinctes notamment de celles de ses actionnaires, de ses salariés, de ses créanciers dont le fisc, de ses fournisseurs et de ses clients, mais qui correspondent à leur intérêt général commun, qui est d'assurer la prospérité et la continuité de l'entreprise. Le Comité considère que l'action des administrateurs doit être inspirée par le seul souci de l'intérêt de la société concernée*[325]. » (Rapport Viénot)

La direction n'est pas censée agir directement en vue du bien de ses salariés, mais d'abord en vue du bien de l'entreprise, lequel bien peut s'avérer très exactement contraire à celui de ses salariés : son intérêt, précise bien le rapport Viénot I, est « *distinct* » de celui de ses salariés. Car, *in fine*, la direction de l'entreprise peut interpréter l'intérêt social à sa guise et considérer que, l'entreprise étant un « *agent économique autonome* », les fins qu'elle poursuit se doivent d'être prioritairement économiques, et non pas sociaux, de sorte qu'il peut être opportun de réduire drastiquement le nombre de salariés afin de maximiser la valeur financière pour l'actionnaire[326]. Autrement dit, de même qu'en République l'intérêt général peut se révéler contraire à l'intérêt du plus grand nombre, de même, en entreprise, la recherche de l'intérêt « social » peut avoir des conséquences contraires à l'intérêt de la majorité des salariés. La direction peut donc exercer son pouvoir comme un despote éclairé, c'est-à-dire de manière autoritaire au nom du bien commun ici appelé « intérêt social ». Comme

325. Rapport VIENOT 1, 1995, *La Documentation française*, p. 5.

326. Si l'on en croit Milton FRIEDMAN, « *peu d'évolutions pourraient miner aussi profondément les fondations même de notre société libre que l'acceptation pour les dirigeants d'entreprise d'une responsabilité sociale autre que celle de faire le plus d'argent possible pour leurs actionnaires* » (*Capitalism and Freedom*, University of Chicago Press, 1962).

le dit le rapport Marini de 1996 (publié dans *La Documentation française*), «*on peut se demander si l'intérêt social, censé transcender les intérêts des actionnaires, n'est pas devenu l'alibi d'un nouveau "despotisme éclairé"*» (p. 1).

Le problème, c'est qu'il y a toutes raisons de penser que l'intérêt social est mieux servi lorsque l'entreprise est régie par tous (démocratie) plutôt que par quelques-unes (oligarchie) ou un seul (despotisme). Ne serait-ce que parce que la base a davantage intérêt à la pérennité de l'entreprise que les cadres dirigeants qui, eux, pourront toujours plus facilement se «recaser» ailleurs.

«*La plupart de ceux qui occupent le sommet des différentes hiérarchies sociales, que ce soit dans une entreprise capitaliste, patrimoniale, coopérative ou mutualiste, dans une association culturelle, sportive, sociale ou syndicale, dans un territoire local, régional ou national, restent attachés à l'idée que le citoyen de base est incapable de prendre en compte la globalité d'une situation et l'intérêt général d'un groupe ou de la société, et qu'il a par définition des objectifs à courte vue. Or, de façon paradoxale, il arrive que la base prenne bien mieux en compte la globalité d'une situation que le sommet. Dans une entreprise, par exemple, ce sont souvent les salariés attachés à leurs emplois, et donc au devenir de l'entreprise, qui se montrent le plus soucieux d'assurer sa pérennité à long terme, alors que le sommet s'inquiète surtout de la valorisation financière à court terme.*

On peut douter qu'une personne seule, ou un petit groupe de personnes, puissent être véritablement les représentants du tout. La dimension collective et l'intérêt général ont manifestement plus de chances d'être pris en compte lorsque cette responsabilité est confiée à l'ensemble des parties plutôt qu'à l'une d'entre elles seulement. Le risque qu'il y a à confier à un seul homme, ou à une oligarchie, la responsabilité du tout, est qu'en cas de crise et de sauve-qui-peut, cette entité censée représenter le collectif peut faire passer son intérêt propre avant l'intérêt de ce dernier. On voit ainsi des patrons s'attribuer des sommes vertigineuses au moment où l'entreprise est au bord du dépôt de bilan. C'est sans doute à cause de cette tentation très forte qu'avait été instaurée, dans la Marine, la règle absolue selon laquelle le capitaine d'un vaisseau devait rester à son poste quoi qu'il arrive et, le cas échéant, couler avec son navire. Les hommes de base, eux, ne sont pas en situation de pouvoir se tirer d'affaire seuls. Ils sont donc plus enclins à prendre à leur compte l'intérêt général, car c'est, pour eux, la seule voie du salut[327]. »

Si l'entreprise nouvelle génération ne s'aligne pas sur le modèle de gouvernement d'entreprise dominant, c'est parce que le despotisme éclairé, d'une part, n'est pas humainement digne, et, d'autre part, ne paraît pas optimal pour stimuler l'innovation. En déresponsabilisant la grande majorité des salariés, en encourageant tacitement chez eux des comportements d'obéissance passive aux directives du chef, la pratique autoritaire du pouvoir n'incite pas les salariés à donner leur pleine mesure, à s'autoriser à créer et à se dépasser pour le collectif. Ce qui va s'avérer de plus en plus handicapant dans une économie où la capacité d'innovation est déterminante. L'incapacité d'une pratique despotique du pouvoir, si éclairé soit-elle, à éveiller et à capter les énergies créatrices, en constitue la principale limite. L'autocratie ne payant même pas commercialement, à combien plus forte raison ne peut-on pas s'en satisfaire si l'on en vient à prendre en compte son coût humain, en termes d'épanouissement des salariés.

Pourquoi la démocratie ?

Si l'entreprise 2.0 ne peut adopter un modèle de gouvernement d'entreprise de type despotisme éclairé, c'est à la fois par souci humaniste de laisser à chacun le plus de liberté possible, et par conviction entrepreneuriale que ce plus de liberté laissé aux salariés est le meilleur gage d'un succès économique de long terme, dans le cadre d'une économie de la création. Tout d'abord, le gouvernement démocratique apparaît comme le seul véritablement respectueux de l'intégralité de

327. Michel HERVÉ, « Le web 2.0 au cœur de l'entreprise », in *Entreprise 2.0. Réflexions autour d'une nouvelle odyssée*, par un collectif d'auteurs sous la coordination de Xavier AUCOMPTE et Caroline MACDONALD, p. 9.

la dignité humaine, étant celui qui fait le plus confiance à la liberté, et donc à la responsabilité de chacun. Un rapport du Conseil de l'Europe rappelle que «*la démocratie repose sur le principe selon lequel toute personne concernée par une décision doit être directement ou indirectement associée au processus décisionnel, sans quoi la dignité de la personne n'est pas respectée*[328]». C'est ce qui fonde l'exigibilité de la démocratie pour toute organisation humaine, et pour l'entreprise en particulier[329]. De la démocratie en entreprise, nous pourrions dire ce que de Gaulle disait de la participation, à savoir qu'elle est tout simplement «*la transposition sur le plan économique, compte tenu des données qui lui sont propres, de ce que sont dans l'ordre politique les droits et les devoirs du citoyen*[330]». Ceci étant posé, une société moderne, consacrant des individus libres et égaux entre eux, peut-elle durablement accepter que la démocratie s'arrête aux portes de l'entreprise? Est-il légitime que l'homme puisse faire l'objet d'un contrat marchand, d'une location qui le prive de son pouvoir de décision et qui institue ainsi plusieurs espèces d'hommes?

Aux yeux de ses promoteurs, la démocratie dans l'entreprise est certes jugée plus efficace pour servir la dignité de l'homme, mais aussi pour servir l'intérêt bien compris de leur entreprise, à deux égards. Le premier est qu'il est dans l'intérêt de l'entreprise de ne pas se trouver en décalage trop important avec les aspirations de la société, qui font de toutes parts pression en direction d'un plus grand respect de la dignité humaine à travers la forme démocratique. L'entreprise ne peut pas ne pas tenir compte de «*la diffusion des principes démocratiques à travers non seulement les pays, mais les activités. L'apprentissage toujours recommencé de la citoyenneté dans la cité n'est pas séparable de l'apprentissage de la citoyenneté au*

---

328. Rapport «La situation de la démocratie en Europe. Les défis spécifiques des démocraties européennes: le cas de la diversité et des migrations», par Andreas GROSS, 6 juin 2008, p. 2.
329. Une exigence constitutionnelle, inscrite dans le préambule de la Constitution de 1946 et reprise dans celui de la Ve République: «*Tout travailleur participe, par l'intermédiaire de ses délégués, à la gestion de l'entreprise*».
330. Charles DE GAULLE, *Mémoires d'espoir*, Plon, 1970

travail. La liberté, la justice, l'engagement pour l'intérêt collectif qui en sont les valeurs phares, ne sont pas moins à réaliser dans la vie au travail que dans la vie hors travail[331] », par simple souci de cohérence. La deuxième raison de promouvoir une démocratie dans l'entreprise est que, au-delà du louable dessein humaniste qui l'inspire, l'organisation qui en découle se révèle économiquement profitable. Ainsi, au sein de l'entreprise brésilienne Semco, « *la notion de démocratie-sur-le-tas ("on-the-job-democracy") repose certes sur une théorie de l'homme au travail (pourquoi les personnes qui sont considérées comme adultes dans leur vie privée, à la banque, à l'école, avec les amis, seraient soudain considérées comme adolescentes au travail ?), mais celle-ci ne vaut que parce qu'elle est une manière plus profitable de faire des affaires*[332] ». Il se pourrait en effet que la démocratie dans l'entreprise s'avère plus rentable que les autres modèles organisationnels actuellement en vigueur, si l'on en croit par exemple la longue étude menée de par le monde par Brian Carney et Isaac Getz et publiée en France sous le titre *L'Entreprise libérée*[333].

En quel sens peut-on parler de démocratie dans une société d'intra-entrepreneurs ?

Dans une entreprise souhaitant dynamiser au maximum l'innovation interne, en vue d'optimiser sa faculté d'adaptation à l'environnement de marché, l'organisation politique la plus cohérente est celle qui permet à chacun d'être son propre chef, de manière à libérer le potentiel d'initiative et de création. Ce qui peut se traduire, comme dans le Groupe Hervé, par une société d'intra-entrepreneurs. Permettre à chaque homme d'être son propre chef, même inséré dans

---

331. Jean-Pierre DOLY et François MONCONDUIT, *L'Entreprise entre contrainte et liberté*, L'Harmattan, 1995, p. 16.
332. Philippe TROUVÉ, professeur de sociologie des organisations, « Les utopies sociales de la dirigeance », 4, « Ricardo Semler (1959) : une démocratie entrepreneuriale ? », in BOURNOIS F., DUVAL-HAMEL J., ROUSSILLON S., SCARINGELLA J.L. (coord.), *Comités exécutifs. Voyage au cœur de la dirigeance*, Eyrolles/Éditions d'Organisation, 2007
333. Brian M. CARNEY et Isaac GETZ, *L'Entreprise Libérée*, Fayard, 2012. Première édition : *Freedom Inc.* (traduire : « Liberté S.A »), Crown Publishing Book, 2009.

une collectivité, telle est précisément l'ambition de la démocratie où il advient que, selon la formule de Rousseau, « *chacun s'unissant à tous n'obéisse pourtant qu'à lui-même*[334] ».

Parce que les chefs sont choisis par les équipes

Dans une société d'intra-entrepreneurs, les chefs ne sont pas nécessairement élus, et pourtant on peut y parler de démocratie. C'est que l'on confond souvent la pratique du vote avec la démocratie. Il n'est donc pas inutile de rappeler qu'un vote n'a rien, en soi, de spécifiquement démocratique – et en cela, même dans ses plus strictes conditions de régularité, il n'est pas du tout à lui seul une garantie de démocratie. Lorsqu'un conclave élit un pape, on n'a pas vraiment là un modèle réduit (à l'échelle du conclave) de société démocratique. On peut même dire que l'élection d'un académicien décrit un mouvement pour une part inverse de celle d'un chef d'État, puisqu'elle consiste à l'élever du niveau (de reconnaissance) inférieur où il se trouve à celui, supérieur, de ses électeurs[335].

Dans une société d'intra-entrepreneurs, si les chefs ne sont pas élus, ils doivent en revanche, comme nous l'avons déjà vu, être choisis par leurs coéquipiers (qui leur accordent ou non de l'autorité), et c'est ce qui autorise, en premier lieu, à parler de démocratie. Ils sont choisis par leurs coéquipiers, mais non de manière exclusive : au quotidien, les coéquipiers ratifient ou non le choix qui est fait par leur hiérarchie de leur donner tel ou tel chef. De sorte qu'il est plus juste de parler de codécision. En outre, par le biais de l'évaluation du manager par la base, les membres d'une équipe peuvent désavouer leur chef – charge ensuite au N+2 d'en prendre acte en le destituant effectivement. Que les membres d'une équipe soient libres n'implique donc pas qu'ils choisissent leur chef de manière exclusive. Pour les raisons précédemment évoquées mais aussi pour celle-ci que les hommes sont ainsi

334. Jean-Jacques ROUSSEAU, *Du Contrat social*, livre I, chapitre 6, « Du pacte social »
335. cf. Pierre-Marie HASSE, *Le Cercle sur l'abîme. Eléments d'une théorie de la non-contradiction*, 2008, VII, 5, § 1-2.

faits qu'ils se donnent généralement les chefs qui leur plaisent, au lieu de choisir les chefs qu'il leur faut pour être libres. Parce qu'ils peuvent être tentés de préférer des chefs qui les déresponsabilisent, il faut aussi que le chef reçoive sa légitimité d'une autre instance que de celle de sa seule base, à savoir de la hiérarchie.

Parce que les salariés peuvent modifier les règles communes

Dans une société d'intra-entrepreneurs comme le Groupe Hervé, n'importe quel salarié peut initier un groupe de travail public, sur le *wiki* interne, visant à modifier telle ou telle règle de l'entreprise. Les règles structurant l'organisation de l'entreprise peuvent être en permanence modifiées par les salariés à travers la libre constitution de groupes de travail formalisés sur le *wiki* et destinés à réformer telle ou telle norme interne. Suivant le principe fondateur du web 2.0 ici à l'œuvre, les utilisateurs (des règles de l'entreprise) sont en même temps contributeurs ; codécideurs, donc coopérateurs.

Ainsi, si une règle disconvient à un nombre croissant de salariés, ceux-ci ne peuvent que s'en prendre à eux-mêmes. Il ne tient qu'à eux de faire qu'elle change. Ils ont en permanence la possibilité de changer les règles du jeu – sauf celle, dont le PDG reste le garant, autorisant chacun à changer les règles. Comment toutefois garantir que des modifications voulues par quelques salariés seulement, fussent-ils nombreux, ne s'imposent à tous ? Comment, en d'autres termes, empêcher que des groupes de pression ne fassent, par leur activisme, prévaloir leurs intérêts au détriment de l'intérêt de tous et de celui de l'entreprise ? C'est ce que permet d'éviter le fait que les groupes de travail ne soient pas, par eux-mêmes, décisionnaires. Ils n'ont qu'un pouvoir de proposition, voire d'instigation en interne grâce à la publicité de leurs débats sur le *wiki*. Leurs conclusions sont transmises aux instances compétences pour trancher, qui sont soit le Comité de direction s'agissant de règles impactant l'ensemble de l'entreprise, soit les animateurs du réseau fonctionnel le plus directement concerné. Ainsi se reproduit le même schéma décisionnel qu'à l'intérieur de chaque équipe où, formellement, le groupe propose et le chef dispose, mais, dans la mesure où un chef qui ne tient pas compte des positions de son équipe s'expose à être désavoué lors d'une évaluation par la base, la réalité tient plutôt de la codécision. La possibilité de constituer de tels groupes de travail fait que l'entreprise, tant en termes d'organisation que d'objectifs, n'est que la résultante de ce que ses salariés la font devenir. Il y a co-construction de l'entreprise. Chacun en est, dès lors, responsable.

Dans un « despotisme éclairé » dont l'autocrate, paternel, serait authentiquement soucieux du bien de ses assujettis, les règles construites par un autre - éventuellement collégial (oligarchie) – peuvent très bien être soumises à la critique, libre à lui de tenir compte ou non des critiques exprimées. L'auteur – ici, le « despote éclairé » – est libre de corriger ou non le tir en fonction des commentaires et critiques qui lui sont faits, comme il en va pour un document mis en ligne sur un blog. Mais, dans la mesure où les règles, si bienveillantes soient-elles, sont construites par d'autres que ceux sur lesquels elles s'appliquent, nous en restons à un régime d'hétéronomie, nous ne sommes pas encore dans de l'autonomie. Pour que l'on puisse parler d'autonomie à l'intérieur d'une organisation, il faut que ses membres soient, directement ou indirectement, les auteurs des règles auxquelles ils se soumettent, de sorte que, s'y soumettant, ils ne se soumettent en fait qu'à eux-mêmes. C'est pourquoi, d'une entreprise conçue sur le modèle d'un blog, où l'auteur (des règles) peut arbitrairement modifier ou non son texte (de réglementations), il faut passer à une entreprise conçue sur le modèle d'un wiki, où ce qu'un auteur à un jour proposé se trouve ensuite modifié par tous les contributeurs, de sorte que le produit final, toujours en voie d'amélioration, se trouve co-construit.

Cette organisation sous forme de wiki/démocratie, que tous peuvent modifier, se substitue alors à une organisation sous forme de blog/despotisme, qu'un seul (éventuellement collégial) a le pouvoir de modifier. Elle présente l'avantage d'être en permanence ajustée, par ceux à qui elles s'appliquent, à leurs propres besoins et à ceux de leur environnement, ce qui, dans le cadre d'une entreprise, garantit une meilleure adaptation à l'évolution de la demande client en même temps qu'une plus grande satisfaction des salariés. Notons enfin qu'un avantage à ce que les règles soient faites par tous, c'est qu'elles s'appliquent à tous. Quand, en revanche, une seule personne fait la règle, cela aboutit généralement à ce qu'elle s'en croit exempte : elle reste au-dessus, libre de ce qu'elle a fait, de le défaire ou de le parfaire. La co-construction garantit l'égalité devant la règle.

Parce que les décisions sont prises par les salariés de base

Nous avons déjà eu l'occasion d'évoquer en quel sens, dans une entreprise à prétention démocratique, les décisions n'étaient pas tant prises par le chef que par son équipe, le chef ne faisant, dans le cours normal des choses, que ratifier la position exprimée par le collectif. C'est là un non-agir auquel le chef doit s'accoutumer, ce qui suppose de réfréner sa tentation permanente d'intervenir pour faire et décider à la place de ses coéquipiers. Les membres d'une démocratie authentique ne sont pas déresponsabilisés, ne sont pas dans la position de spectateurs de décisions prises par d'autres prétendument dans leur intérêt, ils sont acteurs des décisions. Ce n'est pas un service à rendre aux salariés que de leur donner des chefs qui décident pour eux. La devise des Lumières, selon Kant dans *Qu'est-ce que les Lumières ?*, est « *Sapere Aude !* » *(Aie le courage de te servir de ton propre entendement !*). Ce serait un bien étrange retour en arrière que de dire, au XXIe siècle, à ses salariés : « Dormez sur vos deux oreilles, d'autres pensent et décident pour vous, font votre bien à votre place. » Ce serait, répétons-le, ne pas les tenir pour des adultes mais pour des enfants. Ne pas les respecter véritablement. La démocratie, à cet égard, apparaît plus respectueuse de la dignité des personnes. Dans une démocratie, l'avenir commun est une co-construction. Il se construit en commun, il n'est pas fixé d'avance par quelques-uns. Le chemin, à chaque étape, demeure ouvert, il peut prendre d'autres orientations que celles initialement pressenties, du moment que ces nouvelles orientations s'inscrivent en cohérence avec le passé, hors duquel il n'est pas d'avenir pérenne.

Dans une entreprise qui aspire à avoir un fonctionnement le plus démocratique possible, le choix des grandes orientations ne saurait relever du seul PDG et de son Comité de direction. Les grandes orientations ne sont, en quelque sorte, que la somme des petites orientations décidées à chaque niveau de l'organisation. C'est chaque chargé de clients, chaque structure, locale puis régionale, qui se donne ses propres orientations – en tenant compte de celles de toutes les autres structures grâce à la transparence induite par une utilisation massive des NTIC –, et la compilation des orientations des uns et des autres donne au Comité de direction l'orientation générale en cohérence avec laquelle lui-même devra nécessairement s'inscrire. Mais, pas plus que le chef n'est un simple exécutant passif des volontés de son équipe, le Comité de direction n'est le télégraphiste des échelons inférieurs : sa volonté demeure, comme celle de tous les autres échelons hiérarchiques, libre, mais cette liberté est une liberté située, contextualisée, il doit, dans la détermination de sa propre orientation, prendre en compte toutes les données de son environnement, au premier rang desquelles les orientations de ses équipes locales et régionales. Le maître mot, ici comme ailleurs, demeure la cohérence. Ce qu'il décide doit être en cohérence avec ce que les échelons inférieurs ont décidé, sans quoi il se coupe de sa base, il perd en légitimité interne comme en réactivité avec l'extérieur, et sa fin est proche.

Parce que des débats précèdent les décisions

Mais il ne servirait à rien que les salariés de base choisissent leur chef et les orientations de leur équipe, si ces décisions n'étaient pas éclairées, fondées en raison et pertinentes. À quoi leur servirait de décider par eux-mêmes s'ils décidaient mal, s'ils causaient leur propre perte ? À quoi servirait d'instaurer, dans l'entreprise, la démocratie, si par leurs décisions erronées les salariés précipitaient la faillite ? De fait, l'une des critiques les plus récurrentes adressées à la démocratie est que, en livrant les leviers de décision à une masse d'individus insuffisamment formés et éclairés, on ouvre la porte à l'obscurantisme, au règne de l'opinion, aux décisions insuffisamment réfléchies qui nuisent au bien commun. Appliqué à l'entreprise, la critique devient : la démocratie est un danger pour une entreprise car elle postule que le salarié de base est aussi compétent pour décider que l'expert dûment estampillé. C'est effectivement le pari de la démocratie. Et s'il n'en était pas ainsi, on comprend mal pourquoi on accepterait de vivre, dans la sphère politique, en démocratie. De deux choses l'une : ou bien l'on estime que le jugement du dernier pékin vaut bien celui d'un prix Nobel, et l'on est démocrate aussi bien dans la sphère politique que dans la sphère économique, ou bien l'on considère qu'il n'en est rien, et l'on légitime des régimes oligarchiques donnant les clés du bien commun à quelques-uns – voire à un seul – qui se considèrent comme meilleurs que les autres (puisque, en toute cohérence, ils ne peuvent pas être considérés comme meilleurs par des individus dont le jugement ne serait pas éclairé).

Il y a quelque chose de scandaleux à prétendre que le jugement du manœuvre apparemment inculte vaut celui d'un chef formé aux meilleures écoles. C'est là pourtant, remarque Jacques Rancière, « *la puissance subversive toujours neuve et toujours menacée de l'idée démocratique*[336] » : l'établissement d'un pouvoir fondé ni sur la naissance, ni sur l'argent, ni sur le savoir. Il faut ici être précis. D'abord, la démocratie, appliquée à l'entreprise, ne postule pas qu'un salarié de base soit aussi compétent qu'un expert, ce serait absurde. Il y a des degrés de compétence objectifs, comme il y a aussi des degrés d'intelligence théorique. Simplement, la démocratie table sur ce fait que la justesse d'orientation d'une volonté ne dépend pas du degré d'intelligence ou de compétence qui y préside. Des qualités de cœur, par exemple, peuvent donner plus de sûreté dans le jugement que de hautes qualités intellectuelles. Bref, en démocratie, ce n'est pas la seule raison qui gouverne – ce gouvernement de l'excellence intellectuelle serait une aristocratie –, laquelle peut être desséchante et cruelle, mais l'homme dans son entier, qui est aussi une sensibilité.

La démocratie table aussi sur le fait que les savoirs non académiques des uns ne sont pas moins utiles, pour la prise de décision, que les doctes savoirs des autres. Yves Sintomer rappelle ainsi l'existence de

---

336. Jacques RANCIÈRE, *La Haine de la démocratie*, La Fabrique, 2005

plusieurs «savoirs» mobilisables par le citoyen ou le salarié lambda[337]. Le «savoir d'usage», par exemple, qui enrichit le savoir technique des experts, comme l'écrivait le philosophe américain John Dewey en 1927 : «*C'est la personne qui porte la chaussure qui sait le mieux si elle fait mal et où elle fait mal, même si le cordonnier est l'expert qui est le meilleur juge pour savoir comment y remédier. [...] Une classe d'experts est inévitablement si éloignée de l'intérêt commun qu'elle devient nécessairement une classe avec des intérêts particuliers et un savoir privé – ce qui, sur des matières qui concernent la société, revient à un non-savoir*[338]. » Lors des jurys d'assises, c'est une autre forme de savoir qui est reconnue au citoyen : le «bon sens», la capacité de bien juger, sans passion, en présence de problèmes qui ne peuvent être résolus par un raisonnement scientifique. Ce «bon sens», qui doit être distingué du «sens commun», correspond à la formation d'une opinion éclairée, sur la base d'une information suffisante, lors d'une délibération de qualité, et fonde en politique la notion même de démocratie.

L'intérêt, dès lors, qu'il y a à instaurer la démocratie dans l'entreprise, c'est que les décisions adoptées, *a minima* avec le gros bon sens qui caractérise le salarié de base, se révèlent généralement plus en prise avec la réalité que les décisions, fort belles sur le papier et intellectuellement brillantes, mais déconnectées du terrain, où se font les affaires. Pour le dire autrement, si le salarié de base sent peut-être plus les choses qu'il ne les conçoit, son appréhension de la réalité est globalement plus fine que celle, mâtinée de nombreux prismes, d'un technocrate. Il fait peut-être davantage preuve d'intelligence de situation que d'intelligence théorique, mais c'est cette intelligence de situations qui prime dans les affaires, a fortiori dans le cadre d'une économie de la création tissée d'incertitude. L'intellectuel, lui, développe parfois une intelligence théorique qui, d'abstractions en abstractions, finit par nuire à son intelligence des situations, concrètes et situées.

---

337. Yves SINTOMER, «Du savoir d'usage au métier de citoyen ?», in *Raisons Politiques*, Presses de Sciences Po, 03/2008

338. John DEWEY, *Le Public et ses problèmes* [1927], Gallimard, 2010

C'est la raison pour laquelle primauté doit toujours être donnée à celui qui fait. Car celui qui fait est celui qui sait le mieux ce qui lui convient et ce qui convient à son client. Et cela parce qu'il est en prise permanente avec son client, non seulement par la raison, mais aussi par les sentiments, par empathie, par compréhension profonde de ses besoins et de leur évolution prévisible. L'expert, c'est celui qui a l'expérience terrain ; c'est celui qui a les pieds sur terre qui sait si le sol est meuble ou dur. Le pari de la démocratie dans l'entreprise, c'est que non seulement les managers peuvent faire confiance aux salariés de base pour être de bon conseil, mais encore que, si réellement ils sont de bon conseil, alors il n'y a rien de suicidaire à les laisser décider par eux-mêmes. Bien au contraire. Le pari de la démocratie dans l'entreprise, c'est qu'un technicien chauffagiste est tout autant à même de prendre de bonnes décisions commerciales, fort de sa compétence technique et de sa compréhension de la situation du client, qu'un spécialiste sur papier des théories des systèmes de chauffage et de refroidissement.

Le premier est plus compétent sous un certain rapport, par cela même qu'il l'est moins sur un autre plan ; il est tout autant, sinon plus agile, plus libre, parce que, peut-être, il est moins plein de théories, moins bardé de diplômes, moins lesté de savoirs. Ici encore se manifeste la puissance du non-agir et la fécondité du vide. La même qui distingue le philosophe, dépouillé de toute prétention à la connaissance – « *Tout ce que je sais, c'est que je ne sais rien* », dit Socrate –, du sophiste, empli de prétention à toutes sortes de savoirs et délivrant des réponses toutes faites quelles que soient les questions. « *Beaucoup savoir n'apprend pas à penser* », disait déjà Héraclite. Le salarié de base comme le philosophe tirent leur force de leur faiblesse, ce qui gagne en efficience à une époque (la nôtre) où ce qui prime n'est pas tant les contenus que les manières de faire. Moins adaptés peut-être, à une et une seule et même problématique, ils n'en sont que plus adaptables. Ce parti pris en faveur du bon sens – « *la chose du monde la mieux partagée* » affirme Descartes – ne saurait dispenser aucune entreprise de chercher à faire croître ses salariés en intelligence et en compétence. Les formations techniques demeurent importantes, mais ce qui donne tout son sens à une décision, c'est la réflexion qui l'a précédée et éclairée.

Une décision, dans le cadre d'un vote par exemple, a d'autant moins de valeur qu'elle témoigne d'aucune plus grande irréflexion. Elle n'est significative, elle ne vaut que si elle est prise en connaissance de cause et, de là, en toute conscience des enjeux. C'est pourquoi, dans la sphère politique, un vote est toujours précédé d'une période officielle de débat public : c'est ce débat public qui, par la confrontation des points de vue, permet aux citoyens d'évoluer, de changer d'opinion et ainsi, petit à petit, de se construire leur propre jugement[339]. Dans une entreprise se revendiquant de la démocratie, il est capital qu'il en aille de même, sans quoi les décisions prises par les salariés seront simplistes, n'exprimant qu'une impression et un seul point de vue. C'est idéalement au cours de réunions d'équipe mensuelles que les impressions subjectives sont confrontées, sur un sujet donné, permettant ainsi à chacun de se forger son propre jugement, par-delà son sentiment premier, et à un point de vue collectif d'émerger, dépassant les points de vue de chacun en même temps qu'il les comprend. La réunion d'équipe, moment où la parole doit être le plus libre possible, est le lieu où se complexifie la décision. Si la démocratie, dans l'entreprise, a un sens, c'est seulement dans la mesure où elle donne lieu à des décisions plus pertinentes car plus complexes, nourries de plus de points de vue, s'intégrant davantage de visions du monde et donc évaluant mieux les risques et opportunités. Les positions exprimées par les uns et les autres, au terme d'une réunion, étant censées être enrichies par les points de vue de chacun, la position collective finale – à laquelle devrait se rallier le manager – a toutes raisons d'être plus ajustée que si elle ne procédait que du manager

339. Le jugement est réfléchi, quand l'opinion ne l'est pas nécessairement, pouvant ne relever que d'une sensibilité (de droite ou de gauche, par exemple). Parce qu'elle se fonde sur des débats, la démocratie se fonde sur un postulat anti-relativiste : il n'y a de sens à discuter que parce que l'on suppose que tous les points de vue ne se valent pas. Si tous les points de vue se valaient, s'il n'y avait pas à se *forger* une opinion, c'est-à-dire en fait quitter une opinion pour une pensée, des débats contradictoires ne seraient pas organisés.

seul. La réunion n'est ainsi pas seulement le lieu où se construit du collectif, de la cohésion de groupe, elle est aussi et surtout le lieu où se construit une décision complexe, pertinente, ajustée.

Il y a surtout démocratie en ce sens que, avant même que l'on puisse parler de « chaque salarié décideur », le débat se trouve systématiquement organisé à tous les étages, préalablement à toute décision. Car c'est le débat qui fait la démocratie, pas le seul fait que chacun soit décideur. Il y a démocratie car, avant que les décisions ne soient prises collectivement – quoique portées par le manager –, il y a un véritable débat contradictoire, même s'il faut toujours tendre, par des méthodes appropriées, à développer ce côté contradictoire. Le plus important, en démocratie, ce n'est pas la forme du vote, c'est la réalité du débat contradictoire qui préside à la prise de décision.

Si, dans une organisation se prétendant pourtant démocratique, il n'y a pas recours à un vote formel pour trancher sur un sujet donné, cela peut être parce qu'un vote manifeste toujours un accord insuffisant entre les membres de l'équipe et serait une violence faite au processus de construction de la décision. Voter est se satisfaire d'une incompréhension entre les membres de l'équipe, sur laquelle statuer. C'est toujours évaluer un rapport de force, constater passivement qui sont les plus nombreux à penser A plutôt que B, et donc se dispenser de faire effort pour construire activement du consensus. C'est dire, à un moment donné : « Maintenant, on arrête de réfléchir, on décide, quitte à se contenter d'une décision qui ne soit pas optimale ». Mais cette résolution de s'arrêter de réfléchir en commun, pourquoi la prendre au bout d'une heure de réunion plutôt qu'au bout de dix minutes ? Le vote est toujours une violence faite au débat, une solution de facilité, une manière de se dispenser d'avoir à penser plus loin, plus haut, plus large, vers un point de vue plus ouvert à une diversité de perspectives. Si l'on doit en passer par un vote, c'est que le débat ne s'est pas élevé jusqu'au point où s'est dégagé un point de vue supérieur, synthétisant les points de vue qui paraissaient s'opposer. C'est pourquoi il ne faut pas exclure qu'une réunion puisse, sauf cas exceptionnel nécessitant une décision rapide, durer jusqu'à ce qu'un accord, même relatif, soit trouvé. Il n'est pas rare, dans une telle organisation des choses, de voir des réunions durer plusieurs heures. Cette place importante faite au débat est le pendant nécessaire de toute vie démocratique. À quoi il convient d'ajouter que, si une réunion s'éternise sur une seule question – à laquelle une réponse collective ne parvient pas à être donnée –, il est vraisemblable que cela soit, entre autres raisons, dû à un défaut d'animation de la part du manager ; il n'est pas inutile de rappeler que sa fonction essentielle est d'être un catalyseur. Idéalement, une bonne réunion est celle où, à partir d'une diversité d'opinions, la décision émerge d'elle-même de sorte que le manager n'a plus qu'à la récolter.

Parce que le changement vient d'en bas

Alors que dans les entreprises classiques on considère que celui qui sait le mieux est celui qui est en haut de la pyramide (aristocratie), dans une organisation adaptative, on considère au contraire que celui qui sait le mieux, c'est celui qui fait, donc celui d'en bas (démocratie)[340]. Primauté est donnée au bas sur le haut, pour deux raisons principales que nous pouvons à présent tirer au clair.

La première raison est d'ordre purement quantitatif, voire statistique : le bas de la pyramide hiérarchique étant plus large que le haut, multiplier les prises de décision à cet échelon permet de multiplier le nombre de points de vue qui se trouvent intégrés, diminuant d'autant les risques de se tromper. En effet, il y a moins de chances de se tromper quand tous décident que lorsqu'un seul ou quelques-uns s'en arrogent l'exclusivité. Plus nous sommes nombreux à construire la décision, plus il est raisonnable de penser que nous aurons oublié moins de paramètres.

La seconde raison est d'ordre qualitatif : le jugement du technicien opérationnel y est jugé aussi fiable, après sa complexification par

340. « *Le meilleur expert, c'est celui qui réalise. La qualité et la réactivité seront accrues si c'est le technicien qui est au front avec le client et si c'est lui qui prend les décisions nécessaires au bon déroulement du projet.* » (Michel HERVÉ, « Le libéralisme dans l'entreprise - l'intra-entrepreneunariat »)

la réflexion de groupe, que celui du bureaucrate n'ayant de connaissance du métier de base que par ouï-dire. À ceux qui, en interne, ultra-diplômés et experts ès connaissances livresques, donnent (souvent à bon droit) des conseils, manque non moins souvent l'essentiel, à savoir le contact avec la réalité, la connaissance du terrain qui, lui, « ne ment pas », et avec lequel on ne triche pas. L'opérationnel en première ligne, lui, ayant les pieds sur terre, est le plus à même de sentir si le terrain est meuble ou dur. C'est pourquoi tout l'édifice de l'entreprise, toute la pyramide hiérarchique, dans une organisation de type démocratique, repose sur ce salarié dit « de base » parce qu'il est à la base de tout ce qui peut se construire, au fondement de toute impulsion de changement. À ce titre, le plus petit salarié est considéré avec autant de respect que le plus haut placé. À son échelle, l'intra-entrepreneur est un chef au même titre que le PDG, nul ne peut empiéter sur son périmètre d'action. Sa hiérarchie, ainsi que les différentes fonctions support de l'entreprise, sont à son service. Et, si l'on en croit Simone Weil dans *Oppression et liberté*, « *la subordination de la société à l'individu, c'est la définition de la démocratie véritable* ». Dans l'organisation de cette maison commune qu'est l'entreprise, priorité est accordée à la cellule de base, dont doit venir l'impulsion dynamisant l'ensemble du corps social.

Il y a démocratie dans l'entreprise quand c'est le *demos* qui fait avancer l'entreprise, non quand il suit une direction qui lui est indiquée. Dès lors, il y a démocratie quand l'entreprise est organisée de manière à capter tout ce que la base peut comporter d'énergies, de compétences, d'initiatives ; quand, faisant preuve de *crowdsourcing*, elle doit ses succès davantage à ses salariés de base qu'à sa ligne hiérarchique, de sorte qu'il n'est que justice que ceux-ci se trouvent mieux rémunérés qu'ils ne le sont dans les entreprises non démocratiques, et la ligne hiérarchique moins bien rémunérée qu'ailleurs. Il y a démocratie dans l'entreprise quand le processus de décision a été démocratisé de telle sorte que, libérant les énergies individuelles en interne, il permet à la structure d'en capter le dynamisme d'innovation et de croissance. Antoine Riboud le souligne :

«L'acte de produire des hommes n'est efficace et rentable que s'il tire parti de tout le potentiel du capital productif. Pour cela on a besoin de leur rigueur, leur imagination, leur motivation, leur autonomie. La capacité d'obéissance, de force, de répétition, tout ce qui va dans le sens d'une routine bien maîtrisée tombe en désuétude.(...).On ne peut donc plus pratiquer le même style de commandement et d'animation ni avoir la même division du travail ou la même définition des qualifications. Tout notre apport est construit sur cette expérience concrète: les entreprises les plus performantes sont celles qui pensent solidairement le changement technologique, le contenu du travail et le changement des rapports sociaux internes à l'entreprise[341]*.»*

Fondée sur une forte liberté d'initiative, une organisation démocratique de ce type s'avère plus efficace économiquement parce qu'elle permet de tirer profit de la créativité des salariés (*crowdsourcing*), de capitaliser dessus et d'adapter en permanence ce qui en est issu aux nouvelles attentes des consommateurs. Alan George Lafley, ancien PDG de Procter & Gamble, explique: «[dans l'entreprise de demain] *de nouveaux mécanismes devront être créés pour tirer parti de la "sagesse des foules". Des boucles de rétroaction devront être construites permettant aux produits et services d'évoluer constamment en réponse à de nouvelles informations. Le changement, l'innovation et l'adaptabilité doivent désormais être à l'ordre du jour*[342]». Ce changement impulsé par la foule (*crowd*) des salariés de base permet à l'entreprise démocratique de s'adapter plus vite que ses concurrentes aux évolutions du marché, ne serait-ce que parce que ladite base aura perçu plus tôt les inflexions. Un autre avantage notable d'avoir une organisation agencée de telle sorte que le changement vienne de la base, c'est que le management intermédiaire est bien plus poussé au changement que lorsqu'il y est invité par le haut. Contrairement à

341. Antoine RIBOUD, «Modernisation, mode d'emploi», rapport au Premier ministre sur les conséquences sociales de l'introduction des nouvelles technologies dans l'entreprise, novembre 1987.
342. Cité par Hubert GUILLAUD, "La fin du management", 29/09/10, http://blogs.lesechos.fr/article.php?id_article=4427

ce que l'on croit souvent, les résistances au changement dans une entreprise ne viennent pas tant de la base que des échelons intermédiaires de management, voire des échelons plus élevés, qui ont le plus à perdre si l'on remet en question leurs habitudes de travail et les prérogatives attachées.

Pour illustrer cette pression qui doit venir d'abord de la base, observons ce qui, dans le Groupe Hervé, doit théoriquement se passer lorsque les résultats financiers d'une équipe se dégradent. En premier lieu, constatant la dérive, l'équipe devrait interpeller son responsable, lors de la réunion mensuelle, afin qu'il prenne les mesures correctives nécessaires. Si les membres de l'équipe ne font pas ce travail d'alerte, c'est aux pairs du responsable hiérarchique de l'inciter à prendre ces mesures et de l'aider. Si, à nouveau, les pairs du manager manquent à leur devoir d'alerte, c'est en dernier lieu à la direction de l'entreprise de faire preuve d'autoritarisme pour l'obliger à mettre en œuvre les changements indispensables, ou à se démettre. On le voit : la pression sur le manager doit d'abord venir des membres de son équipe, ensuite de ses collègues du même niveau hiérarchique ; ce n'est qu'en dernier recours qu'il sera fait appel à l'échelon hiérarchique supérieur. Une intervention autoritaire du niveau hiérarchique supérieur est toujours un aveu d'échec pour la structure, comme il en va lorsqu'un manager se voit contraint d'user de son autorité. En régime démocratique normal, la base doit se prendre en main, détecter et résoudre ses problèmes elle-même, sans qu'il soit besoin d'en appeler à l'arbitrage d'une instance supérieure et donc extérieure.

C'est toujours de la base que doit d'abord venir la pression du changement. Si cela ne suffit pas (que la base ne fasse pas pression ou que le responsable demeure sourd à cette pression), c'est aux pairs de dire à leur collègue de modifier son comportement et ses actions. Si le responsable reste sourd à la méthode douce, il sera convoqué par la direction pour s'expliquer sur ses résultats et il lui sera demandé d'écouter davantage sa base. La conséquence ultime d'une organisation dans laquelle le changement vient de la base est que la stratégie globale de l'entreprise n'est que la somme des stratégies individuelles. Le PDG lui-même n'a pas idée de là où il en sera dans quelques années, des métiers et zones géographiques sur lesquels l'entreprise interviendra, car ce n'est pas lui ni son comité directeur qui en décident, *in abstracto*. Conformément à une logique effectuale, l'entreprise croît d'elle-même dans une ou des directions qui ne sont pas prévisibles. Elle s'oriente, se positionne et se repositionne en fonction de l'évolution des aspirations internes, de ses moyens et de son environnement.

C'est ce qui se passe par exemple au Brésil, au sein de l'entreprise Semco, dirigée depuis 1982 par Ricardo Semler et organisée en démocratie entrepreneuriale : «*Au lieu de décliner a priori le métier central et l'identité de Semco du haut de sa position de manager, Semler estime qu'il est préférable de les laisser modeler par les employés («*Let our employees shape it...*») à partir de leurs différents efforts, intérêts et initiatives*[343]. » En une vingtaine d'années, Semco est devenu l'un des principaux fournisseurs de la construction navale brésilienne ; ses activités se sont diversifiées dans des directions improbables[344] – la société grossit de 30 à 40 % par an et son chiffre d'affaires est passé de 4 millions de dollars en 1982 à 212 millions en 2003, pour plus de 3 000 salariés. «*Libérer la capacité d'autocontrôle et de contre-proposition des employés, faire confiance à leur sens de l'autocritique («*the why way*»), les laisser "divaguer" pour trouver des idées nouvelles de business (*self-directed work team*) relève moins d'un projet d'émancipation culturelle et sociale des travailleurs, que d'une exigence de rentabilité économique (...) Ce qui m'intéresse,* déclare Semler (2004*), c'est que mes convictions ont abouti à des résultats que les hommes*

343. Philippe TROUVÉ, professeur de sociologie des organisations, «Les utopies sociales de la dirigeance», 4, «Ricardo Semler (1959) : une démocratie entrepreneuriale ?», in BOURNOIS F., DUVAL-HAMEL J., ROUSSILLON S., SCARINGELLA J.L. (coord.), *Comités exécutifs. Voyage au cœur de la dirigeance*, Eyrolles/Éditions d'Organisation, 2007

344. *Semco*, aujourd'hui, fabrique des mixeurs industriels, des tours réfrigérantes (*Sembobac*), propose des services internets (*Semco Ventures*), réalise des inventaires (*Semco-RGIS*), gère de grands ensembles comme des aéroports et des hôpitaux (*Semco Johnson controls*), des bâtiments au Brésil et en Amérique latine (*Cushman and Wakefield Semco*) et fait du conseil en gestion de l'environnement (*ERM*).

d'affaires respectent: la soutenabilité, la productivité, le profit, la croissance et la saisie de nouvelles affaires[345]*.* »

Parce qu'il y a gouvernement des salariés par les salariés et pour les salariés

À la différence de l'autogestion, gouvernement des salariés par les salariés, la démocratie dans l'entreprise, telle que nous la comprenons ici, relève d'un gouvernement des salariés par les salariés et pour les salariés. Qu'il soit essentiel à ce mode de fonctionnement que les décisions prises soient dans l'intérêt de *tous* les salariés (« pour les salariés »), plutôt de la seule fraction majoritaire d'entre eux, a pour conséquence que, si une décision prise par les membres d'une équipe apparaît au manager, en son âme et conscience, contraire à l'intérêt de la totalité de son équipe, il peut voire doit s'y opposer. Les salariés n'ont donc pas, en régime de démocratie d'entreprise, tous les pouvoirs, pas plus que le peuple ne les a dans les démocraties libérales. Ils ne peuvent prendre des décisions qui, non seulement, ne bénéficieraient pas à l'ensemble des salariés, mais, en outre, ne bénéficieraient pas à l'entreprise : l'intérêt général, qui a ici pour nom « intérêt social », doit être servi. Ce qui veut dire que le manager peut et doit s'opposer à une décision de son équipe qui, même bénéficiant à l'ensemble de l'équipe sur le court terme, s'avérerait nuisible à l'entreprise à laquelle elle appartient et donc, à terme, à l'équipe elle-même.

Cette manière de faire est bien différente de ce qui se pratique aujourd'hui dans la plupart des organisations, où le manager prend les décisions dans l'intérêt – du moins revendiqué – de son équipe. Si un tel mode de fonctionnement ne peut relever légitimement de la démocratie, c'est que celle-ci ne suppose pas seulement de servir l'intérêt général – quitte à ce que ce soit sans le peuple, voire contre sa volonté explicite. Que le gouvernement des salariés se fasse « pour

345. Philippe TROUVÉ, « Les utopies sociales de la dirigeance », 4, « Ricardo Semler (1959) : une démocratie entrepreneuriale ? », in BOURNOIS F., DUVAL-HAMEL J., ROUSSILLON S., SCARINGELLA J.L. (coord.), *Comités exécutifs. Voyage au cœur de la dirigeance*, Eyrolles/Éditions d'Organisation, 2007.

les salariés » ne suffit pas, il faut aussi que ce soit « par les salariés ». Servir l'intérêt général, après avoir éventuellement consulté le peuple, mais sans lui donner le pouvoir de décision, un despotisme éclairé peut très bien le faire, c'est même en quoi il est dit « éclairé ». De même, qu'un manager prétende servir l'intérêt social de son entreprise ne suffit pas à en faire un démocrate. Prendre les décisions seul, fût-ce après avoir consulté, ne peut que générer de la frustration – d'où moindre liberté et innovation –, des décisions qui paraissent arbitraires – si bonnes soient-elles – et se révèlent souvent inadaptées. Pour le dire lapidairement : la démocratie n'est que de façade quand le peuple règne mais ne gouverne pas. Tant que le peuple ne décide pas, il n'y a pas démocratie. Même si l'on prétend en servir les intérêts.

Un principe fondamental est en effet que la démocratie, ce n'est pas faire *pour* les autres, fût-ce leur propre bien, mais *avec* eux[346], car il est infiniment plus gratifiant d'échouer si c'est par soi-même que de réussir par le fait d'un autre[347]. L'intuition fondatrice étant que, comme nous l'avons vu, les décisions seront toujours meilleures si elles sont prises par le groupe : elles sont d'une part plus adaptées,

---

346. Ainsi, « *confier au bon vouloir d'un État protecteur les choix individuels n'est pas la même chose que de lui assigner pour tâche la création des conditions susceptibles de faciliter les choix et les décisions des individus qui peuvent, dès lors, agir de façon responsable* » (Amartya SEN, *Un nouveau modèle économique. Développement, justice, liberté* [1999], Odile Jacob, 2003, p. 372). C'est la même logique que l'entreprise à responsabilité intégrale et partagée s'efforce de promouvoir en interne. Comme l'écrivait MONTESQUIEU : « *Pour faire de grandes choses, il ne faut pas être un si grand génie ; il ne faut pas être au-dessus des hommes, il faut être avec eux* ».

347. Si « *l'important n'est pas d'avoir un beau jeu, mais de bien jouer celui qu'on a* » (anonyme), c'est que la responsabilité du joueur est de plus de prix que la valeur nominale de ses cartes. Nous préférons avoir de mauvaises cartes, mais que ce soit nous qui les jouions, mal jouer notre jeu plutôt que de bien jouer celui d'un autre. Ce qui est vrai pour chaque homme est d'autant plus vrai dans un pays comme la France, essentiellement régi par une « *logique de l'honneur* » (Philippe d'IRIBARNE) : comme l'entrepreneur qui, dans les succès ou les insuccès, goûte avant tout « *l'âpre joie d'être responsable* » (DE GAULLE), de ne devoir ses échecs ou ses réussites qu'à lui-même, « *un pays comme la France, s'il lui arrive de faire la guerre, il faut que ce soit sa guerre. Il faut que son effort soit son effort* » (DE GAULLE, discours du 3 novembre 1959). Autrement dit, « *si grand que soit le verre que l'on nous tend en dehors, nous préférons boire dans le nôtre, tout en trinquant aux alentours* » (DE GAULLE, allocution radiotélévisée du 27 avril 1965). Nous préférons être moins puissants, mais l'être par nous-mêmes ; risquer d'être isolés, mais libres.

plus pertinentes, et d'autre part mieux acceptées socialement, donc mieux mises en œuvre. *«Selon Mary Follett, le pouvoir ne s'exerce pas sur les hommes mais avec les hommes. Le leader n'a pas de subordonnés mais des personnes travaillant avec lui*[348]*.»* Il y a en effet deux pratiques possibles du pouvoir. Dans un cas, le chef – qui peut être collégial (oligarchie) – prend les décisions qui lui plaisent (parce qu'elles lui semblent justes, parce qu'elles lui semblent servir l'intérêt général ou au contraire son intérêt particulier, parce qu'il n'apprécie pas untel, etc.) après avoir consulté (pour sauver les formes), c'est-à-dire après avoir sollicité la participation des parties prenantes : l'avis des uns et des autres n'est que consultatif. Il en a toujours été ainsi, c'est le principe du despotisme éclairé : seul le résultat compte. Dans l'autre cas, il laisse aux parties prenantes le soin de décider elles-mêmes sur le sujet qui les concerne prioritairement, et alors il s'agit de démocratie. Le critère discriminant permettant de juger si l'on est ou non en démocratie n'est pas que les intérêts du peuple ou de l'entreprise se trouvent pris en compte - sans être d'ailleurs nécessairement servis -, ni même qu'ils soient effectivement servis – comme il en irait dans un simple «gouvernement du peuple pour le peuple» –, mais que la volonté du peuple soit mise en œuvre, en entendant par là sa volonté profonde, «*générale*» dit Rousseau, où celle-ci se donne une visée suffisamment universelle pour que sa réalisation ne se fasse au détriment de personne d'autre. Et alors seulement il s'agit d'un «*gouvernement du peuple par le peuple et pour le peuple*», selon la célèbre formule prononcée par Abraham Lincoln sur le champ de bataille de Gettysburg[349]. Une

---

348. «Diriger au-delà du conflit. Mary Follett», mémoire d'Alexandre OTTEVAERE dans le cadre du séminaire d'Yvon PESQUEUX «Philosophie et management», Université Paris-Dauphine, 2007, p. 12.
349. On se souvient qu'en 1966, Marcel LOICHOT accorda à Jean BOISSONNAT une interview pour le journal *La Croix* dans laquelle il réclamait pour l'entreprise l'application de la liberté politique au sens où l'entendait Abraham Lincoln. Loichot donnait ainsi une idée de la société «pancapitaliste» : là où les capitalistes prônent «le gouvernement de l'actionnaire, par le technocrate, et pour le peuple» et où les communistes demandent «le gouvernement de l'État, par le fonctionnaire, et pour le peuple», le pancapitalisme s'affirme comme «le gouvernement du peuple, par le peuple, et pour le peuple».

telle vision des choses est typique des Modernes, pour lesquels ce n'est pas tant le contenu de la loi qui compte que le processus de son adoption[350].

Pourquoi la démocratie participative ?

S'agissant, maintenant, de la démocratie *participative*, l'objectif est de prévenir un certain nombre de travers de la seule démocratie. L'expérience a en effet montré que la démocratie, par elle-même, ne garantit en rien un exercice du pouvoir non autoritaire : entre deux élections, de nombreux élus se comportent en véritables autocrates, et tous, quasiment, demandent à leurs « militants » de les suivre, de marcher au même pas à leur suite, de penser conformément à la ligne du parti, ce qui ne contribue aucunement à développer l'autonomie des citoyens. C'est parce que la démocratie développe fréquemment, et de plus en plus, des comportements passifs, déresponsabilisant, qu'il apparaît utile de l'orienter dans un sens plus participatif, faisant passer les individus d'une situation de spectateurs à celle d'acteurs.

Cette évolution est de toute façon inscrite dans le cours naturel des choses : les jeunes générations, habituées de plus en plus jeunes à des environnements collaboratifs web 2.0 où ils sont activement contributeurs et coopérateurs, revendiquent de manière croissante une plus grande marge d'initiative dans leur vie de citoyen comme dans celle de salarié.

« *Les démocraties modernes sont à la recherche d'un nouvel esprit, de nouvelles bases. Les formes classiques de représentation politique survivront, mais leur légitimité diminue, de même que leur efficacité. Le pouvoir des institutions représentatives recule partout, leur autorité est contestée et leur capacité d'imposer des solutions d'en haut est fortement amoindrie. (...). Cet affaiblissement des structures*

350. Ce qui compte pour les Modernes, ce n'est pas que la loi que je me donne à moi-même soit bonne, mais qu'elle vienne prioritairement de moi (c'est donc sa forme - le processus de son adoption - plus que son contenu qui importe). Au contraire pour les Anciens, ce qui comptait avant tout était qu'elle soit bonne.

traditionnelles de la démocratie représentative n'annonce pas du tout la mort de la démocratie elle-même[351]*.»*

Tout au contraire, le projet de démocratie participative vise à revivifier la démocratie pour répondre aux attentes croissantes d'initiative, de la part des générations montantes. Ce manque de participation effective des citoyens «de base» aux décisions elles-mêmes est, de fait, de plus en plus perçu comme un déficit démocratique. Ce ne serait pas forcer la réalité que de dire que la démocratie participative vise à répondre à ce déficit démocratique qui ne caractérise que trop, aujourd'hui, l'exercice du pouvoir dans les démocraties dûment estampillées. Déficit démocratique au sens où le relevait Cornélius Castoriadis:

«*J'ai toujours pensé que la démocratie dite représentative n'est pas une vraie démocratie*[352]*. Ses représentants ne représentent que très peu les gens qui les élisent. D'abord, ils se représentent eux-mêmes ou représentent des intérêts particuliers, les lobbies, etc... Et, même si cela n'était pas le cas, dire: quelqu'un va me représenter pendant cinq ans de façon irrévocable, ça revient à dire que je me dévêts de ma souveraineté en tant que peuple. Rousseau le disait déjà: les Anglais croient qu'ils sont libres parce qu'ils élisent des représentants tous les cinq ans mais, disait-il, ils sont libres un jour pendant cinq ans, le jour de l'élection, c'est tout. Non pas que l'élection soit pipée, non pas qu'on triche dans les urnes. Elle est pipée parce que les options sont définies d'avance. Personne n'a demandé au peuple sur quoi il veut voter. On lui dit Votez pour ou contre Maastricht» par*

351. Loïc BLONDIAUX, *Le Nouvel esprit de la démocratie - Actualité de la démocratie participative*, Paris, 2008. Voir aussi Marc CREPON et Bernard STIEGLER, *De la démocratie participative, Fondements et limites*, Paris, 2007.

352. Précisons que la démocratie dans l'entreprise, telle du moins que nous l'entendons ici, demeure une démocratie représentative en ce sens que chaque responsable hiérarchique représente son équipe à l'échelon supérieur. Qu'il la représente ne signifiant pas qu'il en reproduise nécessairement, passivement, les positions. Car il n'est pas plus déresponsabilisé qu'aucun des membres de son équipe. Pour qu'il demeure représentatif de son équipe, il lui suffit, dans toute expression d'une position personnelle, de rester en cohérence avec son équipe, c'est-à-dire de ne pas adopter de position incompatible avec celle de ses coéquipiers.

exemple. Mais qui a fait Maastricht? C'est pas nous qui avons fait Maastricht. Il y a la merveilleuse phrase d'Aristote: «Qui est citoyen? Est citoyen quelqu'un qui est capable de gouverner et d'être gouverné.» Il y a 60 millions de citoyens en France en ce moment. Pourquoi ne seraient-ils pas capables de gouverner? Parce que toute la vie politique vise précisément à leur désapprendre à gouverner. Elle vise à les convaincre qu'il y a des experts à qui il faut confier les affaires. Il y a donc une contre-éducation politique. Alors que les gens devraient s'habituer à exercer toutes sortes de responsabilités et à prendre des initiatives, ils s'habituent à suivre ou à voter pour des options que d'autres leur présentent[353].»

Tout est dit, même si nous verrons que la démocratie représentative ne se trouve pas dépréciée dans le modèle organisationnel ici décrit, mais régénérée. L'ambition de la démocratie participative est «moins de suivisme, plus d'action individuelle». Aussi comprend-on que la démocratie ne désigne pas tant un régime institutionnel qu'une pratique, une certaine manière d'exercer le pouvoir, caractérisé par une construction des actions collectives par ceux-là mêmes qui en seront les bénéficiaires. Il ne s'agit pas de faire pour eux, mais avec eux. Précisons: il y a démocratie *participative* à partir du moment où les sujets du pouvoir en sont en même temps les acteurs, de la manière la plus directe possible, étant entendu que ce sont eux les mieux placés pour savoir précisément ce qu'il leur faut.

Participer rend plus libre et humanise

La conviction philosophique sous-jacente à l'idée de démocratie participative est que c'est en participant que l'on se libère. Que notre liberté n'est pas tant donnée qu'à conquérir, à développer, à stimuler et que cela passe de manière privilégié par une participation aux affaires de la Cité, laquelle est à entendre au sens large de collectivité humaine, entreprise comprise. Concrètement, cela signifie que c'est en participant à une entreprise collective qu'un individu se réalise. Dans

353. Cornélius CASTORIADIS, novembre 1996, entretien radiophonique avec Daniel Mermet.

le contexte d'une entreprise interactive, cela veut dire que c'est en multipliant les interactions avec ses semblables (entreprise en réseau, utilisation des réseaux sociaux, *social messaging*, etc.) que, à la faveur de l'émergence d'un «esprit d'équipe», un individu peut être transformé, transporté, amené à se surpasser et qu'il n'y a qu'en s'arrachant ainsi à ses limites supposées qu'il donne toute sa mesure, au-delà de ce qu'il s'imaginait pouvoir donner. Le groupe a un effet transcendant, qui permet l'accomplissement personnel.

Il n'est pas sain, pense le promoteur d'une démocratie participative, ni pour l'individu ni pour le groupe, que chacun en reste passivement à ce qu'il est, enfermé dans ses opinions, ses croyances limitantes à son propre sujet («je ne pourrai jamais...», «Je connais mes limites, je ne suis pas capable de...»), avec un pouvoir démocratique se contentant de répondre non moins passivement à ses besoins exprimés, sans jamais chercher à lui proposer davantage. Il est au contraire éminemment sain, à tous égards, d'inciter l'individu, par un certain nombre de médiations – principalement celle des pairs tablant sur son désir de reconnaissance –, à évoluer, à convertir ses opinions en jugements réfléchis, à s'ouvrir à plus que lui-même, à s'intéresser à d'autres domaines que ceux qu'il connaît (curiosité), d'autres opinions, à se laisser pour une part porter par une émulation collective vers un dépassement de ses limites. Bref, de se laisser bousculer, interpeller, remettre en question par tout ce qu'implique une vie en commun avec d'autres hommes. Et cela sur le fondement de la conviction que l'homme est un animal fondamentalement politique, c'est-à-dire sociable, et que l'ouvrir à une *politeïa* – une forme de citoyenneté –, toujours avec son consentement, c'est l'aider à accomplir son humanité. Économiquement parlant, dans une organisation dans laquelle les individus co-construisent les normes collectives, «*la pratique effective de la participation à la vie publique permet à chacun de se penser comme l'auteur de ces lois*[354]», de se vivre comme libre et, partant, de devenir créatif.

354. Alain RENAUT, *Qu'est-ce qu'un peuple libre ?*, Grasset, 2005, p. 173.

Qu'entendre par «démocratie participative»?

Une plus grande participation des salariés à la vie démocratique de leur entreprise dynamise celle-ci, économiquement parlant, de manière significative. Mais de quelle démocratie participative s'agit-il au juste, au-delà du slogan et par-delà les interprétations diverses qui ont pu en être données?

« *Faire de la démocratie participative, c'est favoriser l'intervention des citoyens, notamment les plus "éloignés", les "sans", avec des outils, des espaces, des moyens, des lieux spécifiques. Cette façon de faire de la politique revêt un enjeu important dans la mesure où cela bouscule les habitudes et les façons de faire. Cela nécessite que nous modifions voire transformions notre écoute, notre mode d'élaboration des projets et de prise de décisions. On le dit souvent, la démocratie participative n'est pas "concurrente" de la démocratie représentative; elle est complémentaire et elle a pour vocation de renouveler un mode représentatif qui subit une certaine désaffection: de le moderniser en l'adaptant aux évolutions de la société. Il s'agit en effet de replacer les citoyens au cœur du processus démocratique, sans remettre en cause la délégation de la souveraineté populaire aux élus. Ce qui pose d'emblée la question de ce que signifie "participer": est-ce être informé, être écouté, être entendu; ou est-ce prendre la décision, ce qui est aujourd'hui réservé à ceux qui nous représentent, puisque notre système d'élection prévoit cette règle du jeu? Participer c'est être tout à la fois informé, formé, écouté et entendu, c'est également pouvoir échanger, confronter des points de vue, être acteur dans des situations de "cogestion" et de "codécision". Il est donc essentiel de définir d'emblée à quoi l'on participe, avec qui, comment, jusqu'où et avec quels moyens. Définir la règle du jeu clairement permet d'éviter les sentiments de frustration et d'identifier ce à quoi l'on s'engage*[355]. » (François Auguste).

355. François AUGUSTE, «démocratie participative et économie solidaire : des liens possibles, des liens nécessaires», in *Communiquer l'utopie. Economie solidaire et démocratie*, sous la direction de François DACHEUX, L'Harmattan, 2007.

La question centrale est effectivement celle de la participation des salariés : qu'est-ce que « participer » ? Il n'y a guère de doute : pour que la démocratie participative ne relève pas du simple slogan incantatoire, elle implique une participation de tous non seulement au « processus » de décision mais à la décision elle-même : que les salariés soient effectivement décisionnaires. La contribution des salariés ne saurait être seulement contingente et leur avis purement consultatif. L'essentiel n'est pas seulement « de participer », d'exprimer une opinion, quitte à ce que d'autres décident ensuite à votre place[356].

Consulter et intéresser

Il convient en effet de distinguer. Il existe une conception minimaliste de la démocratie participative, selon laquelle est considérée comme participative une démocratie où, à quelque degré que ce soit, le peuple participe, c'est-à-dire contribue, en un sens très large, à la prise de décision. Dans ces conditions, peut se dire participative toute démocratie qui, avant un vote, laisse ses citoyens débattre entre eux. En effet, par ce débat, ils contribuent indéniablement à s'influencer mutuellement et ils influent donc tous, chacun à des degrés divers, sur la décision qui sortira des urnes. Même dans les situations où il n'y a pas de vote, par exemple en entreprise, il est possible de considérer qu'il y a démocratie participative à partir du moment où un dirigeant, avant de prendre une décision, demande à ses subordonnées ce qu'ils en pensent. En effet, par les arguments qu'ils avanceront, ils contribueront à éclairer la décision du dirigeant, ils l'influenceront, fût-ce imperceptiblement.

Le problème de cette conception de la démocratie participative, c'est que son extension est trop large pour être opératoire. Dans ces conditions en effet, d'une part toute démocratie est participative, et d'autre part même le despotisme éclairé pourrait, contradictoirement, relever de la démocratie participative en ce sens que ses chefs peuvent

356. Il ne s'agit pas de participer au sens où, selon la formule attribuée à Pierre de COUBERTIN, « *l'important c'est de participer* », quitte à n'être jamais entendu.

très bien sonder l'avis des assujettis avant de prendre leurs décisions, rien ne les obligeant à prendre en compte cet avis[357]. Dire que la démocratie est participative par définition, donc depuis ses origines grecques, n'est certes pas faux, mais ce n'est manifestement les promoteurs de la « démocratie participative » entendent par « participatif » : ils sont à la recherche d'une forme de démocratie *plus* participative.

Pour qu'il y ait démocratie participative, croirait-on possible de préciser pour défendre cette conception minimaliste, il faut *a minima* que, à l'intérieur d'un régime démocratique, les citoyens ou les salariés se sentent *davantage* impliqués et responsables des décisions qui sont prises. Il suffira donc, pour que l'on puisse parler de démocratie participative, de leur expliquer les décisions de telle sorte qu'ils en viennent à les partager jusqu'à avoir le sentiment que c'est comme s'il les avait prises eux-mêmes. Il y a « participation » à la décision en ce sens qu'il y a appropriation de la décision. On parvient à la démocratie participative par un travail plus intense de communication et d'explication. De fait, dans la sphère politique, l'invocation de plus de démocratie participative veut souvent dire faire en sorte d'intéresser davantage les citoyens à la vie publique, pour contrecarrer un désintérêt croissant. Entre la démocratie telle qu'est s'est toujours pratiquée et la démocratie participative, il n'y aurait donc qu'une différence de degrés.

Décider

Le problème qu'il y a à s'en tenir à telle conception de la démocratie participative, c'est que, pas plus qu'il ne suffit à un homme de se sentir libre pour l'être effectivement, il ne suffit de donner à des citoyens ou des salariés le simple sentiment qu'ils participent pour les rendre

---

357. C'est en ce sens très lâche que la démocratie participative demeure parfaitement compatible avec une oligarchie éclairée. Mathieu BERTRAND, professeur de droit constitutionnel à l'Université Panthéon-Sorbonne (Paris I), remarque ainsi, dans une communication parue dans le n° 21 des *Cahiers du Conseil constitutionnel* (janvier 2007), que, « *en pratique, la démocratie participative confie aux groupes actifs et à une oligarchie éclairée le soin de conduire la société dans les voies jugées les plus favorables à son épanouissement* » (« La Normativité de la loi : une exigence démocratique »).

réellement participants de la décision. En raison de quoi l'entreprise 2.0 s'efforce de mettre en place un dispositif dans lequel il ne s'agit pas seulement de faire participer les salariés, mais de les faire décider. Suivant cette conception maximaliste de la démocratie participative, chacun doit pouvoir être décideur, et pas seulement contributeur de décisions finalement prises par d'autres. Il faut que «*la concertation cesse de se réduire à de vaines palabres où les gens donnent leur avis : elle consiste à mettre en harmonie les initiatives de tous les acteurs*[358]». «*Je parle ici, bien sûr, d'une démocratie authentiquement participative et non de ce que, trop souvent, on baptise du même nom : une fade «démocratie de proximité» sans enjeux ou ce que les chercheurs appellent «écoute sélective», simples consultations sans règles du jeu claires, frustrantes, décevantes et lassantes pour ceux qui y prennent part.* (...). *L'enjeu, c'est soit un pouvoir de décision direct (...) soit un vrai pouvoir d'inflexion de la décision publique*», de manière à «*distinguer une mise en scène participative d'une participation vraie*», ce qui suppose de «*reconnaître aux citoyens* [et salariés] *une compétence à intervenir dans l'élaboration des décisions publiques et le contrôle de leur application*[359]». «*Née du refus de ce mode de décision vertical de plus en plus décalé par rapport aux évolutions en profondeur de la société et aux attentes des citoyens*[360]», la démocratie participative ne se satisfait pas de ce que les avis de la base soient en fin de compte *soumis* à l'arbitraire d'une appréciation hiérarchique, qui ne retient que ceux qui lui plaisent[361].

Pour que l'on puisse parler de démocratie participative, il ne suffit pas que les participants soient consultés, car demander à des

---

358. Ségolène ROYAL, préface à *De la pyramide aux réseaux*, d'Elisabeth BOURGUINAT, Alain d'IRIBARNE et Michel HERVÉ, éd. Autrement, 2007, p. 6.
359. Ségolène ROYAL, discours d'ouverture des 6e Rencontres Europe-Amériques sur la démocratie participative, 21 mai 2010.
360. *Ibid.*
361. Sur cette critique d'une démocratie participative, souvent conçue comme participation des citoyens à la seule délibération, et non à la décision, on lira avec profit, du sociologue Michel KOEBEL, *Le Pouvoir local ou la démocratie improbable* (éd. du Croquant, 2006) et, du sociologue Loïc BLONDIAUX, *Le Nouvel Esprit de la démocratie. Actualité de la démocratie participative* (Seuil, Paris, 2008).

personnes leur avis n'exclut pas que la ligne hiérarchique n'en tienne aucun compte. Il ne suffit pas non plus que les participants soient consultés puis qu'une personne ou un groupe de personnes décide des avis exprimés qu'il convient de retenir, car c'est alors à lui, ou à eux, que reviendrait la décision finale. Pour qu'il y ait démocratie participative, il faut que le processus même de sélection des avis exprimés soit l'œuvre de toutes les parties prenantes. Ce n'est pas à quelques-uns, ni a fortiori à un seul, de décider pour tous de ce qui est valable et de ce qui ne l'est pas.

Appliqué à la vie d'une entreprise, c'est l'ensemble de l'équipe concernée qui doit décider, soit en donnant la victoire à l'un des points de vue exprimés, soit en construisant un nouveau point de vue qui n'avait été exprimé par aucun des participants. La différence est de taille : dans une démocratie participative mature, la participation des citoyens ou salariés aux décisions ne se limite pas à influer sur la décision du décideur, par des avis purement consultatifs, ils décident, ils sont eux-mêmes les décideurs[362]. Nous nous trouvons donc face à deux interprétations possibles de la démocratie participative. Dans un cas, l'avis des participants est purement consultatif, et donc facultatif, dans l'autre, il est contraignant, sinon à court terme, du moins à moyen terme. Dans le premier, on les fait participer à la réflexion (précédant la décision) ; dans le second, à la décision. Et ils font plus qu'y participer, ils y contribuent.

Par « démocratie participative », il faut en effet ici entendre une « démocratie contributive » : participer vraiment, c'est contribuer au sens où l'on parle d'un « contributeur » dans le web 2.0. Pour paraphraser Hervé Juvin, président d'Eurogroup Institute, dans un article paru le 1er décembre 2007 dans *L'Expansion* et intitulé « Démocratie contributive » : en offrant la reconnaissance, on obtient plus qu'une participation, une contribution. En agençant un dispositif-cadre de

---

362. Ils décident, sous l'impulsion de leur manager, quelles sont les idées émises par les uns ou les autres qu'il convient de retenir, et donc, à terme, quelle décision il convient de prendre, qu'ils la prennent eux-mêmes ou, si elle est difficile (comme un licenciement), qu'ils en laissent la responsabilité formelle au manager.

travail faisant de la reconnaissance des pairs la principale source de motivation, il est attendu des personnes que, se prenant en main, elles soient actrices, contributrices du réseau auquel elles appartiennent et dont elles bénéficient.

Plus il y a de participation, plus il y a de démocratie

Notons que la participation du personnel aux décisions ne se fait pas ici seulement, comme l'entendait la vieille participation gaulliste, au sein du seul Comité de direction, *via* des représentants, mais de manière beaucoup plus diffuse et donc plus efficace, dans toutes les strates de l'entreprise, à tous les niveaux. Il y a démocratie participative en ce sens que les individus ne sont pas appelés à s'impliquer dans la vie de leur entreprise seulement occasionnellement, à l'occasion d'élections – comme ce peut être le cas dans des coopératives où, entre chaque scrutin, les chefs peuvent se comporter en autocrates et réduire leurs subordonnés à des rôles d'exécution. Comme quoi la forme du vote ne garantit aucune démocratie effective, c'est-à-dire participative. D'une certaine manière, nous pourrions dire, dans la conception que nous nous en faisons ici, il y a démocratie au sens fort du terme à partir du moment où les individus participent activement à la vie de leur organisation, à partir du moment où ils sont réellement décisionnaires. L'essentiel, dans la démocratie, c'est la participation, plus encore que le vote. Car le vote peut avoir des effets déresponsabilisants entre les élections, les élus pouvant, forts d'une légitimité acquise – plutôt que toujours à conquérir – par une élection qui les sacralise (au terme d'une « campagne » de type militaire mobilisant une troupe de « militants »), diriger de manière autoritaire des subordonnés dorénavant conçus comme des exécutants au service de leur seule personne. Ce pourrait même être l'une des fonctions du vote : confier à d'autres, pour une période déterminée, le soin de décider à notre place, ce qui revient à nous décharger de notre liberté, du poids de la responsabilité. De cette démission relative, pour un temps donné et dans une mesure définie, on ne saurait se satisfaire.

Par elle-même, la démocratie n'est donc qu'une forme qui permet la liberté. Mais, de formelle, la démocratie ne devient réelle qu'à partir du moment où elle devient participative. Elle ne devient réelle qu'à partir du moment où, à son tour, la liberté ne se contente pas d'être formelle mais est réellement mise en œuvre par une participation effective de chacun aux affaires communes. À ce titre, dans une entreprise, plus est important le nombre de salariés qui acceptent de jouer leur rôle de codécideurs, plus la démocratie se trouve être effective, c'est-à-dire participative. C'est en ce sens que la démocratie demeure une ambition, à réaliser toujours davantage.

La participation à la décision, condition de l'appropriation

Rendre les salariés décideurs est censé aboutir à ce que les salariés et les équipes se prennent davantage en main (*empowerment*). Aussi la démocratie participative dans l'entreprise s'évalue-t-elle, entre autres choses, à la capacité d'initiative, et donc de réactivité, dont se révèlent capables les salariés, y compris pour éjecter leur chef si cela s'avérait nécessaire. Ce qui ne va pas de soi. Il a en effet fréquent que le personnel de certaines entreprises ne réagisse pas suffisamment vite à une dégradation des résultats. Ce qui n'a rien d'étonnant si, dans ces structures dont le fonctionnement ne relève pas encore d'une authentique démocratie participative, le personnel ne s'estime pas responsable si les objectifs n'ont pas été atteints, ceux-ci ayant été décidés par d'autres. Pour qu'un individu s'approprie une tâche, il faut qu'il ait participé à sa définition (temps, objectifs, coûts…). Ce qui suppose que l'équipe se réunisse régulièrement, par exemple une fois par mois, afin de déceler les problèmes dès leur apparition – ce qui permet de ne pas attendre la fin de l'année pour réagir à une dégradation des résultats mauvais –, de trouver tous ensemble des solutions et de faire pression sur ceux qui résistent à leur application – et ce peut être le manager s'il ne joue pas son rôle. Si l'équipe réagit tardivement à une évolution de son environnement de marché ou à un problème interne, c'est que la démocratie participative n'y est pas suffisamment développée. Ce qui signifie que le degré d'imprégnation de la démocratie participative, dans une équipe, se mesure à la capacité de ses membres à faire preuve de discernement précoce, c'est-à-dire à détecter les problèmes dès leurs prémisses, du seul fait qu'ils se sentent réellement concernés par la vie de leur équipe, chacun se sentant responsable d'elle, comme s'ils étaient tous chefs.

La démocratie participative ne supprime pas la démocratie représentative

La démocratie, pour produire ses effets bénéfiques en termes de responsabilisation et d'innovation, est appelée à être la plus participative possible, ce qui n'exclut pas qu'elle soit aussi représentative. Dire qu'« au fond, le libéralisme micro-économique est au libéralisme macro-économique ce que la démocratie participative est à la démocratie représentative : un dépassement inéluctable[363] », n'est pas dire que la démocratie participative supprime la démocratie représentative, mais qu'elle la « dépasse » au sens où, comme il en va dans l'*Aufhebung* hégélienne, seul peut dépasser ce qui d'abord comprend, c'est-à-dire intègre. La démocratie participative est aussi une démocratie représentative, mais pas seulement, elle va plus loin, celle-ci corrigeant des insuffisances de celle-là. Elle la reprend, dans les deux sens du terme.

Dire que la démocratie participative est un approfondissement du sens de la démocratie représentative, c'est dire que, dans cette nouvelle configuration démocratique, plus complexe, la représentation ne doit plus se faire au détriment de la participation, elle doit cesser de conduire à une relative déresponsabilisation des individus. Pour que le chef soit le représentant de son équipe au niveau hiérarchique supérieur sans pour autant décider à la place de ses coéquipiers, il faut que sa représentativité ne se fonde pas sur une substitution de sa volonté à la leur, mais qu'elle en soit l'expression fidèle. C'est le sens de cette représentativité du chef en démocratie que nous allons en premier lieu essayer de cerner plus précisément.

---

363. Michel HERVÉ, « Le libéralisme dans l'entreprise - l'intra-entrepreneunariat ».

Démocratie n'est pas démagogie

En démocratie, le peuple n'ayant pas tous les droits[364], l'instance dirigeante n'a pas à tendre, pour se maintenir, à « coller » au plus près d'une majorité toujours fluctuante, par où elle se condamnerait à ne rien gouverner du tout puisque ce serait alors la fraction majoritaire du peuple qui gouvernerait. C'est au contraire de démagogie dont on parle, lorsque le chef adapte sans cesse la définition de son objectif à ce qu'il présume de l'état donné de l'opinion du plus grand nombre. La politique du démagogue tend alors à s'abstraire de la détermination des fins pour se spécialiser dans la gestion des moyens, et c'est ce que l'on entend par technocratie : le moyen devient la fin, à commencer par celui de prendre le pouvoir, qui est le moyen des moyens, et de le garder le plus longtemps possible. Suivant la conception démagogique de la démocratie, une politique sera dite d'autant plus « démocratique » qu'elle *reflétera* plus fidèlement les aspirations complexes et évolutives du peuple ; un gouvernement sera dès lors d'autant plus « représentatif » qu'il *suivra*, dans ses décisions, la complexité et les évolutions, éventuellement contradictoires, du peuple dont il se veut l'émanation ; un parlement sera d'autant plus « représentatif », et par là « démocratique », qu'il *reproduira* la diversité de la population française, c'est-à-dire qu'il constituera un échantillon statistiquement représentatif de la société française. Dès lors, autant tirer au sort nos représentants, selon des critères enfin scientifiquement mesurables, de manière à ce qu'ils constituent un échantillon le plus « représentatif » possible de la société française. Mais c'est là se méprendre fondamentalement sur le sens de la représentation politique.

364. « *Le peuple qui peut tout est aussi dangereux, plus dangereux qu'un tyran. Le petit nombre des gouvernants ne constitue pas la tyrannie ; leur grand nombre ne garantit pas la liberté* » (Benjamin CONSTANT, *Principes de politique*, 1806-1810, Droz, 1980, rééd. « Pluriel », 1997, p. 34). Un authentique gouvernement démocratique ne repose pas sur la force, fut-elle celle du plus grand nombre, mais sur le droit. La majorité, dans le cadre d'une élection, ne sert qu'à trancher, sur une alternative donnée, non à dire le droit.

La question de la représentativité

Comme tout un chacun, voire peut-être plus que chacun, en raison des phénomènes de groupe, une équipe peut être sujette à des illusions de perspective, des emballements momentanés vite regrettés, des séductions passagères sources de déconvenues. D'où l'importance, pour elle, d'avoir un représentant qui représente plus que strictement elle-même : son avenir au-delà de son présent, sa volonté au-delà de son désir, le collectif au-delà de la somme des individus. Ce représentant, dans une perspective de démocratie participative, c'est le chef qu'elle s'est choisi, soit directement en l'élisant, soit indirectement en ratifiant sa nomination et en lui accordant des évaluations favorables. Le chef, en raison de sa place singulière, par laquelle il se trouve à la fois dans le groupe et tourné vers l'extérieur, un pied en dedans et un pied au-dehors (de manière à pouvoir nourrir l'interne d'informations pertinentes sur l'environnement), est censé faire preuve de plus de détachement, de recul, qu'aucun autre membre de l'équipe, et donc de discernement critique à l'égard des problèmes qui se posent au groupe. Son rôle est d'avoir une vue plus panoramique, plus compréhensive – au sens étymologique de ce qui embrasse plus large. Ce n'est pas son intelligence qui est supérieure à celle des membres de l'équipe, c'est sa volonté que l'on suppose plus libre du groupe – et du conformisme que celui-ci ne manque pas d'exercer sur chacun – que celle d'aucun autre membre.

La représentation de la cohérence d'une volonté plutôt que des fluctuations du désir

La représentation politique, dans une organisation, n'est ni un reflet (une simple émanation du peuple), ni une image, ni un symbole. Dans la vie publique, la démocratie se réduit justement à la démagogie lorsque l'on réduit la représentation du peuple à la seule reproduction cinématographique de mouvements d'opinion détectables par simples séries photographiques de sondages. Loin d'être représentatif de l'état de l'équipe à un moment donné, un représentant représente l'orientation fondamentale du groupe, même si celle-ci ne se trouve plus coïncider avec les aspirations présentes – de toute façon évolutives – de l'équipe. Il représente la constance de sa volonté par-delà la fluctuation de ses désirs, garantissant ainsi la primauté du long terme. Il ne représente pas le seul présent des aspirations de l'équipe, mais sa cohérence sur le long terme, ce qui suppose de la part du chef de savoir discerner la volonté profonde de son équipe, fût-ce – à ses risques et périls – par-delà ce que celle-ci exprime sur le moment.

Le chef, pour prendre sa décision de ratifier ou non la position exprimée par l'équipe, ne peut pas s'en tenir à ce que celle-ci se trouve factuellement exprimer, de manière circonstancielle. Car le fait ne dicte pas le droit. Il doit discerner si, dans ce qui est présenté comme étant une décision du groupe, ce n'est pas seulement, par-delà les apparences, une fraction du groupe qui s'exprime, celle qui se trouve être momentanément majoritaire ou qui se trouve être une minorité agissante parvenue à intimider une majorité trop silencieuse. À supposer, maintenant, que la décision du groupe soit vraiment celle de l'ensemble du groupe, il doit en outre discerner si cette décision reflète une véritable volonté, une aspiration profonde cohérente avec les choix antérieurs, plutôt qu'un simple désir, de forte intensité mais de faible durée.

Autrement dit, il doit s'assurer que la décision prise par le groupe a bien été prise en toute connaissance de cause, mûrie, réfléchie et correctement débattue car, plus que la décision elle-même, c'est la rationalité qui y préside et sa prise en compte d'une diversité de points de vue qui en fait la valeur. Le chef peut ainsi légitimement ne pas s'estimer tenu par une décision de groupe dont il discerne qu'elle n'en reflète pas la volonté profonde – ou qu'elle n'en sert pas l'intérêt général. C'est pour lui un risque, mais c'est sa fonction, au sein de l'équipe, que de l'assumer. Ainsi il apparaît que le chef, en droit, ne représente pas ce qui paraît, mais ce qui est. Au-delà des apparences, parfois trompeuses comme peut l'être une décision collective formellement irréprochable quoique prise sous le coup de l'émotion, il est le garant de ce que le groupe veut vraiment, et cela il est censé le percevoir à la lumière des décisions passées, de sa compréhension des personnalités en présence, de sa connaissance de l'avenir prévisible.

La représentation comme dépassement dynamique de positions statiques

La représentation, au sens politique, est une légitimation qui se fait par une conquête permanente de l'adhésion : elle se gagne non pas une fois tous les cinq ans, par exemple à l'occasion d'une élection, ou en adoptant passivement les opinions et désirs présents des membres de l'équipe C'est au contraire en confrontant ces opinions subjectives les unes aux autres, de manière que se construise une volonté, la plus commune possible, intégrant le souci de l'avenir à celui du présent et articulant les désirs individuels. En tant qu'il est essentiel au chef d'avoir à faire la preuve de sa légitimité, par son action qui amène son équipe à préciser ce qu'elle veut vraiment et à prendre les décisions subséquentes, la représentation est elle-même d'abord déterminative de la volonté de l'équipe qu'elle a pour première fonction de mettre en question.

La représentation n'est donc pas simplement indicative, constatative, de la réalité qu'elle représente, une simple projection géométrique, photographique, voire cinématographique de l'état de l'opinion de l'équipe. Le meilleur chef n'est pas celui qui, contradictoirement, suivrait le mieux son équipe[365] ; il n'est pas d'autant plus « représentatif » qu'il colle davantage aux moindres inflexions des opinions et désirs de celle-ci ; pour le dire d'un mot, il ne lui suffit pas, pour être représentatif, d'être l'équipier le plus moyen possible. Être représentatif, ce n'est pas l'être au sens où un échantillon de sondage est dit « représentatif », c'est-à-dire sur la base d'une identification au groupe représenté. On n'est pas le représentant d'un groupe humain – qu'il s'agisse d'une équipe de travail ou d'une nation –, on le devient en attestant de sa capacité à le dynamiser en le portant plus loin que lui-même, vers des objectifs qu'il n'osait se donner et des idées qu'il ne parvenait pas à se représenter clairement. Il ne s'agit donc pas, pour le

365. « *Il faut bien que je les suive, puisque je suis leur chef !* », s'exclamait Alexandre LEDRU-ROLLIN en 1849, dont il n'est pas étonnant qu'il ait publié en 1851 une brochure intitulée « Plus de président, plus de représentants », tant le fait de réduire le chef à n'être qu'un exécutant des volontés de son groupe conduit à sa négation pure et simple – plutôt qu'à son dépassement dialectique.

représentant, de se conformer statiquement à une réalité préexistante, mais d'informer cette réalité de manière à ce qu'elle se transforme, mûrisse, décante ses idées et clarifie ses désirs. La représentativité du chef n'est pas la photographie statique de l'état de l'équipe à un instant donné, elle n'a de sens que dynamique et c'est pourquoi il est, entre autres, aberrant de vouloir que l'exécutif ne soit qu'un exécutant, que le chef ne fasse qu'appliquer passivement et aveuglément n'importe quelle aspiration de la base. On reproche souvent aux chefs de manipuler le groupe dont ils ont la responsabilité, mais il n'y aurait pas plus de sens moral à prétendre instrumentaliser ces représentants, en les réduisant à n'être que de simples marionnettes[366].

La représentation du long terme par-delà les illusions court-termistes

C'est la raison pour laquelle, dans une organisation se revendiquant d'une pratique authentique de la démocratie participative, si le chef se doit d'organiser les conditions d'une prise décision collective, il demeure libre de ratifier ou non cette décision, en particulier si elle lui paraît contraire à la volonté profonde (qui n'a pas nécessairement trouvé à s'exprimer) ou à l'intérêt à long terme de l'équipe (qui a pu être masqué par un emballement collectif ou une illusion de perspective). L'ultime décisionnaire demeure le chef. À ceci près qu'il ne peut le demeurer sur le long terme qu'à condition de laisser au maximum le groupe décider lui-même de ce qui est bon pour lui. La règle générale est que le groupe décide ; le cas particulier est que le chef s'oppose à la décision du groupe, à ses risques et périls. Le chef représentant l'intérêt à long terme du groupe, c'est à ce titre seul qu'il lui est légitime de s'opposer à des décisions qui lui paraissent obérer le long

366. C'est pourquoi le principe de la souveraineté nationale implique l'interdiction du mandat impératif. Même si les membres des assemblées parlementaires sont élus en fait dans des circonscriptions correspondant à une portion de territoire, ils représentent en droit l'ensemble de la nation. Les parlementaires ne représentent donc pas les seuls électeurs qui les ont choisis, mais la nation dans son entier (y compris, donc, ceux qui n'ont pas encore accès au droit de vote ou qui en sont privés), et non seulement telle qu'elle se trouve être aujourd'hui mais aussi bien les générations passées et à venir.

terme au profit du court terme, sacrifier l'avenir au présent – étant entendu, naturellement, que pour avoir un avenir, encore faut-il avoir un présent. Parce qu'il représente le long terme, il n'a pas à représenter seulement l'aspiration présente de son équipe, ni les aspirations de ses seuls membres présents.

Liberté du représentant, cohérence avec l'équipe

S'il y a un sens à parler de démocratie représentative, c'est précisément pour insister sur le fait que nul, au sein des équipes, ne doit se trouver en situation d'irresponsabilité, pas même son représentant à l'échelon organisationnel supérieur, communément appelé «chef». L'objet de la déhiérarchisation et de la dissémination du pouvoir est bien de rééquilibrer le rapport de forces entre le chef et ses coéquipiers, non de le déséquilibrer en sens inverse. De même que l'on ne sort pas d'un mensonge par un mensonge contraire, mais par le contraire d'un mensonge[367], on ne sort pas d'un pouvoir excessif accordé au chef par un pouvoir excessif accordé au reste de l'équipe, mais par la fin de tout excès.

Le représentant de l'équipe, son chef, n'est pas contraint de porter, au niveau hiérarchique supérieur, la position exacte adoptée par son équipe, il y est moralement obligé, ce qui veut dire qu'il demeure libre de l'interprétation qu'il en donne. Il a une obligation de cohérence vis-à-vis de la position de son équipe, mais entre les différentes interprétations cohérentes avec celle-ci qui se présentent à lui, il est libre de choisir celle qui lui paraît le mieux exprimer l'intention profonde de sa base. Dans une démocratie, «*si le peuple est celui par qui le gouvernant gouverne, cela ne veut pas dire que le peuple soit le gouvernant. (...). Il n'y a de gouvernement que par le peuple, comme il n'y a de navigation à voile que par le vent. Mais ce serait un piètre*

367. Notons que ce qui vaut pour l'erreur ne vaut pas nécessairement pour la vérité. PASCAL déclare ainsi que «*le contraire d'une vérité n'est pas l'erreur, mais une vérité contraire*» (*Pensées* [1671], fragment 282, éd. Brunschvicg), ce que reprendra le physicien Niels BOHR affirmant que «*le contraire d'une vérité triviale est une erreur stupide, mais le contraire d'une vérité profonde est toujours une autre vérité profonde*». Abîmes de la pensée, où les extrêmes se touchent.

navigateur que celui qui ne pourrait avancer que dans la direction où souffle variablement le vent. Là où s'éprouve l'art de la navigation, c'est à maintenir son cap, y compris lorsque le vent tourne : à contre-vent, et néanmoins toujours et seulement "par le vent"[368]».

Démocratie représentative et démocratie directe

Telle qu'elle se trouve mise en pratique dans le modèle entrepreneurial que nous présentons, la démocratie représentative n'est pas pour autant une démocratie indirecte, au sens où, du moins, on l'entend habituellement. Il ne s'agit pas d'une démocratie indirecte, en ce sens que les représentants des équipes n'exercent pas directement un pouvoir que les autres membres des équipes ne feraient, eux, qu'exercer qu'indirectement. L'objectif est au contraire de faire en sorte que les salariés de base exercent leur pouvoir de décider le plus directement possible, sur le plus grand nombre de matières. C'est la raison pour laquelle a été instaurée dans le Groupe Hervé cette procédure, à notre connaissance unique dans une entreprise, qu'est l'« évaluation par la base ». Un chef dont la base a été consultée, et qui se voit désavoué par elle, une ou plusieurs fois, doit en droit se démettre, à défaut de quoi il le sera en fait, d'autorité, par sa ligne hiérarchique.

Par ailleurs, l'évaluation par la base joue le rôle du référendum dans certaines démocraties : il est une mesure de démocratie directe[369] à cette différence près que l'évaluation du chef par sa base a lieu ici régulièrement (au moins une fois tous les deux ans), tandis que les

---

368. Pierre-Marie HASSE, *Le Cercle sur l'abîme. Eléments d'une théorie de la non-contradiction*, 2008, p. 477

369. De Gaulle présentait explicitement l'innovation du référendum, combattu par les partis dont il contournait l'exclusif pouvoir décisionnaire, par la nécessité d'instaurer plus de démocratie directe afin d'aller « *à l'encontre de quelques-uns qui pensent, comme le faisait Chamfort, "que la souveraineté réside dans le peuple mais que le peuple ne doit pas l'exercer"* » (conférence de presse du 9 septembre 1965). « *Les Français ont été dépossédés par le Parlement de leur souveraineté. Ils vont pouvoir faire du saute-mouton par-dessus les intermédiaires abusifs, par-dessus les notoires* », disait-il encore en août 1962 à Alain Peyrefitte (in *C'était de Gaulle*, I), à propos de l'institution de l'élection du Président de la République au suffrage universel, autre mesure destinée à renforcer la démocratie directe pour permettre à la base de passer par-dessus la captation du pouvoir par les dépositaires de l'autorité.

référendums, dans les démocraties qui acceptent de leur faire une place, ont un caractère plus exceptionnel que régulier. De même que, dans le cadre des institutions politiques, la ressource du référendum offre un recours au peuple contre toutes les forces d'inertie, résistances corporatistes, conservatrices ou réactionnaires, de même l'évaluation régulière de chaque manager par sa base offre à celle-ci un recours en cas de résistance répétée du manager à sa puissance d'innovation. L'idée est la même : les hiérarchies, celle des partis politiques ou celle des entreprises, doivent le moins possible faire obstacle à la volonté de progrès, d'innovation, de la base (alors même que, par inertie, leur vie propre les conduit toujours à préférer leur intérêt sur celui de ceux qu'elles sont censées représenter), et c'est pourquoi il est important que la base puisse les shunter, les court-circuiter ou les remettre en question, si elles ne jouent plus leur rôle de catalyse.

Il ne faut pas se cacher les insuffisances de la démocratie représentative : *« La démocratie s'identifie traditionnellement pour nous avec la démocratie représentative. Mais je ne crois pas vraiment à la possibilité de la représentation : les élus sont désignés par le peuple, mais ne représentent pour l'essentiel qu'eux-mêmes et confisquent ainsi le pouvoir des individus qui les ont élus. Ils le font avec d'autant moins de scrupules qu'ils ont le sentiment de représenter par définition l'intérêt général, surtout s'ils sont de gauche*[370]. » Cette crise de la représentation est due à un retour en force du « *régime exclusif des partis* » qui, dans l'esprit du général de Gaulle, désigne ce régime technocratique où le pouvoir du peuple lui est confisqué par ses représentants, c'est-à-dire par des professionnels de la politique dont l'élection est subordonnée à leur propre cooptation dans le cadre d'un parti qu'ils représentent, par conséquent, avant même de représenter le peuple, puisqu'ils ne sont élus que sur son investiture. C'est, avec la démagogie, l'une des deux tendances inertielles de la démocratie.

---

370. Michel HERVÉ, dans *De la pyramide aux réseaux* (en collaboration avec Alain d'IRIBARNE et Elisabeth BOURGUINAT), éditions Autrement, 2007, p. 10

S'agissant des entreprises, le problème n'est pas seulement qu'elles soient, à des degrés divers, gérées de manière autocratique, c'est qu'elles dérivent vers l'oligarchie, la réalité du pouvoir étant accaparée par la ligne des responsables hiérarchiques, elle-même investie par une caste surdiplômée trustant les leviers de direction et coupée des réalités du terrain. Pour contrecarrer cette dérive, compenser cette captation du pouvoir par les représentants, il est possible de proposer la mise en place de dispositifs destinés à renforcer la démocratie directe : co-élaboration par la base des règles communes *via* la libre constitution de groupes de travail *ad hoc*, réseaux fonctionnels permettant à la base de contrôler la bonne application des règles, intranet facilitant les échanges transverses, extension de l'espace public grâce au forum de discussion en ligne, utilisation de technologies web 2.0 (*wiki*) rendant possible une co-construction des savoirs et un travail collaboratif sur un pied d'égalité. Mais ces mesures de contournement du pouvoir des responsables hiérarchiques (jusqu'à pouvoir se passer d'eux), pour limiter les effets de leurs éventuels manquements à leur devoir de représentation fidèle de leur base, ne sauraient aller sans un recentrage de la fonction de représentant d'équipe sur sa définition stricte : s'inspirant du non-agir, que les re-présentants n'aspirent pas à décider à la place de leurs équipes mais qu'ils se contentent de « présenter à nouveau », à l'échelon du dessus, ce qui leur a été présenté par leurs coéquipiers, en fidèles porte-voix et hérauts de la base.

La démocratie participative ne supprime pas la hiérarchie, elle en inverse le sens

Pas plus qu'elle ne supprime la démocratie représentative, la démocratie participative ne supprime la hiérarchie. Sans celle-ci, il n'y aurait plus de démocratie représentative, car plus de représentants. Il y a toujours des chefs dans une démocratie en entreprise, simplement ceux-ci se trouvent subordonnés en droit à la volonté de leurs équipes (quoique capables en fait de s'y opposer ponctuellement). Dans le cadre d'une démocratie participative telle que cherche à la réaliser l'entreprise 2.0, ces chefs ne décident pas en lieu et place de leurs équipes, ils les font accoucher de leurs décisions, qu'ils endossent et présentent ensuite à l'échelon hiérarchique supérieur –en quoi consiste leur représentativité. Lorsque l'on parle de la nécessité de «supprimer la hiérarchie» et de «supprimer les chefs», il s'agit en réalité de dépouiller le «chef», et la hiérarchie à laquelle il participe, d'un certain nombre d'attributs de pouvoir, sans pour autant supprimer les fonctions de responsables hiérarchiques. Il s'agit de réformer profondément l'exercice de l'autorité hiérarchique. Il ne s'agit pas de dire que les organisations doivent dès à présent se passer de toute hiérarchie pour libérer leur potentiel d'innovation, mais qu'elles doivent dépouiller celle-ci de toute sacralité. La hiérarchie apparaît souvent comme un mal nécessaire. Elle en est un, en ce sens qu'elle subordonne, par contrat, certains hommes à d'autres, alors même qu'ils se trouvent, par nature, tous égaux en droits. Elle demeure nécessaire, en ce sens que même des environnements de travail plus coopératifs n'ôtent pas la nécessité d'avoir recours à un ultime décideur, dans les situations, certes censées être de moins en moins nombreuses à mesure que progresse la compréhension mutuelle, où le groupe de travail ne parvient pas à se mettre d'accord. Déhiérarchiser veut donc dire désacraliser le pouvoir, son exercice et ses détenteurs, de manière à ce que les individus n'aient plus peur de prendre la parole et de critiquer ce qui doit l'être, c'est-à-dire de s'investir dans leur entreprise comme si c'était la leur, comme s'ils en étaient personnellement responsables. C'est aussi ce que signifie la visée de faire de chaque salarié un auto-entrepreneur : que chacun pense, parle et agisse dans son entreprise comme si celle-ci était la sienne.

Même dans une organisation 2.0, qui tire sa force de ses membres/utilisateurs, le réseau ne supprime pas toute hiérarchie. Contrairement à ce que l'on s'imagine parfois, «*il n'y a rien de moins plat et hiérarchique qu'Internet avec ses métriques de visibilité et d'autorité (l'hyperlien notamment). Simplement, la hiérarchie n'est plus faite ex ante, mais ex post ; elle n'est plus produite par une autorité spécialisée, mais collectivement par les internautes et les algorithmes qui régissent les classements sur Internet*[371] ». La hiérarchie, cette fois-ci humaine, se construit, dans une entreprise interactive, au terme d'interactions entre l'« *autorité spécialisée* » et les utilisateurs finaux de cette hiérarchie, les salariés. Étant co-élaborée, elle n'est plus une coercition, un poids que les équipes subissent sans rien y pouvoir et qui plombe leur envie de créer ou de prendre des initiatives. Il faut d'ailleurs remarquer que, d'une manière générale, un minimum de hiérarchie est nécessaire à la vie d'une organisation.

Pour qu'une organisation soit vivante, il faut que son tissu social soit fait de chaîne et de trame, entrecroisement de lignes verticales, hiérarchiques, et de relations horizontales[372]. C'est encore trop peu que de dire : « *L'avenir proche de l'entreprise est l'entreprise à plat. Est-ce pour autant antinomique avec la notion de hiérarchie et sa verticalité ? Je ne le pense pas du tout, bien au contraire. L'entreprise à plat est un mode de travail, l'entreprise verticale hiérarchisée est un mode de décision. Les deux doivent cohabiter. L'enjeu n'est pas donc de mettre la hiérarchie à plat, ce qui serait, vous le comprenez, dangereux, mais d'apprendre aux décideurs à passer de l'horizontalité à la verticalité suivant qu'ils sont en phase de travail ou en phase de décision*[373]. » (Bertrand Duperrin). Que le travail collaboratif, au sein d'une équipe,

---

371. Dominique CARDON, sociologue, auteur de *La Démocratie Internet*, Seuil, 2010, « Pourquoi Internet n'a-t-il pas changé la politique ? », interview menée par Hubert Guillaud le 24 septembre 2010 pour le site Internet « Internet actu » (interview consultable ici : http://www.internetactu.net/2010/10/07/dominique-cardon-pourquoi-linternet-na-t-il-pas-change-la-politique/).

372. Dans *Le Politique*, PLATON, voulant montrer comment s'édifie une cité – c'est-à-dire une organisation humaine régie par des relations politiques, comme l'est aussi une entreprise –, dit qu'on doit avoir affaire à un roi-tisserand. Pourquoi ? Quand on prépare son métier à tisser, il y a la chaîne, élément masculin, et la trame, élément féminin. En grec, les mots qui désignent la chaîne sont masculins. La chaîne, c'est vertical, c'est un fil qui est tendu, fort, suspendu par des poids accrochés avec des espèces de tenons, dont Aristote explique qu'ils sont comparables à des testicules. De même, dans la littérature orphique, *mitos*, le mot qui veut dire chaîne, peut signifier le sexe ou le sperme ; et sur certains vases, à côté d'une femme, figure un jeune garçon qui représente le mâle et s'appelle le *mitos*. On dispose donc d'un cadre où le masculin et le féminin s'entrecroisent comme le vertical et le transversal, et tout le tissage consiste à créer un tissu en associant ces éléments opposés.

373. Bertrand DUPERRIN, « L'entreprise 2.0 ne tuera pas la hiérarchie », 17 mai 2007, http://www.duperrin.com/2007/05/17/lentreprise-20-ne-tuera-pas-la-hierarchie/

doive le plus possible s'effectuer sur un pied d'égalité, et qu'ensuite le chef décide de ce qu'il convient de faire, c'est ce que la plupart des entreprises disons un minimum avancées en termes de management, s'efforcent de mettre en place depuis longtemps. Rien de spécifiquement 2.0 là-dedans. Ce qui l'est en revanche, c'est que le travail et la décision se fassent tous deux sous un mode horizontal, de manière à ce que nul ne décide à la place des autres, que nul n'opère sans que les autres coopèrent. Dans une organisation 2.0, la hiérarchie subsiste, mais elle ne fonctionne plus de la même manière : elle a moins de missions de contrôle vertical et plus de missions de mise en réseau.

Pas plus qu'il n'y a d'incompatibilité entre Internet, travail collaboratif en ligne et hiérarchie, il n'y a incompatibilité entre la présence d'une hiérarchie, même fortement aplatie par rapport aux organisations traditionnelles, et l'ambition affichée de réaliser une démocratie participative. Car la notion de hiérarchie n'implique aucune primauté accordée aux chefs sur leurs subordonnés. Comme simple « *organisation fondée sur un ordre de priorité entre les éléments d'un ensemble*[374] », la hiérarchie peut très bien se traduire par une priorité accordée à la base, de sorte que la hiérarchie soit seulement inversée. On peut en effet considérer – et cette image parlera particulièrement aux acteurs du BTP – que, dans l'organisation générale d'un bâtiment, ce sont les fondations qui sont primordiales et qui déterminent la réussite du reste de l'ensemble à édifier, de même, dans l'organisation de cette maison commune qu'est l'entreprise, priorité doit être accordée à la base. Ce qui fonde l'entreprise, ce n'est pas le fondateur, ce sont tous ceux qui constituent les fondations de la pyramide hiérarchique, car c'est d'eux dont dépendent innovation, compétitivité et donc pérennité de l'activité.

La hiérarchie, quoique réduite au strict nécessaire, demeure donc. Mais elle n'a plus le sens qu'on lui donne communément et qu'elle a dans la quasi-totalité des organisations. Car qui dit pyramide ne

374. Définition proposée par le CNRS sur le site internet du Centre national de ressources textuelles et lexicales (www.cnrtl.fr).

dit pas primat du sommet sur la base. Dans la hiérarchie façon 2.0, premièrement cet ordre n'est plus sacré, deuxièmement ce n'est plus le manager qui dirige, il est même au service de ses subordonnés[375], et troisièmement il y a découplage entre la structure hiérarchique et la relation d'autorité : l'essentiel de l'autorité est exercée de manière horizontale, par les pairs. C'est le désir d'être reconnu par ses pairs qui fait autorité sur le salarié. Et c'est le salarié, constitué en équipe, qui fait autorité sur sa hiérarchie. Bref, ce n'est plus la base qui est au service de la hiérarchie et de ses objectifs, c'est la hiérarchie qui devient support de la base.

Mais il ne s'agit pas seulement, comme dans la «*pyramide inversée*» de Carlzon[376], de rendre les chefs plus accessibles, avec une direction générale se bornant à définir une stratégie tout en laissant les cadres libres de déterminer les besoins de l'entreprise et les moyens pour réaliser cette stratégie. Ça, c'est ce qui se fait déjà à l'intérieur des traditionnels rapports de collaboration : vous n'avez d'autonomie que dans la détermination des moyens servant les fins définies par d'autres. Et ce sont les cadres seulement qui se trouvent responsabilisés. Or si la pyramide hiérarchique est réellement inversée, cela signifie que c'est la base qui devient déterminante dans l'orientation de la stratégie, et que c'est la hiérarchie qui définit les moyens de la réaliser.

Le titre de l'ouvrage coécrit en 2007, *De la pyramide aux réseaux*, n'est pas à comprendre comme la substitution des réseaux à la pyramide – nous avons vu que, même dans le modèle de travail coopératif en ligne, des hiérarchies demeurent, seulement transformées –, mais comme la conjugaison de la première avec les seconds : les réseaux (notamment «fonctionnels», dans le Groupe Hervé) viennent d'abord accompagner le mouvement de déhiérarchisation de la pyramide, qu'ils ne suppriment pas, pour ensuite vivre en symbiose avec elle, déconstruite. L'important étant que, dans une telle organisation, à

375. cf. par exemple *The Servant leader. Unleashing the power of your people*, de Robert P. NEUSCHEL, Kogan Page Ltd, 2006.

376. Jan CARLZON, ancien PDG suédois de la compagnie d'aviation SAS et auteur de *La Pyramide inversée*, InterEditions, Paris, 1984.

l'intérieur de chaque équipe, un élément -le manager - ne se trouve plus en position de force - privilégié - par rapport aux autres, sans quoi ceux qui se trouvent en position de faiblesse ne se sentent pas pleinement libres et ne s'autorisent pas à créer. Dans la pyramide 2.0, le rapport de force manager/équipe a été équilibré en particulier grâce à l'évaluation du manager par sa base.

La nécessaire diminution du nombre d'échelons hiérarchiques

Le maintien d'une hiérarchie, certes paradoxale car déhiérarchisée, dans l'entreprise 2.0 organisée en démocratie participative, va toutefois de pair avec une réduction du nombre d'échelons hiérarchiques afin d'alléger l'organisation de tout poids superflu plombant l'innovation. Les organisations modernes se caractérisent en effet par une inflation du nombre d'échelons hiérarchiques, due à leur volonté de répondre au désir de tout un chacun de se trouver chef de quelque chose. Il y a de plus en plus d'échelons hiérarchiques comme il y a de plus en plus de chefs et de cadres dans les organisations. Tout ceci les alourdit et pèse sur le salarié de base qui, dans une configuration matricielle, se retrouve avec plusieurs chefs à la fois, là où il faudrait qu'il n'en ait plus d'autre que lui-même (intra-entrepreneuriat). Cet état de fait n'est pas tenable, pour des raisons structurelles d'efficacité opérationnelle, mais aussi pour des raisons conjoncturelles liées à plusieurs évolutions de société.

Trop d'échelons nuisent à l'organisation

Que la multiplication du nombre d'échelons hiérarchiques soit un frein à l'efficacité de l'organisation, il n'y a là rien de bien nouveau. Sur le principe, tout le monde ou presque s'accorde à dire qu'il vaut mieux être économe en moyens. On sait depuis longtemps que maintenir une organisation hautement pyramidale présente plus d'inconvénients que d'avantages, mais rien n'y fait, il y a toujours bien plus d'échelons hiérarchiques que ne le justifie le strict nécessaire. Par exemple, plus une organisation est pyramidale, plus les préoccupations des acteurs sont personnelles et difficiles à concilier avec les intérêts d'ensemble de l'organisation. C'est ce qu'avait mis en évidence le psychologue canadien Laurence Johnston Peter dès 1970 dans son fameux livre *Le Principe de Peter* où il avait montré que, s'il est vrai qu'un employé compétent à un poste donné est promu à un niveau hiérarchique supérieur et qu'un employé incompétent à un poste donné n'est, lui, pas promu à un niveau supérieur, alors un employé ne restera dans aucun des postes où il est compétent puisqu'il sera promu à des niveaux hiérarchiques supérieurs. De promotion en promotion, l'employé finira par atteindre un poste auquel il sera incompétent et, par son incompétence à ce poste, il ne recevra plus de promotion, de sorte qu'il restera indéfiniment à un poste pour lequel il est incompétent. À terme, tous les postes hiérarchiques d'une organisation finissent par être occupés par des employés incompétents pour leur fonction, la majorité du travail étant effectuée par des salariés n'ayant pas encore atteint leur «seuil d'incompétence». Peter remarque que plus le nombre d'échelons hiérarchiques est élevé, plus chacun a une chance de parvenir à son niveau d'incompétence et de subir ainsi «la stagnation de Peter». Les inconvénients de l'adoption d'une structure trop pyramidale ne peut qu'inciter les entreprises les plus avancées en matière de ressources humaines à s'échapper de la pyramide classique de management, inadaptée.

Sur la base des analyses menées par Laurence J. Peter, les travaux d'une équipe italienne composée de deux mathématiciens, Alessandro Pluchino et Andrea Rapisarda, et d'un sociologue, Cesare Garofalo, tendent à prouver qu'une organisation gagne en efficacité lorsqu'elle attribue les promotions en son sein de façon aléatoire[377]. Mieux : Alessandro Pluchino et ses collègues de l'université de Catane ont, dans un article publié en mars 2011 dans la *Technology Review* du MIT[378], montré que le même procédé se révélerait également le plus efficace pour choisir les parlementaires : ce serait moins dispendieux

377. «The Peter Principle revisited : a computational study», 2009, disponible ici : http://arxiv.org/PS_cache/arxiv/pdf/0907/0907.0455v3.pdf

378. Article intitulé «Accidental Politicians: how randomly selected legislators can improve parliament efficiency», disponible ici : http://arxiv.org/PS_cache/arxiv/pdf/1103/1103.1224v1.pdf

en campagnes électorales et les choisis seraient moins enclins à faire passer leur intérêt, ou celui de leur groupe politique, avant celui de l'ensemble de la société. Si le tirage au sort permet de garantir une ligne hiérarchique optimale, tant du point de vue de l'efficacité opérationnelle que de la liberté de la base, ne faut-il pas en conclure que l'optimum démocratique s'atteint dans un retour à son origine athénienne, où se pratiquait le tirage au sort de la *Boulè*?

En réduisant le nombre d'échelons hiérarchiques, il ne s'agit pas simplement de faire du *lean management*, d'améliorer l'efficacité organisationnelle suivant les principes du *kaizen* de Toyota, mais bien d'accompagner la déconstruction de la hiérarchie. L'un ne peut aller sans l'autre. À quoi servirait une réduction du nombre d'échelon hiérarchiques si la pression hiérarchique de chaque échelon sur le suivant restait la même, à supposer qu'elle ne s'accroisse pas? Mais il s'agit aussi de tirer les conséquences d'une évolution de l'environnement.

Des évolutions de société rendent obsolètes nombre d'échelons hiérarchiques

Nonobstant cette constante de la vie des organisations que la multiplication anarchique du nombre d'échelons hiérarchiques favorise la bureaucratie et l'inefficience de la structure, il est des évolutions de société qui rendent aux salariés de plus en plus insupportable le maintien à l'identique d'une organisation hiérarchique héritée du passé. Nous pouvons en dégager quatre:

• L'apparition des nouvelles technologies a permis une autonomie professionnelle croissante des salariés qui rend obsolète nombre de niveaux hiérarchiques, lesquels ne tiennent encore que par leur capacité – de plus en plus illusoire – à faire de la rétention d'informations et à justifier ainsi de leur importance. Comme l'écrit le *think-tank* Entreprise & Progrès dans un récent rapport, «*c'est la notion même de hiérarchie qui se trouve mise en question: les salariés ayant de plus en plus les moyens techniques de leur autonomie, ils ressentent de moins en moins le besoin d'avoir un chef, un chef qui les domine et organise leur travail. Ils veulent être davantage maîtres de leur temps, de la prévision de leurs objectifs et des moyens qui leur sont alloués, ce que leur permet davantage nombre d'avancées techniques*[379] ».

• La généralisation des outils de collaboration web 2.0 a offert des possibilités techniques permettant de travailler en réseau, à distance et en mode asynchrone, sans qu'il y ait au quotidien besoin de faire appel à une autorité hiérarchique, de toute façon bien moins écoutée que les autorités auto-émergentes entre pairs liées à la compétence, aux réalisations ou au charisme personnel.

• Le discours des entreprises se trouve de plus en plus discrédité[380], en particulier chez les jeunes, car ce qui vient d'en haut paraît de moins en moins sincère (il donne l'impression d'un « Faites ce que je dis, pas ce que je fais »), honnête (il est perçu comme un instrument de communication-propagande au service de quelques-uns), et sans lien avec la réalité (confectionné par des spécialistes du discours, il apparaît éloigné des réalités du terrain).

• La génération Y[381], dont les membres les plus jeunes sont des *digital natives*, demande plus d'égalité dans les rapports de travail, et de liberté dans la conduite de celui-ci. Ces jeunes « pousses » arrivent en effet dans l'entreprise en ayant l'habitude de travailler de manière collaborative, sur un pied d'égalité, de manière libre et fragmentée, de jour ou de nuit, sur leur temps personnel comme sur leur temps professionnel, sans qu'il soit nécessaire que personne ne se

---

379. *L'entreprise après la crise*, Les cahiers d'Entreprise et Progrès, septembre 2010, p. 10.

380. La succession d'injonctions managériales à plus d'épanouissement au travail, à plus de mobilisation, de motivation et d'engagement, ne parvient qu'à générer un scepticisme croissant. Selon une étude (2007) du cabinet Ecins, un tiers des salariés jugent les journaux d'entreprise peu crédibles et 16 % (contre 9 % il y a dix ans) estiment qu'ils possèdent encore moins d'esprit critique qu'auparavant. « *Même l'encadrement intermédiaire peine à croire au discours qu'il est chargé de relayer auprès de son équipe* », note le vice-président de l'agence Verbe (Publicis Consultants, qui a réalisé une étude sur le sujet), Yannick LE BOURDONNEC, cité par *Les Echos* du 12/01/09. Près d'un manager sur deux (55 % exactement), encadrant au moins dix personnes, jugent le discours officiel peu crédible, confirme l'étude. Plus près de nous, en 2010, l'observatoire des cabinets Makheia et Occurrence a révélé que plus d'un Français sur deux ne croit pas au discours de l'entreprise. Pis, trois sur quatre l'estiment même « non sincère » (source : Les Echos du 05/10/10, article « À quand des managers philosophes ? »).

381. En anglais, « Y » se prononce « why ».

trouve subordonné à quiconque. Conséquence de cette accoutumance à d'autres manières de faire, la génération montante supporte plus difficilement que la précédente l'obéissance formelle (ou arbitraire, comme on voudra), c'est-à-dire à un chef parce qu'il est le chef, a fortiori quand celle-ci ne se trouve pas justifiée par une réelle nécessité. Ces jeunes appartiennent à ce que l'écrivain américain Eric Chester a baptisé «*génération Why?*» en raison des multiples questions posées et explications demandées par les juniors en quête de sens qui ne veulent plus obéir sans comprendre ni participer.

De même que la démocratisation de la société presse dans le sens d'une démocratisation des entreprises, les quatre évolutions de société évoquées précédemment impactent d'ores et déjà la structure hiérarchique des organisations. La pression de l'environnement va en ce sens, et une entreprise ne peut vivre longtemps en décalage avec ce qui l'entoure, sa viabilité économique étant même directement liée à sa capacité d'adaptation à la demande. Les entreprises, pour être encore concurrentielles demain, devront bien finir par tirer les conséquences de ce nouvel environnement technologique et social, s'y adapter en réduisant le nombre de leurs échelons hiérarchiques. Hans-Paul Bürkner, PDG du Boston Consulting Group, affirmait ainsi sans détour: «*Nous pensons qu'il faut réduire le nombre de niveaux hiérarchiques. Que le personnel soit plus responsabilisé, moins contrôlé. Que les décisions soient plus décentralisées. Que la confiance augmente. Ces couches hiérarchiques empêchent les gens de travailler. Il faut en diminuer le nombre, non pour réduire les coûts, mais pour libérer la puissance du personnel*[382].» Le but d'une réduction du nombre d'échelons hiérarchiques, c'est de moins écraser la base et ainsi de libérer sa puissance d'initiative, indéfiniment créatrice.

Dire qu'il faut réduire le nombre d'échelons hiérarchiques est une chose, parvenir à déterminer le nombre de niveaux optimal pour une organisation donnée en est une autre. S'il faut bien de la hiérarchie, il en faut le moins possible, ce qui signifie qu'un chef ne doit pas avoir

382. Hans-Paul BÜRKNER, in *Le Monde* du 06/01/2011.

dans son équipe plus d'environ 20 personnes. Nul, PDG compris, ne doit pas avoir la charge d'animer des équipes plus importantes, sans quoi il perd la finesse de la connaissance de chacun nécessaire à une juste animation de la réflexion collective. Sur la base d'un chef pour vingt personnes environ, le nombre de niveaux hiérarchiques varie selon la taille de l'entreprise concernée. Le Groupe Hervé, lui, fonctionne avec seulement quatre niveaux hiérarchiques pour 2 400 personnes : techniciens opérationnels, chargés de clients (responsable de *business unit*), responsable de territoire, direction siège (quinzaine de personnes). Il faudrait vraisemblablement un niveau de plus pour une entreprise de 20 000 personnes et encore un de plus pour 250 000 personnes. Dans le Groupe précité, les échelons « responsable de secteur » et « directeur de région » ont sauté au milieu des années 1980.

« L'entreprise ne compte que quatre niveaux hiérarchiques. Le premier est celui des responsables des projets [ou chefs de chantiers], dont le niveau correspond à peu près à celui des P3 dans l'industrie. Notre offre de services sur mesure, au plus près des clients, est rendue possible par la multifonctionnalité de notre personnel de terrain. Nos responsables de projets sont d'abord des techniciens, mais ont également la charge de la gestion administrative et commerciale de leurs projets. C'est leur capacité d'autonomie et de responsabilité qui nous permet d'offrir un service de grande qualité. Viennent ensuite les chargés de clients, qui ont la responsabilité d'un ensemble de projets dans un métier donné. Le troisième niveau est celui des responsables de territoires : la proximité est un critère important pour nos clients ; c'est pourquoi nous avons un réseau de trente-six agences, réparties sur toute la France à travers dix-huit territoires. Le dernier niveau est celui de la direction de l'entreprise, poste que j'occupe depuis la création d'Hervé Thermique en 1972[383]*. »*

Nous voyons que la réduction du nombre d'échelons hiérarchiques s'accompagne d'une réduction du nombre de personnes placées sous une même autorité hiérarchique. Un manager anime tout

383. Communication de Michel HERVÉ à l'École de Paris du Management, 2006.

au plus vingt personnes. Ainsi, le PDG n'est pas le patron de tel technicien ou chargé de client, il n'est le patron que de la quinzaine de personnes constituant son équipe du Comité de direction. De même, à l'échelon du dessous, un responsable de territoire n'est le patron que de la quinzaine de chargés de clients constituant son équipe, pas des techniciens placés sous l'autorité de chaque chargé de client.

La hiérarchie ne s'oppose pas à l'égalité

Tout le défi, dans une démocratie, consiste à faire en sorte que la présence d'une hiérarchie ne contrarie pas l'impératif d'égalité entre les membres. Cette égalité qui seule, dans une entreprise, permet aux échanges entre collaborateurs d'être fructueux parce que francs, ouverts et créatifs. En effet, entre pairs, l'audace est plus grande, les confrontations plus musclées, et donc plus créatrices. Avec des pairs, je n'éprouve aucune gêne à faire part d'insatisfactions ou d'idées impertinentes, tandis que je serai plus prudent à l'égard d'un supérieur hiérarchique, dont le jugement peut être déterminant pour mon avenir. L'autocensure joue à plein, même malgré soi, lorsqu'on s'adresse à son chef. Sauf si l'autorité de ce chef se trouve déconstruite, s'il est explicite que ce chef ne possède aucun pouvoir de contrainte, qu'il est essentiellement un « manager » en charge de l'animation de l'équipe et qu'il n'est la « tête » de l'équipe qu'au sens où il la représente au niveau supérieur, comme son visage.

L'égalité qui est visée, dans l'entreprise, par le biais de la démocratie, est supposée générer chez les salariés un surcroît d'innovation. L'intérêt qu'il y a, d'un point de vue économique, à passer, dans les équipes, de rapports de collaboration, fondés sur l'inégalité hiérarchique, à des rapports de coopération, fondés sur l'égalité hiérarchique, c'est que les individus s'autorisent davantage à être libres et donc à créer. Le bien-être individuel s'en trouve amélioré en même temps que l'inventivité créatrice.

Le chef, dans une démocratie d'entreprise, n'est qu'un équipier parmi d'autres, pair parmi ses pairs, tout au plus *primus inter pares*, le premier d'entre eux. Sa différence de fonction ne rompt en rien l'égalité des coopérants puisque l'égalité se nourrit des différences, loin de les exclure[384]. L'égalité entre deux coéquipiers n'est naturellement pas rompue, par exemple, par la supériorité factuelle - mettons en talent - de l'un sur l'autre. L'égalité demande seulement que chacun ait bénéficié des mêmes conditions. Elle ne dit pas « à chacun la même chose », mais « à chacun selon ses besoins » c'est-à-dire « à chacun selon les mêmes proportions, selon le même rapport ». Dans une équipe, une telle égalité est un équilibre sans cesse à rétablir, par le manager, pour empêcher que les vertus et talents des uns, par exemple oratoires, n'empêchent les autres de faire valoir les leurs. C'est donc *in fine* l'égalisation permanente des conditions qui permet que, dans une démocratie, se constitue une hiérarchie paradoxale où, selon la formule de Montesquieu, on ne se reconnaisse pour supérieurs que ses égaux.

L'égalité dans la parole et la liberté de ton (*isegoria*) serait difficile à atteindre dans un contexte de trop grandes inégalités matérielles, en particulier dans certaines cultures nationales très soucieuses de respecter les notabilités sociales. C'est la raison pour laquelle il est souhaitable que, d'une part, la rémunération de chacun soit connue de tous, et que, d'autre part, l'échelle des rémunérations soit resserrée : que les techniciens opérationnels soient mieux payés que chez la concurrence et les responsables hiérarchiques moins bien que dans les entreprises comparables.

La démocratie de médiation

Au terme de « démocratie participative », trop galvaudé, nous préférons parler, s'agissant en tout cas du modèle d'organisation que nous décrivons, de « démocratie de médiation » :

« Depuis quelques décennies, une nouvelle forme de démocratie a été imaginée, la démocratie participative : au lieu de prétendre

384. Cette idée sera développée plus loin, au début du chapitre consacré à la diversité.

représenter l'ensemble des citoyens, l'élu leur propose d'exprimer leurs points de vue sur les différentes questions qu'il a à traiter et les associe à la réflexion, voire à la décision. Il s'agit d'une forme embryonnaire de la dissémination du pouvoir : les citoyens ont le pouvoir de s'exprimer, mais pas forcément celui de décider ou de faire. Dans la forme la plus aboutie de la démocratie participative, que j'appelle démocratie de médiation, l'élu va beaucoup plus loin : il applique le principe de subsidiarité et délègue aux citoyens toutes les tâches dont ils peuvent se charger eux-mêmes (...). Pour prendre une image, la démocratie représentative évoque un orchestre symphonique qui joue une partition écrite d'avance, avec un chef d'orchestre chargé par le groupe de donner la cadence. La démocratie de médiation évoque plutôt un orchestre de jazz qui « tape le bœuf » : chaque musicien, tout en se référant à des standards qui lui permettent de composer en permanence avec ce que jouent ses camarades, improvise librement sa partie. Il n'y a généralement pas de chef d'orchestre, et s'il y en a un, son rôle ne consiste qu'à vérifier que chacun respecte les règles assurant l'harmonie générale[385]. »

Dans cette forme de démocratie, le responsable hiérarchique n'est plus un chef pour lequel les citoyens ou les salariés, dans les coopératives, votent, et qui, une fois en place, peut n'en faire qu'à sa tête, charge à ses subordonnés de *suivre* ses orientations et directives. Dans la démocratie de médiation, le responsable hiérarchique n'est pas un *leader*, que l'on suit et au service duquel on est, mais un médiateur, qui est au service des autres[386]. Il est tout à la fois médiateur de ce qui est extérieur à l'équipe vers l'intérieur de celle-ci, facilitateur des relations interindividuelles et arbitre garant du respect des règles du jeu.

Mais prenons le temps de comprendre ce que nous entendons ici par « démocratie de médiation ». Nous allons effectivement voir que ce

385. Michel HERVÉ, dans *De la pyramide aux réseaux* (en collaboration avec Alain d'IRIBARNE et Elisabeth BOURGUINAT), éditions Autrement, 2007, p. 11

386. Le propre d'un médiateur est justement d'aider les parties en présence dans leur réflexion et leur décision, de faire émerger leurs décisions. Ce qui distingue la médiation de la conciliation. Le tiers conciliateur, lui, propose des solutions aux parties.

n'est pas au responsable hiérarchique lui-même de jouer les médiateurs à l'intérieur de l'équipe, sa fonction consiste plutôt à organiser la médiation des pairs et à solliciter celle d'une autre équipe si besoin est.

Médiation par le groupe de toute décision hiérarchique

Tout d'abord, dans la mesure où un manager ne doit jamais décider solitairement, mais fonder sa décision sur la position définie par son équipe au terme d'une délibération collective (ou n'exécuter que ce qui a été décidé collectivement, comme on voudra), nous pouvons dire que l'équipe est le moyen (*media*) de toute décision. Elle en est le moyen terme : une décision qui serait prise par le manager sans avoir été formée en et par elle, serait une décision informe, inconsistante et sans portée. L'équipe est le lieu où se forme toute décision, où émerge la décision qu'entérinera le manager.

Même concernant les décisions stratégiques, qui peuvent paraître relever prioritairement de la compétence du manager, celui-ci n'a pas à décider solitairement. Ce que l'on peut considérer comme lui revenant en priorité ne lui appartient pas de manière exclusive. En matière stratégique comme en toute autre, il décide certes, *in fine*, seul, mais jamais solitairement : seulement après avoir collectivement mûri, enrichi, complexifié sa décision par la confrontation d'une pluralité de points de vue.

Médiation des conflits par les pairs

Mais l'équipe n'est pas seulement médiatrice en ce sens. Elle l'est aussi, de manière privilégiée, en cas de conflit entre deux membres de l'équipe (dont un conflit avec le manager n'est qu'un cas particulier). La fonction de l'équipe est alors de faire la médiation entre les protagonistes : c'est en permettant, au cours de la réunion mensuelle, à chacun de s'expliquer devant tous les autres, que l'équipe en viendra à statuer sur les responsabilités respectives. L'important, ici, étant que le conflit ne soit jamais résolu par l'autorité hiérarchique – sans quoi il ne serait résolu qu'en apparence, le conflit, d'ouvert, deviendrait larvé –, pour cette simple raison, déjà analysée, que toute décision d'une autorité hiérarchique concernant des membres de son équipe se trouve d'emblée discréditée, quelle qu'elle soit, en raison d'inéludable soupçon de préférence personnelle. Loin de résoudre quoi que ce soit, une tentative de résolution de conflits par l'autorité hiérarchique ne peut que contribuer à nourrir des rancœurs.

Résoudre un conflit n'est l'affaire ni du chef ni de personne d'autre. D'aucun individu particulier. En effet, tant que, dans un différend, les parties en restent à un rapport dual, elles auront tendance à mettre l'autre en accusation – c'est toujours l'autre, a priori, le fautif –, à le caricaturer, à rester enfermées dans une seule perspective, la leur, de sorte que l'essentiel deviendra, à leurs yeux, « Qui a raison et qui a tort ? », et non plus « Qu'est-ce qui est juste ? ». La seule solution, pour qu'un conflit n'en vienne pas à dégénérer ainsi en un rapport de force passionnel entre personnes, c'est de dépersonnaliser le problème en introduisant la médiation du groupe. Car, en multipliant et confrontant les perspectives sur un problème donné, le groupe va le complexifier[387] – ce ne sera plus binaire, ou tout blanc ou tout noir – et ainsi, insensiblement, entrer dans sa solution, sans faire acception de personnes. Le fait, pour un manager, de confier la résolution du problème au groupe – même si la décision, *in fine*, est prise, endossée par lui seul –, le préserve de tout soupçon de favoritisme en même temps qu'il l'expose à être lui-même mis en question par ses coéquipiers. S'il est incriminé par le groupe, il n'aura d'autre solution que de se soumettre aux décisions prises par celui-ci... ou de se démettre, son poste devenant intenable dans la défiance vis-à-vis de ses coéquipiers.

Médiation des conflits par les pairs des pairs

Si un groupe ne parvient pas à résoudre un problème par lui-même, si la complexification de la réflexion au niveau de l'équipe ne suffit pas à faire émerger une solution, il faut alors faire appel

387. Le groupe complexifie en ce sens que, faisant varier les perspectives, montrant la diversité des interprétations possibles, incitant chacun des protagonistes à se mettre à la place de l'autre, il fait sortir d'une vision simpliste et simplificatrice des choses. Il permet ainsi une meilleure approximation de la vérité.

à la médiation d'un plus grand nombre de pairs. Le manager, lui, ne fait que la médiation de cette médiation (nous pourrions parler de « médiation au carré ») : il est celui qui va suggérer de faire appel à une autre équipe pour résoudre un problème sur lequel achoppe la sienne. Quand un problème ne trouve pas sa solution en interne, ou un conflit sa solution, cela consiste à élargir alors le cercle des impliqués à des pairs plus lointains, des membres d'autres équipes, de même niveau hiérarchique. L'élargissement doit se faire de manière horizontale, non verticale. Ce n'est pas vers la hiérarchie qu'il faut se tourner, comme si l'on attendait d'elle un salut, une parole prophétique, une injonction, comme si un chef était mieux placé pour juger, alors qu'il est aussi suspect de partialité que tout autre. Les mieux à même de résoudre un problème, ce sont toujours les équipes, et si ce n'est pas telle équipe, ce sera telle équipe plus telle autre, et ainsi de suite jusqu'à ce qu'une solution soit trouvée. D'une certaine manière, nous pourrions dire que les défauts de coopération se résolvent par un surcroît de coopération : le problème de coopération que manifeste le conflit sera résolu en faisant appel à la coopération des pairs, qu'ils soient de la même équipe ou d'autres. C'est la coopération, et non la coercition hiérarchique, qui doit résoudre conflits et problèmes. En allant éventuellement chercher cette coopération ailleurs que dans l'équipe où se pose le problème.

L'idée présidant à cette manière de faire est qu'un groupe humain, une équipe, ne trouve son équilibre, notamment pour ce qui est de la résolution de ses conflits internes, qu'en faisant appel à un « extérieur ». Certains n'hésitent pas à appliquer à la dynamique de groupe le théorème de Gödel, qui concernait les logiques mathématiques[388]. « *Pour Gödel,* les systèmes consistants ne peuvent être complets et les systèmes complets ne peuvent être consistants. *Transposé au domaine des sciences humaines, cela signifie qu'aucune collectivité*

---

388. Ce théorème fut énoncé par le logicien américain d'origine autrichienne Kurt GÖDEL (1906-1978), dont les travaux ont profondément modifié notre conception des mathématiques. Gödel est notamment le découvreur de ce que l'on appelle les « propositions indécidables ». Son maître-livre sur le sujet, *Principia Mathematica*, date de 1931.

n'est capable de trouver en elle-même ce qui la fonde. Toute communauté serait donc contrainte de se référer à un au-delà d'elle-même, à un «ailleurs» pour assurer sa propre cohérence.[389]» (Jean-Claude Guillebaud)

Médiation lors des évaluations

Il est enfin une dernière manière d'inscrire la médiation au cœur de l'organisation. Elle consiste, lors des évaluations du manager par sa base, à faire appel à une tierce personne de l'entreprise, extérieure à l'équipe pour y porter un regard neuf, et de même niveau hiérarchique que l'évalué afin d'en comprendre la position. Cette personne est appelée «médiateur».

La fonction de la réunion d'évaluation – que le manager est tenu de convoquer au moins une fois tous les deux ans – est de permettre au manager de vérifier qu'il est en cohérence avec son équipe, qu'il y a cohérence entre ce qu'il fait et la manière dont c'est reçu. Au moins une fois tous les deux ans, les règles de l'organisation demandent au manager de réasseoir sa légitimité en allant chercher la confirmation de la confiance que lui portent ses hommes. C'est pour lui une manière de chercher à être en vérité, de confronter la façon dont il voit les choses à celle dont les autres les voient. Lors cette réunion d'évaluation, la fonction du «médiateur» est de mieux faire mieux comprendre au groupe ce que le manager veut dire et au groupe ce que le manager cherche à lui dire, dans le but de transcender les éventuelles crispations qui les rendent inaudibles l'un à l'autre. Il est alors doublement médiateur:

– En tant que pair de l'évalué, il se fait son médiateur vis-à-vis du groupe.

– En tant qu'extérieur à l'équipe, il se fait son médiateur vis-à-vis de l'évalué.

---

389. Jean-Claude GUILLEBAUD, *La Refondation du monde*, Seuil, 1999, p. 220. Cette idée, d'une nécessaire ouverture des sociétés modernes à un extérieur comme substitut à l'ouverture à une transcendance, a été thématisée par le médiologue Régis Debray.

On voit ici combien le «médiateur» a pour rôle de mieux faire comprendre aux parties en présence le point de vue de l'autre, étant supposé que tout conflit s'origine dans un problème de communication, c'est-à-dire, *in fine*, de compréhension. Il est un passeur, un facilitateur, un traducteur, un clarificateur de ce que chacun cherche à dire à l'autre. Le «médiateur» n'est en aucun cas un juge, ni un procureur, ni un avocat, il n'est ni d'un côté (celui de l'évalué) ni de l'autre (celui du groupe). Il n'est pas là pour départager mais pour servir d'intermédiaire et de modérateur. Dans le cas où la réunion d'évaluation du manager ferait apparaître un problème personnel entre le manager et l'un seulement des membres de l'équipe, c'est d'une part le groupe lui-même qui fait la médiation entre le chef et le membre concerné, d'autre part un «évaluateur» extérieur à l'équipe et choisi par le chef.

À nouveau, nous nous retrouvons donc en présence d'une médiation au carré, d'une médiation de médiation :

– Dans le cas d'un conflit interpersonnel entre membres du groupe : le reste du groupe joue une première médiation, sous la médiation (régulation) du manager. L'expérience montre que, d'habitude, le groupe, dans cette fonction de médiation, joue un rôle de modérateur : il a tendance à défendre celui qui est mis en cause, à lui trouver des circonstances atténuantes, même si les accusations dont il fait l'objet sont avérées. S'il en va autrement, c'est-à-dire en cas d'emballement mimétique du groupe contre l'un de ses membres, c'est alors au manager, s'il n'est pas lui-même mis en cause, d'effectuer la médiation et de jouer un rôle modérateur.

– Dans le cas d'un conflit entre un membre du groupe et le manager : le groupe joue une première médiation, sous la médiation (régulation) de l'animateur-médiateur extérieur. Mais si, là encore, le groupe ne joue pas ce rôle de médiateur et que, dans un emballement collectif, il adopte la posture de l'accusateur, chargeant le chef de tous les maux (bouc émissaire), c'est alors à l'élément extérieur, au «médiateur», de jouer les modérateurs.

La démocratie de médiation est conçue comme un approfondissement de la démocratie participative. Alors que dans la démocratie telle que nous la connaissons, la règle du jeu est que les citoyens suivent les instructions qui leur sont données par leurs représentants, dans une authentique démocratie participative, que l'on peut appeler démocratie de médiation, la règle du jeu est co-construite, elle est la résultante des règles que chacun se donne à lui-même en tenant compte de celles que se fixent les autres. On est plus dans un orchestre de jazz que dans une direction d'orchestre symphonique ; la direction ne vient pas d'en haut, elle émerge petit à petit, par ajustement successifs, des interactions entre les instrumentistes eux-mêmes. Ceux-ci obéissent ainsi plus à une logique effectuale qu'à une logique prédictive.

Mais la démocratie de médiation introduit quelque chose de plus que la simple démocratie participative. Il y a, dans la démocratie de médiation, cette idée que le changement doit, dans une organisation, et particulièrement s'agissant d'innovation, pour être pertinent et perçu comme légitime, toujours se faire par des médiations plutôt que par la contrainte hiérarchique. Le pouvoir n'est jamais plus efficace que lorsqu'il est exercé de manière indirecte, oblique, par l'environnement, par les pairs ou de tierces personnes. Entant que client, ce n'est pas parce qu'un PDG me vantera les mérites de son entreprise que je vais le croire avoir envie de travailler avec lui, mais parce que d'autres le feront : un technicien en intervention qui n'est pourtant pas un commercial, un ami lors d'une conversation privée, etc. De même, ce n'est pas parce que mon chef me dira qu'il vaut mieux que je me positionne sur tel segment d'activité que je vais le faire – cela pourrait même me donner envie de faire exactement le contraire –, mais parce que certains de mes pairs me le conseillent ou que mes lectures me font sentir une évolution dans mon environnement de marché. Pour le dire de manière métaphorique, à une approche traditionnellement un peu trop « masculine » du management, un peu trop directe, où le chef apporte directement ses solutions aux problèmes qui se posent et exerce un pouvoir directif, l'entreprise nouvelle génération – sans doute inspirée par le « roi tisserand » de Platon croisant le fil de chaîne, viril et robuste (le *stêmôn*) et le fil de trame, plus souple (la *krokê*) – s'efforce de mâtiner celle-ci par une approche plus « féminine », plus souple du pouvoir, où le pouvoir d'influence remplace le pouvoir de contrainte. Ne serait-ce, peut-être, que parce que les coups de billard à trois bandes sont plus élégants que les coups « bille en tête ». Dans une démocratie de médiation, le pouvoir ne s'exerce jamais solitairement, jamais directement de l'un à l'autre (en relation bilatérale) ou de haut en bas, mais toujours par un ricochet de médiations (pairs, environnement, relation multilatérale...) partant de la base. Et ceux qui l'exercent, les managers, sont avant tout des médiateurs entre l'ici et l'ailleurs, entre l'intérieur de l'équipe et son extérieur, permettant ainsi de féconder l'interne d'une plus grande diversité.

L'exigence de cohérence entre organisation et management participatifs

Le management participatif et l'organisation participative s'appellent l'un l'autre[390]. Un management participatif est une condition nécessaire mais non suffisante d'une démocratie participative. Pratiquer un management participatif dans le contexte d'une organisation du travail *top-down*, fortement hiérarchisée, est un non-sens, car cela génère des frustrations croissantes, sources de déstabilisation pour l'organisation. Promouvoir un management participatif à l'intérieur d'une organisation politique de type « despotisme éclairé » relève de toute évidence de l'injonction paradoxale : la pratique managériale envoie un message responsabilisant contraire à celui envoyé par la pratique organisationnelle. « Ce que l'on vous donne d'une main, on vous le reprend de l'autre », voilà la seule conclusion qu'un esprit sensé peut donner à la disjonction quotidienne éprouvée au travail entre l'injonction managériale à plus d'*empowerment* et l'ordre interne réservant les décisions à quelques-uns.

La cohérence est toujours préférable à l'incohérence, lorsqu'on aspire à l'efficacité. Dès lors, de deux choses l'une : ou bien, pour

390. David LEVINE, dans *Reinventing the workplace : how business and employees can both win* (1995), montre que la démocratisation de l'entreprise n'a un impact positif et significatif que lorsqu'un ensemble de mesures de participation sont simultanément mises en œuvre.

s'accorder à un ordre politique interne relevant du « despotisme éclairé », il faut, en toute cohérence, mener ses troupes à la baguette et pratiquer un management directif, ou bien, pour s'accorder à un ordre politique interne relevant de la « démocratie participative », il faut laisser ses coéquipiers se mener eux-mêmes sous l'impulsion d'un management non-directif. Et inversement : un management directif appelle une organisation politique de type « despotisme éclairé », comme un management non directif appelle une organisation politique de type « démocratie participative ». Dissocier les deux, c'est prendre le risque d'importants dysfonctionnements humains et organisationnels.

Cette démocratie participative, qui ne serait qu'un mot si, d'une part, la participation des salariés demeurait optionnelle et leur avis consultatif, et si, d'autre part, elle ne se traduisait pas par une organisation spécifique, il nous revient à présent d'en expliciter les contours.

III – Intra-entrepreneuriat & Subsidiarité

« Intra-entrepreneuriat » et « libéralisme salarial »

Salarié et auto-entrepreneur

Si le Groupe Hervé peut être considéré comme « *un exemple vivant du modèle intrapreneurial*[391] », c'est dans la mesure où chaque responsable de *business unit*, chaque « chargé de clients », peut se vivre comme un auto-entrepreneur : il se fixe ses propres objectifs, il gère son propre budget, il édite lui-même ses devis et factures, il passe ses commandes, embauche et débauche selon ses besoins sans avoir à en référer à personne. Comme l'écrit Ségolène Royal, « *chez Hervé Thermique, les salariés gèrent eux-mêmes leur travail, définissent leurs objectifs, s'autoévaluent, font évoluer l'organisation et les règles de*

391. Bertrand DUPERRIN, « Discussions avec Michel Hervé (1) : le principe de subsidiarité dans l'entreprise », 23 mars 2008. http://www.duperrin.com/2008/03/23/discussions-avec-michel-herve-1-le-principe-de-subsidiarite-dans-lentreprise/

l'entreprise, arbitrent le partage des bénéfices entre le capital et le travail[392] ». Le salarié intra-entrepreneur (ou intrapreneur, comme on voudra) bénéficie ainsi des avantages de la vie d'artisan auto-entrepreneur, et d'abord celui primordial d'être son propre chef, sans en avoir les inconvénients, et d'abord celui angoissant d'être seul et sans filet de sécurité. Si tout entrepreneur se trouve confronté à l'entre-prise, au passage d'une prise à l'autre, tel un gibbon, et a donc affaire à une prise de risque, ce risque, l'auto-entrepreneur le supporte seul tandis que l'intra-entrepreneur le partage : l'entreprise, par définition, est une prise-entre, une prise de risque partagée. L'intra-entrepreneur réussit ainsi ce tour de force d'être à la fois auto-entrepreneur et salarié. Il jouit de l'indépendance de l'auto-entrepreneur tout en profitant de l'interconnexion des membres d'une même entreprise, d'une relative sécurité de l'emploi et de moyens financiers décuplés[393]. Si l'indépendance caractérise l'auto-entrepreneur, c'est l'autonomie qui caractérise l'intra-entrepreneur : là où l'indépendance est de pouvoir faire fi de toute règle (« seul compte mon bon vouloir ! »), l'autonomie, étymologiquement, est d'accepter de se soumettre aux règles que l'on s'est choisies. Dans le modèle intra-entrepreneurial, marqué par une véritable autonomie des salariés, on est donc loin d'une absence de règles.

Humainement parlant, le sens qu'il y a à mettre en place un management où personne ne se trouve placé sous les ordres de quelqu'un d'autre, et une organisation dans laquelle chacun peut se vivre comme un auto-entrepreneur sans en supporter tout le risque financier, c'est de permettre à chacun de se sentir respecté dans l'intégralité de sa dignité, de ne pas avoir le sentiment de la soumission, particulièrement mal perçu en France ainsi que l'a analysé Philippe d'Iribarne dans *La*

392. Ségolène ROYAL, préface à *De la pyramide aux réseaux*, p. 5.

393. « *Chez Hervé Thermique, les chefs de chantier trouvent la possibilité d'être des patrons sans avoir les mêmes responsabilités. (...). Ce que les salariés viennent chercher dans cette entreprise, c'est une certaine liberté d'action, mais aussi une stabilité professionnelle et une absence de précarité : ce sont des artisans salariés* » (Alain d'IRIBARNE, directeur de recherche au CNRS, *in* « Le modèle Hervé Thermique ou la flexibilité sans précarité », intervention à l'École de Paris, le 6 janvier 2006).

Logique de l'honneur (1989). Au fond, ce qui préside à la structuration d'une entreprise en un réseau d'intra-entrepreneurs, c'est peut-être la conviction que la mission de l'entreprise, et singulièrement d'une entreprise démocratique, c'est de libérer d'elle-même, de rendre l'individu capable de se passer d'elle en devenant son propre patron. Comme il en va pour l'État qui, en démocratie, n'a pas pour vocation à maintenir les citoyens sous sa dépendance mais, tout au contraire, à les faire grandir en autonomie, à l'inverse donc de l'État totalitaire qui cherche à s'attacher ses sujets par une adhésion militante.

Économiquement parlant, l'avantage qu'il y a à avoir une organisation dont la base soit réellement autonome, c'est une plus grande réactivité de la structure aux moindres inflexions du marché et une meilleure capacité à servir le client en faisant du sur-mesure. «*À l'heure de l'explosion des services, l'autonomie de ces «intra-entrepreneurs» est indispensable pour qu'ils puissent adapter la production aux demandes individualisées des clients*[394].» (Ségolène Royal). Le modèle économique table sur l'énorme potentiel d'innovation ordinaire que constitue le personnel ordinaire pour faire mieux et plus vite que les concurrents. Le «*libéralisme salarial*[395]» dont nous pouvons parler pour caractériser le modèle intra-entrepreneurial, signifie au fond cela: plus de liberté donne plus d'efficacité. La direction d'une entreprise fonctionnant selon ce régime pourrait dire: «*Nous avons fait notre choix qui consiste à ouvrir la carrière à la liberté*[396]», cette source inépuisable de création, éminemment valorisable dans le contexte d'une économie de l'innovation.

Cette place prépondérante accordée à l'autonomie est rendue possible grâce à une large utilisation des nouvelles technologies car, pour que l'*empowerment* soit effectif, pour que chacun puisse se fixer des objectifs et, plus largement, décider en toute connaissance de cause, il faut que chaque salarié ait de la visibilité sur son environnement, ait

394. Ségolène ROYAL, préface à *De la pyramide aux réseaux*, p. 5.
395. Elisabeth BOURGUINAT, Alain d'IRIBARNE et Michel HERVÉ, «Hervé Thermique ou le libéralisme salarial: un modèle de démocratie efficace?», Rapport d'étude.
396. Charles DE GAULLE, Conférence de presse du 16 mai 1967.

accès à un maximum d'informations (objectifs des collègues, innovations technologiques, tendances du marché). Inciter à l'*empowerment* sans donner à ses collaborateurs les moyens, notamment techniques, de la plus grande autonomie, relèverait de l'injonction paradoxale. Mais la technique ne fait pas tout. Un véritable *empowerment* suppose une organisation du travail adaptée, et en particulier que, selon le principe de subsidiarité, chaque équipe puisse déterminer elle-même ses règles de fonctionnement, ses objectifs et les moyens qu'elle y alloue, tant que celles-ci restent compatibles avec l'organisation de l'entreprise. Sans quoi le message implicite envoyé est contraire à celui qui l'est verbalement. Donner à chacun les moyens de se vivre comme un auto-entrepreneur, comme son propre patron, est l'encourager à faire preuve d'esprit d'initiative, à résoudre par lui-même les difficultés qu'il rencontre, en se mettant en relation avec les personnes idoines grâce aux outils technologiques mis à sa disposition.

Caractère organique du travail individuel

Deux avantages de l'intra-entrepreneuriat sont d'améliorer la polyvalence et, par là, l'épanouissement personnel des salariés. En termes de polyvalence, tout d'abord, l'intra-entrepreneuriat donne à toute personne, quelle que soit sa formation initiale et sa compétence technique particulière, de s'ouvrir à des compétences qu'elle ne possédait pas. Comme un entrepreneur, pour gérer son centre de profits, l'intra-entrepreneur est obligé de faire du recrutement, de posséder des notions de droit, de comptabilité, de gestion... L'intra-entrepreneuriat entraîne naturellement une diversification des compétences, ce pour quoi celle-ci doit être accompagnée par des formations professionnelles adéquates, elles-mêmes dispensées de préférence par les pairs. Si l'environnement de marché exige une évolution des compétences, la bonne attitude consiste non pas à faire changer de métier (comme c'est à la mode dans de nombreuses grandes entreprises et très déstabilisant pour les salariés), mais à faire plusieurs métiers, ce qui veut dire inciter les salariés à compléter leurs savoir-faire par l'intégration de nouveaux. Plutôt que de licencier des salariés aux compétences obsolètes pour en embaucher de nouveaux aux compétences plus adaptées, il faut travailler à ajouter, chez les mêmes salariés, de nouvelles compétences aux anciennes. Ce qui suppose, évidemment, d'avoir des salariés adaptables, qualité normalement cultivée par l'intra-entrepreneuriat. Les compétences doivent s'intégrer et non se substituer les unes aux autres. Ainsi l'évolution du marché sera-t-elle une opportunité de développement du capital humain et non une menace pour l'emploi.

Pour encourager chez les intra-entrepreneurs l'ouverture à d'autres réalités que celle de leur seul cœur de métier (afin de stimuler leur créativité), la diversification des compétences opérationnelles est une chose, la diversification des responsabilités autres qu'opérationnelles en est une autre. Humainement autant qu'économiquement, il y a tout à gagner à confier plusieurs « casquettes » aux salariés, à leur offrir de s'investir dans d'autres champs que strictement opérationnel. Par exemple, dans le Groupe Hervé, « *en tant qu'opérationnel, tu es acteur. Quand tu t'insères dans les réseaux fonctionnels, tu deviens éducateur. Et quand tu es élu ou que tu participes par le wiki à l'élaboration de la norme, tu peux devenir législateur* ». À chacun est proposé de devenir le référent de son équipe en matières RH, juridique ou comptable, ce qui lui permet d'élargir son horizon, de diversifier ses sources d'inspiration, et ainsi de ne pas être mono-tâche.

Cette ouverture à une pluralité de compétences et de responsabilités s'inscrit dans le droit fil de la philosophie fondatrice de l'entreprise adaptative consistant à voir dans la diversité, qu'elle soit d'opinions entre coéquipiers ou, ici, de compétences chez un même salarié, un atout plutôt qu'une menace. Mais il faut bien reconnaître que cette vision des choses va à l'encontre de la conception usuelle selon laquelle seule la spécialisation exclusive serait un avantage concurrentiel. En fait, c'est bien plutôt la polyvalence des salariés qui constitue, pour une entreprise, un avantage : elle permet une meilleure adaptation de son personnel aux évolutions de ses propres besoins. Elle forme des salariés adaptables, et pas seulement adaptés à un contexte professionnel particulier. Bref, la polyvalence des salariés est un gage de liberté non seulement pour eux-mêmes, en tant qu'elle accroît leur employabilité, mais aussi pour l'organisation, en ce qu'elle la rend capable d'évoluer dans un plus grand nombre de situations de marché.

Du point de vue de l'individu, la diversité des compétences est essentielle car, professionnellement, elle lui donne une plasticité, une adaptabilité indéfinie aux variations imprévisibles du marché et de ses propres aspirations personnelles. Aussi contribue-t-elle à son indépendance et au développement de son employabilité. À l'encontre de l'hyperspécialisation qui l'enferme en une seule et même compétence, la diversification des tâches permise par l'intra-entrepreneuriat est pour lui source d'épanouissement personnel. Car, comme tout être vivant, l'homme vit de diversité ; son humanité ne se réalise que dans l'ouverture à un plus grand nombre de possibilités, en quoi consiste le passage de l'enfance à l'âge adulte. Une organisation qui tend à enfermer ses salariés dans des activités mono-tâches les déshumanise petit à petit, et le mal-être ne peut qu'y croître. À l'inverse, une organisation qui permet à ses salariés d'exercer leur spécialité dans une réelle diversité de tâches – éloignées du cœur de métier, comme le recrutement pour un chauffagiste – et d'évoluer d'une spécialité professionnelle à l'autre, soigne l'humanité en son sein.

Et qui dit prendre soin de l'humanité, dit doper l'innovation, prévenir des risques éthiques, renforcer la motivation. Il n'est en effet pas absurde de considérer que ce qui contribue à brider la créativité personnelle, dans un grand nombre d'organisations, c'est la séparation, le morcellement des tâches qui empêche une authentique compréhension par chacun de ce qu'il fait, et a fortiori de ce que font les autres. Chacun étant exclusivement concentré sur sa tâche, il est aveugle aux problématiques des autres départements (juridique, marketing...), ce qui crée des problèmes de communication – l'un n'étant pas conscient des enjeux de l'autre –, et il ne perçoit plus le sens de ce qu'il fait, ce en vue de quoi il travail. C'est peut-être là le plus grand reproche que l'on puisse faire à la spécialisation exclusive des salariés, cette traduction contre-productive de la division du travail. Le travail parcellaire fait perdre la finalité du travail. Ce qui ouvre la porte à toutes les dérives, permet toutes les instrumentalisations, tous les embrigadements : « Focalisez-vous sur votre micro-tâche sans vous soucier de ce que vous contribuez à produire. »

Pour celui dont le seul horizon est la mise en œuvre mécanique d'un savoir technique, le « comment » tient lieu de « pourquoi » et il pourrait mettre sa maîtrise du « comment » au service de n'importe quel « pourquoi ». Comme l'écrivait le philosophe américain George Santayana, « *un fanatique est une personne qui redouble d'efforts quand elle ne sait plus pourquoi elle le fait* ». Construire des entreprises sur une organisation du travail basée sur l'hyperspécialisation des « collaborateurs », c'est contribuer à forger des salariés sinon « *fanatiques* », du moins mercenaires, auxquels échappe le sens de leur travail, donc peu motivés, peu proactifs et peu sensibles au respect des règles éthiques. À l'inverse, « *celui qui possède un "pourquoi" qui lui tient lieu de but, de finalité, peut vivre avec n'importe quel "comment"* » (Nietzsche). « *Là où il y a une volonté, il y a un chemin.* » (Lénine) : celui qui sait pourquoi il travaille, ce qu'il contribue à réaliser et ce vers quoi il souhaiterait évoluer, trouve toujours à se donner les moyens de ses ambitions. Le « pourquoi » peut lui tenir lieu de « comment ».

Jean-Pierre Doly et François Monconduit soulignent, dans *L'Entreprise entre contrainte et liberté* (1995), le lien existant entre approche globale du travail et efficacité économique : « *À force de spécialisation, on oublie que tout travail a une dimension globale, et que pour être efficace, il doit être traité et réalisé comme global. Trop de fractionnement dans les tâches empêche les intéressés de saisir toute la dimension de ce qu'ils font, et par là les déresponsabilise, et donc nuit à l'efficacité*[397]. » C'est pour permettre aux salariés de mieux comprendre ce qu'ils font et ce que font leurs pairs, qu'il est important que l'intra-entrepreneuriat se traduise par une organisation du travail

---

397. Jean-Pierre DOLY et François MONCONDUIT, *L'Entreprise entre contrainte et liberté*, L'Harmattan, 1995, p. 130. Doly était alors directeur du développement social chez Danone (par la suite directeur général pour l'international, il s'est fait connaître plus récemment du grand public comme coach du coach Raymond Domenech…). Monconduit est professeur de philosophie politique à l'université d'Assas (Paris II).

qui permette à chacun de se réapproprier sa tâche en en maîtrisant l'unité. En effet, pour que l'individu comprenne vraiment ce qu'il fait, il faut qu'il prenne ensemble (*com-prehendere*) chacun des éléments constitutifs du tout de son activité (de la prospection à la facturation, en passant par la production), qu'il les tienne ensemble (cohérence vient du latin *co-haere* qui veut dire « tenir ensemble ») et les assemble, qu'il ait une vue d'ensemble et participe à chaque étape (relation commerciale, devis, recrutement des techniciens, comptabilité, contrôle des délais, etc.).

Au final, nous pouvons remarquer, avec le *Strategor*, ouvrage de référence en stratégie d'entreprise, qu'il y a, d'un côté « *une conception mécaniste de la division du travail, dans laquelle chacun est considéré comme un exécutant, à l'intérieur d'un territoire soigneusement délimité, dont il ne doit pas franchir les frontières sous peine de remettre en cause toute la logique de l'organisation. Pour atteindre les objectifs qui lui sont assignés, un responsable de niveau supérieur doit avant tout veiller à ce que ses subordonnés atteignent bien ceux qu'il leur a fixés*[398] » Ce qui se trouve alors « *mis en exergue sont les* tâches *que le titulaire d'une fonction doit accomplir* », ils ont une obligation de moyens. D'un autre côté, dans « *une vision organique, chaque responsable est libre de combiner les tâches nécessaires à l'accomplissement de sa mission.* ». Ce qui se trouve alors « *mis en valeur sont les* missions *et les* objectifs *à atteindre, en définissant la responsabilité de chacun par rapport aux objectifs généraux de l'entreprise*[399] » : les salariés, davantage responsabilisés, ont alors une obligation de résultat.

Il n'est pas inintéressant de noter que, selon la littérature managériale, même les formes d'organisation accordant une moindre autonomie à leurs salariés que dans un modèle intra-entrepreneurial, pour peu qu'elles se contentent seulement de leur accorder une véritable autonomie dans le choix des moyens, se révèlent plus efficaces que celles qui confinent l'autonomie et la responsabilité à la portion congrue :

---

398. *Strategor. Politique générale de l'entreprise*, 3e édition, Dunod, 1997, p. 257.
399. *Ibid.*

« La responsabilité élargie est un gage de développement : chacun investi d'une fonction globale, doit mettre en œuvre des compétences différentes (polyvalence), faire face à des situations imprévues, développer un esprit de synthèse... – ce qu'il ne pourrait pas faire s'il était enfermé dans des tâches uniformes et répétitives. Au surplus chacun sera jugé selon ce qu'il fera de sa responsabilité, parce que c'est lui qui aura décidé comment faire. Le problème est alors d'intégrer cette autonomie à l'intérieur d'une cohérence globale telle qu'elle assure un effet de synergie du haut en bas de la hiérarchie. Que la liberté de l'un n'ait pas d'effet contraire à la liberté de l'autre, mais qu'au contraire la cohérence générale soit assurée parce que *chacun est responsable. Cette autorégulation locale se révélera beaucoup plus efficace – parce que mieux informée et plus souple – que le suivi de prescriptions venues du sommet*[400] ».

Compétition solidaire plutôt que concurrence rivalitaire

Plus il y a d'autonomie des acteurs, plus il faut les inciter à la coopération

La volonté de puissance positive, créatrice et indéfiniment inventive que chaque salarié est appelé à laisser s'exprimer dans le cadre de son intra-entrepreneuriat ne doit cependant pas nuire aux autres[401]. L'intra-entrepreneur ne peut pas se vivre seul car il ne l'est pas : l'intérêt de ce statut tient précisément à ce qu'il n'est pas livré à lui-même comme un auto-entrepreneur lambda ; il peut s'appuyer sur d'autres intra-entrepreneurs et sur les larges moyens technico-financiers mis à sa disposition par le Groupe. Il s'inscrit dans une structure qui lui permet justement d'être plus libre. Si l'auto-entrepreneur est indépendant,

---

400. Jean-Pierre DOLY et François MONCONDUIT, *L'Entreprise entre contrainte et liberté*, L'Harmattan, 1995, p. 137.

401. NIETZSCHE pensait, lui, qu'une volonté de puissance ne pouvait se réaliser sans porter, directement ou indirectement, préjudice à d'autres. Des dommages collatéraux étaient inévitables. Le philosophe de Sils-Maria résumait ainsi lapidairement sa pensée : « *On développe toujours son moi aux dépens du prochain. La vie est toujours aux dépens d'une autre vie* » (*La Volonté de puissance*, I, Gallimard, 1995).

l'intra-entrepreneur, lui, est autonome ; il a accepté de se soumettre à des règles collectives à la création desquelles il a pu participer.

Ces règles ayant précisément pour fonction d'organiser la compatibilité des libertés en interne – de faire en sorte que la liberté des uns ne nuise pas à celle des autres – certains ont parlé de « *libéralisme salarial* ». Comme il en va dans le libéralisme orthodoxe en effet, les initiatives privées, si libres soient-elles, demeurent subordonnées en droit au bien commun. Dès lors, la fonction d'un bon management est, s'appuyant sur les règles collectives, d'organiser le maximum de compatibilité entre les différents projets intra-entrepreneuriaux qui cherchent à s'exprimer. Idéalement, le besoin d'un manager chargé de coordonner l'expression des libertés individuelles ne devrait pas exister. C'est d'abord à chaque membre de l'équipe de manifester son autonomie en faisant montre de sa capacité à prendre en compte les objectifs des autres membres parallèlement aux siens. Grâce à la meilleure connaissance que les uns ont des autres, à la faveur de leurs interactions croissantes en virtuel (réseaux sociaux, intranet, *social messaging*...) ou en présentiel (réunions), les membres peuvent se fixer des auto-objectifs cohérents avec ceux de leurs collèguesl ; ils ont de la visibilité sur ce que veulent les autres et peuvent donc ajuster leur propre volonté, de manière à ne pas leur nuire. Un intra-entrepreneur faisant preuve de maturité sait que, d'une part, la liberté est toujours une liberté située, contextualisée, inscrite dans un champ de contraintes, et que, d'autre part, ses moyens sont limités, de sorte qu'il se donne des objectifs non pas *in abstracto* mais *in concreto*, adaptés à son environnement.

La vie en société ne serait plus possible si les individus refusaient, comme borne à l'expression de leur liberté, le fait de nuire à celle d'autrui. Dans une entreprise pas plus qu'ailleurs, le processus d'autonomisation ne doit pas se traduire par une atomisation, ce qui serait plutôt le fruit d'une individualisation extrême. L'intra-entrepreneur n'étant pas un travailleur *indépendant*, il apparaît nécessaire (pour favoriser l'émergence d'un esprit d'équipe bénéficiant à chacun) de mettre en place des réunions mensuelles. Des solidarités naturelles se créent et chacun en vient à réaliser qu'il est de son intérêt de jouer collectif. L'usage croissant des nouvelles technologies, joint à des réunions régulières et à une organisation en réseaux, permet de développer la coordination dans un contexte d'intra-entrepreneuriat où la concurrence entre pairs menace parfois de l'emporter. Il ne s'agit pas de forcer les gens à collaborer, mais de faire en sorte que, par un environnement de travail adéquat, chacun s'y sente moralement obligé. Seul le désir de reconnaissance par ses pairs doit inciter l'employé à collaborer, voire si possible, à coopérer. Jamais une contrainte hiérarchique, sans quoi la notion même de collaboration, et a fortiori celle de coopération, se trouveraient vidées de leur sens.

L'intérêt des intra-entrepreneurs est de jouer collectif

Dans un contexte de démocratie dans l'entreprise, le rôle du manager est d'expliquer, expliquer, expliquer, notamment, en quoi il est de l'intérêt de chacun des membres de l'équipe, coéquipiers intra-entrepreneurs, de jouer solidaire plutôt que solitaire. Ce qui peut l'être d'au moins deux manières.

Premièrement, la collaboration, entendue comme une co-élaboration des moyens (ressources) et des fins (objectifs), est de l'intérêt de chacun dans la mesure où l'émulation collective résultant d'un puissant esprit d'équipe pousse chacun à se dépasser et à apporter une valeur ajoutée bien supérieure à ce dont il aurait été capable seul. Le groupe est un formidable révélateur de potentiel. L'efficacité personnelle peut être décuplée par la dynamique de groupe. En sport comme en entreprise, l'équipe pousse ses membres à se transcender, à repousser leurs limites, afin qu'ils en sortent grandis. Seul, on marche plus vite, ensemble, on marche plus loin. «*Le tout est plus grand que la somme de ses parties*», disait Confucius, maintes fois repris depuis.

Deuxièmement, les salariés ont intérêt à se montrer solidaires les uns des autres car, en raison de leur évaluation annuelle par leurs pairs, de la transparence régnant en interne et des interactions croissantes de tout avec tout, ce qu'ils disent et font, en bien comme en mal, pourra toujours leur revenir (rétroaction). Aider ses coéquipiers en difficulté, c'est créer les conditions pour être à son tour aidé lorsqu'on se trouvera dans la même situation. Le système organisationnel étant ce qu'il est, la meilleure stratégie est l'entraide : s'il veut recevoir de l'aide, chacun doit se mettre en situation de pouvoir en fournir à son tour, c'est-à-dire informer les autres non seulement de ses propres besoins, mais aussi de ses compétences et appétences propres. C'est en communiquant le plus intensément possible avec ses pairs, en se montrant le plus ouvert, qu'un salarié aura le plus de chances de s'en sortir, quelle que soit la situation à laquelle il se trouvera confronté. Dans ces conditions, il n'est pas étonnant que « *les entrepreneurs mettent en place des coopérations en matière de formation du personnel, de prêt de main-d'œuvre ou de matériel, de prospection des marchés, etc. C'est là, en partie, le résultat d'un sens éclairé de l'intérêt à long terme que l'on pourrait comparer à celui des membres d'une équipe sportive : tous les sportifs sont en compétition pour optimiser leur carrière personnelle, mais doivent, pour cela même, agir aussi en équipe et pour le succès de l'équipe*[402] ». C'est l'intérêt d'un entrepreneur, surtout s'il se trouve intégré à une entreprise, d'agir de manière solidaire, de rester en solidarité avec les différents éléments constituant son écosystème. Encore faut-il que le manager sache le faire clairement apparaître, lors des réunions mensuelles. On coopère en effet d'autant mieux que l'on y perçoit son intérêt. Les nouvelles technologies peuvent contribuer à cette prise de conscience : en les utilisant régulièrement, les membres de l'équipe accèdent à une meilleure connaissance des forces et faiblesses des autres membres de l'équipe, ce qui leur permet d'identifier ce que les autres sont susceptibles de leur apporter pour la réalisation des projets dont ils sont responsables.

Nécessité de la coopération pour la vie d'un organisme

L'économiste Jacques Généreux oppose la « *compétition solitaire* » à la « *coopération solidaire* ». Nous pouvons dire sans risque de nous tromper que l'entreprise nouvelle génération s'efforcera d'emprunter une troisième voie, présentée par Jacques Généreux comme celle de la

402. Jacques GENEREUX, *Les Vraies lois de l'économie* [2001], Seuil, 2005, p. 133-134.

«compétition solidaire», mais que nous pourrions aussi appeler ***«coo-pétition***[403] ***»***. La compétition entre les membres d'une même organisation, pour ne pas dégénérer en concurrence destructrice à moyen terme pour chacun, doit être minutieusement organisée de façon à permettre une cohésion ; néanmoins, celle-ci ne doit pas se faire par le haut, sans quoi elle ne générerait aucune émulation durable entre les membres. Pour être source de création, la cohésion doit être perçue comme non coercitive, et donc venir du groupe lui-même. Ainsi que le note Jacques Généreux, ***«le choix de la compétition solidaire résulte aussi d'une forte pression sociale qui contraint chacun à la loyauté envers la communauté à laquelle il appartient*** [404]***»***.

Cette compétition solidaire se retrouve dans le vivant, où la compétition pour la survie n'exclut pas les comportements de coopération entre espèces – on parle alors de «symbiose» – où deux concurrents s'allient pour mieux affronter la compétition[405]. ***«La symbiose repré-***

---

403. La notion de «coopétition» a été introduite en 1996 par Barry NALEBUFF (Yale University) et Adam BRANDENBURGER (Stern School of Business) dans leur livre *La Coopétition, une révolution dans la manière de jouer concurrence et coopération*, éd. Village mondial, 1996. Maria BENGTSSON et Sören KOCK ont montré, en 2000, dans leur article "Coopetition in Business Networks – to Cooperate and Compete Simultaneously" (*Industrial Marketing Management*, n° 29, pages 411-426), que la coopétition est «*la relation la plus avantageuse entre deux concurrents*».

404. Jacques GENEREUX, *Les Vraies Lois de l'économie* [2001], Seuil, 2005, p. 134.

405. C'est cette loi naturelle d'entraide et de coopération entre les espèces comme au sein de chacune d'elles que dégage Pierre KROPOTKINE dans *L'Entraide, un facteur d'évolution* [1902], où le prince russe, scientifique et anarchiste, récuse les mésinterprétations du darwinisme qui croit pouvoir conclure que la vie sociale est naturellement régie par une «*lutte pour la vie*» favorisant les plus aptes. Répondant aux théories de Thomas H. HUXLEY publiées dans *La Lutte pour l'existence dans la société humaine* en 1888, Kropotkine ne nie pas l'existence de la compétition, mais montre que les espèces les mieux adaptées peuvent être les plus sociales et solidaires. Kropotkine conclut ainsi son ouvrage : «*Dans le monde animal nous avons vu que la grande majorité des espèces vivent en société et qu'ils trouvent dans l'association leurs meilleures armes dans la lutte pour la survie : bien entendu et dans un sens largement darwinien, il ne s'agit pas simplement d'une lutte pour s'assurer des moyens de subsistance, mais d'une lutte contre les conditions naturelles défavorables aux espèces. Les espèces animales au sein desquelles la lutte individuelle a été réduite au minimum et où la pratique de l'aide mutuelle a atteint son plus grand développement sont invariablement plus nombreuses, plus prospères et les plus ouvertes au progrès. La protection mutuelle obtenue dans ce cas, la possibilité d'atteindre un âge d'or et d'accumuler de l'expérience, le plus haut développement intellectuel et l'évolution positive des habitudes sociales, assurent le maintien des espèces, leur extension et leur évolution future. Les espèces asociales, au contraire, sont condamnées à s'éteindre.*»

sente un phénomène essentiel du monde vivant. La vie n'est pas que compétition et prédation. Les mécanismes de coopération et de symbiose y jouent un rôle essentiel. Compétition et coopération sont les expressions d'un jeu dialectique. L'une et l'autre fonctionnent conjointement, générant les grands équilibres de la vie[406]. » Comme y insiste la biologiste Lynn Margulis[407], célèbre pour son travail sur l'endosymbiose, la symbiose est un facteur clé de l'évolution des espèces. Axée exclusivement sur la compétition, la théorie darwinienne est incomplète, car l'évolution est également orientée par des phénomènes de coopération et d'interaction entre organismes vivants.

Il y aurait quelque chose de naturel dans la coopération. De fait, on observe que les intra-entrepreneurs, généralement, ne se satisfont pas longtemps de faire seuls ce qu'ils font, même s'ils le font bien. S'ils veulent faire les choses par eux-mêmes, ils préfèrent les faire à plusieurs, en collaboration ou coopération. La liberté crée spontanément de la fraternité. L'homme, quand ses rapports avec son semblable ne sont pas déterminés par le besoin, se tourne naturellement vers lui, parce qu'il est plus enthousiasmant de réaliser un projet en commun qu'en solitaire. C'est l'établissement de cette solidarité, fondée sur la liberté, qu'il faut viser, car c'est elle qui s'avère la plus stimulante pour l'innovation et la productivité collective. Chaque intra-entrepreneur est, comme dit Albert Camus, tout à la fois « *solitaire et solidaire* » [408].

Pour favoriser la coopération, il faut garantir la liberté de chaque coéquipiers par rapport à tous les autres : favoriser les interactions plutôt que l'interdépendance. La collaboration, quand elle est une coopération – par exemple lorsqu'on parle d'un « travail collaboratif web 2.0 » –, est non seulement une co-élaboration mais une co-libération :

---

406. Jean-Marie PELT, *L'évolution vue par un botaniste*, Fayard, 2011, p. 49. Lire aussi, du même auteur, sur le même sujet, *La solidarité chez les plantes, les animaux, les humains* (en collaboration avec Franck STEFFAN), Fayard, 2005.

407. Elle a notamment publié, en 1998, *Symbiotic Planet : A New Look at Evolution*, chez Basic Books.

408. Il se pourrait que cette disposition ambivalente, d'être solitaire tout en ne cessant d'être solidaire, soit l'un des ressorts de l'innovation. Victor Hugo affirmait par exemple : « *Ma vie se résume en deux mots : solitaire – solidaire* » (extrait de « Carnet », 1870).

la coopération ne peut avoir lieu qu'entre des individus qui se sentent libres les uns des autres (ce que permet l'établissement auto-objectifs, la co-construction de la règle et un management non-directif).

Et c'est à l'ensemble des interactions avec l'environnement que la coopération doit être étendue. La coopération doit avoir lieu non seulement en interne, entre salariés, mais aussi avec les clients, les fournisseurs et les acteurs représentatifs de la société, de manière à créer une symbiose. Cette extension de la coopération à l'extérieur de l'entreprise passe par le développement de réseaux avec toutes les parties prenantes. L'entreprise nouvelle génération, adaptative et interactive, organise la coopération au sein de sociétés ou entre des sociétés, leurs partenaires et leurs clients.

Subsidiarité (et emboîtement des écosystèmes)

Autonomie de chaque équipe

De même qu'il y a deux lectures possibles de la démocratie participative (selon que l'on fait participer les salariés à la seule réflexion ou aux décisions), il y a deux lectures possibles de la subsidiarité, l'une minimaliste, l'autre maximaliste : dans un cas, c'est la hiérarchie qui détermine le champ de responsabilité des niveaux inférieurs (c'est un autre qui circonscrit les limites de votre « autonomie »). Dans l'autre cas, chaque niveau détermine lui-même le champ de responsabilité qui peut être le sien (vous déterminez vous-même votre champ d'autonomie). Mais cette seconde lecture, pour plus conforme qu'elle soit au concept de subsidiarité, contient à nouveau son propre dépassement, car être seul à limiter son pouvoir serait un pouvoir illimité et, partant, arbitraire, sans loi[409]. Aussi le champ de responsabilité de

---

409. C'est la principale critique que l'on peut faire à une conception de la démocratie selon laquelle le pouvoir du peuple devrait être sans contre-pouvoir : il est alors le plus absolu de tous les pouvoirs. « *Le pouvoir illimité est la conséquence fatale de la forme établie de démocratie* », écrit Friedrich von HAYEK dans *Droit, législation et liberté*. Il poursuit : « *L'idéal de démocratie, originairement destiné à empêcher tout pouvoir de devenir arbitraire, devient ainsi la justification d'un nouveau pouvoir arbitraire (...). Dans le monde occidental, la souveraineté illimitée n'a pratiquement jamais été revendiquée par personne depuis l'Antiquité, jusqu'à l'apparition de l'absolutisme au XVIe siècle. Elle n'a certainement jamais été reconnue aux princes médiévaux, et*

chaque échelon ne doit-il pas être exclusivement déterminé par cet échelon lui-même, ce qui ne manquerait pas de poser des problèmes de cohérence, à l'intérieur d'un même Groupe, mais procéder d'une co-décision. La subsidiarité est donc déjà de pouvoir participer à la définition de sa propre subsidiarité ; que celle-ci ne soit pas unilatéralement définie d'en haut. Le champ d'autonomie de chaque échelon est ouvert, comme toutes les règles et processus régissant une entreprise démocratique, à toute modification que les salariés trouveraient opportun d'apporter : ils peuvent constituer un groupe de travail dédié et, au terme de leurs débats, faire des propositions d'améliorations aux responsables opérationnels, charge à ces derniers de s'en défier ou de s'y fier, sachant que s'ils s'en défient ils délitent la confiance en interne.

Concrètement, la subsidiarité signifie l'autonomie de chaque niveau hiérarchique : chaque manager, quel que soit son niveau hiérarchique, est entièrement patron de sa propre structure, de son centre de profit (il recrute, licencie, se fixe ses objectifs, s'alloue des moyens, développe sa clientèle, etc.). Son « N+1 » n'a aucun pouvoir sur sa structure. Ainsi le PDG n'est-il le patron que de sa quinzaine de collaborateurs directs ; il n'est en rien le patron de tel chargé de client ou de tel responsable d'agence. L'organisation se trouve ainsi mieux préservée des éventuels abus de pouvoir : il y a des portes coupe-feu à tous les étages, une étanchéité entre tous les compartiments. Le manager d'une équipe, PDG compris, ne peut pas prétendre avoir une influence directe sur plus de monde que la quinzaine de personnes constituant son équipe. C'est pourquoi, vue depuis la base, la subsidiarité se manifeste dans ce que, pour tout ce qui a trait à sa responsabilité professionnelle, aucun intra-entrepreneur ne peut se faire imposer une décision ou un objectif. L'objectif du PDG n'est dans une certaine mesure que la somme des objectifs des intra-entrepreneurs composant le Groupe. Du moins cette agrégation des objectifs de chacun lui indique-t-elle clairement

à peu près jamais réclamée par eux. Et bien que les monarques absolus du continent européen y aient prétendu avec succès, elle n'a pas été réellement acceptée comme légitime avant que soit installée la démocratie moderne qui, à cet égard, est l'héritière de la tradition absolutiste» (*Droit, législation et liberté*, III).

quelle direction suivre, libre à lui ensuite d'accepter de la suivre, de s'y soumettre ou, d'une certaine manière, de se démettre (en risquant de se décrédibiliser par un tel arbitraire).

L'intra-entrepreneuriat, fondement d'une véritable subsidiarité, se justifie d'abord parce qu'il permet une plus grande efficacité commerciale : structure plus adaptable, prestations sur-mesure. « *L'*autonomie par niveaux [c'est-à-dire la subsidiarité] *est une autre façon de parler de la décentralisation : elle désigne le principe selon lequel chaque étage de la hiérarchie se voit attribuer l'intégralité de la responsabilité correspondant à ses attributions. Cette intégralité de la responsabilité est d'abord un gage d'efficacité. Confier aux opérateurs la responsabilité, non seulement de la première maintenance, mais de la détection des pannes, de la qualité et de la sécurité a un double effet. Cela permet une plus grande réactivité. Cela facilite l'ajustement de la décision à une spécificité du terrain que ceux-ci connaissent bien*[410]. »

Une telle démarche suppose naturellement que l'on fasse confiance aux individus et qu'on leur donne les moyens d'agir. Mais, comme nous l'avons déjà observé, cela suppose surtout que les individus se fassent suffisamment confiance à eux-mêmes : tout le monde ne se sent pas immédiatement apte à se prendre en main pour affronter les problèmes qu'il rencontre, et il peut être tentant, pour certains, de se réfugier derrière la ligne hiérarchique afin de fuir leur responsabilité. Il faut parfois de longs mois pour qu'un nouveau salarié s'adapte, désapprenne ce qu'il a appris, en particulier les habitudes d'obéissance servile.

Une subsidiarité paradoxale : horizontale plus que verticale

A minima, la subsidiarité dans une organisation veut dire que les questions doivent être réglées au niveau où elles se posent. Ce qui suppose une réelle autonomie de décision de chacune des équipes constituant ce niveau hiérarchique. Chaque équipe doit régler elle-même les problèmes qui surviennent en son sein, sans avoir à en

---

410. Jean-Pierre DOLY et François MONCONDUIT, *L'Entreprise entre contrainte et liberté*, L'Harmattan, 1995, p. 136.

référer au niveau supérieur. Si elle n'y parvient pas, elle fait appel à une autre équipe de même niveau, nous l'avons déjà vu. Le niveau supérieur, lui, doit se contenter d'être informé. La subsidiarité, telle qu'elle est ici exposée, présente donc cette particularité que si un problème excède les capacités de résolution d'une équipe, la suite naturelle des choses n'est pas d'en confier la résolution au niveau supérieur, mais à une autre équipe de même niveau, et ainsi de suite jusqu'à ce qu'il soit résolu. Ce point est notable. C'est en élargissant le cercle de ceux qui sont impliqués dans la résolution d'un problème donné que l'on améliorera les conditions de sa résolution, grâce à l'approche sans cesse plus fine (i.e. plus complexe) induite par la multiplication des perspectives. C'est n'est pas à l'échelon supérieur, c'est-à-dire ici le « N+1 », de résoudre un problème sur lequel bute son équipe, parce qu'il n'est pas le mieux placé pour le faire : d'abord en raison de son plus grand éloignement du terrain, ensuite en raison de sa position hiérarchique entachant chacune de ses décisions du soupçon de partialité. Le rôle du manager, dans le cas où son équipe atteindrait la limite de sa compétence pour traiter d'une question pourtant de son ressort, est, comme nous l'avons déjà vu, de faire appel à la médiation d'un plus grand nombre de pairs. La véritable subsidiarité, ce n'est pas de confier à l'échelon hiérarchique supérieur un problème qu'une équipe ne parvient pas à résoudre, c'est de ne confier à cet échelon supérieur que les problèmes qui n'ont pas pu être résolus à l'ensemble du niveau hiérarchique inférieur. Il faut que tout un niveau hiérarchique n'ait pas réussi à résoudre le problème pour qu'il devienne légitime de le confier au niveau supérieur.

C'est seulement si le problème se trouve être d'une nature stratégique globale et impactant d'autres équipes que la sienne propre que le manager, en tant que représentant de son équipe auprès des autres, est fondé à le faire remonter jusqu'au niveau adéquat – ce qui n'exclut pas, bien au contraire, de faire d'ores et déjà participer son équipe à sa résolution. Tout dépend, donc, de la nature du problème posé. Un problème local devra être traité localement, tandis qu'un problème susceptible d'impacter l'entreprise dans son ensemble devra être *prioritairement* soumis au siège – ce qui ne veut pas dire qu'il doive l'être *exclusivement* et que seul le siège puisse contribuer à sa résolution. Une telle répartition des responsabilités en fonction de la nature des problèmes a pour avantage de responsabiliser davantage les équipes de terrain pour tout ce qui les concerne prioritairement, et de ne pas asphyxier la hiérarchie avec des problèmes qui ne sont pas d'abord de son ressort puisqu'un manager, même de proximité, n'est pas le mieux placé pour résoudre des problèmes du terrain. Le manager est et doit rester prioritairement un animateur d'équipe, il n'est pas lui-même dans le faire : il doit aider ses subordonnés à trouver une solution par eux-mêmes, soit de manière solitaire, soit, et c'est de loin préférable, de manière collective, entre pairs. Bref, une subsidiarité effectivement mise en œuvre permet de régler les problèmes au plus près de leur origine, gage de solutions adaptées et d'économie de ressources.

Nous le voyons, la subsidiarité n'exclut pas que l'on puisse confier une partie de son pouvoir de décider à des représentants, s'agissant de domaines (par exemple stratégiques) sur lesquelles une équipe reconnaît manquer de visibilité pour pouvoir discerner ce qu'il convient. Ce pouvoir donné par l'équipe – de décider à sa place sur des sujets sur lesquelles elle s'avoue incompétente –, elle le donne vraiment et peut d'autant mieux le donner qu'elle ne s'en dépossède pas[411].

À l'intérieur même de chaque équipe, chaque niveau hiérarchique a sa sphère de compétence bien délimitée. Aux techniciens le faire, au manager le laisser-faire, c'est-à-dire l'animation d'équipe. Chaque

411. Il en va du pouvoir comme de l'amour : « *Chacun y a sa part et tous l'ont en entier* » (HUGO, *Les Feuilles d'automne*, I, « Ce siècle avait deux ans »). Comme le savoir, il se communique sans appauvrir celui qui le donne : « *Qui allume sa bougie à la mienne reçoit de la lumière sans me plonger dans l'obscurité* » (Thomas JEFFERSON), et « *Si tu as une pomme, que j'ai une pomme, et que l'on échange nos pommes, nous aurons chacun une pomme. Mais si tu as une idée, que j'ai une idée et que l'on échange nos idées, nous aurons chacun deux idées* » (George-Bernard SHAW). Si, dans ces conditions, on peut dire du pouvoir ce qu'Albert SCHWEITZER disait de l'amour, à savoir qu'il est « *la seule chose qui double à chaque fois qu'on la partage* », on comprend que le PDG du Groupe Hervé soit qualifié par Alain d'IRIBARNE, dans *De la pyramide aux réseaux*, de « Dieu le Père » : son aura est allée grandissante à mesure où il confiait à chacun le soin de se gouverner lui-même, sa puissance se décuplait à mesure où il donnait du pouvoir.

chef d'équipe, PDG compris, se contente de «*fixer un cadre et d'insuffler les valeurs du groupe*[412] » ; il ne donne aucune directive opérationnelle, tout au plus émet-il des recommandations, ensuite débattues par ses coéquipiers. Il est le garant de la bonne disposition des éléments relevant de la culture de l'entreprise, veillant par exemple à ce que les réseaux fonctionnels puissent faire leur travail et à ce que chacun reste en cohérence avec ses propres objectifs financiers.

Avoir une relation écosystémique avec ses parties prenantes

La compétition solidaire qui doit se développer à l'intérieur d'une entreprise démocratique régie par un «libéralisme salarial» doit également avoir lieu avec les parties prenantes de cette entreprise. «Compétition solidaire», surtout, avec ses concurrents qui, d'adversaires, deviennent des partenaires. Tout concurrents qu'ils soient, ils ne sont pas rivaux et doivent devenir des partenaires, tels des joueurs de tennis dont les échanges permettent de hausser le niveau de jeu. L'harmonie entre tous est la voie à rechercher, par-delà les oppositions de surface. En effet, les acteurs d'un secteur d'activité donné n'en demeurent pas moins en interactions perpétuelles et ont tous intérêt à ce que le secteur soit florissant, le métier respecté. Il s'agit, pour l'entreprise, de contribuer à créer autour d'elle un «écosystème d'affaires», une communauté économique unie par une solidarité d'intérêts : cette communauté économique, par ses interactions, va produire des biens et des services en apportant de la valeur aux clients qui feront eux-mêmes partie de cet écosystème en ce qu'ils contribueront eux aussi, dans une perspective 2.0, à améliorer la qualité des produits qui leur sont proposés.

La littérature managériale semble en effet montrer que, dans les environnements complexes, les stratégies collectives sont plus efficaces que les stratégies purement concurrentielles pour répondre aux

412. Rapport «concours performance globale» (outil de diagnostic proposé par le CJD) de Master I remis par Fabien ABEIL, Julien BAUCHER, Lancinet Francedy CONDE et Thomas WRORZYNSKI à l'université d'Orléans, 2010, p. 14.

variations de marché[413]. SAP, groupe indépendant spécialisé dans le développement, la vente et la mise en place de progiciels de gestion intégrés (ERP), est ainsi devenu depuis le début des années 1990 le *leader* reconnu de son marché en créant un écosystème d'affaires et en introduisant notamment des stratégies collectives et de «coopétition», lesquelles ont induit des différentiels de compétitivité substantiels avec la concurrence[414]. Le logiciel libre constitue lui aussi un bel exemple de pratique de la coopétition, dans la mesure où de nombreux projets libres (Apache, noyau Linux...) sont financés par des entreprises concurrentes. Enfin, lorsque deux associations à but non lucratif présentent chacune un dossier pour répondre à un appel à candidature afin d'obtenir un financement public, et qu'elles s'informent ouvertement de leurs intentions en publiant leur projet sur le web, elles adoptent une approche coopétitive. Celle-ci favorise la compétition transparente, l'émulation de nouvelles démarches, l'intelligence collective, l'émergence de communautés de pratiques.

Un écosystème d'affaires est certes à créer et à entretenir, mais toute entreprise, qu'elle le veuille ou non, se trouve insérée dans un écosystème. En fonction de leur taille, locale, régionale, continentale ou mondiale, les entreprises évoluent dans des écosystèmes différents – respectivement le bassin de vie, la région, le continent ou le monde –dont elles font partie et avec lesquels elles entretiennent

---

413. cf. les travaux pionniers d'EMERY et TRIST en 1964 dans leur article «La trame causale de l'environnement des organisations» (*Sociologie du travail*, n° 4, p. 337-350) et ceux d'ASTLEY et FOMBRUN dans «Stratégie collective: écologie sociale des environnements organisationnels» (1983). La guerre de prix par exemple entre concurrents rivaux s'avère périlleuse pour celui qui les a lancées (cf. Philippe BAUMARD dans *Analyse stratégique, mouvements, signaux concurrentiels et interdépendance*, Dunod, 2000) et elle ne bénéficie que rarement aux belligérants (cf. Frédéric LE ROY, «Dynamique de la concurrence et cession d'activité: le cas de la cession de Cassegrain au Groupe Bonduelle», *Finance Contrôle Stratégie*, vol. 3, n° 4, p. 83-111, 1998).

414. cf. l'article d'Estelle PELLEGRIN-BOUCHER et Gaël GUEGUEN, «Stratégies de coopétition au sein d'un écosystème d'affaires: une illustration à travers le cas de SAP» (revue *Finance, Contrôle, Stratégie*, volume 8, n° 1, mars 2005, p. 109-130). SAP a développé cet écosystème d'affaires en éditant des manuels d'utilisation, en développant des applications connexes, en formant du personnel, en enseignant à des étudiants qui seront de futurs prescripteurs, en améliorant le management de l'organisation, de telle sorte qu'à terme une multitude d'acteurs (individus, entreprises, associations) favorise, directement ou indirectement, la diffusion de leurs logiciels.

une communauté d'intérêt. Leur intérêt est que leur écosystème (fournisseurs, clients, autorité politiques...) soit florissant, comme il est de l'intérêt de cet écosystème qu'elles réussissent. L'apparition de tels écosystèmes découle de la structuration systémique du monde, amplifiée par les nouvelles technologies. De ce que les entreprises appartiennent, qu'elles le veuillent ou non, à un écosystème avec lequel elles interagissent, il résulte qu'elles ne peuvent plus agir sans se préoccuper des réactions en chaîne que leurs actions ne manqueront pas de susciter. Nuire à son écosystème, que ce soit en asphyxiant un fournisseur, en négligeant la relation clients ou en sous-payant ses salariés, c'est à terme se nuire à soi-même. Aussi une entreprise, si elle se veut durable, doit-elle se vivre en symbiose avec l'environnement auquel elle est liée : ne plus se vivre comme dominant certains intervenants ou dominée par d'autres, mais comme agissant en réseau avec tous. Tel est le nouveau paradigme dans lequel la mondialisation et la massification des nouvelles technologies nous ont fait rentrer.

IV – Un fonctionnement en réseau

L'entreprise réticulaire : une structure polycellulaire pour une adaptabilité maximale

L'entreprise adaptative a toutes raisons de se constituer en un réseau d'intra-entrepreneurs dont chacun constitue une *business unit* échangeant ou vendant des services à ses pairs. « *On voit apparaître de plus en plus un style d'organisation en réseaux constitués d'unités reliées entre elles par toutes sortes de transactions et de contrats*[415] » (Strategor). Ces intra-entrepreneurs sont égaux entre eux, capables d'être tour à tour managers ou simples coéquipiers en fonction des projets, des expertises et disponibilités des uns et des autres. À vrai

415. *Strategor. Politique générale de l'entreprise*, par un collectif d'auteurs, 3e édition, Dunod, 1997, p. 336.

dire, c'est la démocratie dans l'entreprise qui induit une organisation hiérarchique réduite au minimum, davantage constituée en réseau, par nature plus égalitaire.

«*Le fonctionnement en réseau est le reflet d'une démocratie de médiation, fondée sur le partenariat*[416]» plutôt que sur la rivalité entre les différentes parties prenantes, c'est-à-dire entre intra-entrepreneurs comme entre l'entreprise et son environnement. Cette organisation est plus démocratique en ce sens que, dans un réseau, le centre peut être partout, de sorte que chacun peut être un centre (chef de projet), selon les besoins, ce qui donne une formidable plasticité à l'ensemble. «*L'entreprise réticulaire fonctionne de telle sorte que «le centre de commande change selon les circonstances. Sa localisation est fonction de l'information disponible à une chaîne de cellules données. C'est le flux des informations qui détermine quelle concaténation importe et, par conséquent, délimite le centre de commande. Voilà pourquoi nous appelons ce système auto-organisateur*»[417]». En conséquence de quoi la notion même de siège social, au sens traditionnel du terme, semble en voie de dépassement[418]. Le centre pouvant être partout, une indéfinité de configurations sont possibles, en fonction de l'évolution des besoins de l'entreprise. «*Le design de l'organisation* [en réseau] *n'y a pas pour finalité d'élaborer une combinaison optimale d'éléments, il s'efforce au contraire de définir les bases d'une combinatoire garante d'une adaptation rapide des modes d'action*[419]», affirme le *Strategor*,

416. Jean TERRIER, *Vers une démocratie universelle*, L'Harmattan, 2000, p. 117.

417. Roland MINNERATH, *Les organisations malades de la science : la rationalité du management*, Beauchesne, 1982, citant Stafford BEER, *The Brain of the firm*, Wiley, 1994.

418. Hans-Paul BÜRKNER, PDG du Boston Consulting Group, affirmait ainsi sans détour dans *Le Monde* du 6 janvier 2011 : « *L'idée d'un siège est périmée. Grâce aux technologies, les sièges sociaux vont devenir virtuels... sauf pour le plombier du coin ! (...). Il peut y avoir plusieurs sièges, un pour la recherche & développement, un pour la production, d'autres pour différentes divisions, différents produits. Les décisions doivent être de plus en plus décentralisées. Et le rôle du siège est de moins en moins important. Il faut comprendre ce qui se passe dans le monde entier. Le siège unique n'est plus pertinent. (...) [Car] le siège social détermine souvent la façon de penser. Si les Allemands, les Français, décident de conquérir le monde depuis Paris ou Munich, alors que la plus grande partie du business est déjà dans les pays émergents, ils feront des erreurs.* »

419. *Strategor. op. cit.*, p. 354.

ouvrage de référence en matière de stratégie d'entreprise. La forme d'organisation, qui n'est plus seulement linéaire mais résiliaire, est une force, ou plutôt une souplesse.

Pour se constituer, l'« *entreprise réticulaire*[420] » (Jean-Pierre Durand) doit se doter d'une réelle « *structure polycellulaire*[421] » (Hubert Landier), caractérisée par la constitution de petites équipes autonomes (de 10 à 15 personnes environ) et une réduction des niveaux hiérarchiques, en vue d'assurer une bonne mobilisation des ressources humaines. On parle alors parfois de « *modèle cellulaire en réseau*[422] » (Pierre Veltz). L'entreprise n'est plus ici conçue comme une suite d'éléments mis bout à bout mais comme un ensemble constituant une totalité organique. Cette forme d'organisation permet une grande souplesse dans la mesure où les cellules peuvent apparaître ou disparaître au gré des activités de l'entreprise, donc au gré du marché, suivant un processus de reconfiguration permanente. Suivant ce schéma, chaque cellule vit de façon autonome, tout en agissant interactivement avec les autres cellules et la prolifération s'opère naturellement en fonction des besoins de l'entreprise. Dans l'organisation douée d'une structure polycellulaire, « *le petit groupe comporte plusieurs caractéristiques :*

– on y trouve généralement un animateur, qui donne sa consistance au groupe et le représente à l'extérieur ;

– les rapports interpersonnels sont intenses ;

– chaque membre du groupe est reconnu avec ses qualités et ses défauts ; dans une certaine mesure, l'identité personnelle se construit à travers l'appartenance au groupe ;

– le fonctionnement du groupe repose sur son autorégulation, chacun de ses membres disposant d'une certaine capacité d'initiative.

Une autre caractéristique, enfin, se révèle fondamentale : un même

420. Jean-Pierre DURAND, « Le nouveau modèle productif », in *La Nouvelle division du travail*, sous la direction de G. Durand et C. Bollier, éditions de l'Atelier, 1999.

421. Hubert LANDIER, *L'entreprise polycellulaire. Pour penser l'entreprise de demain*, ESF, Paris, 1987. Également l'auteur de *Vers l'entreprise intelligente* (1991).

422. Pierre VELTZ, *Le Nouveau monde industriel*, Gallimard, 2000, p. 175.

individu est susceptible de faire partie simultanément de groupes différents. Cette appartenance multiple est à la fois le fondement de son autonomie personnelle et le fondement de l'organisation de l'entreprise, qui se présente ainsi comme un enchevêtrement complexe de groupes élémentaires de travail[423]. »

C'est ce maillage d'un réseau opérationnel et d'un réseau fonctionnel, en vertu duquel un même individu peut avoir une « double casquette », qui est de nature à renforcer les capacités d'adaptation d'une entreprise. Observons ce qu'il en est dans le Groupe Hervé où non seulement deux mais trois types de réseaux sont à l'œuvre : réseau opérationnel (c'est la ligne hiérarchique classique), réseaux fonctionnels (par lesquels se partagent et se diffusent les bonnes pratiques), réseau de co-construction des règles collectives (formalisé par des groupes de travail *wiki*). Les réseaux internes au Groupe finiraient par tourner à vide s'ils ne tournaient qu'en bouclé fermée : le dynamisme entrepreneurial durable vient de ce que l'interne est irrigué en informations extérieures obtenues par la constitution d'un réseau, que l'on pourrait qualifier d'« externe », avec d'autres parties prenantes.

Cette entreprise peut être décrite comme une firme réseau autant qu'un réseau de firmes : chacune des entreprises est tissée d'un réseau d'intra-entrepreneurs, et les entreprises membres du Groupe interagissent en permanence *via* le réseau intranet et la mobilité du personnel. À quoi s'ajoute le réseau de partenariats que le Groupe doit, pour assurer sa pérennité, entretenir avec son environnement de marché (concurrents, institutionnels, groupements professionnels...). Si l'on peut dire du Groupe Hervé qu'il fonctionne en réseau, c'est d'abord en ce sens qu'il a très tôt fondé son développement sur une utilisation massive du « réseau des réseaux », Internet et intranet, dans la foulée de l'expérience d'*in-town-net* mise en place dès 1996 par son fondateur à Parthenay, « ville numérique ». D'abord pour une raison d'opportunité : le réseau apparaît comme la forme organisationnelle la plus en phase avec l'environnement politique (fait de démocratie),

423. Hubert LANDIER, *op. cit.* p. 122-123.

social (fait d'aspirations des «*digital natives*» à plus de coopération) et technologique (fait d'environnements informatiques 2.0). Les jeunes générations, biberonnées aux nouvelles technologies, sont habituées dès l'enfance à vivre et travailler en réseau sur des plateformes collaboratives organisées sur le même mode. C'est dire si l'entreprise 2.0 a tout intérêt à être structurée de la sorte, à la fois parce que cela répond à une exigence croissante de notre époque et, plus profondément, parce que les gains attendus en termes d'innovation, de communication, de déhiérarchisation et de stratégie sont importants.

De quoi s'agit-il, quand on parle de «réseau»? Pour *Strategor*, «*le réseau apparaît comme un concept flou dans la littérature managériale. Forme organisationnelle moderne, nouveau style de management, nouvelle forme d'organisation des relations entre firmes, le réseau est un peu tout cela. Cette indétermination témoigne avant tout d'une rupture avec les théories classiques de l'entreprise et de l'organisation*[424]». Quelles sont donc les principales caractéristiques d'une organisation en réseau? C'est en le comprenant que nous comprendrons mieux le pourquoi et le comment de l'organisation de l'entreprise adaptative.

Les conditions et les bénéfices d'un fonctionnement en réseau

Une organisation en réseau permet une plus grande proximité et s'avère plus favorable à un fonctionnement régi par une logique effectuale plutôt que prédictive. Dans ce type d'organisation, les processus itératifs (i.e. par approximations successives), autorégulés, procédant par sérendipité, sont estimés supérieurs à ceux découlant d'une coordination méthodique des moyens par la hiérarchie. Le gâchis résultant des erreurs inhérentes à un processus itératif devrait être inférieur à celui résultant de l'abstraction liée à une planification des choses: on escompte du processus itératif qu'il permette une meilleure approximation de la demande client.

424. *Strategor. op. cit.*, p. 352.

Tirer profit de la diversité

Pour qu'il y ait fonctionnement en réseau, il faut d'abord qu'il y ait diversité. Une organisation en réseau n'a de sens que sur le fondement d'une diversité de chacun de ses éléments, diversité permettant un nombre d'interactions singulières plus importantes, maximisant ainsi les possibilités d'adaptation à la singularité de chaque demande client. «*L'organisation en réseau puise sa force dans l'hétérogénéité de ses composantes dont elle organise la compatibilité dans l'action*[425]» (*Strategor*). Par conséquent, si, dans une entreprise traditionnelle, l'efficacité se mesure à l'aune de sa capacité à réduire les différences entre salariés, c'est-à-dire à homogénéiser, une entreprise en réseaux du type 2.0 tire au contraire son efficacité de sa capacité à maintenir ensemble des salariés plus dissemblables les uns des autres. «*Alors que concevoir une entreprise traditionnelle, c'est s'efforcer de limiter l'incertitude grâce à des processus de planification et de programmation permettant de restreindre l'intensité de la différenciation et, par conséquent, d'épargner des coûts de coordination, concevoir une entreprise-réseau c'est avant tout penser des processus d'intégration permettant de valoriser le potentiel de richesse et d'innovation lié à une différenciation poussée*[426]» (*Strategor*).

Cette diversité entre les différents éléments du réseau permet un plus grand nombre de combinaisons possibles et, de là, une meilleure adaptation à un plus grand nombre de situations. Mais toutes les combinaisons ne sont pas également optimales, efficientes, productives, pertinentes (9 fois sur 10, l'association, quand elle est laissé au hasard, n'est pas productive). Le rôle du manager est alors de favoriser, à la lumière de sa compréhension des intérêts et aspirations des uns et des autres, les combinaisons qu'il présume les plus efficientes, celles dont la relation sera la plus productive. Toutefois, le processus d'association comporte toujours une part aléatoire, l'humain ne se maîtrisant pas exhaustivement à la manière d'une machine.

---

425. *Strategor. Idem*, p. 353.
426. *Strategor. Idem*, p. 359.

Cette part de risque est néanmoins moindre que celle que fait courir à une organisation le fait d'être commandée par une élite éloignée des réalités du terrain et décidant, depuis sa hauteur, de la stratégie et de l'innovation.

Faire émerger la stratégie

Lorsque la stratégie globale résulte d'une véritable coopération d'acteurs, s'entendant non seulement sur les moyens mais aussi sur les fins, et situés au plus près du terrain, sa conception se trouve d'emblée plus fine que ne le permettait une conception par simple collaboration, où quelques-uns décident et d'innombrables autres exécutent. «*Ce qui importe dans la vision réseau, c'est la capacité de l'organisation à générer de la stratégie, alors que ce qui importait dans la vision bureaucratique, c'était sa capacité à en organiser la mise en œuvre*[427]*.*» (*Strategor*). La stratégie qui émerge de l'ensemble de l'organisation, plutôt que de sa seule tête, garantit une meilleure prise en compte d'un plus grand nombre d'objections ou de cas particuliers, et donc une plus grande pertinence des décisions, comme nous l'avons déjà observé. Cette stratégie a toutes les chances d'être la meilleure parce qu'elle procède d'un plus grand nombre de participants. Ce qui veut dire que, dans une entreprise constituée de coopérateurs reliés en réseau (plus que de collaborateurs coordonnés par voie hiérarchique), la co-élaboration de la stratégie de l'entreprise par tous se fait sur la base du *crowdsourcing*; elle est alimentée par la foule des sans-grades.

Stimuler l'innovation

Et ce qui vaut en matière de stratégie vaut aussi en matière d'innovation. Ce n'est nullement une découverte: le travail en réseau, parce qu'il est moins prédéterminé par une et une seule direction définie par la ligne hiérarchique, parce qu'il fait une part plus grande aux hasards des rencontres, aux aléas de la vie, à la curiosité, à la sérendipité, à

427. *Strategor. Idem*, p. 358.

l'incertitude, est davantage propice à l'innovation. «*Dans l'entreprise traditionnelle, on s'interroge sur l'ordre dans lequel il faut procéder à l'agencement des différents constituants; dans l'entreprise-réseau, la stratégie, les processus de production et les technologies, les communications, l'organisation et le développement des hommes sont élaborés à l'initiative des participants, par des processus itératifs et autorégulés*[428]» (*Strategor*). Cette co-élaboration se révèle plus fructueuse, en termes de résultats. Ce qu'illustre en effet le monde du logiciel libre: les individus ne travaillent jamais aussi efficacement que lorsqu'ils le font de manière libre, souple et collaborative, tenus par la seule exigence de ne pas décevoir l'ensemble du réseau et de lui apporter quelque chose d'utile. Ces logiciels, qui tiennent la dragée haute à ceux de Microsoft et consorts, administrent la preuve qu'une organisation en réseau est au moins aussi efficace – tout en étant plus respectueuse de la liberté de chacun – qu'aucune autre organisation du travail, parce que les individus, s'y sentant en sécurité, sachant pouvoir compter sur le soutien de leurs pairs et la complémentarité de leurs compétences, s'autorisent plus de liberté et donc de créativité. L'innovation y est plus forte parce que les membres du réseau s'y sentent plus libres de créer.

Permettre l'innovation est une chose, la réaliser en est une autre. Une configuration en réseau n'implique pas un travail en interactivité: à partir d'un même câblage (neuronal) en réseau, chacun peut avoir plus ou moins d'activité neuronale, c'est-à-dire plus ou moins d'interactivité entre les points (neurones) du réseau. Si l'on peut dire que le réseau permet l'interactivité, il ne l'implique pas. Être organisé en réseau ne fait que permettre plus d'interaction entre les acteurs. Il faut donc parfois avoir une politique de ressources humaines volontariste, visant à faire de la connectique, c'est-à-dire à mettre en lien les intra-entrepreneurs les uns avec les autres.

C'est dans la perspective explicite de favoriser les rencontres improbables, les échanges d'expérience entre métiers distincts, qu'une

428. *Strategor. Idem*, p. 359.

entreprise peut, entre autres initiatives, organiser tous les ans des journées rassemblant tous ses managers de proximité. Ces journées permettent à chaque manager de proximité de développer son réseau relationnel avec d'autres, issus de zones géographiques ou de métiers différents. L'important y est d'aller se confronter à la différence pour que de nouvelles idées de *business* germent, des passerelles se créent, des coopérations se renforcent. Ce mariage d'activités hétéroclites est une provocation à l'ouverture et à la curiosité, poussant chacun à s'intéresser à ce qui n'est *a priori* pas de son ressort. Le fait qu'un Groupe soit constitué de sociétés vraiment diverses, intervenant par exemple sur des secteurs aussi dissemblables que l'étiquetage de bouteilles, la fonderie ou la maintenance de sites Internet, peut alors prendre toute sa valeur : la diversité d'entreprises présentes est alors l'occasion de voir émerger des connections d'autant plus porteuses d'innovation qu'elles sont inattendues.

« Shunter » le pouvoir hiérarchique

Le partage d'expérience, au cours de tels événements explicitement dédiés à la rencontre et au dialogue, permet de voir ce qui fonctionne chez les autres et ce qui ne fonctionne pas, de manière à en tirer les enseignements pour sa propre conduite. Plus le réseau est ainsi développé, moins il y a besoin de directives hiérarchiques : chacun, constatant les succès et les échecs des uns et des autres, butine à droite et à gauche ce qui va servir à son développement. Quand le réseau fonctionne bien, il rend inutile le pouvoir hiérarchique : la communication avec l'extérieur n'est plus le propre du manager, c'est tout un chacun qui se trouve ouvert sur d'autres pratiques, d'autres métiers, d'autres entreprises, d'autres secteurs.

Mais il est au moins deux autres raisons pour lesquelles une organisation de l'entreprise en réseau rend obsolète l'usage du pouvoir hiérarchique. Premièrement, en matière de conflits, nous avons déjà vu combien c'était le réseau des pairs qui devait les résoudre, et non le responsable hiérarchique. Vu, aussi, combien l'intra-entrepreneuriat, loin d'entretenir la spécialisation de chacun sur une compétence exclusive, obligeait au contraire les salariés à s'ouvrir à d'autres tâches que celles relevant de leur compétence principale, ce qui supposait de leur part de savoir mettre en réseau les différents champs de leur savoir. «*Les réseaux remettent en question la hiérarchie comme mode privilégié de régulation des aléas, la spécialisation comme base de répartition des responsabilités et le concept de centralisation/décentralisation comme base du design organisationnel*[429]» (*Strategor*).

Deuxièmement, une subsidiarité bien appliquée dans l'entreprise réseau rend superflu le nombre d'échelons hiérarchiques, dans la mesure où plus on s'élève dans la hiérarchie, moins il est censé rester de problèmes qui n'ont pas été résolus par les échelons inférieurs. «*L'ossature de base d'une entreprise réseau est plate, et si elle prend l'apparence d'une pyramide (ou plutôt d'un trapèze), c'est que la densité des problématiques auxquelles elle est confrontée diminue au fur et à mesure que l'on s'éloigne des réalités opérationnelles pour atteindre des champs d'interaction transversaux plus larges*[430].» (*Strategor*)

Produire et diffuser la connaissance

Le fait qu'une organisation en réseau stimule l'innovation peut encore s'expliquer de la manière suivante. D'abord, l'intensification du dialogue dans l'entreprise accélère le progrès dans la création de connaissances: celles-ci se co-construisent plus vite parce que les idées se confrontent davantage. Ensuite, les connaissances qui se co-construisent en réseau, de manière interactive, sont à la fois plus adaptées à leur fonction (réponse à une demande client, etc.), c'est-à-dire plus pertinentes, et plus adaptées au collectif dont elle procède. En effet, lorsque le processus de production se fait en réseau avec toutes les parties prenantes, le résultat satisfait davantage chacune desdites parties. Notons enfin que le réseau ne facilite pas seulement la production de nouvelles connaissances (innovation), il en facilite

429. *Strategor. Idem*, p. 354.
430. *Strategor. Idem*, p. 359.

aussi la diffusion, de manière virale, par capillarité. Les innovations circulant plus vite, faisant «le tour du réseau» en un rien de temps, elles sont plus vite testées *in situ*, sur le terrain, et corrigées.

Le fonctionnement en réseau permet la meilleure information possible : de diffuser rapidement les informations utiles et de capter dans l'environnement toutes les informations utiles à l'interne sur l'extérieur. Car dans une organisation de type «polycellulaire» (ou intercellulaire), les capteurs sont partout et également capables de diffuser l'information décelée à l'ensemble du corps social.

«*L'agencement des différentes cellules entre elles n'est nullement laissé au hasard et obéit à deux règles d'organisation assez précises.*

– En premier lieu, l'efficacité de l'organisme est liée à la richesse de son réseau de communication interne ; théoriquement, toute cellule peut être en relation de communication avec toute autre cellule (...).

– Deuxième principe d'organisation : le «tissu cellulaire» constituant l'entreprise est organisé selon un réseau maillé au sein duquel, d'une cellule à l'autre, existent plusieurs chemins de communication possibles. L'engorgement auquel conduit un réseau centralisé se trouve ainsi évité. Par ailleurs, comme le montre l'exemple des télécommunications, le coût d'un réseau maillé, au fur et à mesure qu'augmente le nombre des abonnés, progresse beaucoup moins rapidement que celui d'un réseau à structure centralisée. Et, enfin, l'existence de plusieurs chemins possibles d'un abonné à un autre constitue une «redondance» offrant au système une plus grande souplesse face aux aléas qui jalonnent son développement[431/432].»

Un réseau est d'autant plus efficient que les cellules le constituant sont diverses et interagissent en permanence. Si la diversité des membres d'un réseau est fondamentale, elle ne porte de fruits qu'à la mesure de la densité des interactions entre eux. Et ces interactions surviennent d'autant plus naturellement que, dans une organisation

431. Cette idée est développée par Jean VOGE dans son article «La gestion de la complexité» publié dans *Science et pratique de la complexité*, actes du colloque de Montpellier, *La Documentation française*, Paris, 1986, p. 345.
432. Hubert LANDIER, *L'entreprise polycellulaire*, *op. cit.* p. 127.

2.0, c'est-à-dire structurée en réseau de contributeurs travaillant en mode collaboratif, chaque membre a intérêt à participer un maximum à l'organisation commune, pour bénéficier en retour de l'effet réseau (lié à la quantité de participants) et des améliorations apportées (liées à la qualité des participants).

Il y a toutes les raisons de penser que la constitution en réseau d'une entreprise est pour elle un facteur clé de succès et que l'entreprise de demain sera une entreprise-réseau, réticulaire, constituée de boucles rétroactives et douée de résilience. Une particularité de l'entreprise 2.0, adaptative, est d'être constituée en réseaux appuyés sur les nouvelles technologies. Une autre particularité, plus contingente peut-être, nous semble tenir à ses «réseaux fonctionnels» dont la fonction est d'exercer une pression par les pairs en faveur d'une meilleure qualité de service et de gestion. Ils permettent un encadrement des salariés non par la hiérarchie mais par eux-mêmes, ou du moins par ceux des leurs qui, dans l'équipe, se sont portés volontaires pour être référents dans un domaine nécessaire à l'activité d'intra-entrepreneur : le droit, la comptabilité, la logistique, etc.

Les réseaux fonctionnels

Principes de fonctionnement

Ces «réseaux fonctionnels» sont appelés tels parce qu'ils remplissent des fonctions transverses qui viennent en support de l'activité opérationnelle. Ces fonctions support transverses, dans la plupart des entreprises, sont confiées à des spécialistes exclusifs, c'est-à-dire exclusivement spécialisés sur une mission fonctionnelle. Rien de tel dans le modèle organisationnel que nous présentons ici, où les missions fonctionnelles sont assumées par ceux qui exercent aussi des responsabilités opérationnelles, celles-ci venant s'ajouter à celles-là. Par exemple, dans le Groupe Hervé, les réseaux fonctionnels, en 2011, sont au nombre de douze : ressources humaines, gestion budgétaire, techniques et méthodes, santé sécurité environnement, production travaux, production maintenance, logistique, finance et risques clients, comptabilité paie, commercial et développement, achats métiers. Chaque équipe opérationnelle, quel que soit son niveau hiérarchique, est censée trouver en son sein un représentant pour chacun de ces réseaux fonctionnels, nommé «animateur fonctionnel». Sa fonction essentielle est de contrôler l'application des règles et procédures et de s'assurer de la bonne formation des personnes qu'il anime. L'animateur de réseau fonctionnel joue aussi un rôle d'interface : d'une part il fait remonter aux réseaux fonctionnels les difficultés à l'application des règles qu'il décèle sur le terrain, ainsi que des propositions d'amélioration des règles en vigueur, d'autre part il fait redescendre les décisions prises au sein des réseaux, il les explique à son équipe et veille à leur bonne mise en œuvre. Cette circulation de flux est essentielle à la vie de l'organisation.

L'appareil fonctionnel constitue une délégation de deux responsabilités habituellement dévolues au manager : le contrôle et l'éducation. Il est en effet ici considéré que, si le contrôle et l'éducation sont exercés par le manager, leur efficacité s'en trouve diminuée. Il a donc fallu trouver des médiations, et celle des pairs a paru la plus naturelle. En raison de la philosophie de l'action propre à l'entreprise adaptative, il y a une approche spécifique du contrôle qui en découle et dont voici les principales caractéristiques.

Première mission : contrôler

Dans la «démocratie de médiation» que nous présentons, la fonction de contrôle n'est pas exercée de manière directe par la ligne hiérarchique, c'est-à-dire par les managers. Ce sont les réseaux fonctionnels qui en sont les maîtres d'œuvre. En effet, en cohérence avec le mode de management présenté dans la deuxième partie de cet ouvrage, ce ne doit surtout pas être le responsable hiérarchique qui contrôle le bon respect des règles collectives (règles de sécurité, normes comptables, etc.), car alors, quelque remarque qu'il fasse à un subordonné, celui-ci pourra toujours l'interpréter comme l'effet d'un problème relationnel entre eux («Il ne m'aime pas, il me cherche des poux», etc.), c'est-à-dire comme une vexation, ce qui altérera sa motivation et nuira *in fine* à la qualité de son travail. Lorsque c'est le manager qui contrôle la qualité du travail effectué par ses coéquipiers, qui fait des remarques et suggère des améliorations, ceux-ci ne sont pas incités à se remettre réellement en question - d'une manière autre que formelle - car ils préféreront toujours penser que c'est en raison d'un problème personnel que celui-ci leur fait des reproches. Pour Mary Follett, «*le processus de contrôle doit être un processus auto-contrôlé collectivement. Quand elle n'est pas nécessaire, il faut éviter l'implication de la hiérarchie*[433]».

En outre, contrôler n'est pas maîtriser. La conception du contrôle que nous présentons prend à rebrousse-poil ce qui se fait dans la plupart des organisations actuelles. Ce que l'on observe en effet aujourd'hui dans les entreprises, c'est une volonté exacerbée de maîtrise, d'exclure tout risque, qui se traduit par un contrôle *a priori* : l'objectif est d'empêcher les gens de faire des erreurs. On parle d'ailleurs indifféremment de «contrôle» ou de «maîtrise des risques». Maîtrise de tout, de ses salariés comme de son environnement : surabondance des procédures de contrôle, assèchement des fournisseurs qu'il s'agit de «tenir», «flicage» des salariés, multiplication des comportements de petits chefs – le chef ne doit-il pas maîtriser ses équipes ? –, promotion de techniques de management confinant à la machinisation, formations professionnelles prescrivant la reproduction de techniques certifiées conformes, déresponsabilisation croissante d'un maximum d'échelons (réduits autant que possible à n'être que des exécutants), organisation pyramidale avec chaîne hiérarchique serrée laissant un minimum d'initiatives aux collaborateurs, etc.

À terme, la volonté de minimiser son risque conduit logiquement à une restriction de la liberté des collaborateurs, car la liberté est toujours un risque : elle est, par définition, ce qui produit de l'imprévisible. Pas de liberté, pas de risque ; pas de risque, pas de liberté.

433. Citée dans «Diriger au-delà du conflit. Mary Follett», mémoire d'Alexandre OTTEVAERE dans le cadre du séminaire d'Yvon PESQUEUX «Philosophie et management», Université Paris-Dauphine, 2007, p. 15

L'utopique volonté de maîtrise totale des risques, outre qu'elle se révèle déshumanisante, constitue une menace pour la pérennité économique de ces organisations car elle les conduit à se forger une cuirasse qui les coupe de leur environnement et les rend aveugles à l'imprévisible, comme le sont nombre d'opportunités et de menaces. C'est bien l'objectif recherché : diminuer la sensibilité à l'environnement, pour en être moins tributaire.

Dans l'entreprise adaptative, l'incertitude, le risque, ne sont pas exclus mais inclus à la définition du risque. Le risque doit être évalué, maîtrisé, mais jamais exclu, sans quoi nul ne pourra d'une part l'assumer et d'autre part en convertir la menace en opportunité. Il faut que l'intra-entrepreneur puisse exercer sa responsabilité. En se familiarisant avec le risque, avec l'incertitude de l'environnement, en apprenant à dompter les coups du sort, l'intra-entrepreneur est appelé à grandir en maturité et à développer son intelligence de situation. Ce n'est pas un service à lui rendre que de l'habituer à se reposer sur des procédures de maîtrise des risques gérées par d'autres. Un environnement trop sécurisé est insécurisant, il ne laisse aucune place à la pédagogie de l'erreur et finit par affaiblir celui que l'on a voulu protéger. C'est parce qu'ils sont dès le plus jeune âge exposés à plus de risques d'allergies que les enfants des champs développent moins d'allergies que les enfants des villes. Pour aller au paradoxe, nous pourrions dire que, dans l'entreprise adaptative, il s'agit de contrôler qu'il reste bien des risques, à côté du nécessaire contrôle de leur juste limitation.

Deuxième mission : éduquer

Comme il en va pour la mission de contrôle, la mission d'éducation dévolue aux réseaux fonctionnels n'est pas exercée par le responsable hiérarchique. Elle ne doit pas l'être car, là encore, lorsque c'est le manager qui éduque, les éduqués sont plus attentifs à celui qui éduque (« je l'aime/je ne l'aime pas », « il m'aime/il ne m'aime pas ») qu'au contenu dispensé. D'où la stratégie consistant à dépassionner autant que possible ces missions de contrôle et d'éducation et à les confier à des collègues de même niveau hiérarchique, davantage en prise et en empathie avec les personnes concernées. Ces missions de contrôle et d'éducation ne sont pas seulement complémentaires, elles sont les deux faces d'une même activité : contrôler veut dire former, c'est-à-dire éduquer, et éduquer ne va pas sans contrôler.

Contrôler veut dire former

Par « contrôler », il ne faut pas entendre par là contraindre qui que ce soit à faire quoi que ce soit pour limiter son risque, mais l'éduquer pour qu'il en tienne compte de lui-même dans son action, l'éducation passant ici par de la formation. Comme le dit le professeur Henri Bourguinat : « *J'aimerais que l'on passât moins de temps à contrôler la connaissance et plus de temps à l'acquérir*[434]. » Un contrôle efficace est celui qui, ne se contentant pas de pointer les dysfonctionnements, donne à chacun de recevoir la formation adéquate pour limiter à l'avenir ses erreurs. Ce n'est pas l'exclusion du risque qui est recherchée (la maîtrise), mais sa réduction a posteriori (le contrôle), en formant et réexpliquant inlassablement pourquoi chacun a intérêt à respecter un certain nombre de recommandations.

Ce n'est pas l'insensibilisation à l'environnement qui est visée, mais une plus grande sensibilité à celui-ci, gage d'une meilleure réactivité. Au lieu de se fermer sur soi en se forgeant une cuirasse, il s'agit de s'ouvrir à l'extérieur pour capter les moindres variations dans la demande client, saisir les moindre opportunités de marché ou de partenariat. À vouloir à tout prix empêcher les risques d'arriver (contrôle *a priori*), les entreprises en viennent à se cuirasser contre l'imprévisibilité de la vie même, celle, interne, nourrie de diversité, et celle, externe, de son environnement. De même qu'elles fuient le conflit, les entreprises fuient le risque au lieu de l'intégrer à leurs prises de décision. Or dans un monde de plus en plus risqué, incertain, imprévisible, une prime est donnée à ceux qui se révèlent capables de pensée

434. Henri BOURGUINAT (ancien directeur de recherche au CNRS et professeur de finance internationale), sur Canal Académie le 12 décembre 2010, à l'occasion de la parution de son livre co-écrit avec Eric Bryis, *Marché de dupes. Pourquoi la crise se prolonge.*

complexe, c'est-à-dire d'intégrer l'imprévisibilité à leur décision, ce qui passe nécessairement par des décisions beaucoup plus ouvertes à l'incertitude quant à l'atteinte de tel résultat déterminé. L'important est le processus, le chemin, plus que le but lui-même. L'important est de s'inscrire dans une dynamique constructive, de se positionner correctement sur un marché en étant animé par une culture tournée vers l'innovation, et les fruits positifs ne devraient pas tarder à pousser. Quand l'environnement lui-même se complexifie, il faut savoir devenir soi-même complexe, quand l'environnement devient incertain, il faut se familiariser avec l'incertitude ; que celle-ci, en tout cas, ne nous demeure pas extérieure, perçue comme une menace, sans quoi elle sera inhibante et entraînera l'échec.

Former veut dire éduquer

Alors que la formation peut se faire de l'extérieur, par conformation, de manière directive, l'éducation vient toujours de l'intérieur de la personne, elle requiert plus que le simple consentement : la volonté de sortir d'un état pour accéder à un autre. C'est la raison pour laquelle l'éducation suppose le dialogue, l'échange d'arguments en vue de convaincre rationnellement telle personne qu'il est de son intérêt de changer de comportement ou d'adopter tel savoir-faire. L'éducation se fait par petites touches, par approximations successives, par un travail de pression et de médiation des pairs qui se sont proposés pour être « animateurs réseaux ». Si les « animateurs réseaux » fonctionnels sont chargés de veiller à ce que les membres de leur équipe reçoivent les formations professionnelles nécessaires à l'accomplissement de leur travail, ils ne sont pas eux-mêmes chargés de former. Ils sont des éducateurs, non des formateurs. Et le mot « éducateur » exprime bien le contenu de leur mission : conduire leurs pairs hors de (*e-ducere*) l'existant, insuffisamment conforme aux standards qualité du Groupe, pour les amener à une plus grande conformité. Un « animateur réseau » fonctionnel doit être, dans son domaine de responsabilité, un « empêcheur de tourner en rond », la « mouche du coche » qui vient, d'égal à égal, appeler ses collègues à plus de qualité, ce qui veut dire leur expliquer les raisons de telles règles, dans quelle mesure elle leur sert et ce serait se desservir que de ne pas s'en servir. Sa seule arme est le dialogue, l'argumentation rationnelle, d'esprit à esprit. Pour faire appliquer les règles mûries dans les réseaux, il doit convaincre ses collègues.

Pas décisionnaires mais éducateurs

Les réseaux fonctionnels ne sont pas décideurs, dans chacune de leurs équipes, mais forces de proposition : « Pour créer ces réseaux fonctionnels, je me suis inspiré des instances européennes : la Commission européenne propose ; le Conseil européen dispose. Bien entendu, comme la commission travaille énormément ses propositions, il est rare qu'elles soient refusées par le conseil[435]. » En quelque sorte, les réseaux fonctionnels ne « font » rien, ils orientent l'action. Tout comme une équipe délibère et définit une position, charge au responsable opérationnel de prendre la décision, la plus représentative possible de la position de l'équipe si celui-ci entend conserver la confiance de celle-là.

Même si l'avis des réseaux fonctionnels est généralement suivi des décisions subséquentes de la part des responsables opérationnels, le pouvoir de décision des opérationnels demeure parfaitement libre de celui de proposition des réseaux fonctionnels, libre d'obtempérer ou non à la pression exercée par l'« animateur réseau » fonctionnel. Les réseaux fonctionnels peuvent bien tomber d'accord sur le fait qu'il est préférable que les cartes de visite groupe ne fassent pas mention à la fois du numéro de téléphone fixe, du numéro de téléphone mobile et du numéro de fax, ils ne peuvent en aucun cas l'imposer : l'intra-entrepreneur reste maître de son activité. Ils sont un lieu de maturation où s'élaborent les règles de l'entreprise, mais celles-ci ne peuvent ni ne doivent être mises en œuvre autrement que par la conviction et l'argumentation. Les réseaux fonctionnels « ne peuvent pas s'arroger le droit d'instituer une règle valable pour tous, [même] après concertation[436] ».

435. Michel HERVÉ, communication à l'Éole de Paris du management, 6 janvier 2006.
436. Michel HERVÉ, message posté le 15 octobre 2010 sur le forum de discussion interne du Groupe Hervé.

Autrement dit, ce n'est pas parce qu'il y a eu accord sur une manière de faire au sein des réseaux fonctionnels que celle-ci doit devenir parole d'évangile : la mission éducative des réseaux fonctionnels est bien plutôt de convaincre les réticents du bien-fondé de leur recommandation, dans l'intérêt de chacun comme dans celui du Groupe, qui se font écho. « Leur rôle est de proposer une cohérence d'ensemble, libre à chacun de la suivre ou non, si l'intérêt supérieur exige une uniformité, leur rôle consiste à persuader les récalcitrants de la nuisance qu'ils occasionnent pour les autres. Si au bout du compte il faut une décision, elle doit être légitimée par un processus préalablement défini qui prévaudra et dans lequel le réseau fonctionnel n'a aucun droit de vote. Pour la communication, le local est plus important que le global et c'est à vous en dernier ressort de décider ce qui est bien pour vous[437]. »

On le voit, s'agissant de leur mission d'élaboration de nouvelles normes ou de contrôle, les réseaux fonctionnels ne décident pas pour les autres : ils doivent amener les opérationnels à reconnaître le bien fondé de leurs recommandations (« *soft power* »). Aussi leur mission éducative se déploie-t-elle plus sur la forme que sur un contenu, plus sur une manière de contrôler et de communiquer ses recommandations que sur des formations professionnelles proprement dites. Leur manière de contrôler et de mettre en œuvre le fruit de leurs délibérations a déjà valeur éducative : elle vise à éduquer chacun à, lui aussi, exercer l'autorité par le dialogue et l'argumentation rationnelle, plutôt que par la force d'une autorité hiérarchique. Les réseaux fonctionnels n'ont un rôle que de contrôle et de conseil : ils ne sont que facultatifs, moyens mis à la disposition du chef opérationnel, si celui-ci le veut bien. Étant dépourvus de pouvoir décisionnaire, ce ne sont pas des contre-pouvoirs. Ils ne sont pas des instances de formation, mais d'éducation, ce qui veut dire qu'ils conseillent les salariés en matière de comportements, de manières de faire, etc.

---

437. Michel HERVÉ, *Idem.*

Elaborer les normes de l'entreprise

S'agissant des bonnes pratiques, règles internes, normes sécurité, les réseaux fonctionnels sont chargés de tendre, par le dialogue, à les faire appliquer à chaque niveau hiérarchique. Mais c'est toujours l'intra-entrepreneur qui, *in fine*, choisit de prendre ou de laisser ce que son « animateur réseau » fonctionnel dans tel domaine lui recommande de faire. Ils proposent, il dispose. S'agissant, maintenant, de l'évolution des règles internes propres à un domaine relevant d'un réseau fonctionnel, par exemple la comptabilité, c'est la responsabilité de chaque réseau de faire remonter du terrain les demandes d'amélioration, de les discuter, puis de les proposer au Comité de direction en concertation avec lequel il décidera. Quand il s'agit d'élaborer de nouvelles normes internes, techniques, ayant trait à un métier ou une fonction support relevant de l'un des réseaux fonctionnels, ils délibèrent, formalisent mais ne décident pas seuls (sauf s'agissant de points mineurs) : il y a codécision, comme il en va pour n'importe quelle équipe avec son manager.

Pour toute volonté de réforme des règles internes à l'entreprise, autres que techniques (traitées par les réseaux fonctionnels), le personnel peut constituer un groupe de travail *ad hoc*, sur le wiki puis matérialisé par des réunions, qui servira de réseau visant à améliorer tel ou tel point de la maison commune. Autrement dit, les réseaux fonctionnels ne servent à modifier que les normes relevant de leur domaine de compétence. Pour toutes les autres normes, ce sont des groupes de travail *ad hoc* qui doivent se constituer, à l'instigation de n'importe quel salarié désireux de changer les choses, de co-construire une entreprise qui réponde davantage à ses aspirations. Ce salarié ira sur l'intranet, sélectionnera la zone dédiée au wiki, ira dans la zone consacrée aux groupes de travail, en créera un nouveau, informera l'ensemble de l'entreprise de cette démarche par un message déposé sur le forum de discussion, trouvera ainsi de nouveaux participants à son groupe de travail, qui se réunira, réfléchira, délibérera, cherchera à gagner l'adhésion d'un maximum de salariés, puis fera au Comité de direction une proposition de réforme en bonne et due forme, après quoi une discussion s'engagera au terme de laquelle une décision commune sera prise sitôt un consensus trouvé.

L'élaboration des règles pour lesquelles aucun réseau fonctionnel n'est compétent se fait par le biais de groupes de travail que chaque salarié peut rejoindre ou créer, et qui proposent aux responsables opérationnels les améliorations qui ont été validées par le Comité de direction, charge ensuite à chaque responsable opérationnel de décider en conscience s'il applique ou non cette nouvelle « directive » groupe. Sachant qu'en choisissant de ne pas l'appliquer, il contribue à se désolidariser de ses collègues – sauf si ceux-ci ne l'appliquent pas non plus, mais alors il convient de s'interroger sur l'opportunité de la nouvelle règle : une règle qui ne convainc personne présente sans doute quelques défauts de conception ! – et tend ainsi, petit à petit, à s'exclure lui-même du groupe auquel il appartient. Mais libre à lui.

Le réseau externe

Ce n'est pas seulement le réseau interne qu'il s'agit de développer et d'entretenir, mais aussi le réseau écosystémique avec les fournisseurs (architectes, bureaux d'études...), les clients et les partenaires publics locaux (par le biais de divers partenariats comme des formations dans des établissements scolaires), qui vont pouvoir recommander l'entreprise à leurs propres clients, le bouche à oreille étant le meilleur moyen de se faire connaître. La communication externe se fait ainsi par des médiations, des intermédiaires d'autant plus convaincants qu'ils sont extérieurs à l'entreprise. Il est notamment particulièrement important que celle-ci se trouve bien intégrée dans le tissu économique et associatif local afin de pouvoir, grâce à une compréhension en profondeur, détecter en amont les menaces et les opportunités qui se profilent pour le commerce.

D'une manière générale, on n'innove ni ne crée d'opportunités en restant chez soi : ce sont ceux qui interagissent avec l'extérieur qui débusquent ou créent les opportunités. C'est en multipliant les interactions avec son environnement qu'une entreprise, comme un individu, en viendra à vivre le plus en symbiose avec lui, dans un jeu d'échanges gagnant/gagnant. L'entreprise en réseau est ouverte à l'inter-entreprise aussi bien qu'à l'intra-entrepreneuriat. Car l'ouverture à l'extérieur permet le développement interne : c'est en faisant appel à des éléments venus de l'extérieur, dérangeants pour l'interne, que celui-ci va être poussé à produire du nouveau.

V – Une organisation fractale

Pour vivre en harmonie avec son environnement écosystémique, quel meilleur moyen que de calquer son organisation sur celle à l'œuvre dans la nature ? L'entreprise adaptative se donne une structure fractale, comme en sont dotés nombre d'éléments naturels. Un objet fractal, comme le « flocon de Koch », possède deux caractéristiques. La première est que sa surface est finie, tandis que son périmètre est infini. La deuxième est que le dessin d'une partie de l'objet est le même, quelle que soit l'échelle à laquelle on le regarde (autosimilarité). Autrement dit, dans les fractales, le tout est semblable à la partie ; ce qui peut se traduire par « ce qui est en haut (de l'échelle hiérarchique) est comme ce qui est en bas ».

Le Groupe Hervé est semblable à un tel objet complexe : il est composé d'équipes possédant un certain nombre de propriétés (autour de vingt personnes, codécision, réunions mensuelles...). Ces équipes sont regroupées en « agences » ; qui sont d'abord des équipes possédant les mêmes propriétés. Ces agences sont regroupées en « territoires » ; qui sont d'abord des équipes avec les mêmes propriétés. Ces territoires sont regroupés en un « Comité de direction » ; qui est d'abord une équipe douée des mêmes propriétés.

Dès lors, quand on dit que le PDG est le « *primus inter pares* », le premier d'entre ses pairs, on ne dit guère autre chose que : le PDG est un manager d'équipe, ni plus ni moins, même si son histoire l'a placé au premier rang d'entre eux, non pour leur être supérieur mais pour être plus visible. N'importe quel chef d'équipe, comme un chargé de client, a la même étendue de pouvoir que le PDG : sur au plus vingt personnes.

C'est ainsi que, d'une certaine façon, l'organisation de l'entreprise adaptative vise à substituer à la hiérarchie pyramidale une organisation fractale où le tout est semblable à la partie sans lui être supérieur. Il faut toutefois noter que si, dans un objet mathématique fractal, la partie est semblable au tout, cela n'exclut pas que, comme il en va dans le domaine du vivant et en particulier en biologie, le tout puisse être supérieur à la somme de ses parties, grâce à l'émergence de certaines propriétés nouvelles. Simplement, l'émergence de telles propriétés nouvelles est elle aussi un phénomène se reproduisant semblablement dans chaque partie, dans la mesure où toute partie d'un ensemble est en même temps le tout d'un ensemble de niveau inférieur. C'est en tout cas en vertu de cette autosimilarité récursive qu'il n'y a, dans le Groupe Hervé, pas de directeur des ressources humaines, dont l'équipe s'occuperait de l'ensemble des ressources humaines de l'entreprise. Il n'y en a pas un, il y en a mille, pourrions-nous dire. Chaque équipe a, parmi ses membres, un «référent» RH, comptabilité, juridique, etc., qui assume cette responsabilité en sus de ses responsabilités opérationnelles, même si ce n'est pas lui qui embauche et débauche mais chaque intra-entrepreneur.

C'est l'ensemble du vivant qui possède une telle structure réplicative faite d'emboîtements écosystémiques à la manière de poupées gigognes. Leibniz, dans sa *Monadologie*, notait que «*chaque portion de la matière peut être conçue comme un jardin plein de plantes, et comme un étang plein de poissons. Mais chaque rameau de la plante, chaque membre de l'animal, chaque goutte de ses humeurs est encore un tel jardin, ou un tel étang*[438] ». C'est la vie même de la nature qui est fractale : plantes, nuages, vagues ou montagnes ont une structure fractale. La complexité du monde vient de sa « rugosité » : le réel étant ce qui résiste à notre appréhension[439], les choses ne sont jamais aussi simples et linéaires que nous nous les représentons, elles sont discontinues, fracturées, imprévisibles. Elles sont plus complexes que nous ne l'imaginons. Cette plus grande complexité du réel, que la découverte de la dimension fractale de nombre de phénomènes[440] a mise en lumière, l'approche fractale même contribue à la réduire[441]. Conscient de l'imprévisibilité structurelle du monde économique dans lequel il évolue, le dirigeant d'une entreprise adaptative choisit de fonder le succès de son organisation sur la capacité de celle-ci à se nourrir de l'incertitude, ce qui veut dire à rendre apparents un maximum de phénomènes (souci de « transparence »), grâce aux NTIC, de manière à permettre à chaque salarié d'appréhender la complexité des situations plus finement que les concurrents. Pour une plus grande efficacité opérationnelle : par la sensibilité plus fine qu'il permet aux modifications même infimes de l'environnement, potentiellement annonciatrices de grands changements, le développement par l'entreprise interactive de capteurs interconnectés et attentifs aux signes avant-coureurs (les intra-entrepreneurs), confère, comme nous l'avons déjà souligné, une meilleure adaptation de l'ensemble aux évolutions du marché.

438. LEIBNIZ, *Monadologie* [1721], § 67, Le Livre de poche, LGF, 1991

439. « *Le réel est énorme, hors normes par rapport à notre intelligence.* » (Edgar MORIN, *Science avec conscience*, Fayard, 1982).

440. Les formes fractales sont innombrables : l'arborescence des bronches de nos poumons, la côte de la Bretagne (comme n'importe quelle autre côte d'ailleurs), les flocons de neige, l'arrangement des atomes dans une soudure, certaines grandes structures de l'univers, etc.

441. « *Il existe des phénomènes réels qui fabriquent des figures géométriques si compliquées que leur complexité semblait a priori absolument irréductible. La géométrie fractale a permis de réduire la complexité de certaines de ces formes à un simple nombre, leur dimension fractale* » (Bernard SAPOVAL, physicien à l'Ecole Polytechnique et auteur d'*Universalités fractales* [Flammarion, 1997], cité dans Le Monde du 21 octobre 2010, p. 28).

VI – L'autonomie plutôt que l'interdépendance

Dans une organisation 2.0, il s'agit de supprimer tout lien de dépendance. La dépendance au chef avant tout – ce qu'expriment la «déhiérarchisation» et l'intra-entrepreneuriat –, mais celle-ci doit pas être remplacée par une dépendance à l'égard des collègues. Ce serait quitter une prison pour une autre.

L'organisation 2.0 ne saurait se traduire par une généralisation de l'interdépendance, négatrice de l'autonomie de chacun de ses membres. L'organisation 2.0 implique l'interaction, qui n'est pas l'interdépendance[442]. Ce n'est pas parce que je suis interconnecté avec d'autres, et que je peux interagir avec eux, que j'en suis dépendant : ils ne font que m'influencer. Les réseaux, opérationnels ou fonctionnels, internes ou externes, dans lesquels l'intra-entrepreneur se trouve inséré, ne lui sont pas une réduction de liberté : au contraire, ils la décuplent en lui donnant de se développer en s'ouvrant sur d'autres réalités que celles auxquelles le confinaient le travail solitaire de l'auto-entrepreneur. S'il est vrai de dire que, en intégrant une entreprise fonctionnant sur le modèle du «libéralisme salarial», l'auto-entrepreneur perd en indépendance ce qu'il gagne en autonomie (au sens défini plus haut), cela ne signifie pas pour autant qu'il perde toute indépendance, alors que celle-ci est une condition de l'autonomie. En s'insérant dans des réseaux, l'individu accroît ses interactions et donc le nombre d'influences qui s'exercent sur lui – c'est même la fonction des réseaux fonctionnels de l'influencer –, mais il ne devient pas dépendant des autres, un assisté. L'objectif est exactement le contraire : en faire un acteur, autonome, capable de se débrouiller seul. Simplement, il «performera» plus encore s'il s'appuie sur le collectif, s'il se laisse gagner et porter par la dynamique de groupe qui le poussera à repousser ses

442. Il y a interdépendance quand les actions de l'un entraînent nécessairement une réaction de l'autre, il y a simple interaction quand il n'est que possible que les actions de l'un entraînent une réaction de l'autre. Autrement dit, l'interdépendance suppose une interaction, mais l'interaction n'implique pas l'interdépendance.

limites. Parfois, de jeunes pousses fraîchement arrivées dans l'équipe se trouvent *de facto* dépendantes de leurs coéquipiers ; en grandissant, grâce au groupe, elles apprendront à marcher toutes seules, sans tuteur, et leur rapport aux autres, de nécessaire (fait de dépendance), deviendra seulement possible (fait de liberté), de subi il deviendra choisi, volontaire, parce qu'il est plus beau de réussir à plusieurs ce que l'on pourrait réussir seul et qu'à plusieurs on avance plus loin.

À l'opposé de cette entreprise de « *libéralisme salarial* » structurée pour accompagner ses salariés à l'autonomie, c'est-à-dire jusqu'à pouvoir se passer d'elle, se tiennent les entreprises qui fondent leur organisation sur l'interdépendance de leurs salariés. De fait, le modèle dominant dans les organisations est aujourd'hui celui de la complémentarité, fondée sur la division du travail en spécialisations exclusives, qui génère une dépendance mutuelle entre les différentes entités productives ou fonctionnelles. L'ouvrier n'a ni les connaissances ni l'expérience pour définir une stratégie d'entreprise. De son côté, le directeur général est incapable de faire fonctionner les machines que connaît parfaitement le technicien. Pour se développer, la société a besoin des compétences complémentaires des deux hommes. Cela, même le modèle de l'intra-entrepreneuriat ne le résout pas intégralement, mais il réduit considérablement l'étendue de cette interdépendance : chaque technicien apprend aussi à manipuler les notions de droit, de comptabilité, de recrutement, de finance qui lui sont nécessaires pour gérer sa *business unit.* De sorte qu'il finit par maîtriser tous les éléments constitutifs de son activité professionnelle, ce qui s'appelle être autonome. Et pour mener celle-ci, nul besoin de compétences particulières en stratégie ! Ce qui est sûr, c'est que celui qui ne peut rien faire seul, rien d'autre que la tâche particulière à laquelle il se trouve affecté, ne peut être dit autonome, sinon de manière métaphorique : il est au contraire parfaitement dépendant des tâches accomplies par les autres et qui seules donneront à la sienne une utilité.

Au modèle organisationnel de l'interdépendance généralisée, l'entreprise nouvelle génération préfère celui de la libération mutuelle. Tout y est organisé de telle sorte que les personnes soient libres les unes des autres, en ayant le moins possible *besoin* les unes des autres. C'est le sens de l'intra-entrepreneuriat. Chacun est appelé à se vivre comme un auto-entrepreneur, à se débrouiller un maximum tout seul, sans compter sur les autres, de sorte que la dimension collective de l'entreprise ne lui soit qu'un simple plus, cerise sur le gâteau qu'il aura préparé. Le « chargé de client » fixe ses propres objectifs, établit ses devis, bons de commande et factures, recrute ses collaborateurs, etc. L'important étant que l'intra-entrepreneur, s'il peut compter sur ses collègues, ne se repose pas sur eux pour développer ses affaires, n'attende pas d'eux son propre succès ; il est appelé à se prendre en main, à agir comme s'il était seul.

Et cela signifie qu'entre salariés, les relations doivent être fondées non sur le besoin, qui aliène, mais sur le désir, qui libère. C'est librement que les collègues doivent se rapporter les uns aux autres. Nul ne peut être forcé à apporter son aide à un autre, même si, comme dans toute société, il n'est jamais bien perçu de ne pas jouer collectif. L'aide apportée à autrui, pour en être vraiment une, gracieuse, doit être de l'ordre du don et non du dû, ce qui ennoblit et le donateur et le bénéficiaire. Et ce n'est que dans la mesure où rien ni personne ne me contraint à rendre service à mon coéquipier qu'il s'agira vraiment là d'un service et que je serai heureux de l'avoir fait, gratuitement. Et l'on observe que les comportements altruistes sont plus nombreux (indépendamment même du fait qu'il n'y a qu'alors qu'ils soient vraiment « altruistes ») lorsqu'ils ne répondent pas à une injonction managériale. L'homme libre se tourne spontanément vers son voisin, son semblable en difficulté, parce qu'il y voit un *alter ego*, un autre lui-même, celui qu'il a pu être, qu'il aurait pu être, qu'il pourrait devenir.

Que l'intra-entrepreneur doive se comporter comme s'il était seul ne signifie naturellement pas qu'il ne doive pas tenir compte de sa participation au collectif, dans ses différentes dimensions : son équipe de proximité, son équipe locale (agence), son équipe régionale (territoire) ou son équipe globale (entreprise). Simplement, ce collectif ne doit pas être un frein à sa liberté, en particulier il ne doit pas faire de sa prétendue appartenance à l'entreprise un moyen de s'exonérer de ses propres responsabilités : une fois formé, s'il échoue, il ne devra ni ne pourra invoquer le manque d'assistance de ses collègues. Car l'intra-entrepreneur est tout sauf un assisté, il est par définition proactif, il n'attend pas qu'on l'aide ou qu'on lui commande pour faire.

Il participe à l'entreprise, il ne lui appartient pas, car son travail ne tient pas à elle, n'est pas conditionné par elle, seulement influencé. Il n'appartient pas à son entreprise en ce sens qu'il ne s'y réduit pas, il n'est pas le rouage d'un engrenage, qui ne pourrait se mouvoir s'il n'était mû et dont les autres attendraient le mouvement pour se mouvoir eux-mêmes. Une telle réaction en «chaîne», typique d'une organisation pyramidale organisée sur le modèle de l'interdépendance où chacun se trouve «enchaîné» à une tâche exclusive, se trouve aux antipodes de ce que s'efforce de mettre en place une entreprise 2.0. Son organisation vise au contraire à rompre de telles chaînes, qui font que le travail de l'un demeure suspendu à celui d'une indéfinité d'autres et conditionne à son tour celui d'une indéfinité. Que les salariés soient conduits à réagir plutôt qu'à agir n'est conforme ni à leur dignité d'hommes ni à l'intérêt de l'entreprise.

Le problème des organisations traditionnelles, c'est qu'elles encouragent implicitement, par leur organisation même, des comportements passifs – il faut attendre les ordres avant d'agir – dont elles ont beau jeu de dénoncer ensuite les effets nuisibles à l'efficacité (manque d'initiatives, démotivation...). «*Dieu rit des hommes qui déplorent les effets dont ils chérissent les causes*», remarquait malicieusement Bossuet.

VII – Une démocratie fondée sur la diversité

Le modèle organisationnel dont il est ici question, en tant qu'il se traduit économiquement par la démocratie dans l'entreprise, s'appuie sur les différences interindividuelle, dont il cherche à exploiter le potentiel de tension, plus qu'il ne cherche à les réduire. Son «logiciel» économique et politique consiste à faire de la diversité humaine un moyen plutôt qu'un obstacle à la réalisation de son idéal démocratique.

Il ne vise pas, par exemple, à supprimer toute différence hiérarchique dans l'entreprise, comme si d'abord cela pouvait suffire à empêcher toute domination de l'homme sur l'homme, et comme si empêcher toute possibilité de domination n'était pas un remède pire que le mal. Une société ne serait pas *de facto* plus démocratique parce que ses membres se trouveraient tous au même niveau hiérarchique, voire parfaitement semblables en tous points ; cette réduction sociologique de tous au même signerait au contraire l'avènement politique d'un pouvoir tutélaire d'essence totalitaire. Si l'entreprise adaptative peut faire des différences le levier de la démocratisation, c'est parce qu'elle ne conçoit pas comme une uniformisation l'égalité résultant de la démocratisation. Elle se situe à l'exact opposé de cette horreur égalitaire que Tocqueville croyait voir se réaliser dans les sociétés en voie de démocratisation et dans lesquelles, demain, « *nul ne différant alors de ses semblables personne ne pourra exercer un pouvoir tyrannique ; les hommes seront parfaitement libres, parce qu'ils seront tous entièrement égaux ; et ils seront tous parfaitement égaux parce qu'ils seront entièrement libres. C'est vers cet idéal que tendent les peuples démocratiques*[443] ». Ce qui est visé dans l'entreprise démocratique, ce n'est pas une plage humaine dont chacun des grains de sable serait permutable avec n'importe quel autre, mais la complexité toujours plus différenciée du vivant. L'entreprise démocratique veut la différence parce qu'elle veut la vie. Ce qui est recherché, ce n'est pas l'homogénéisation et l'uniformisation, c'est très exactement l'inverse, la multiplication des différences et leur diversité au plus haut degré de cohérence pour chacune et de compatibilité entre tous, à l'échelle des équipes comme des individus.

C'est la raison pour laquelle, dans une entreprise adaptative, la diversité a tout lieu d'être non seulement acceptée – c'est, au moins au niveau des discours, le cas dans toutes les entreprises – mais activement recherchée parce qu'elle est ce qui permet à l'entreprise de construire la complexité (des décisions notamment), et donc de mieux se mouvoir dans l'environnement complexe qui est le sien. Ainsi la

443. Alexis de TOCQUEVILLE, *De la démocratie en Amérique*, I, partie 2, chapitre 6.

complexité permet-elle une meilleure agilité entrepreneuriale, condition d'autant plus nécessaire à la survie et au développement des entreprises qui ne sont pas les plus grandes de leur secteur et qui ne peuvent donc tabler sur la puissance (de feu) pour être concurrentielles.

De fait, plus des individus sont dissemblables plus ils recherchent ce qui les rassemble (ce qui est facteur de paix) et, inversement, plus des individus se ressemblent plus ils vont chercher à se différencier (ce qui est facteur de guerre). Par conséquent, contrairement à une idée reçue, une organisation est d'autant plus stable que les personnes qui la composent sont plus différents les uns des autres. Ce n'est pas le différent qui crée le différend, c'est au contraire l'affirmation des différences qui va inciter chacun à se tourner vers autrui pour chercher ce qu'ils ont en commun (ne serait-ce que pour voir ce qu'autrui pourrait lui apporter, professionnellement), ce qui contribue à établir dans l'organisation un état d'esprit d'entraide, sinon de fraternité. Ce sont les différences qui rendent un écosystème vivant.

De quelle diversité parlons-nous ?

La diversité est souvent prise pour ce qu'elle n'est pas, et nombre d'organisation croient de bonne foi s'ouvrir à la diversité, voire même la réaliser, alors qu'elles ne font que s'ouvrir à la variété, et à la variété la plus horizontale et donc la plus inoffensive, celle qui se révèle la plus homogène à leur identité.

Au-delà de la variété

Pour y voir clair et être à même de distinguer une « vraie diversité » d'une « fausse diversité », ou une diversité réelle d'une diversité apparente, quelques précisions conceptuelles ne sont pas inutiles. Tout d'abord, la diversité n'est pas la multiplicité : il peut y avoir une multiplicité d'éléments sans qu'il y ait entre eux aucune diversité. La multiplicité peut être une simple duplication, reproduction à l'identique du même. Pour qu'il y ait diversité, il faut donc qu'il y ait quelque chose de plus que le simple multiple, il faut qu'il y ait des différences entre ces multiples.

Pour autant, la simple présence de différences ne suffit pas non plus pour qu'il y ait diversité, car des différences, il peut y en avoir de réelles et de factices, elles peuvent n'être que de simples variantes du même, de simples nuances. Les différences, par elles-mêmes, ne suffisent à définir qu'une simple variété, pas encore la diversité. Car, et c'est la seconde distinction, la diversité n'est pas la variété : il peut y avoir une variété d'éléments sans qu'il y ait entre eux aucune diversité. La diversité, elle, suppose non seulement qu'il y ait des différences, mais que ces différences soient divergentes. De fait, étymologiquement, *diversitas* dit une contradiction, une opposition, *divertere* signifie très littéralement se détourner, par exemple de la voie commune. D'où il ressort qu'il n'y a pas diversité tant qu'il n'y a pas divergence. Être ouvert à la diversité, c'est être ouvert à la possibilité de la divergence. Réaliser la diversité, c'est autre chose : c'est faire en sorte qu'il y ait réellement, en interne, présence de divergences de vue. Tant que la différence n'est que de nuance, de degrés, nous sommes dans la variété (ex : vaut-il mieux une stratégie de développement en Asie ou au Moyen-Orient ? Variété d'opinions) ; nous basculons en revanche dans la diversité lorsque la différence devient de nature (ex : pourquoi faudrait-il une stratégie ?). À l'intérieur d'une même espèce, où les différences ne sont que de degrés, on parle de variété (ex : variété de vaches, variété de fromages) ; mais entre les espèces, on parle de diversité (comme il en va de la « biodiversité »).

Ceci étant posé, de quel type de « diversité » parlons-nous lorsque nous affirmons vouloir « réaliser la diversité » dans nos entreprises ? Dans l'immense majorité des cas, nous entendons par là faire droit - droit, notamment, à l'égalité de traitement - aux différences visibles, factuelles, objectivement constatables et donc quantifiables, mesurables comme le sont l'âge, le genre, l'origine ethnique et le handicap. Mais il s'agit toujours de différences à l'intérieur de l'espèce humaine, de simples degrés[444]. C'est donc, en réalité, si l'on veut bien faire

444. De fait, entre la personne handicapée et la non-handicapée, il n'y a qu'une différence de degrés de mobilité, entre la personne blanche de peau et la noire, il n'y a que des nuances de couleur, etc.

attention au sens des mots, l'indéfinie et protéiforme *variété* humaine qui se trouve ici catégorisée et qui est indûment appelée «diversité». C'est d'elle dont on se préoccupe dans le cadre d'une démarche RSE[445], elle qui s'affiche dans la «Charte de la diversité en entreprise» (2004), elle que promeut le «Label diversité» (2008), c'est encore d'elle dont s'occupent les directeurs de la diversité (chez Total, Adecco, France Telecom Orange...), et c'est d'elle enfin dont parle Yazid Sabeg, Commissaire à la diversité et à l'égalité des chances, dans son rapport intitulé «La diversité dans l'entreprise: comment la réaliser?» (2009).

Mais alors, si les différences visibles, factuelles entre les hommes ne ressortissent que de la variété, de quelle diversité parlons-nous au juste lorsque nous disons qu'elle est une condition *sine qua non* de l'innovation au sein de nos organisations? Nous parlons d'une diversité de points de vue, car c'est la diversité des opinions qui, pour une organisation, se révèle source de valeur ajoutée.

Difficile diversité de points de vue

En effet, lorsqu'une entreprise affiche sa volonté de «réaliser la diversité» en son sein, c'est, outre le louable dessein humaniste qui l'anime au titre de sa responsabilité sociétale, parce qu'elle y trouve un intérêt, parce qu'elle voit dans la diversité un moyen de stimuler l'innovation et d'améliorer la prise de décision. La diversité est à vouloir parce qu'elle permet de contrecarrer les effets amollissants du conformisme. La variété humaine n'est en fait que le moyen de la diversité, qui elle-même est le moyen de l'innovation et d'une prise de décision pertinente. Les différences humaines, qu'elles soient visibles (âge, genre...) ou invisibles (culturelles, disciplinaires...), ne sont que des moyens dont on présume qu'ils vont favoriser une diversification des points de vue. Réaliser la variété humaine est censé permettre de réaliser la diversité des points de vue. Plus il y aura de variété,

---

445. Le mot même de «diversité» est toutefois absent de la loi NRE (2002) qui n'évoque que l'égalité professionnelle hommes/femmes et l'insertion de travailleurs handicapés comme critères de non-discrimination (Art 148-2).

plus, pense-t-on, il devrait en résulter de diversité. Mais en raisonnant ainsi, on présume de plus en plus, car les différences, dans les organisations contemporaines, ont tendance à se réduire comme peau de chagrin :

• Les différences culturelles ont tendance à s'éroder sous l'effet de la mondialisation qui uniformise les modes de vie et de pensée, de sorte que la constitution d'équipes pluriculturelles est de moins en moins un gage de diversité.

• Les différences de formations disciplinaires ont tendance à s'effacer derrière la figure standardisée du manager global, de sorte que la constitution d'équipes pluridisciplinaires est de moins en moins un gage de diversité.

• Les recrutements concernent souvent le même se présentant comme différent. L'ouverture à la prétendue diversité consiste alors à recruter un handicapé, un Antillais, une femme, présentant en réalité le même profil professionnel : tous issus des mêmes écoles et formatés selon le même moule. Les différences auxquelles s'ouvrir sont préalablement sélectionnées. Seules certaines ont droit de cité, celles dont le coût d'intégration se révèle minime. Ce n'est pas toute la diversité qui est tolérée, loin s'en faut, mais seulement celle qui est choisie[446], en étant préjugée conforme.

• Même lorsque les recrutements parviennent à faire entrer des personnes réellement différentes, leurs différences étant tenues pour indifférentes – on demande à chacun, quelle que soit sa différence initiale, de se comporter conformément aux standards –, celles-ci se trouvent rapidement neutralisées et finissent par s'effacer. De fait, les organisations de grande taille apparaissent souvent plus comme des

446. La « diversité » (simple variété, en réalité) choisie est le pendant de l'« immigration choisie ». L'entreprise détermine à quelle variété elle accepte de s'ouvrir, compte-tenu de ses besoins actuels. D'une manière générale, on veut bien la variété en interne, du moment qu'elle se révèle indolore, qu'elle concerne des cadres de haut niveau apportant toutes les garanties de conformité au modèle standard (« variété horizontale ») ; par contre on rechigne à la variété qui, comme celle des jeunes de banlieue ou des personnes handicapées, nécessite un réel travail de socialisation, de remise en question et d'adaptation de la structure, c'est-à-dire dont le coût d'intégration est plus important (« variété verticale »).

machines à uniformiser qu'à différencier. Les personnes aux différences multiples qui intègrent l'entreprise sont souvent davantage assimilées qu'intégrées, en ce sens que, progressivement formatées à la «culture maison», elles en viennent à ne plus se vivre que comme les éléments indifférenciés d'un tout homogène, ou, pour le dire autrement, comme des agents plus que des acteurs. Les formations sont censées former aux mêmes «bonnes pratiques», la communication interne massive est censée conformer petit à petit les esprits jusqu'à les amener à partager un seul et même point de vue, et la taille de l'organisation suffit, par inertie, à uniformiser tendanciellement les comportements. De même, on promeut verbalement la diversité, mais par ailleurs on fait des universités d'entreprise, dont la fonction est de former aux mêmes contenus. Il faut savoir que l'«université» (mot construit à partir d'*universus* : qui est tourné vers le même) est l'exact contraire de la «diversité» (mot construit à partir de *diversus* : qui est tourné vers l'opposé). Pour la plupart des entreprises, et souvent à proportion de leur taille, tout se passe comme si le salarié modèle était un salarié modelé.

Ce qui apparaît ici, c'est qu'une apparente variété ne garantit aucune diversité et que la diversité, dans une organisation, est toujours une diversité limitée[447] – limitée à ceux qui nous ressemblent déjà, au fond, par-delà les apparences, ou qui devront finir par nous ressembler. Au regard de la focalisation exclusive des entreprises sur la variété (visible ou invisible) plus que sur la diversité (des points de vue), et de leur propension à conformer chacun de leurs membres, on peut se demander si la fonction de la diversité affichée ne serait pas de faire diversion à la fécondité de la divergence, et si l'entreprise, au fond, n'aurait pas peur des vraies différences (raison pour laquelle elle uniformiserait tant).

---

447. Ce qui n'a rien de choquant en soi, des limites étant toujours nécessaires à la définition de la liberté. La démocratie aussi est toujours une démocratie limitée, tout comme la liberté d'expression est toujours une liberté limitée.

Comment réaliser la diversité ?

Quoi qu'il en soit, dans la mesure où l'âge, le genre, la validité, la formation initiale, l'origine ethnique, géographique ou culturelle, bref la variété humaine, ne garantissent par eux-mêmes aucune diversité réelle, c'est-à-dire de points de vue, la question demeure entière de savoir comment réaliser, dans les organisations en général et dans les entreprises en particulier, une authentique diversité, source d'innovation et de prise de décisions plus judicieuses. Réaliser la variété ne suffisant pas à réaliser la diversité, nous pouvons à tout le moins conclure que la diversité ne se décrète pas, elle se construit progressivement, et cela quelles que soient les différences accidentelles entre les hommes (comme l'âge, le genre, le lieu de naissance...) puisque la capacité à diverger ne dépend que du degré de liberté des personnes. La variété se constate, la diversité se construit.

Pour construire de la diversité, il faut donc ouvrir grand les vannes de la liberté. Ce n'est que dans la mesure où les membres d'une organisation s'autorisent à être librement eux-mêmes, sans pesanteur du conformisme ni suivisme de la hiérarchie, qu'ils peuvent librement diverger et qu'il devient dès lors possible de construire du collectif à partir de ces divergences même. La divergence exprimée par un membre de l'équipe doit être regardée comme un service rendu à tous car sa prise en compte va permettre d'affiner la décision, d'envisager un aspect inattendu du problème et ainsi d'explorer des pistes auparavant insoupçonnées.

Dans son équipe

En termes managériaux, pour encourager la diversité au sein d'une équipe, c'est-à-dire l'expression d'une diversité de points de vue en son sein, une orientation efficace consiste à encourager chacun à « affirmer sa différence et oser l'impertinence ». Ce qui veut dire, concrètement, encourager explicitement, dans les équipes, l'impertinence et l'expression par chacun de sa différence, afin de libérer la parole. Il y a quelques années, les managers de la FNAC étaient ainsi annuellement évalués sur leur capacité à « susciter la contradiction au sein de [leur] équipe» et à «recruter meilleur que soi», signalant ainsi une volonté explicite de la part du management d'encourager la remise en question. L'attitude consistant à valoriser l'impertinence doit naturellement aller de pair avec celle consistant à décourager les comportements conformistes, courtisans et béni-oui-oui.

Mais ces indications collectives en faveur de l'affirmation par chacun de sa différence spécifique ne sauraient suffire si elles ne se doublaient d'une action volontariste en vue de cultiver les capacités individuelles à se différencier. Car il ne suffit pas de dire, sur le mode de l'injonction paradoxale: «Soyez différents!», pour que les équipes s'autorisent à l'être et, à supposer qu'elles s'y autorisent, qu'elles y parviennent en ayant quelque différence à affirmer. Il faut donc, complémentairement, cultiver la capacité de chacun à affiner sa différence. C'est dans la mesure où chaque salarié saura d'abord faire sa différence qu'une entreprise pourra ensuite, commercialement, faire la différence[448]. La différence de chacun est pour une part donnée et, pour une autre part, construite. Chaque salarié a en effet une différence inhérente à ce que son histoire l'a fait et à ce qu'il en a fait: origine géographique, ethnique, mais aussi héritage culturel, religieux, éducationnel, sans parler du tempérament et de la formation disciplinaire. Tout cela constitue un individu unique, qui se trouve donc avoir d'emblée, si pauvre en différences qu'il s'imagine, une incomparable valeur ajoutée à apporter à son équipe et à y faire fructifier. Mais cette différence est, dans une organisation humaine, constamment menacée de dilution dans le milieu dans lequel elle évolue: elle tend à s'effacer, par simple inertie, et à plus forte raison sous l'effet de politiques RH (formations, communication interne...) visant à conformer à des standards uniformes, de sorte que de réelles différences de points de vue ne peuvent subsister qu'à condition de les entretenir, de cultiver activement la capacité de chacun à diverger,

448. Cette valeur accordée à la différence spécifique à chaque salarié, l'entreprise ne doit pas se priver de l'afficher : «*Si vous montrez à vos collaborateurs que ce sont eux qui font la différence dans l'entreprise, alors ils feront la différence.*» (Jim GOODNIGHT, PDG fondateur de SAS).

à penser différemment, ce qui se peut par exemple par le biais d'ateliers de philosophie expressément dédiés à la stimulation de l'esprit critique et de l'indépendance de jugement.

À quoi il convient d'ajouter qu'une différence ne vaut rien, ou pas grand-chose, par elle-même. Rien de pire, par exemple, pour lui comme pour son équipe, qu'un salarié arc-bouté sur sa différence, ne la défendant que parce que c'est la sienne et incapable de prendre en compte celle d'autrui pour évoluer. Une opinion n'a aucune valeur en elle-même, indépendamment de son contenu et de son ouverture à la possibilité d'une remise en question. En conséquence de quoi il ne suffit pas, d'abord, d'encourager l'expression de contradictions au sein d'une équipe et, ensuite, de favoriser la formation de différences personnelles, il faut aussi, indissociablement et autant que faire se peut, tendre à libérer chacun de l'enfermement en une seule et même différence. Chacun devant être à même de diversifier ses différences, de s'en former plusieurs et d'être mobile entre elles. Autrement dit, la diversité, pour être dans une équipe, doit d'abord être intérieure à chacun des membres de cette équipe. On ne saurait se satisfaire de la simple présence, au sein d'une équipe, de différences s'exprimant ouvertement mais incapables d'ouverture les unes aux autres, car, nul ne se révélant capable d'intégrer le point de vue des autres au sien, la décision collective qui résulterait d'une telle addition purement mécanique de points de vue extérieurs les uns aux autres serait loin d'être optimale : elle ne serait qu'une moyenne, le point d'équilibre fort médiocre des forces en présence, qui se serait révélée incapable de se nourrir des différences respectives pour construire un point de vue nouveau, supérieur, qui procède de ceux de tous tout en n'étant réductible à aucun en particulier.

En soi

• Comment, dès lors, cultiver la diversité intérieure à chacun des membres d'une équipe ? En première approche, il y a trois manières de s'intégrer de nouvelles différences pour nourrir et approfondir la sienne : Tout d'abord, cultiver un regard polyscopique. S'exercer à penser à fond, le plus loin possible, un autre point de vue que le sien, jusqu'à en reconnaître la légitimité : si je suis de gauche, m'obliger à penser comme un homme de droite, si je suis senior, m'obliger à penser comme un junior, si je suis platonicien, m'obliger à penser en nietzschéen, si je suis patron, m'obliger à penser comme un manœuvre, si je suis en charge des finances, m'obliger à penser en « marketeur ». C'est là un moyen de s'obliger à penser (*pensare*) vraiment, c'est-à-dire à peser (*pensare*) le pour et le contre en envisageant sérieusement chacun des deux termes de l'alternative, de manière à ne pas en rester à une simple opinion, partielle et partiale.

• Ensuite, un bon moyen de cultiver sa diversité intérieure consiste à cultiver sa polyvalence, c'est-à-dire son interdisciplinarité, à l'inverse de l'actuelle tendance à enfermer chacun dans une spécialisation exclusive, qu'elle soit juridique, commerciale, financière, technico-opérationnelle… Cette plus grande richesse professionnelle, en termes de compétences et donc de prise en compte des exigences propres aux autres services de l'entreprise, contribue aussi à dessiner une organisation plus souple, plus réactive, plus adaptable, davantage capable de faire évoluer ses collaborateurs en fonction de l'évolution de ses besoins économiques, sans avoir besoin de se débarrasser de ceux de ses salariés dont les compétences exclusives seraient devenues obsolètes.

• C'est une des raisons pour lesquelles une entreprise adaptative gagne à être conçue en sorte de lutter contre l'enfermement de chacun dans une spécialisation exclusive : la spécialité technique d'un salarié (qu'il soit fondeur, chauffagiste, électricien ou programmeur) s'y trouve au contraire enrichie par les différentes propositions qui lui sont faites de se diversifier professionnellement – par exemple en direction soit du droit, soit de la comptabilité, soit des ressources humaines, en fonction des « réseaux fonctionnels » dans lesquels il choisira de s'investir. Chaque salarié est d'autant plus incité à diversifier ainsi ses compétences que, se vivant comme un auto-entrepreneur, responsable des moyens lui permettant d'atteindre ses objectifs, il ne peut réussir sans faire un minimum de comptabilité, de droit, de recrutement, etc. Dans un tel fonctionnement, ce n'est pas seulement le management qui incite le salarié à s'ouvrir à d'autres fonctions de l'entreprise, pour mieux en comprendre les enjeux, c'est la structure même de l'organisation qui rend quasi nécessaire, pour chaque salarié, d'avoir plusieurs cordes à son arc.

• Enfin, pour cultiver sa diversité intérieure, rien de tel que d'entretenir la diversité de ses sources de réflexion. Ce qui suppose d'entretenir sa curiosité intellectuelle et de développer sa culture générale afin de pouvoir, d'une part, mobiliser et mettre en rapport différents champs de savoir à des fins d'innovation, et, d'autre part, affiner sa compréhension de la complexité humaine[449]. Mais surtout, plus un manager sera enraciné dans une culture, plus loin il pourra plonger ses racines afin de puiser à une diversité de sources de quoi répondre à la variabilité de ses besoins managériaux.

Si la diversité intérieure est si précieuse, à titre personnel et professionnel, c'est en ce qu'elle donne une plus grande mobilité intellectuelle, une plus grande faculté à se mouvoir d'un point de vue à un autre et donc à intégrer d'autres points de vue au sien, en quoi consiste l'ouverture intellectuelle. Le danger, ce n'est pas l'identité, c'est l'identité non plurielle, non complexe. «*Une des tendances de la société actuelle est de nous pousser constamment à développer notre identité individuelle, conçue comme une sorte d'unicité et de pureté, alors que chacun d'entre nous est le point de rencontre d'identités multiples et ambivalentes. Amin Maalouf, dans* Les Identités meurtrières, *dénonce «cette conception étroite, exclusive, bigote, simpliste qui réduit l'identité entière à une seule appartenance». Tant qu'un individu se considère et se veut comme d'une seule pièce, sans ambivalence ni*

449. «*La culture générale est d'abord une ouverture à la diversité du monde et, dans les entreprises multipolaires, plurinationales, globales, elle est indispensable à la conduite et au fonctionnement des organisations. Apprendre, comprendre, connaître les civilisations chinoise, japonaise, indienne si éloignées de nos schémas référentiels est évidemment facteur d'efficacité dès aujourd'hui et demain plus encore. Connaître l'histoire des religions est indispensable à qui veut développer des activités financières aujourd'hui dans le monde.*» (Denis KESSLER, ancien vice-président du MEDEF et aujourd'hui PDG du groupe de réassurance SCOR, in *Les Echos* du 29/04/09)

contradiction, il aura beaucoup de mal à accepter la différence chez ses interlocuteurs. Les gens sont davantage prêts à affronter l'altérité lorsqu'ils revendiquent pour eux-mêmes une identité multiple[450]. »

La diversité atténue les conflits

Contrairement à une idée reçue, la diversité, loin d'être une menace, renforce la paix sociale : pour réduire les conflits, il ne faut pas uniformiser ses salariés mais leur permettre de se différencier.

« Si notre société essaie généralement de réduire chacun d'entre nous à une seule identité, c'est qu'elle souhaite avant tout vivre en paix, et qu'elle pense y parvenir en normalisant les comportements. » Dans *L'Éloge du conflit*, Miguel Benasayag et Angélique Del Rey défendent au contraire l'idée qu'on ne parvient à la paix qu'en acceptant le conflit avec les autres et en nous-mêmes, car « *le refoulement du conflit ne peut conduire qu'à la violence généralisée* ». Le XXe siècle, qui se voulait un siècle sans conflit, a vu quelques-unes des guerres les plus barbares. Les auteurs font toutefois la différence entre l'affrontement, qui est un jeu à somme nulle du type « si je gagne, tu perds », et le conflit qui débouche sur une solution créative. La guerre que la France a le plus incontestablement gagnée, celle de 14-18, a engendré pour les Allemands une telle humiliation qu'une nouvelle guerre était inévitable. Dans *L'Art de la guerre*, Sun Tzu montre qu'une façon de gagner la guerre est de savoir laisser l'adversaire sauver la face, et d'imaginer une solution pour sortir du conflit[451] ».

Les organisations traditionnelles, quoi qu'elles en disent, redoutent la diversité car elles y voient un germe de conflit au lieu d'y voir un potentiel d'innovation. « *Ce que les gens entendent souvent par « éliminer les conflits » est en fait « éliminer la diversité ». Mais ce n'est pas*

450. Michel HERVÉ, "Le web 2.0 au cœur de l'entreprise", in *Entreprise 2.0. Réflexions autour d'une nouvelle odyssée*, par un collectif d'auteurs sous la coordination de Xavier AUCOMPTE et Caroline MACDONALD, p. 8-9
451. Michel HERVÉ, "Le web 2.0 au cœur de l'entreprise", in *Entreprise 2.0. Réflexions autour d'une nouvelle odyssée*, par un collectif d'auteurs sous la coordination de Xavier AUCOMPTE et Caroline MACDONALD, p. 9

la même chose. Nous pouvons souhaiter abolir les conflits, mais nous ne pouvons pas supprimer la diversité[452] » (Mary Follett). Pour éviter les conflits, pense-t-on erronément, rien de plus simple : après avoir demandé à chacun d'exprimer son point de vue, il suffit, suivant le « principe du chef », de demander à tous de se ranger au point de vue du supérieur hiérarchique, de s'aligner derrière lui.

Un management fortement hiérarchique est ainsi conçu comme le meilleur moyen d'éviter les conflits dans une organisation, en tout cas de les résoudre, et ce au prix de la diversité qui s'est exprimée et dont le chef a toute latitude pour ne pas tenir compte. Un management fortement hiérarchique tient la diversité des points de vue pour négligeable, pour un élément sans doute utile mais jamais déterminant, car il légitime que, par un management autoritaire, on puisse ne pas en tenir compte. Ce qui prime c'est que le décideur décide, à lui de voir s'il souhaite intégrer la diversité à sa décision. La diversité est ainsi optionnelle, facultative. En revanche, dans une entreprise s'efforçant de réaliser au maximum son potentiel d'innovation, la prise en compte de la diversité n'y est pas seulement possible mais nécessaire. Elle est au fondement, pour ainsi dire, de toute l'organisation. Il ne s'agit pas seulement, pour le manager, de décider après avoir laissé s'exprimer une diversité de point de vue (quitte à n'en tenir aucun compte), ni de décider en ne retenant que ceux qui lui complaisent (faire *sa* sélection de ceux qui sont pertinents), ni même de décider avec le consentement de ses co-équipiers, mais de construire avec eux la décision. La diversité des points de vue de ses salariés d'un niveau « n-1 » est censée se trouver synthétisée dans un point de vue plus englobant, « n », qui à son tour ne sera que l'expression d'un point de vue parmi une diversité d'autres du niveau « N+1 », lesquels se trouveront intégrés dans un point de vue plus englobant encore, et ainsi de suite.

Sans cette diversité, la démocratie tourne à vide car elle est censée être une machine à se nourrir de diversité, à convertir la diversité d'opinions en unité d'action. Ce n'est pas le différent qui crée le différend.

---

452. Mary Parker FOLLETT, *Creative experience*, New York, Longmans, Green.

C'est au contraire l'affirmation des différences, leur libre expression et leur confrontation qui va permettre une innovation collective. Si tous font bloc, si tous sont les mêmes, alors les décisions prises sont riches de moins de complexité et sont donc moins pertinentes. Il ne suffit donc pas, pour que la démocratie soit optimale, que les décisionnaires soient les plus nombreux possible, encore faut-il qu'ils expriment de vraies différences pour contribuer chacun à enrichir la réflexion de tous, puis la décision qui en résultera.

Or parce qu'elles croient que les différences créent les conflits, les organisations traditionnelles cherchent prioritairement, par-delà des effets de manche, à réduire la diversité des manières de faire, de voir et de penser, c'est-à-dire à homogénéiser. Autrement dit, comme nous l'avons vu précédemment, elles se défient des possibilités de divergence, elles cherchent à neutraliser la diversité en la réduisant à une simple variété, c'est-à-dire à de simples variations du même.

En réalité, non seulement ce ne sont pas les différences qui créent les conflits, mais c'est le contraire qui est vrai : la trop grande similitude génère des rivalités mimétiques. Par conséquent, plus les individus composant une équipe seront différents, moins il y aura entre eux de concurrence, de conflits de légitimité ou de compétence. Et plus grandes seront entre eux les complémentarités, les synergies.

Les analyses de René Girard ont en effet montré que c'est la similarité (consécutive au désir mimétique et à l'indifférenciation qui en résulte) qui crée la rivalité. C'est le même qui est ressenti comme une menace, pas le différent[453]. Le premier ennemi, c'est toujours le frère, l'alter ego, le semblable, le plus proche[454]. Tel aime la maîtresse de

---

453. C'est parce que l'autre m'est trop semblable qu'il menace ma spécificité, mon unicité, que je dois l'éliminer : c'est lui ou moi, l'un des deux est de trop. Car je risquerais de me diluer en lui, mon identité ne se constitue qu'en s'opposant. C'est le même qui me menace, la réduction à l'identité. Toute guerre est dialectique : on combat pour ne pas ressembler à l'autre, pour se poser en s'y opposant, pour maintenir nos spécificités, combattre la pensée unique.

454. « *L'œuvre de Clausewitz est révélatrice de ce que j'appelle un conflit de type mimétique. La France et l'Allemagne veulent la même chose : dominer l'Europe. Après la mort de Charlemagne, ses deux petits-fils, Charles le Chauve et Louis Le Germanique, vont commencer la guerre de jumeaux qui va marquer l'histoire de l'Europe jusqu'à prendre une forme virulente après la victoire*

son ami ou l'ami de sa maîtresse ; tel autre jalouse la place de son proche voisin ; quel enfant ne s'écrie « moi aussi » dès qu'un frère ou sœur reçoivent un cadeau, et quel adulte peut se défendre d'un même réflexe ? L'état d'égaux crée une rivalité qui, en retour, nous transforme en jumeaux, réattisant à la fois la haine et l'attirance.

On se combat d'autant plus qu'on se ressemble : « *Il y a de grandes perturbations dans le monde, qui sont dues à la coexistence de « vérités », d'idéaux, de valeur comparable, et difficiles à distinguer. Les débats les plus violents ont toujours eu lieu entre des doctrines ou des dogmes très peu différents. Lutte plus aigre et plus aiguë entre orthodoxes et hérétiques qu'entre l'orthodoxe et le païen. Le degré de précision d'une dispute en accroît la violence et l'acharnement. On se bat plus furieusement pour une lointaine décimale.* » (Paul Valéry)

En cherchant, consciemment ou inconsciemment, à modeler leurs salariés suivant l'image qu'elles se font de ce qu'ils devraient être, à ce qu'elles veulent qu'ils soient, les entreprises traditionnelles se coupent de toute diversité réelle et, en réduisant celle-ci à une simple variété, réduisent, dans leurs décisions, leur prise en compte de la complexité. En effet, en formatant leurs salariés, en leur imposant d'adopter les mêmes manières de faire, techniquement et comportementalement, elles tendent à formater aussi, inévitablement, leurs manières de penser, de sorte que tous en viennent progressivement à partager un même point de vue, que ne différencient plus que de simples nuances. Ainsi émerge un point de vue unique, par définition simpliste, et non plus un point de vue commun, porteur de complexité.

Diversité conditionnée par la liberté de parole

Une démocratie d'entreprise n'a de sens que s'il est possible de construire de la complexité, et donc que si les individus s'autorisent à dire ce qu'ils pensent vraiment. Il a besoin du désaccord pour

---

de Napoléon à Iéna en 1806 et le réarmement de la Prusse qui mènera aux trois guerres que nous connaissons. C'est pour cela que le geste de réconciliation entre de Gaulle et Adenauer, en 1963 à Reims, est si important. » (René GIRARD, au sujet de son livre *Achever Clausewitz*).

construire de l'accord. Il patine, en revanche, si une réelle diversité de points de vue ne s'exprime pas, car alors les décisions prises n'ont plus de raison d'être plus rationnelles, plus pertinentes, que dans les organisations hyper-hiérarchisées qui aseptisent, ou neutralisent, la parole. Il n'y a liberté de parole réelle qu'entre deux personnes se considérant comme égales, que l'une soit le responsable hiérarchique de l'autre ne devant rien changer. Pour que les individus s'autorisent à dire vraiment ce qu'ils pensent, il faut :

• un tutorat permettant une acculturation des nouveaux entrants ;

• des voyages d'une entité à l'autre (pollinisation), qui permet de voir quelle est la liberté de parole ailleurs ;

• une évaluation par la base, en cas de manque d'écoute par le responsable de ce qui est dit, afin de l'obliger à mieux prendre en compte ce que disent les autres.

Pour que l'on puisse parler de démocratie, il faut *a minima* qu'il y ait une *agora*, c'est-à-dire un espace de discussion publique, et que la parole y soit libre, et donc que chacun puisse s'y exprimer sans crainte. Or de même qu'il ne suffit pas de ne pas être dominé pour être libre, il ne suffit pas qu'une libre parole soit autorisée pour que les personnes s'autorisent, elles, à parler librement. Cette capacité à dire le vrai, après l'avoir discerné, est une condition essentielle au bon fonctionnement d'une démocratie. Dans une entreprise adaptative, dont la compétitivité tient à la capacité à construire des décisions plus complexes que chez les concurrents, la capacité des salariés à faire preuve d'une réelle liberté de parole au cours des réunions devient un enjeu réel. Dans son cours au collège de France publié sous le titre *Le Courage de la vérité. Du gouvernement de soi et des autres* (1984), Michel Foucault étudie la tragédie d'Euripide *Ion* et met au jour le lien qu'entretient la dynamique de la *parrêsia* – la capacité à parler sans détour en faisant preuve d'assurance et de hardiesse – avec la possibilité même de la démocratie. Ce régime peut bien être soutenu par une bonne constitution, l'égalité des droits et l'égalité devant la loi peuvent y être garanties et respectées, il restera impossible ou bien pervers tant qu'il ne sera pas « *mis en acte* », animé par la *parrêsia*, qui est le «*courage de la vérité*» de «*certains qui s'avancent, prennent la parole, tentent de persuader, dirigent les autres, avec tous les risques que cela comporte*». C'est pourquoi, comme Foucault le rappelle d'emblée, dans n'importe quelle organisation, la *parrêsia* «est d'abord une notion politique» qui fait front à la domination.

«*À partir du moment où on n'a pas la* parrêsia, *on est (...) obligé de supporter la sottise des maîtres. Et rien de plus dur que d'être fou avec les fous, d'être sot avec les sots. Cette mention du fait que, sans* parrêsia, *on est en quelque sorte soumis à la folie des maîtres, cela veut dire quoi et montre quoi? Eh bien, cela montre que la* parrêsia *a pour fonction justement de pouvoir limiter le pouvoir des maîtres. Quand il y a de la* parrêsia, *et que le maître est là – le maître qui est fou et qui veut imposer sa folie –, que fait le parrèsiaste, que fait celui qui pratique la* parrêsia*? Eh bien justement, il se lève, il se dresse, il prend la parole, il dit la vérité. Et contre la sottise, contre la folie, contre l'aveuglement du maître, il va dire le vrai, et par conséquent limiter par là la folie du maître. À partir du moment où il n'y a pas de* parrêsia, *alors les hommes, les citoyens, tout le monde est voué à cette folie du maître*[455].»

C'est le citoyen grec qui, sur l'*agora*, n'a pas peur de dire ce qu'il pense, c'est l'ami qui vous dit ce que vous n'aimez pas entendre, le conseiller qui au péril de sa vie se refuse à flatter le roi, ou encore le salarié qui risque son poste à dire ce qu'il pense à son patron[456]. Ce qui fait le propre de la *parrêsia*, c'est en effet le danger qu'elle fait courir. On retrouvera ce courage de la vérité dans diverses figures – le fou du roi, par exemple – mais, remarque Foucault, il tend à disparaître. La *parrêsia* se fait rare, il est donc urgent de la ranimer pour revivifier la démocratie et il est nécessaire de la développer le plus largement possible pour garantir la concurrentialité de l'organisation. Une démocratie se délite, c'est-à-dire perd en réactivité et en représentativité, à mesure où se perd la capacité de ses membres à dire les choses avec franchise.

---

455. Michel FOUCAULT, *Le Courage de la vérité. Du gouvernement de soi et des autres.* Cours au Collège de France. 1982-1983. Gallimard-Seuil, «Hautes Etudes», p. 148.

456. «*Je ne veux pas être entouré de béni-oui-oui. Je veux que les gens me disent la vérité – même si ça leur coûte leur job.*» (Georges CLEMENCEAU).

La démocratie, seul régime se nourrissant de diversité

Une raison majeure pour laquelle la démocratie, comme mode de gouvernement d'entreprise, s'avère particulièrement adaptée à une organisation adaptative, est qu'elle est le seul régime politique permettant de tirer profit de la diversité existante, au lieu d'être menacé par elle. La démocratie ne se construit pas en dépit de la diversité, mais grâce à elle, ce qui a amené Jean-Pierre Doly et François Monconduit à écrire que «*l'espace à l'intérieur duquel se rencontrent quotidiennement les femmes et les hommes pour travailler ensemble nous paraît être l'un des lieux privilégiés pour l'invention d'une pratique démocratique réellement vécue. Appartenant à des groupes sociaux différents, ayant des tempéraments, des systèmes de valeurs, des capacités, des enjeux, des statuts différents, ils doivent apprendre – dans cette diversité même – à se respecter, s'écouter, s'accorder pour vivre et agir ensemble*[457] ».

La démocratie est la seule organisation politique permettant d'intégrer une vraie diversité. Tous les autres régimes politiques (despotisme...) impliquent nécessairement, pour conserver stabilité et cohésion, une uniformisation des modes de pensée et de comportement, raison pour laquelle, entre autres instruments de réduction au même, ils font un usage important de la propagande, naturellement présentée comme de la «communication». Ils ont besoin de «petits soldats» relativement dociles et aussi motivés que possible, idéalement désintéressés, allant jusqu'à négliger leur santé pour le bien supérieur de l'organisation. La démocratie seule, dans sa version libérale, non seulement tolère les divergences de vue, mais s'en nourrit.

Délaissant les «*horizons de signification*» (Charles Taylor) dont ont besoin les régimes autoritaires pour mobiliser leurs troupes, elle table sur le fait qu'il y a, dans la modernité, un inéluctable pluralisme des conceptions du bien – un «*polythéisme des valeurs*» dit Max Weber, une indécidable «*guerre des dieux*», pour reprendre le titre d'un

457. Jean-Pierre DOLY et François MONCONDUIT, *L'Entreprise entre contrainte et liberté*, L'Harmattan, 1995, p. 16.

ouvrage d'Alain Renaut et Sylvie Mesure – entre lesquelles on ne peut choisir rationnellement. Dans une perspective démocratique libérale, il ne saurait être question de faire prévaloir une conception du bien – celle, par exemple, défendue par le chef –, car cela ne se pourrait que par la force, dans la mesure où la raison humaine est impuissante à déterminer la plus grande légitimité de certaines fins sur d'autres. Tous poursuivant l'objectif d'un seul, cela ne se peut que dans des régimes non démocratiques – au prix de quel formatage des esprits !

Le prodige de la démocratie est de parvenir à faire se combiner une diversité d'objectifs particuliers, comme ceux d'intra-entrepreneurs, sans avoir à les réduire à un seul pour conserver une stabilité. En démocratie, le désaccord ne nuit pas, il construit, il n'est pas à éviter mais à rechercher, comme la condition de tout progrès. En démocratie, le principe est simple : les hommes en désaccord s'accordent sur des règles du jeu qui leur permettent de vivre dans le désaccord. Le désaccord se trouve institutionnalisé. Appliqué à une entreprise, le régime démocratique consiste en des règles formelles qui permettent aux intra-entrepreneurs de poursuivre pacifiquement leurs objectifs propres. C'est une mécanique qui fonctionne dès lors que chacun en respecte les procédures – on parle alors de « démocratie procédurale » – et dont le bon fonctionnement n'implique aucun accord substantiel entre les parties prenantes, un accord formel suffit.

VIII – Objection : cette liberté accordée à la base ne va-t-elle pas dégénérer en anarchie ?

Il n'y a aucune raison pour que la diversité d'individus autonomes menace la cohésion d'une organisation adaptative. Tout au contraire, elle en constitue le principal levier de la coopération. Nous l'avons maintes fois répété : plus les individus seront libres, assumant donc leurs différences, plus la coopération sera favorisée. Plus les individus seront libres, plus ils voudront créer non pas seuls mais à plusieurs, favorisant ainsi spontanément les comportements de coopération.

Autrement dit, la coopération ne pouvant venir qu'une d'une libre volonté des personnes – si elle est plus ou moins contrainte, il ne s'agit plus que de collaboration –, c'est en favorisant la liberté dans les organisations que l'on peut le mieux y favoriser la coopération, avec les formidables gains en innovation qui en procèdent.

Néanmoins, une des objections les plus communément faites à une organisation démocratique de l'entreprise, est qu'en accordant aux salariés autant de pouvoir de décision qu'ils en ont (ou devraient en avoir) en tant que citoyens, l'entreprise risque de devenir vite ingérable. Indépendamment du démenti vivant que constitue l'existence d'une entreprise comme le Groupe Hervé depuis quarante ans, il faut remarquer que cette objection était déjà celle des adversaires de la démocratie : or la vie démocratique a semble-t-il suffisamment prouvé que laisser la « base », aussi incompétente qu'on la jugera, décider, n'a pas plongé la société dans le chaos annoncé et s'est même révélé source de développement économique. La base est sans doute moins compétente que les élites sur nombre de sujets, mais ce qu'elle n'a pas en compétence elle le compense en bon sens, dont font sans doute moins preuve lesdites élites, davantage friandes en sophistications intellectuellement satisfaisantes, de sorte qu'au final les décisions empreintes du bon sens des uns et de l'expertise des autres, de l'intuition des uns et de la rationalité des autres, s'avèrent plus judicieuses. Comme il en va dans le fonctionnement des marchés boursiers où l'on constate que même les décisions apparemment irrationnelles sur le court-terme, générant des bulles spéculatives, participent en réalité d'une rationalité supérieure, les exubérances boursières se corrigeant avec le temps. La rationalité à l'œuvre dans une démocratie n'est pas moins paradoxale que celle à l'œuvre dans les marchés financiers, mais pas moins réelle pour autant.

Nous voudrions ici montrer que le modèle entrepreneurial que nous proposons ne conduit à aucune forme d'anarchie et que, à supposer qu'il conduise au désordre, ce serait pour s'en nourrir et le dépasser en un ordre supérieur.

L'anarchie comme absence d'ordre, chaos

Dans une entreprise 2.0, régie par la démocratie, la liberté ne dégénère pas en anarchie pour plusieurs raisons :

a) Les débats dans les équipes sont certes plus longs et plus animés, ce qui demande sans doute plus de courage de la part des managers, mais au final les décisions prises témoignent d'une plus grande rationalité et sont porteuses de davantage d'innovation.

b) Il n'y a pas disparition de l'autorité, mais sa transformation d'une part, avec la désacralisation du pouvoir managérial, et son renforcement d'autre part, l'autorité du groupe (pression sociale) se révélant plus forte que celle d'un individu (le manager).

c) Le groupe est le premier demandeur en règles et le plus intransigeant quant à l'égal respect des règles qu'il a édictées. Face à cette intransigeance, c'est souvent le manager qui joue un rôle de modérateur.

d) Plus de liberté accordée aux équipes se traduit par moins de syndicalisme et d'agitation sociale structurée. La contradiction étant non seulement libérée, mais encouragée, elle perd sa charge subversive dont se nourrissent les syndicats. De destructrice, elle devient constructive ; d'improductive sinon nuisible, elle devient féconde.

e) La conscience du risque diminue le risque : plus un individu sait qu'il doit prioritairement compter sur lui-même pour réussir, plus il sera vigilant, de sorte qu'*in fine*, il se mettra moins en danger qu'il ne l'aurait fait s'il avait pu se reposer sur quelqu'un d'autre pour gérer son risque. Une ville hollandaise a récemment expérimenté la suppression de tous les panneaux indicateurs routiers et a obtenu, paradoxalement, une diminution du taux d'accidents. Conclusion : moins l'ordre est prescrit, plus l'individu devient vigilant et s'en impose à lui-même.

L'ordre prévalant dans les entreprises 2.0 ou les entreprises-réseau n'est pas le même que celui qui prévaut dans les entreprises traditionnelles. Ce qui n'équivaut pas à un désordre. Ce qui est considéré par certains comme désordre n'est qu'un ordre qu'ils n'attendent pas, remarquait Bergson. Ainsi en va-t-il de l'anarchie prônée par l'anarchisme.

L'anarchie comme ordre sans pouvoir

Il n'est pas absurde de considérer que, en un certain sens, le but poursuivi par une entreprise adaptative, au sens où nous le développons dans cet ouvrage, est effectivement l'anarchie. Anarchie à laquelle l'ordre est essentiel, sans quoi elle serait régie par la loi du plus fort. Ce n'est pas un retour à l'état de nature. L'anarchie n'est pas l'anomie : elle implique des normes. Pour l'anarchisme, il s'agit, dans la société, d'instaurer un ordre tel que nul n'ait plus à donner des ordres. L'ordre juste est censé dispenser des ordres, raison pour laquelle le paramétrage de l'ordre, c'est-à-dire les questions d'organisation, est d'autant plus important qu'il y a moins de contrainte hiérarchique.

Il importe donc ici de distinguer le sens trivial de l'anarchie de son sens rigoureux, promu par l'anarchisme. Dans son sens trivial, le terme « anarchie » est couramment utilisé pour désigner le désordre social, le chaos, la désorganisation. Il est indispensable de comprendre que le terme n'est utilisé de cette façon que par les gens qui n'appartiennent pas à ce mouvement, et jamais par les anarchistes eux-mêmes. Un anarchiste ne décrira jamais l'atmosphère d'une émeute urbaine en disant : « C'est l'anarchie ! » ; un politique de gauche, de droite ou d'ailleurs, si. Dans son sens positif et originel, l'anarchie est bien cette idée d'ordre sans pouvoir, d'un pouvoir s'exerçant au-delà du pouvoir. Il est important d'insister sur cette notion d'ordre : le cercle qui entoure le A du sigle anarchiste est symbole de cet ordre, l'inverse exact du chaos. S'il existe des courants extrêmement différents, voire divergents, dans l'histoire du mouvement anarchiste, l'idée fondatrice demeure la même : l'ordre collectif naît de la liberté individuelle, c'est pourquoi l'anarchiste s'oppose à toute forme de hiérarchie et est un fervent détracteur de l'État qui représente l'exercice de l'autorité illégitime.

L'erreur de l'anarchisme est sans doute de considérer que la meilleure forme de gouvernement, c'est sa suppression, comme si la vocation d'un gouvernement n'était pas de garantir l'état de droit, c'est-à-dire d'empêcher la domination de l'homme par l'homme. Or supprimer le gouvernement et tout ce qui sert à faire respecter l'état de droit (police, administration judiciaire...), aboutirait au contraire de l'anarchie, l'état de nature, qui est un état de fait gouverné par la force et les hiérarchies naturelles. Il faut de la force pour empêcher la loi du plus fort. Le gouvernement, quand il garantit l'existence d'un état de droit véritable, est justement là pour assurer l'absence de domination.

Une multiplication des micro-instabilités pour une macro-stabilité du système

La complexité, ou le désordre traversé

La meilleure réponse à faire aux procès en désorganisation faits aux organisations se présentant comme démocratiques est encore, au-delà des précisions sémantiques sur le sens exact de l'anarchisme, de donner à comprendre en quel sens ces organisations peuvent tenir ensemble l'ordre et le désordre, qui ne sont pas à penser séparément, comme s'opposant stérilement l'une à l'autre, mais dialectiquement. Il est à la fois vrai de dire que le modèle de l'entreprise adaptative produit plus de désordre qu'une organisation classique, et vrai de dire qu'il en produit moins, parce qu'ordre et désordre ne se situent alors pas à la même échelle – il y a plus d'ordre au niveau micro, moins au niveau macro – et que c'est du désordre même qu'émerge l'ordre. C'est en ce sens qu'il s'agit d'un modèle complexe : il tisse ensemble (*complexus*) l'ordre et le désordre, le haut et le bas, la hiérarchie et la base, le commandement et l'obéissance.

Cette complexité est proprement démocratique en ce sens que l'intégration du conflit, c'est-à-dire sa maîtrise plutôt que sa réduction, constitue l'essence même de la démocratie. « *Une démocratie n'est pas un régime politique sans conflits, mais un régime dans lequel les conflits sont ouverts et en outre négociables. Éliminer les conflits – de classes, de générations, de sexe, de goûts culturels, d'opinions morales et de convictions religieuses – est une idée chimérique. Dans une société de plus en plus complexe, les conflits ne diminuent pas en nombre et en gravité, mais se multiplient et s'approfondissent. L'essentiel est qu'ils s'expriment publiquement et qu'il existe des règles pour les négocier*[458]. » (Paul Ricœur). « *La démocratie suppose le débat, la contradiction et la critique*[459]. », dont elle vit de surmonter les oppositions. Se voulant démocratique, l'entreprise adaptative ne cherche pas à éviter les contradictions, mais à les dépasser dialectiquement en une synthèse qui s'en nourrit.

« *La démocratie est une technique de gouvernance dont la caractéristique est d'assurer, par des jeux institutionnels spécifiques, une orientation de l'action collective, bien que les tenants du pouvoir de décision soient fractionnés*[460] » ; « *La démocratie est une technique qui définit le contrôle social par la division de la société et qui tire sa cohérence de la fragmentation sociale en citoyens animés d'intérêts contradictoires*[461]. »

L'attitude démocratique consiste à faire droit aux contradictions, à leur permettre de s'exprimer et de s'approfondir par le débat, sans jamais avoir à se renier pour participer au processus régulier des institutions. La vie démocratique suppose l'existence de minorités, de dissidences irréductibles à la majorité, dont l'art du gouvernement consiste à savoir jouer pour composer et recomposer, en un ajustement permanent, une majorité par laquelle être soutenu. La démocratie est le régime qui permet de convertir les obstacles apparents en tremplins, qui se renforce à mesure que s'expriment des points de vue plus dissemblables car, dès lors qu'ils s'expriment, ils en jouent le jeu. En entreprise, sous un tel régime, ces instabilités supposées que sont les points de vue potentiellement divergents des salariés, deviennent des forces. L'esprit critique ne devient plus un ennemi mais un atout : c'est la « *why way* » activement promue par Ricardo Semler chez Semco, qui se trouve opportunément rencontrer l'avidité en questionnement de la « génération *Why* » (« générationY »). Les divergences de vues ne sont plus perçues comme une menace pour

458. Paul RICŒUR, *Lectures I. Autour du politique*, Seuil, 1990, p. 165.
459. Pierre-Yves GOMEZ et Harry KORINE, *L'Entreprise dans la démocratie. Une théorie politique du gouvernement des entreprises*, éd. De Boeck, 2009, p. 54.
460. Pierre-Yves GOMEZ et Harry KORINE, *ibid.*, p. 16.
461. Pierre-Yves GOMEZ et Harry KORINE, *ibid.*, p. 55.

la cohésion d'une équipe, mais comme la matière à partir de laquelle va pouvoir se construire cette cohésion, plus forte qu'aucune autre car passée par l'épreuve de la dissension surmontée. D'une cohésion subie, par défaut de motifs de divergence (chaque membre de l'équipe étant semblable aux autres), on passe à une cohésion choisie, co-construite et non donnée d'emblée.

Politiquement, la démocratie est ce que l'on pourrait appeler, avec Edgar Morin, un «*désordre organisateur*»[462], où l'ordre émerge du désordre et la coopération de la confrontation. L'ordre n'exclut pas le désordre, il peut même se construire à partir de lui d'une manière dès lors telle que le désordre ne lui soit plus extérieur. D'une certaine manière, le modèle organisationnel de l'entreprise adaptative consiste à complexifier différentes dimensions de l'organisation (l'exercice de l'autorité hiérarchique, la cohésion de groupe, la diversité...) de façon que, passé un certain seuil d'intensité, émergent des propriétés nouvelles dépassant l'opposition binaire entre les contraires. Par exemple en termes de cohésion sociale : loin que l'expression de divergences dans les équipes ne s'oppose à leur cohésion, passé un certain seuil d'intensité des divergences et moyennant leur subtile médiation, celles-ci en viennent à nourrir une cohésion de groupe d'autant plus solide qu'elle est moins vulnérable aux dissensions.

---

462. C'est Heinz von FOERSTER qui a mis en évidence le principe de «*l'ordre à partir du bruit*». Si l'on agite une boîte contenant des cubes aimantés sur deux faces et disposés en désordre, on constate que ces cubes vont spontanément constituer un ensemble cohérent. Ainsi aura-t-il suffi d'un principe d'ordre (l'aimantation) et d'une énergie désordonnée pour constituer une organisation ordonnée. On assiste là à la création d'un ordre à partir du désordre, comme la nature en offre de nombreux exemples. En chimie physique, les situations de déséquilibre chimique ne débouchent pas toujours sur l'anarchie ; elles peuvent faire apparaître, de manière spontanée, des organisations ou des structures parfaitement ordonnées. Enfin, dans ce que l'on appelle les «tourbillons de Benard», on voit comment des structures cohérentes se constituent et s'auto-entretiennent, à partir d'un certain seuil d'agitation, et en deçà d'un autre seuil. Ces organisations ont besoin d'être alimentées en énergie, de consommer, de «dissiper» de l'énergie pour se maintenir. Consommant plus d'énergie que l'organisation antérieure qu'elles ont remplacée, Ilya PRIGOGINE les a appelées «structures dissipatives». Dans le cas de l'être vivant, celui-ci est assez autonome pour puiser de l'énergie dans son environnement, et même d'en extraire des informations et d'en intégrer de l'organisation. C'est ce qu'Edgard MORIN a appelé l'auto-éco-organisation.

Fécondité du conflit

Le désordre n'est pour une organisation l'ennemi de l'ordre qu'aussi longtemps qu'elle ne s'en est pas fait un allié. Il faut accepter sereinement l'existence de conflits, qui n'émergent naturellement pas pour rien ; ils ont une fonction stabilisatrice pour l'organisation qu'il est déstabilisateur de nier : «*L'homme veut la concorde, mais la nature sait mieux que lui ce qui est bon pour son espèce : elle veut la discorde*[463].» (Kant). La divergence est plus féconde, et plus elle est exprimée tôt, avec le plus de conséquences possibles, mieux elle peut être traitée et intégrée dans une cohérence supérieure. La présence de conflits, surmontés sans être supprimés, témoigne de la liberté d'expression que s'autorisent les membres d'une organisation, de sorte que l'on pourrait trouver une corrélation entre le degré de démocratie d'une société, y compris commerciale, et l'intensité des divergences de points de vue qui s'y expriment. Ce qui faisait dire à Montesquieu que, «dans un État où il y a la paix, on est sûr qu'il n'y a pas de liberté».

Une telle vision des choses prend à contre-pied la logique sur laquelle s'est construite la quasi-totalité des organisations. En effet, dans les usines, les magasins et les bureaux, l'idéal demeure de créer des organisations exemptes de conflits. Hier déjà, «*les théories du management et de l'organisation avaient tendance à ignorer le conflit, dans leur frénésie à trouver les meilleures façons de concevoir et de structurer les organisations pour en maximiser l'efficacité*[464]». Aujourd'hui encore, le conflit est interprété comme un dysfonctionnement. L'exemple le plus frappant est celui du seul auteur français universellement connu et cité par les manuels de management du monde entier, Henri Fayol, dont les principes ont nourri l'enseignement de l'organisation pendant la plus grande partie du XXe siècle. Il range «*les grèves et tous les obstacles d'ordre social*» parmi les accidents et catastrophes naturelles, ne relevant pas de la «*fonction administrative*», mais de la «*fonction de sécurité*», au même titre que

463. Emmanuel KANT, *Idée d'une histoire universelle au point de vue cosmopolitique*, 1784.
464. Max BAZERMAN & Roy LEWICKI, «Negociating in organisations», 1983, Beverly Hills, Sage.

«*le vol, l'incendie, l'inondation*[465]». Et il les réprime durement[466]. Il se déclare néanmoins prêt à «*expliquer*» les problèmes de gestion à un syndicat «*groupant la majorité et légalement constitué*» (ce qui est pure spéculation intellectuelle, un tel syndicat n'existait pas dans la Compagnie des mines de Commentry, Fourchambault et Decazeville où il officiait). On trouve fréquemment chez les dirigeants cette illusion profondément ancrée qu'il suffit d'«expliquer» et que débattre n'a pas de sens, compte tenu de l'asymétrie de l'information. L'explication unilatérale, donc condescendante, pour résoudre un conflit, ne résout rien ; si elle peut conduire l'interlocuteur à rendre les armes, le conflit n'en continuera pas moins de couver[467].

Il ne sert à rien de nier le conflit en le fuyant (politique de l'autruche), de le combattre en le réprimant (ce qui le renforce, toute action appelant une réaction) ou de s'y fermer en se contentant de réexpliquer sa position. Loin d'être une menace, l'existence de conflits est un signe de vie[468]. «*Le conflit n'est pas nécessairement l'expression brutale et coûteuse d'incompatibilités, mais un processus normal par lequel des différences précieuses pour la société s'affirment et font progresser tous ceux qui sont concernés*[469].» (Mary Follett). Le conflit est à l'origine de toute chose, de toute création[470]

---

465. Henri FAYOL, «Administration industrielle et générale», Bulletin de la Société de l'industrie minérale, Paris, Dunod, 1999.

466. En 1881, directeur de la mine de Commentry, il fait aligner contre les mineurs en grève «*plusieurs brigades de gendarmerie et quatre compagnies de la ligne*» et pratique le *lock-out.*

467. À la grande époque maoïste, les rescapés de la technique du «lavage de cerveau» nous ont appris qu'elle pouvait prendre la forme d'une méthode paradoxalement très douce et très patiemment pédagogique : peu de gens résistent, paraît-il, à une fréquence régulière de séances d'explication sereines qui n'aient pas d'autre terme que la reconnaissance par la victime qu'elle a enfin compris de quoi on lui parlait.

468. Un organisme vivant est un organisme qui croît ou se régénère, donc en conflit avec lui-même pour devenir autre qu'il n'était, pour se dépasser. NIETZSCHE : «*Et voici le secret que la vie m'a confié: "Vois, m'a-t-elle dit, je suis ce qui est contraint de se surmonter sans cesse soi-même à l'infini"*» (*Ainsi parlait Zarathoustra*, II, «Des tables anciennes et nouvelles», tome 1, Paris, Aubier-Flammarion bilingue, trad. fr. G. Bianquis, 1969, § 16, p. 251). «*Tout travaille à se dépasser sans cesse*» (*ibidem*) car «*ondes, flammes / Arbres, roseaux, rochers, tout vit !*» (Victor HUGO, *Les Contemplations*, «Ce que dit la bouche d'ombre»).

469. Mary Parker FOLLETT, *Creative experience*, New York, Longmans, Green.

470. L'homme même se construit dans et par le conflit. Ce que veut exprimer Proudhon quand il

(et, à l'intérieur de la communauté, le sacré protège de la violence) : «*Combat, de toute chose est père, de tout, roi. Les uns les désigna dieux, les autres hommes, les uns les fit esclaves, les autres libres*» (Héraclite, fragment 53). Comme y a insisté René Girard, le conflit est à l'origine de toute créativité dans les sociétés humaines – et c'est le sacré, le hiérarque, le chef, qui l'empêche de dégénérer en une violence destructrice. Générateur de nouveauté, le conflit se révèle d'une utilisation particulièrement féconde dans le cadre d'une économie de l'innovation. Plutôt que de fuir la contradiction en cherchant à éliminer les conflits, il faut en redécouvrir la valeur, sans quoi les organisations, gagnées par le conformisme, finiront par mourir de ne plus savoir se renouveler en innovant. Comme l'écrivait Gaston Bachelard : «*Il vient un temps où l'esprit aime mieux ce qui confirme son savoir que ce qui le contredit, où il aime mieux les réponses que les questions. Alors l'instinct conservatif domine, la croissance spirituelle s'arrête*», et la croissance économique avec, pourrions-nous ajouter.

Accepter le conflit pour en tirer parti ne suffit cependant pas, encore faut-il le rechercher activement pour en réduire la nocivité. En effet, la charge négative se trouve déminée si c'est vous qui avez sollicité la contradiction. Un conflit encouragé par l'entreprise n'a plus la même valeur. Pour désamorcer un conflit, il ne faut pas l'empêcher d'apparaître (à la manière de la médecine allopathique qui se contente souvent de lutte contre l'apparition des symptômes), mais au contraire l'encourager, encourager l'expression de ce qui de toute façon s'exprimera. Aller au-devant du conflit empêche qu'il ne s'envenime, comme une manœuvre d'«Ivan le fou» permet à un sous-marin de neutraliser une torpille en accélérant vers elle afin de l'atteindre avant qu'elle ne s'arme. Dans

---

écrit que «*la guerre est divine, c'est-à-dire primordiale, essentielle à la vie, à la production même de l'homme et de la société. Elle a son foyer dans les profondeurs de la conscience, et embrasse dans son idée l'universalité des rapports humains. Par elle se révèlent et s'expriment, aux premiers jours de l'histoire, nos facultés les plus élevées : religion, justice, poésie, beaux-arts, économie sociale, politique…*» (*Œuvres*, tome XIV, «La guerre et la paix ; phénoménologie de la guerre»).

cette perspective, l'avantage d'une organisation participative, dans laquelle le manager incite ses coéquipiers à faire preuve d'impertinence, c'est de tuer dans l'œuf les conflits en les détectant très tôt et en leur enlevant leur charge nocive.

Une organisation forte dans sa faiblesse

Dans une organisation, l'existence de micro-conflits est une condition de l'innovation. La multiplication de ces micro-conflits permet d'éviter les grands conflits qui paralysent l'organisation. Tout comme une certaine façon d'inoculer un virus permet de vacciner contre ce virus, une certaine façon d'introduire le conflit dans une organisation la vaccine contre la violence. C'est en intégrant l'instabilité, celle des micro-conflits, à notre définition de la stabilité, que l'on parvient à une pensée qui prenne en compte la complexité du réel. L'instabilité doit être pensée comme une condition de la vraie stabilité, de cellequi ne dure pas qu'un temps, qui n'est pas de surface, alors même que le feu couve, mais qui, parce qu'elle se nourrit de son propre contraire, n'est plus menacée d'être contrariée.

Une organisation doit se laisser perturber, c'est-à-dire remettre en question, de l'intérieur comme de l'extérieur. Dans une économie de l'innovation, se condamne une organisation qui ne se laisserait pas bousculer en interne par ce que ses salariés détectent de changements dans l'environnement, et qui se contenterait de suivre passivement les changements opérés par ses concurrents. Un livre de Clayton Christensen, *Le Dilemme de l'innovateur* (1997), montre comment les entreprises leaders ont bien souvent raté les changements qui ont eu lieu dans leur propre secteur industriel – en particulier les «*innovations disruptives*», dites aussi «de rupture» –, non pas du fait d'une mauvaise gestion, mais parce qu'elles ont suivi les préceptes de «la bonne gestion» qui faisaient la part belle à la perpétuation de l'existant: «*Ils ont écouté attentivement leurs clients. Ils ont soigneusement étudié les tendances du marché. Ils se sont répartis le capital autour d'innovations qui promettaient le plus grand rendement. Et dans le processus, ils ont manqué les innovations perturbatrices qui se sont ouvertes à de nouveaux clients et à des marchés de faible marge, avant de devenir des produits à succès.* »

Une tour humaine (comme celles traditionnellement faites au Pays basque) est une bonne illustration du fait que, d'une part, les éléments les plus importants de toute organisation pyramidale se trouvent à sa base (on peut enlever les éléments du dessus sans que le reste soit impacté, tandis qu'on ne peut ôter un élément du dessous sans que l'ensemble ne s'en trouve impacté), et que, d'autre part, la stabilité de l'édifice tient précisément à la relative instabilité de chaque élément, capable de s'ajuster en permanence aux micro-évolutions qu'il perçoit autour de lui pour garder son équilibre. Comme l'exprime Bertrand Duperrin, « *pour que l'édifice tienne ce n'est pas celui d'en haut qui décide ce que doivent faire ceux de la base : c'est impossible de piloter autant d'individus en influant autant de facteurs à la fois. Par contre il me [semble] que la solidité de l'édifice [tient] surtout à sa flexibilité. Ce qui compte c'est la capacité qu'a chacun de comprendre ce qui se passe à ses côtés, au-dessus, et en dessous afin de pouvoir procéder non par des mouvements brusques et espacés mais par des micro-ajustements permanents. Et pour y arriver il faut pouvoir prendre et donner en permanence des informations à son environnement. Bref comprendre et sentir ce qui se passe plutôt qu'attendre l'ordre de bouger*[471] ».

L'incitation à l'autonomie affaiblit l'obéissance passive aux syndicats

Une conséquence pratique de la plus grande participation des salariés à la gestion de leurs propres affaires est une diminution notable, sinon une disparition, de l'influence syndicale. La déhiérarchisation du pouvoir et l'intra-entrepreneuriat ayant supprimé l'obéissance patronale, c'est du même coup l'obéissance syndicale qui se voit déconstruite[472]. La plus grande agitation des salariés, dans chacune

---

471. Bertrand DUPERRIN, « Discussions avec Michel Hervé (2) : communiquer rend efficace et cohérent », 24 mars 2008, http://www.duperrin.com/2008/03/24/discussions-avec-michel-herve-2-communiquer-rend-efficace-et-coherent/

472. Un syndicat, en tant que contre-pouvoir, n'est qu'un autre pouvoir, présentant les mêmes

de leurs équipes, se traduit par une moindre agitation syndicale au niveau du tout. Les problèmes étant davantage résolus à l'échelon où ils se posent, et le PDG n'ayant pas davantage de pouvoir direct que n'importe quel chef d'équipe, il y a moins besoin de ce relais des revendications salariales que sont les syndicats.

Un syndicat institutionnalisé dans une entreprise est toujours le symptôme que quelque chose ne tourne structurellement pas rond dans celle-ci. S'il y a besoin de syndicats, c'est que les salariés ne participent pas suffisamment à la résolution de leurs propres problèmes et ne sont pas en mesure de modifier eux-mêmes les règles de leur entreprise. Si des salariés sont mécontents d'une situation qui excède leur échelon, mais qui concerne l'ensemble de l'entreprise, ils doivent avoir la possibilité de la changer eux-mêmes en créant des groupes de travail *ad hoc*. Ce qui rend du coup pour une part inutile l'existence de syndicats, tout en favorisant l'expression de revendications sociales, mais à chaque niveau, dans chaque équipe, sur la base de problèmes concrets, et non prioritairement idéologiques.

La libre confrontation des projets individuels produit un ordre social spontané

Une affirmation de Friedrich von Hayek résume tout : « *Dans une société où la masse des informations nécessaires à la coordination des projets et actions individuels est dispersée entre des centaines de milliers de mains et dépasse tout ce qui peut être intégré par un cerveau individuel (même aidé des ordinateurs les plus sophistiqués), la liberté donnée à chacun d'utiliser les informations, même imparfaites et incomplètes, dont il dispose sur son environnement pour poursuivre ses propres finalités est le système qui permet la mobilisation*

---

travers, la même organisation hiérarchique (avec ses « militants »), aussi doit-il être lui aussi déconstruit. « *Dans les années 1970, une solution fréquemment apportée était celle du contre-pouvoir : tout pouvoir devait susciter un contre-pouvoir qui l'équilibrerait. Mais j'ai rapidement compris que pouvoir et contre-pouvoir étaient les deux facettes d'une même aspiration à la domination.* » (Michel HERVÉ, dans *De la pyramide aux réseaux* (en collaboration avec Alain d'IRIBARNE et Elisabeth BOURGUINAT), éditions Autrement, 2007, p. 10).

la meilleure possible des informations, connaissances et compétences nécessaires à la régulation du système social[473]*.* »

Cet ordre constitue le moyen de faire de l'infinie diversité des fins individuelles un moyen, non point de division, mais de cohésion sociale. Pour désigner l'échange marchand, celui qui peut s'appliquer aux relations entre intra-entrepreneurs d'une même structure, Hayek propose le terme de « cattalaxie », qu'il forge à partir du verbe grec ancien *katallatein* (ou *kattalassein*), qui signifie « échanger », mais aussi « admettre dans la communauté » ou « faire d'un ennemi un ami ». Ceci est possible parce que les coéchangistes n'ont à s'accorder que sur les moyens, sans avoir à se préoccuper des fins que poursuivent les autres : « *Les hommes peuvent vivre ensemble pacifiquement et pour le plus grand avantage de chacun, sans qu'il leur faille se mettre d'accord sur les objectifs qu'ils poursuivent indépendamment les uns des autres.* »

Ce que Hayek appelle « *la grande société* » constitue « *une communauté par les moyens et non une communauté pour les fins*[474] », à laquelle correspond l'entreprise adaptative régie par une logique effectuale, centrée sur les moyens, plutôt que par la logique prédictive des entreprises traditionnelles, tendues vers des objectifs. Dans cette perspective, écrit René Passet, « *la diversité, loin d'être un obstacle à la cohésion sociale, en devient au contraire la condition : si tous les individus voulaient faire les mêmes choses des mêmes biens, il n'y aurait aucune raison de procéder à l'échange*[475] ». Ainsi chacun contribue-t-il à l'accomplissement de l'autre, sans avoir à se préoccuper de la nature de ses projets, fussent-ils altruistes ou égocentriques. La catallaxie crée de l'harmonie et de la cohérence à partir de la diversité. L'information se propage continuellement d'un intra-entrepreneur à

---

473. Friedrich August von HAYEK, « The Use of knowledge in Society », The American Economic Review, septembre 1945

474. Friedrich August von HAYEK, *Droit, législation et liberté*, tome I, 1973

475. René PASSET, *Les Grandes représentations du monde et de l'économie à travers l'Histoire. De l'univers magique au tourbillon créateur...*, éd. Les Liens Qui Libèrent, 2010, p. 838. L'ensemble de notre paragraphe doit beaucoup au chapitre que René Passet consacré à Friedrich Hayek.

l'autre et déclenche, comme dans tout système auto-organisé, des mécanismes d'adaptation par « feed-back négatifs » : chacun va ajuster son comportement, s'autolimiter, en fonction de ce qu'il perçoit de l'évolution de son environnement.

Cette régulation par *feed-back* implique la coexistence de succès pour les uns et d'échecs pour les autres : « *La concordance des anticipations, qui rend possible aux diverses parties de réaliser ce qu'elles recherchent, est en fait engendrée par un processus d'apprentissage par essais et erreurs qui implique nécessairement que certaines anticipations soient déçues*[476] ». Le bon fonctionnement du système suppose qu'il y ait des gagnants et des perdants, la justice voulant seulement que ce ne soit pas toujours les mêmes. Au final, un ordre spontané émerge, plus juste – au sens, aussi, de mieux ajusté à l'environnement – que n'aurait jamais pu y prétendre celui qui découlait de la volonté de quelques-uns, fussent-ils considérés comme les meilleurs (*aristoï*). Car qu'il y ait de l'ordre dans une organisation ne saurait être une fin en soi : « *Il y a des ordres injustes, qui cachent les pires désordres.* » (Charles Péguy, dans *Notre Jeunesse*, 1910).

L'obligation morale et la pression sociale remplissent la fonction ordonnatrice de la contrainte hiérarchique

Dans une entreprise adaptative telle qu'ici décrite, la démocratie participative, la subsidiarité, l'intra-entrepreneuriat, la déconstruction de tout pouvoir personnel, donnent à chacun le goût de la responsabilité intégrale et l'incitent à moins s'en remettre à des instances hiérarchiques, patronales ou syndicales, pour décider à sa place. Mais qui dit moins d'ordres hiérarchiques ne dit pas pour autant un moindre ordonnancement des choses, une organisation affaiblie, moins d'ordre interne. Le rôle que joue dans les organisations traditionnelles la ligne hiérarchique se trouve ici assumé par les équipes elles-mêmes. C'est le groupe lui-même qui se régule, qui trouve les solutions aux problèmes qui se posent à lui, éventuellement en faisant appel à d'autres équipes.

---

476. Friedrich August von HAYEK, *Droit, législation et liberté*, tome I, 1973

Le groupe est même souvent plus tatillon sur le respect des règles que ne le serait un supérieur hiérarchique, de sorte que le manager doit parfois se montrer provoquant et prêcher le désordre pour maintenir un climat propice à l'innovation.

Mais si les individus n'obéissent plus aux ordres, par quelle magie peut bien survenir cette autorégulation ? Par l'exercice de la responsabilité individuelle, appelée par un environnement qui l'encourage. L'obligation (morale) remplace alors la contrainte (hiérarchique) comme facteur de régulation sociale. À mesure que le salarié se trouve intégré à son équipe et exposé, par les réseaux sociaux et les réunions mensuelles, au regard de ses collègues, un processus psychologique classique fait qu'il tend à adopter les us et coutumes, règles et valeurs de ce groupe, afin de ne pas se trouver pointé du doigt comme celui qui dépare. La transparence de chacun à chacun, permise par les outils technologiques de socialisation et encouragée par le management, se traduit spontanément par une plus grande conformité sociale, auto-organisée, sans qu'il soit besoin d'aucun pouvoir de contrainte hiérarchique. L'idée sous-jacente étant que plus un membre participe à la vie collective, à sa démocratie locale, plus il est libre, étant moins refermé sur lui-même, moins enfermé dans ses seules opinions. Être poussé par le corps social à confronter son point de vue à celui des autres, à participer à la vie des réseaux fonctionnels où s'élaborent nombre de règles de demain, à créer sur le *wiki* des groupes de travail pour améliorer les règles collectives ne relevant pas des réseaux fonctionnels, c'est être poussé à s'affirmer et à se tourner vers les autres pour s'affranchir de son idiosyncrasie.

Il ne s'agit pas de forcer les individus à être libres, c'est-à-dire de les libérer malgré eux[477], mais, par la multiplication des interactions avec leurs collègues, de leur permettre de réaliser que, pour le bien de tous, le leur compris, il est bon de respecter certaines règles

477. Au sens où, par exemple, ROUSSEAU écrivait : « Quiconque refusera d'obéir à la volonté générale y sera contraint par tout le corps, ce qui ne signifie autre chose sinon qu'on le forcera d'être libre » (*Du Contrat Social*, I, 7).

communes. Par là, il s'agit de les amener à plus de cohérence avec eux-mêmes, avec les décisions qu'ils ont contribué à prendre et les objectifs qu'ils se sont fixés. Et ce de manière d'autant plus efficace que l'individu a moins le sentiment d'être contraint : il en vient à s'obliger lui-même à se conformer aux us et coutumes du milieu dans lequel il évolue, sans ressentir plus de contrainte que nous n'en ressentons, par exemple, à nous comporter conformément aux us et coutumes de notre milieu. Il y a donc bien pression sociale, semblable à celle qui nous amène à nous conformer aux standards vestimentaires du moment, mais aucunement oppression car cette pression est douce, non coercitive et n'est pas ressentie négativement : à supposer même qu'elle soit consciente, elle est d'autant mieux acceptée qu'elle vient de pairs, d'égaux, auxquels vous vous identifiez facilement, et non d'un supérieur hiérarchique qui vous en intimerait l'ordre.

La fin de l'autoritarisme dans l'entreprise, c'est-à-dire des décisions prises « d'autorité », ne signifie pas la fin de l'autorité. Simplement, celle-ci ne s'exerce plus de haut en bas, de supérieur hiérarchique à subordonné, mais de pair à pair (c'est le fameux *peer-to-peer*), de bas en haut, et, d'abord, de l'individu sur lui-même, de sa volonté à long terme sur ses désirs court-termistes. L'autorité, de concentrée et personnalisée en un chef, devient diffuse, disséminée dans l'ensemble de l'équipe de travail et indiquant aux échelons supérieurs la marche à suivre en termes de stratégie, dans la mesure où ce sont « ceux d'en bas » qui sont les plus à même de savoir ce qui frémit dans le marché d'aujourd'hui et qui prépare celui de demain.

Le groupe est le plus demandeur en règles

L'expérience montre que le fait de transférer le vecteur de changement du manager à l'équipe elle-même ne se traduit pas par une diminution de la pression exercée sur chacun des membres, mais au contraire par son augmentation. L'ensemble du groupe se montre en effet plus exigeant à l'égard de chacun de ses membres que le manager lui-même, en même temps que plus convaincant. La pression par le groupe est plus efficace que la pression par le supérieur hiérarchique.

«Pression» étant ici à entendre au sens d'une influence, non d'une quelconque contrainte ; il serait absurde, autant que déraisonnable, de remplacer la contrainte hiérarchique par une contrainte sociale. Si l'équipe se montre plus efficace que le manager pour inciter un ou plusieurs de ses membres au changement, c'est simplement en vertu du désir de reconnaissance qui anime chaque homme et qui fait qu'il ne souhaite pas décevoir les attentes mises en lui, afin de ne pas démériter à ses propres yeux. La pression, c'est chaque membre de l'équipe qui se la met de lui-même pour être à la hauteur, pour ne pas se retrouver en décalage trop important avec son environnement. Le mécanisme à l'œuvre ici est le même que celui par lequel un individu, laissé parfaitement libre d'accomplir ou non une action dont il sait pourtant qu'elle le grandirait aux yeux de ses pairs, se met finalement plus de pression pour repousser ses limites et réaliser plus que ce que ses pairs auraient pu attendre de lui. La liberté, jointe au désir de reconnaissance, a un effet extraordinairement stimulant sur les performances individuelles.

Dans ces conditions, les règles édictées par tous se trouvent d'autant mieux respectées qu'elles ne sont imposées par personne, par nulle personne particulière. C'est parce que les règles internes peuvent être modifiées par tous – *via* les réseaux fonctionnels ou des groupes de travail *ad hoc* –, que chacun peut se les approprier et attendre des autres qu'ils les respectent. C'est parce que chaque membre de l'équipe se sent auteur de la règle commune qu'il se sent investi de la mission d'en être le garant, non seulement pour lui mais pour les autres. À quoi le manager doit parfois apporter une dose de modération, afin que nul ne se sente contraint par aucun autre de se soumettre à la règle commune.

Concrètement, lorsqu'un membre de l'équipe repère chez l'un de ses pairs un manquement à la règle commune susceptible d'impacter l'ensemble de l'équipe, il est de sa responsabilité de l'évoquer ouvertement, lors de la réunion mensuelle, afin que l'auteur du manquement s'en explique (peut-être a-t-il repéré dans cette règle une entrave à son activité d'intra-entrepreneur, dont il pourra faire bénéficier les autres et, ayant convaincu ses pairs, contribuer à faire modifier cette règle *via* le réseau fonctionnel concerné ou la constitution d'un groupe de travail *ad hoc*) et ait ainsi l'occasion, soit de prendre conscience de son manque de cohérence avec ses propres engagements (prise de conscience que seule permet la médiation du groupe), soit d'exercer son indépendance en assumant son décalage (au risque de se couper progressivement de ses pairs). L'avantage de cette manière de faire, c'est que, l'équipe étant constituée de pairs, elle peut se montrer d'autant plus compréhensive à l'égard de l'un de ses membres, et comprendre, notamment, qu'il puisse, dans une situation donnée, avoir eu besoin de passer outre une règle commune.

L'ensemble des pairs est le plus à même de faire preuve de discernement, plus en tout cas que ne le pourrait un manager ne vivant pas le même quotidien. Cela permet aussi de ne pas en rester à un rapport dual entre deux personnes : le problème identifié étant soumis à l'appréciation de l'équipe, c'est-à-dire à une pluralité de points de vue, on quitte le terrain passionnel, domaine éminemment subjectif (« Tu me fais ce reproche parce que tu m'en veux encore de... », « Tu n'as pas bien compris ce que j'ai fait, ce n'est pas ce que tu crois et de toute façon tu ne peux pas comprendre... ») pour accéder à une forme d'objectivité, ou du moins d'intersubjectivité, celle de la raison commune. Le passage par le prisme de l'équipe donne un autre éclairage à une situation vécue par l'un des membres, et permet à celui-ci de prendre en compte davantage d'éléments dans le choix de sa conduite future. L'équipe n'a jamais pour fonction de juger le comportement des uns et des autres, mais de leur apporter un éclairage nouveau, celui de pairs, afin que chaque intra-entrepreneur puisse juger, en conscience et en meilleure connaissance de cause, de l'attitude qu'il convient qu'il adopte. Un problème soumis à l'équipe est censé, si la réunion a été bien menée par le manager, en ressortir clarifié car complexifié.

La pression habituellement exercée par la hiérarchie se trouve ainsi remplacée par celle des collègues. Mais, dans ce passage de l'une à l'autre, la nature de la pression se trouve considérablement transformée : alors que la pression du hiérarchique se faisait sentir sous la forme de l'injonction (pouvant aller de l'ordre pur et simple à l'« amicale invitation», non moins lourde de sous-entendus), celle du groupe ne saurait s'exercer sur le même mode. Il ne saurait s'agir, de la part du groupe, de «faire comprendre» plus ou moins implicitement à tel de ses membres que soit il change et il en sera récompensé par la reconnaissance du groupe, soit il ne change pas et il s'en trouvera progressivement exclu : car alors on ne sortirait pas d'un management «au bâton et à la carotte», celui-ci deviendrait seulement collectif et plus subtil. À la «dictature» d'un seul sur tous se substituerait la «dictature» de tous sur tous : la belle affaire ! On ne ferait que tomber de Charybde en Scylla, quitter une aliénation pour une autre. Non, la «pression» que l'équipe exerce dans une entreprise démocratisée est d'une autre ature. *Via* les réunions mensuelles où s'échangent des arguments rationnels, elle ne consiste qu'à éclairer la liberté des uns et des autres, qu'à permettre à chaque intra-entrepreneur de prendre des décisions davantage réfléchies, qui soient les siennes et moins celles de l'impulsion du moment ou d'une illusion de perspective (due à sa déformation professionnelle, au fait d'avoir «le nez dans le guidon» sur telle affaire, etc.).

Il s'agit donc d'une pression paradoxale, d'une pression qui consiste à enlever toute pression, à aider l'intra-entrepreneur à se défaire des déterminismes qui pèsent sur lui (tel fournisseur qui le «presse» d'agir en tel sens, tel client de céder à telle exigence, telle connaissance de déroger à une règle commune, etc.) pour juger plus librement des choses, plus sereinement, grâce au regard averti de pairs eux aussi soumis aux mêmes pressions. Osons la formule : l'équipe fait pression pour que l'individu subisse moins de pressions. La pression exercée par les pairs n'est pas de même nature que celles exercées par les fournisseurs et les clients : loin de pousser dans une direction ou dans une autre, elle invite la personne non pas à ne se laisser influencer par personne, ce qui n'est pas possible, mais à rester libre de ses influences, pour exercer plus pleinement sa responsabilité. L'objectif étant que quand un intra-entrepreneur prend une décision, cette décision soit vraiment la sienne, et non celle qui lui a été plus ou moins dictée par tel fournisseur, tel client, tel supérieur hiérarchique ou même tel environnement social.

Que chacun soit chef ne veut pas dire que personne n'obéisse

Le modèle organisationnel ici décrit étant démocratique, il ne s'y trouve ni plus ni moins d'obéissance que dans les démocraties politiques que nous connaissons. La démocratie est une forme d'association dans laquelle chacun, obéissant à tous, n'obéit pourtant qu'à lui-même[478], par où il est autonome[479]. La règle commune n'y est pas une contrainte qui s'imposerait de l'extérieur à ceux qui s'y assujettissent, car ils en sont chacun, pour une part, l'auteur – dans le même sens où un citoyen peut être dit auteur de lois que ni lui ni ses représentants n'ont personnellement rédigées, mais qu'ils peuvent modifier. Les intra-entrepreneurs sont donc bien tenus d'obéir à des règles, comme il en va dans n'importe quelle entreprise et société politique, mais la particularité est ici qu'en leur obéissant, ils ne se trouvent pas assujettis à la volonté d'un autre (ou d'un groupe de personnes, par exemple réunies dans un Comité de direction) mais à la leur. Ils sont tenus d'obéir par une exigence de cohérence personnelle, et s'ils y dérogent, ils ne sont pas sanctionnés par une peine collectivement déterminée (pas de « bâton » !), ils sont d'abord renvoyés à leur propre responsabilité, puis, s'ils s'obstinent, ils se trouveront progressivement marginalisés dans leur équipe, ce qui pourra être sans incidence sur leur emploi tant qu'ils bénéficieront de la confiance de leurs pairs, c'est-à-dire tant que leurs résultats seront florissants et donc bénéficieront indirectement à tous. Dans une organisation 2.0, l'obéissance est d'autant plus ferme que chacun est auteur de la règle commune et qu'est capitale la reconnaissance des pairs, tant pour évoluer professionnellement que pour réussir durablement dans son activité.

De même que l'obéissance ne s'oppose pas à la liberté, la création ne s'oppose pas à l'imitation, mais la suppose. Dans un contexte

---

478. Plus précisément, ROUSSEAU dit que, dans le contrat social fondant la démocratie, il a trouvé « *une forme d'association qui défende et protège de toute la force commune la personne et les biens de chaque associé, et par laquelle chacun s'unissant à tous n'obéisse pourtant qu'à lui-même et reste aussi libre qu'auparavant* » (*Du Contrat social*, livre I, chapitre 6, « Du pacte social »).

479. L'autonomie se définissant comme « *l'obéissance à la loi qu'on s'est prescrite* » (ROUSSEAU, *Du Contrat Social*, I, 8, Bibliothèque de la Pléiade, Gallimard, p. 365)

d'intra-entrepreneuriat où nul ne reçoit aucune directive, d'aucuns peuvent se sentir un peu perdus, voire livrés à eux-mêmes : c'est pourquoi un jeune arrivant dans une équipe peut avoir besoin d'être accompagné par un plus ancien durant ses premiers mois (tutorat), afin d'observer ses manières de faire, de reproduire ses techniques, d'imiter ses réactions. Cela ne bafoue en rien sa liberté, laquelle n'est seulement pas encore parvenue à la maturité de l'autonomie. C'est librement qu'il choisit de se mettre à l'école d'un autre, cela ne lui est jamais imposé. Mais c'est souvent une étape nécessaire pour se mettre en situation de créer. De même que seul sait commander celui qui sait obéir, seul sait créer celui qui sait imiter[480]. Il faut souvent commencer par se mettre à l'école de ceux qui ont plus d'expérience et de savoir que soi pour pouvoir un jour prétendre les dépasser. C'est le principe du compagnonnage. Au XIIe siècle, Bernard de Chartres écrivait, à propos de notre relation aux illustres anciens : « *Nanus positus super humeros gigantis* » (Nous sommes des nains juchés sur des épaules de géants[481]). Les nains sont plus petits que les géants, mais, juchés sur leurs épaules, ils voient plus loin qu'eux. Nous l'avons déjà évoqué : obéir à un chef n'est pas nécessairement cesser d'être son propre chef, ce peut même être un moyen privilégié de le devenir davantage.

La cohérence management/organisation, clé de la stabilité

La source du désordre n'est pas celle qu'on croit. Ce qui est de nature à désorganiser une entreprise, ce n'est pas la déhiérarchisation du pouvoir ou l'organisation en démocratie participative, c'est bien plutôt le fait de promouvoir un management participatif, un *empowerment*, une autonomie des salariés, dans le temps même où le pouvoir, dans chaque équipe, reste entre les mains d'un seul, et les décisions essentielles prises d'en haut. Ce qui est de nature à désorganiser une

480. Le philosophe ALAIN écrivait : « *Le temple se souvient du temple, et l'ornement se souvient du trophée et le carrosse se souvient de la chaise à porteurs. Qui n'imite point n'invente point* » (*Propos*, 1922). Toute innovation s'enracine dans la connaissance d'un passé qu'elle vise à dépasser.
481. Cette phrase nous est connue par le livre III du *Metalogicon* de Jean de SALISBURY (vers 1175).

entreprise, à semer le trouble dans les esprits et les comportements, c'est cette incohérence fondamentale entre le message verbal envoyé par le management et le message implicite envoyé par l'environnement de travail. C'est le fait de mettre l'eau de la liberté à la bouche sans en donner les moyens. D'en donner quelques gages, tout en s'abstenant d'aller au bout de la logique, comme le pratiquent très bien un certain nombre de régimes autoritaires.

La déhiérarchisation du pouvoir et la démocratie dans l'entreprise, elles, stabilisent l'organisation, parce qu'elles sont cohérentes l'une avec l'autre. L'initiative, l'autonomie, la responsabilité sont promues de manière cohérente, c'est-à-dire en allant de pair avec un nouveau mode d'exercice de l'autorité, où celle-cidemeure tout en n'étant plus hiérarchique : de verticale, elle devient horizontale, de sorte qu'à l'antique domination (de haut en bas) se substitue une simple pression (par les pairs). Ce qui fait autorité, c'est la reconnaissance des pairs, et non plus la contrainte hiérarchique.

Une opposition philosophique entre confiance et défiance en l'homme[482]

Au fond, derrière l'objection selon laquelle accorder pleine liberté à ses collaborateurs reviendrait à ouvrir grandes les vannes au désordre dans l'entreprise, se trouve l'idée selon laquelle le libre jeu des libertés humaines ne peut que virer au conflit et, de là, à l'inefficacité économique. Mais pourquoi faudrait-il que des individus vivant en liberté, sans contrainte hiérarchique, en viennent nécessairement à se nuire les uns aux autres ? En vertu de quelle défiance en la nature humaine ? Ce qu'il faut bien remarquer, c'est que la thèse consistant à dire qu'une liberté totale laissée aux individus ne peut qu'aboutir à un état de désorganisation nuisible pour tous table sur une conception fondamentalement pessimiste – se revendiquant naturellement

482. Ce paragraphe, et en particulier les commentaires sur Stirner, Kropotkine et Rogers, doivent beaucoup au petit livre vif et instruit du philosophe Michel LACROIX, *Le Développement personnel* (Flammarion, 2000).

du simple réalisme – de la nature humaine. Et que cette thèse n'est pas plus démontrée que la thèse opposée.

À cette thèse s'oppose en effet notamment la thèse anarchiste, magistralement exposée par Max Stirner dans un livre paru en 1844 et qui eut un immense retentissement, *L'Unique et sa propriété* (1844)[483]. Stirner voyait bien l'objection que l'on pouvait adresser à l'anarchisme. Si chacun ne pense qu'à soi, la société ne va-t-elle pas se désagréger, sombrer dans la violence ? Comment des individus qui ne poursuivent que leurs fins particulières peuvent-ils continuer à vivre ensemble ? La réponse de Stirner réside dans une confiance dans la nature humaine. Il ne doutait pas que celui qui affirme sa singularité ne soit pas, dans le même temps, disposé à reconnaître la singularité et la légitimité de celle des autres. Notre désir d'affirmation de soi, expliquait-il, n'a d'égal que la tolérance spontanée et amicale que nous témoignons à nos semblables, tolérance qui garantit que l'harmonie sociale subsistera. L'individu étant bon par nature, nous pouvons sans crainte lui laisser les coudées franches et le laisser réaliser ses projets.

Quelques années plus tard, un autre anarchiste de renom, Kropotkine, reprendra cet argument rousseauiste. S'appuyant sur la sociologie et la théorie de l'évolution, il s'efforcera de démontrer qu'il y a en l'homme une disposition naturelle à l'altruisme : « *Les sentiments d'entraide, de justice et de morale sont profondément enracinés dans l'homme avec toute la puissance d'instincts innés*[484]. » Plus près de nous, c'est tout le mouvement dit du « développement personnel » qui table sur une bonté foncière des représentants de l'espèce humaine à l'égard de leurs semblables. Comme l'écrivait l'un des pères fondateurs du développement personnel, Carl Rogers, dans les années 1960 : « *Un des concepts les plus révolutionnaires qui soient sortis de nos expériences cliniques est la reconnaissance que le centre, la*

---

483. Ce livre eut une telle audience que Karl MARX consacrera les deux tiers de *L'Idéologie allemande* à une polémique avec Stirner.

484. Cité par Henri AVRON dans *L'Anarchisme* (PUF, coll. « Que sais-je ? », 1959). Avron souligne que, d'une manière générale, « *les anarchistes ont fait de la bonté innée de l'homme une pétition de principe* ».

base la plus profonde de la nature humaine, les couches intérieures de sa personnalité, le fond de sa nature «animale», que tout ceci est naturellement positif et fondamentalement socialisé, dirigé vers l'avant, rationnel et réaliste[485]. » En écrivant ces lignes, Rogers prenait le contre-pied de la thèse soutenue par la psychanalyse freudienne. Freud considérait en effet que le fond de l'homme est constitué de pulsions violentes, amorales, asociales, le «ça», qu'il importe de réprimer afin de rendre l'homme apte à la vie en société. Comme pour bien marquer son opposition au fondateur de la psychanalyse, Rogers ramassait sa pensée dans une formule aussi antifreudienne que possible : «*L'homme est un animal radicalement bon et social*[486]. »

Il serait téméraire de prétendre trancher cet éternel débat sur «la bonté ou la méchanceté de l'homme». Qui a raison, les optimistes ou les pessimistes ? Avouons-le : nous n'en savons rien. Mais nous savons que l'homme est essentiellement ce que l'on en fait : quand on le traite comme une bête de proie, il en vient *généralement* à se comporter comme une bête de proie, mais quand on le traite avec humanité, il en vient *généralement* à se comporter avec humanité. Nous savons aussi que la thèse consistant à soutenir la bonté naturelle de l'homme, et à bâtir dessus un modèle entrepreneurial qui fasse confiance à l'homme en organisant les conditions de son autonomie, n'a rien de farfelu, d'isolé ou d'«abracadabrantesque». Le modèle organisationnel décrit dans cet ouvrage, lui, ne repose même pas à proprement parler sur cette thèse, il n'exclut pas que l'homme soit naturellement méchant : du moment que la culture, et en particulier la culture d'entreprise, se révèle capable de le «*redresser*», selon la formule de Kant, cela suffit à rendre viable un projet d'entreprise qui se fierait à une telle liberté éduquée.

485. Carl ROGERS, *Le Développement de la personne*, Dunod, 1968
486. Carl ROGERS, *ibid.*

Conclusion

Le modèle entrepreneurial exposé dans les pages qui précèdent constitue un exemple de ce que l'éditorialiste au *Wall Street Journal*, Brian Carney, et le professeur de management à ESCP Europe, Isaac Getz, ont appelé une «*entreprise libérée*[487]». Le propre de ce type d'entreprise est que les salariés y sont effectivement responsables et libres de prendre des décisions, de sorte qu'il remet réellement l'humain au centre de l'organisation: «*Les Entreprises libérées sont des entreprises construites «pour» l'homme et non pas «contre» lui. Cela signifie qu'elles satisfont les trois besoins essentiels de l'être humain: l'égalité intrinsèque, le développement personnel et l'autonomie*[488]».

Ce faisant, le modèle que nous avons décrit interpelle les entreprises sur leur cohérence entre ce qu'elles disent et ce qu'elles cherchent à pratiquer réellement. «Confiance», «autonomie», «coopération», «diversité», «responsabilité»... sont en effet souvent des mots-valises qui masquent plus qu'ils n'éclairent la réalité. On peut tout leur faire dire si l'on en reste, à dessein, à un degré de généralité tel qu'on ne sait plus ce qu'ils recouvrent un tant soit peu précisément. Une fois ce sens précisé, dirigeants d'entreprises, «*Walk the talk*», diraient les Anglo-Saxons: faites ce que vous dites – rendez effectivement

487. Brian M. CARNEY et Isaac GETZ, *L'Entreprise Libérée* [2009], Fayard, 2012
488. Isaac GETZ, dans *La Tribune* du 3 mai 2010

vos salariés autonomes, réalisez vraiment la diversité, permettez-leur d'assumer pleinement leurs responsabilités –, sans quoi vous détruisez la confiance qu'ils portent à leur entreprise.

Quelle confiance ?

Trop d'entreprises prétendent par exemple être fondées sur la « confiance », alors qu'elles ne font pas confiance aux capacités décisionnaires de leurs salariés de base : les chefs consultent, puis prennent *leur* décision, s'imposant à tous. Comment parler de confiance, quand on infantilise ainsi ? Ce qui est redouté, c'est bien de laisser les équipes décider elles-mêmes de ce qui leur convient, comme organisation du travail, et de ce qui leur revient, comme responsabilités. Ce qui est refusé, c'est l'idée selon laquelle la communauté des salariés pourrait décider aussi justement, sinon plus, que le seul collège d'*aristoï* constituant la hiérarchie.

Or il faut être cohérent. Comment se gargariser du mot « confiance », quand toute l'organisation d'une entreprise est empreinte de son contraire ? Nous observons en effet trop d'organisations fondées sur la méfiance : méfiance vis-à-vis des capacités du « vulgaire » à se gouverner lui-même, se traduisant par une autonomie individuelle réduite à la portion congrue, pas ou peu de tolérance à l'erreur, pratique du management fondée sur l'autoritarisme – à n'utiliser qu'en dernier recours, certes, mais dont la menace plane toujours, même dans les managements soi-disant « délégatifs », « participatifs » ou « non directifs », où la paix n'est qu'une paix armée, chacun tenant l'autre « en respect » –, contrôle de gestion a priori, surveillance serrée des faits et gestes en particulier sur la Toile, censure des propos en ligne, rebaptisée « modération », autocensure plus grande encore, etc.

À l'inverse de cette tendance, la conviction exprimée dans le présent ouvrage est qu'il y a tout lieu de faire confiance à la « *sagesse des foules*[489] ». Les décisions collectives, résultant de la confronta-

---

489. Titre d'un ouvrage écrit en 2004 par James SUROWIECKI et tendant à montrer que, contrairement aux craintes exprimées par Gustave LE BON dans sa *Psychologie des foules* (1895), celles-

tion des points de vue des membres d'une équipe donnée, se révèlent la plupart du temps, au final, plus pertinentes que celles prises *ex cathedra* par un seul. En raison de quoi une entreprise risque fort de n'être jamais plus efficace que quand elle fait confiance à ses salariés. À l'instar de Peter Drucker, nous pensons que «*la raison d'être d'une organisation est de permettre à des gens ordinaires de faire des choses extraordinaires*», c'est-à-dire de se dépasser grâce à une émulation collective. Raison pour laquelle il faut leur laisser les coudées les plus franches possibles, en concevant l'organisation comme un ensemble de ressources à leur disposition et non comme une source de contraintes pesant sur eux et entravant leur dynamisme.

Face au désintérêt croissant des salariés – ceux de la «génération Y» en particulier – pour leur travail, comment renforcer leur implication? Nous avons montré que c'est seulement en les faisant participer davantage à la vie de leur entreprise que les salariés pourront se sentir, à juste titre, plus impliqués. Trop d'entreprises rechignent à se donner les moyens de leurs ambitions; elles veulent l'implication sans la participation: il est temps de lever cette contradiction.

Quelle autonomie?

Nous avons vu aussi que, si l'*empowerment* est à la mode, c'est là le symptôme d'un manque d'autonomie structurellement accordée aux salariés. La valorisation de l'*empowerment* apparaît comme le correctif d'un dysfonctionnement structurel, un mot d'ordre visant à compenser le déficit de confiance dans les capacités d'initiative des collaborateurs. D'ordinaire, les entreprises affirment vouloir l'*empowerment* mais rechignent à s'organiser en fonction de cet objectif. La spécificité

---

ci s'avèrent dans nombre de situations plus rationnelles et raisonnables que ne le peuvent aucun des membres qui les composent. Surowiecki cite par exemple une anecdote de 1906 qu'il tient du scientifique britannique Francis GALTON: ce dernier, qui croyait fermement à la supériorité des experts sur la foule stupide, se rend à un marché de bétail où un concours a lieu, consistant à deviner le poids d'un bœuf après qu'il a été abattu et «débité». Galton note plusieurs centaines de paris (787), et découvre que le poids moyen qu'ils expriment est 1 197 livres alors que le poids réel du bœuf est 1 198 livres.

d'une réelle organisation 2.0, démocratique, est d'être bâtie (dans son organisation, ses outils et son management) en vue de permettre un maximum d'*empowerment* de tous les salariés. C'est-à-dire, en définitive, de se donner les moyens de ses ambitions, de manière à ce que l'*empowerment* ne soit pas un simple plus dont on puisse se passer, une fois l'effet de mode retombé ou la croissance perdue.

Si l'autonomie doit devenir structurelle dans les organisations, elle doit aussi et surtout être redéfinie, car ce qui est habituellement appelé de ce nom dans les entreprises n'a qu'un lointain rapport avec la définition commune du mot. Dans la plupart des entreprises en effet qui revendiquent l'autonomie de leurs collaborateurs, les salariés sont seulement libres de s'organiser comme ils veulent... pour atteindre des objectifs définis par d'autres. Que penser d'une autonomie dont les bornes vous seraient imposées sans que vous ayez participé à leur définition ? Elle ne désigne que la longueur de la longe qui vous est consentie. Un prisonnier aussi peut s'organiser comme il le souhaite dans sa cellule. Dans trop d'organisations, c'est la hiérarchie qui détermine le champ de responsabilité des niveaux inférieurs : c'est un autre qui circonscrit le champ d'exercice de votre autonomie. Dans une «*entreprise libérée*», en revanche, l'organisation tend à faire que chaque niveau détermine lui-même le champ de responsabilité qui peut être le sien, ce qui est plus conforme à une vraie subsidiarité.

Il s'agit simplement, en définitive, de ne pas se payer de mots. De reconnaître que lorsque l'on parle de «l'autonomie des collaborateurs» dans la plupart des entreprises, celle-ci ne désigne en réalité pas une qualité politique, mais une compétence professionnelle. L'autonomie professionnelle dont il est ici question n'est pas l'autonomie politique, elle peut même avoir lieu dans la plus complète aliénation politique : un esclave, un pur exécutant, peut être tout à fait autonome dans son travail. Nous voyons ici combien l'autonomie professionnelle, au sens aussi où un ordinateur a de l'autonomie, ne saurait suffire : c'est l'autonomie politique qu'il faut, car c'est d'elle dont dépend qu'un salarié se sente libre et s'autorise à innover. Faire confiance à l'esprit de responsabilité des salariés, à leur aptitude à se passer de chefs qui les guident et décident pour eux, c'est le pari de la démocratie en entreprise. Elle suppose simplement, de la part des dirigeants, « *la bonne volonté de jouer la carte de la grandeur de l'homme plutôt que de rechercher d'incessantes garanties contre sa perversité*[490] ». (Romain Gary).

Réaliser une telle démocratie dans l'entreprise paraît le meilleur moyen de libérer le potentiel créatif du « capital humain », dans la mesure où, dans le modèle oligarchique traditionnel, « *pour un salaire calculé au minimum, on fournit un effort minimum, ce qui produit collectivement le résultat minimum* » (de Gaulle). Ce qui est « *auto-limitatif*[491] ». Par conséquent, les organisations pyramidales, de facteurs d'efficacité, semblent devenues des obstacles, en particulier parce qu'elles ne libèrent pas suffisamment l'innovation. Pour ne pas prendre la mesure des changements induits par les nouvelles technologies, en termes d'organisation du travail et d'aspirations sociales, ces organisations pyramidales se brident elles-mêmes. « *L'organisation pyramidale ne constitue plus le summum de l'efficacité : elle ne libère pas assez l'individu des contraintes hiérarchiques pour faire émerger toute la créativité que chaque être porte en lui, dans la diversité de son histoire et des situations rencontrées*[492]. »

Tout se passe alors comme si la résistance au changement ne venait pas tant des salariés de base que de la ligne hiérarchique. Tout se passe comme si ce n'était pas au nom de l'efficacité économique que le modèle d'oligarchie éclairée continuait de prévaloir en entreprise, mais pour préserver des prérogatives de pouvoir. Non que ce ne soit pas dans l'intérêt de l'entreprise, de partager le pouvoir, mais ce n'est pas dans l'intérêt de ceux qui le détiennent. Une hypothèse, pour expliquer l'étonnante indifférence des instances dirigeantes aux gains économiques de la démocratie dans l'entreprise, est que les actuels détenteurs du pouvoir en entreprise préfèrent encore ne pas

---

490. Romain GARY, décrivant la philosophie sous-jacente à la Constitution de 1958, dans son *Ode à l'homme qui fut la France*.
491. Joël DE ROSNAY, *L'Homme symbiotique*, 1995 [2000] p.267-271.
492. Michel HERVÉ, « Le libéralisme dans l'entreprise - l'intra-entrepreneunariat ».

maximiser l'efficacité économique de « leur » entreprise, plutôt que de perdre le pouvoir, et ce, précisément, parce qu'il ne s'agit pas vraiment de *leur* entreprise.

Les entreprises appartenant aujourd'hui de moins en moins à un particulier, elles appartiennent de plus en plus à personne en particulier, leur actionnariat est éclaté. D'une certaine manière, il n'y a peut-être que dans une entreprise familiale que le propriétaire peut avoir intérêt à démocratiser le pouvoir de direction en vue de doper l'innovation, puisque plus l'entreprise sera florissante sur le long terme, plus il en bénéficiera.

Quelle responsabilité ?

Il faut bien noter que, dans les entreprises classiques, tous les salariés ne sont pas également responsables : certains sont plus responsables que d'autres de la réussite commune, et cela fonde d'importantes différences de rémunérations. Il n'est d'ailleurs en rien anodin que seuls certains soient appelés « responsables » (hiérarchiques). Qu'en est-il des autres ? La responsabilité, dans les entreprises, n'étant de toute évidence pas également partagée, elles ont à trouver une nouvelle légitimité dans le fait de laisser enfin chacun de leurs membres exercer sa responsabilité intégrale. Ce qui peut se réaliser quel que soit le degré de participation des salariés au capital. En effet, pour être intégralement responsable, l'important est de ne pas se trouver subordonné à un autre que soi. Or tant dans le cadre d'une coopérative que dans celui d'une entreprise sous actionnariat salarié, les relations internes peuvent être parfaitement condamnables, marquées par des comportements de « petits chefs », de collaboration ou en tout cas une domination hiérarchique des uns sur les autres. C'est pourquoi ce n'est pas d'abord la structure de l'actionnariat qui s'avère déterminante pour assurer l'autonomie des personnes à l'intérieur d'une entreprise, mais l'organisation des pouvoirs et la nature du pouvoir qui s'exerce en interne.

La répartition du capital, pour importante qu'elle soit, demeure secondaire. L'essentiel est que chacun se sente pleinement responsable des résultats de son travail quotidien, que l'actionnariat de son entreprise soit la propriété d'un seul, de quelques-uns ou d'une multitude. Simplement, l'actionnaire – État, personne morale ou personne privée –, doit s'effacer, de manière à ne pas faire sentir combien l'organisation de l'égalité en liberté des salariés dépend de lui. Il est comme «*Dieu le Père*», ainsi que le note Alain d'Iribarne dans *De la pyramide aux réseaux*, en ce sens que, tel le Dieu de la Bible, il s'efface devant l'ordre qu'il a instauré. «*Dieu a créé le monde comme la mer les continents, en se retirant*», remarquait Hölderlin. Dans une démocratie d'entreprise, le ou les actionnaires doivent se contenter de rendre possible la liberté, de disposer le cadre permettant aux salariés de ne pas se trouver dominés par des chefs. Une fois mis en place le dispositif permettant la désacralisation des chefs et l'autonomie des salariés, le ou les actionnaires n'ont plus à faire sentir leur puissance, ils n'ont plus qu'à laisser les acteurs accepter ou non d'exercer leur responsabilité intégrale. Autrement dit, l'actionnariat doit être une source de sécurité pour les salariés, non un élément insécurisant. Il est un élément insécurisant quand il demande une rentabilité financière disproportionnée sur un temps déraisonnable. Il est au contraire source de sécurité lorsque les actionnaires demandent une faible rentabilité du capital, voire aucune comme il en va dans le Groupe Hervé. L'actionnariat y est alors non agissant et c'est, sur le long terme, ce qui lui profite le plus.

De même que la présence d'un «chef», au sens de responsable hiérarchique, ne signifie pas nécessairement qu'il exerce une domination, de même la présence d'un actionnaire, unique ou pluriel, ne signifie pas *de facto* qu'il exerce une domination. Il peut s'agir, comme dans le cas de la «domination» politique, d'une domination paradoxale, libératrice, destinée à assurer les conditions d'une prise de responsabilité intégrale par chacun. Dans la mesure où il tend, par une déconnection du travail et du salaire, à mettre sur un pied d'égalité le patron et le manœuvre, le modèle de l'entreprise à responsabilité intégrale et partagée tend à faire d'eux des associés (*socius*), ce qui est la condition d'une vie en *société*. Il ne considère pas les travailleurs comme des serviteurs, mais comme des associés, la visée étant que l'employé et l'employeur soient le plus libre possible l'un de l'autre. Qu'il n'y ait plus entre eux, à terme, de lien de dépendance. Ce n'est pas seulement parce que c'est l'intérêt économique et social de la collectivité que l'on peut vouloir choisir ce système, c'est d'abord parce que c'est l'honneur du travailleur.

Comme ce livre s'est efforcé de le montrer, il n'y a en tout cas pas plus de raisons de penser que, pour produire des richesses économiques, la contrainte s'avère plus efficace que la liberté. Il y a même toutes raisons de penser le contraire, dans le cadre d'une économie de l'innovation : Brian Carney et Isaac Getz, dans leur livre *L'Entreprise libérée*[493], ont en effet observé, au terme de quatre années d'enquête sur une quinzaine d'« *entreprises libérées* » de par le monde (Harley-Davidson, Gore, Avis...), que « *les entreprises ainsi organisées sont plus performantes ou plus rentables que leurs concurrentes, notamment grâce au surcroît d'implication des employés et à la réduction de l'absentéisme*[494] ». Ce qui est vrai en revanche, c'est que lorsque l'on veut contraindre, pour assouvir un besoin de domination, on trouve alors toutes les raisons justifiant cette attitude. Comme le faisait remarquer le philosophe Alain, « *on prouve tout ce qu'on veut, la vraie difficulté est de savoir ce qu'on veut prouver* ». L'homme se donne les croyances dont il a besoin pour justifier sa volonté de puissance.

Cette volonté de puissance peut se traduire, explique Nietzsche, par une volonté de domination chez les âmes serves, mais elle peut aussi se faire volonté de création chez les âmes nobles. À des organisations fondées sur la contrainte et l'interdépendance de leurs membres

---

493. Brian M. CARNEY et Isaac GETZ, *L'Entreprise libérée* [2009], Fayard, 2012.Les effets économiquement bénéfiques d'une plus grande participation des salariés sont connus de longue date. EGAN en 1990 avait conclu à un effet positif sur la productivité, ce qu'avait confirmé MAC DUFFIE en 1991 dans une étude approfondie sur des usines d'assemblage automobiles aux États-Unis.

494. Pierre-Alban PILLET, en préambule à l'interview d'Isaac GETZ mise en ligne sur www.capital.fr le 19 mai 2010

se substituent alors des organisations fondées sur l'obligation (au sens où l'on dit « noblesse oblige ! ») et la coopération. L'expérience montre que les secondes ne réussissent pas moins bien que les premières, voire résistent mieux aux crises que leurs concurrents, grâce à une meilleure adaptabilité. Entre les premières et les secondes, il s'agit donc d'un choix fondateur d'ordre quasi philosophique.

« Les hommes ont les institutions qu'ils méritent », a-t-on coutume de dire. Ils ont les organisations qui reflètent le type d'esprit qui les anime, pourrait-on préciser. Leur architecture est à l'image de leurs auteurs, dans le même sens où, selon Hegel, un style architectural exprime l'esprit de son temps. Des esprits méfiants, pessimistes – « réalistes ! », protesteront-ils – quant à la nature humaine, produiront des organisations fondées sur la méfiance, qui elles-mêmes produiront le type humain conforme à leur soupçon initial. À l'inverse, des esprits confiants en la capacité de tout homme à être son propre chef, ou à le devenir, produiront des organisations encourageant cette responsabilité intégrale et formeront des hommes à la hauteur des espérances mises en eux.

À côté des organisations qui contribuent à forger un type d'humanité principalement mû par l'individualisme, d'autres organisations sont possibles, contribuant à cultiver un type d'humanité principalement mû par la recherche de coopération. Ce qui est une manière de rappeler que, comme le dit une formule bien connue, l'avenir n'est pas écrit, il est ce que nous en ferons, ce qui demande d'abord d'avoir « le cœur pour oser ».

Bibliographie

AUCOMPTE Xavier et MACDONALD Caroline (sous la direction de), *Entreprise 2.0. Réflexions autour d'une nouvelle odyssée*, Lulu.com, 2008.

AUDIER Serge, *La Pensée solidariste. Aux sources du modèle social républicain*, PUF, 2010.

BAILLARGON Normand, *L'Ordre moins le pouvoir. Histoire et actualité de l'anarchisme* [1999], Agone, 2008.

BENASAYAG Miguel et DEL REY Angélique, *Eloge du conflit*, éd. La Découverte, 2007.

BENOÎT Jacques, *L'Entreprise démocratique*, entretiens avec Damian Yurkievich, éd. Chroniques sociales, 1994.

BOURGUINAT Elisabeth, HERVÉ Michel et d'IRIBARNE Alain, *De la pyramide aux réseaux. Récits d'une expérience de démocratie participative*, éd. Autrement, 2007.

BLONDIAUX Loïc et SINTOMER Yves (dir.), revue *Politix*, n° 57, «Démocratie et délibération», Paris, Hermès, 2002.

BLONDIAUX Loïc, *Le Nouvel esprit de la démocratie. Actualité de la démocratie participative*, Seuil, 2008.

BRUNEL Valérie, *Les Managers de l'âme. Le développement personnel en entreprise, nouvelle pratique de pouvoir?* [2004], éd. La Découverte, 2008.

CANIVENC Suzy, *Autogestion et nouvelles formes organisationnelles dans la société de l'information, de la communication et du savoir*, thèse de doctorat, Rennes II.

CAPRA Fritjof, *Le Temps du changement. Science. Société. Nouvelle culture*, éd. du Rocher, 1983.

COLLOMB Bertrand, «La Démocratie dans l'entreprise», communication à l'Académie des sciences morales et politiques, séance du 8 février 2010.

DOLY Jean-Pierre et MONCONDUIT François, *L'Entreprise entre contrainte et liberté*, L'Harmattan, 1995.

Entreprise et Progrès, *L'Entreprise après la crise*, collectif d'auteurs sous la direction de Michel Hervé, 2010.

FOLLETT Mary Parker, *Creative Experience*, New York, Longmans, Green, 1924.

Fondation Concorde, *Créons L'écosystème de l'innovateur. Pour un environnement propice à l'innovation*, 2010.

GÉNÉREUX Jacques, *La Dissociété*, Seuil, 2006.

GETZ Isaac et Brian M. CARNEY, *L'Entreprise libérée*, 2009, Fayard, 2012.

GOMEZ Pierre-Yves et KORINE Harry, *L'Entreprise dans la démocratie. Une théorie politique du gouvernement des entreprises*, de boeck, 2009.

GUIOL Patrick, LAMBERT Yves et SABOURAUD Olivier (sous la direction de), *La Démocratie dans l'entreprise : une utopie ?*, Panoramiques, éd. Corlet, 2000.

IMBERT Pierre-André, «Approche théorique et empirique de l'efficacité de la démocratie dans l'entreprise», in Maurice BASLE (dir.), *Les Avancées théoriques en économie sociale et leurs applications*, vol. 3, éd. du CNRS-Université de Dijon, 1997.

JOULE Robert-Vincent et BEAUVOIS Jean-Léon, *La Soumission librement consentie*, PUF, 1998.

LACROIX Michel, *Le Développement personnel*, Flammarion, 2000.

LANDIER Hubert, *L'Entreprise polycellulaire. Pour penser l'entreprise de demain*, ESF, 1987.

LASCOUX Jean-Louis, *Pratique de la médiation, un mode alternatif à la résolution des conflits*, éditions ESF, 2001.

LE GOFF Jean-Pierre, *La Barbarie douce. La modernisation aveugle des entreprises et de l'école* [1999], éd. La Découverte, 2003

MANIN Bernard, *Principes du gouvernement représentatif* [1995], Flammarion, 1996.

MARZANO Michela, *Je consens, donc je suis... Ethique de l'autonomie* [2006], PUF, 2009.

MEDIOU David, «La démocratie participative d'Hervé Thermique», *Revue Management*, avril 2002.

MENDEL Gérard, ROMAN Philippe et WEISZFEL Mireille, *Vers l'entreprise démocratique. Le récit d'une entreprise pionnière*, La Découverte, 1993.

MENISSIER Thierry, *Eléments de philosophie politique*, Ellipses, 2005.

MORACCHINI Stéphane, «Hervé Thermique, du collaboratif dans les gènes», revue en ligne *Collaboratif-info*, 2011.

MOULIER-BOUTANG Yann, *Le Capitalisme cognitif. La nouvelle grande transformation*, éd. Amsterdam, 2008.

MOULIER-BOUTANG Yann, *L'abeille et l'économiste*, Carnets Nord, 2010

PASSET René, *Les Grandes représentations du monde et de l'économie à travers l'Histoire. De l'univers magique au tourbillon créateur*, éd. Les Liens Qui Libèrent, 2010.

PEZET Anne et SPONEM Samuel (sous la direction de), *Petit Bréviaire des idées reçues en management*, éd. La Découverte, 2008.

RAYNAUD Jean-Daniel, *Les Règles du jeu : L'action collective et la régulation sociale*, Armand Colin, 1989.

ROULLEAUX-DUGAGE Martin, *Organisation 2.0. Le Knowledge Management nouvelle génération*, Eyrolles, 2008.

SAINSAULIEU Renaud et TIXIER Pierre-Eric, *La Démocratie en organisation : vers des fonctionnements collectifs du travail*, éd. Librairie des Méridiens, 1983.

SEMLER Ricardo, *À contre-courant : vivre l'entreprise la plus extraordinaire au monde*, Dunod, 1999.

SUDREAU Pierre, *Rapport du Comité d'étude pour la réforme de l'entreprise*, Documentation française, 1975.

TREGOUËT René, « Des pyramides du pouvoir aux réseaux du savoir », rapport d'information au Sénat n° 331, 1997.

TROUVÉ Philippe, « Les utopies sociales de la dirigeance », in BOURNOIS F., DUVAL-HAMEL J., ROUSSILLON S., SCARINGELLA J.L. (coord.), *Comités exécutifs. Voyage au cœur de la dirigeance*, Eyrolles/Éditions d'Organisation, 2007.

Index des noms cités

H

I

J

TABLE

DEUXIÈME PARTIE
UN MANAGEMENT PARTICIPATIF

TROISIÈME PARTIE
UNE ORGANISATION DÉMOCRATIQUE

Achevé d'imprimer en octobre 2011 sur rotative offset Variquik
par l'Imprimerie Sagim à Courtry (Seine et Marne).

ISBN : 978-2-84941-284-8
752 405.3

Dépôt légal : janvier 2012
N° d'impression : 12619

Imprimé en France

L'imprimerie Sagim est titulaire de la marque
Imprim'vert® depuis 2004